高等学校轨道交通信号与控制专业系列教材

铁路信号可靠性与安全性

燕　飞　陆德彪◎主　编
牛　儒　刘金涛　程荫杭◎副主编
唐　涛◎主　审

中国铁道出版社有限公司

2024年·北　京

内 容 简 介

本书为高等学校轨道交通信号与控制专业系列教材之一。全书从铁路信号可靠性与安全性的基本原理出发，全面系统地阐述了铁路相关产品或者设备的可靠性和安全性、产品的故障机理和规律等，包括可靠性度量方法、系统可靠性建模方法、系统可靠性分配与预计方法、产品故障分析与识别、故障预防与可靠性设计、事故致因理论、基于风险的安全管理方法、系统危害的识别与风险评估、风险预防与控制和人为因素对安全的影响等内容。

本书可供高等学校轨道交通信号与控制、安全工程、自动化等专业本科生和交通信息工程及控制专业研究生学习使用，也可作为从事铁道信号工程及轨道交通信号控制相关专业设计、研发、维护人员的参考书。

图书在版编目（CIP）数据

铁路信号可靠性与安全性/燕飞，陆德彪主编. —2 版. —北京：中国铁道出版社有限公司，2022.10（2024.11 重印）
高等学校轨道交通信号与控制专业系列教材
ISBN 978-7-113-29481-6

Ⅰ.①铁… Ⅱ.①燕… ②陆… Ⅲ.①铁路信号-可靠性-高等学校-教材②铁路信号-安全性-高等学校-教材 Ⅳ.①U284

中国版本图书馆 CIP 数据核字（2022）第 132961 号

书　　名：铁路信号可靠性与安全性
作　　者：燕　飞　陆德彪

策　　划：崔忠文　徐　清
责任编辑：吕继函　　**编辑部电话：**（010）51873205　　**电子邮箱：**312705696@qq.com
封面设计：崔丽芳
责任校对：孙　玫
责任印制：高春晓

出版发行：中国铁道出版社有限公司（100054，北京市西城区右安门西街 8 号）
网　　址：https://www.tdpress.com
印　　刷：三河市国英印务有限公司
版　　次：2008 年 7 月第 1 版　2022 年 10 月第 2 版　2024 年 11 月第 2 次印刷
开　　本：787 mm×1 092 mm 1/16　**印张：**16　**字数：**389 千
书　　号：ISBN 978-7-113-29481-6
定　　价：49.00 元

序

目前，我国已建成和运营世界最大规模的轨道交通网络，高速铁路已开通运营里程超 4 万公里，占世界三分之二以上；全国 50 多个城市已开通超 8 000 公里的城市轨道交通，居世界第一。正在积极推进干线铁路、城际铁路、市域(郊)铁路、城市轨道交通融合发展，构建“全国 123 出行交通圈”(都市区 1 小时通勤、城市群 2 小时通达、全国主要城市 3 小时覆盖)。预计到 2035 年，全国铁路网运营里程达到 20 万公里左右，其中高速铁路 7 万公里左右；20 万人口以上城市实现铁路覆盖，50 万人口以上城市高速铁路通达。因此，加快城际高速铁路、城市轨道交通等新型基础设施建设进度，大力发展智慧交通，实现智能升级，保证轨道交通列车高效运行是轨道交通的发展趋势。

轨道交通信号系统是保障列车安全高效运行的“大脑”和“中枢神经”。经过多年努力，我国轨道交通信号技术水平和创新能力得到了快速提升，取得了高速铁路 CTCS、城市轨道交通 CBTC、FAO 等多项重要成果，实现了轨道交通先进信号技术和系统装备从无到有的根本性转变。近年来，以信息化、智能化、网络化为标志的新技术向传统信号专业不断渗透融合，使高速铁路实现自主感知、自主定位、自主决策，确保全域环境条件下列车安全、高效运行。我国轨道交通建设运营需求和智能化、智慧化技术创新，对轨道交通信号与控制专业创新人才培养模式、课程体系、教材内涵提出了富有时代特色的新要求，也为专业发展提供了强大动力。

为适应高速铁路发展需要，原铁道部于 2006 年组织编制铁道信号专业“普通高等学校铁道部规划教材”。该规划教材于 2008 年起陆续出版，在全国高等学校及职业院校得到了广泛使用，为铁路行业及轨道交通领域人才培养提供了重要支撑。2012 年教育部批准将轨道交通信号与控制专业设置为自动化类专业的特设专业，高速铁路和城市轨道交通快速发展使轨道交通信号专业人才需求猛增。截至 2021 年，全国已有 90 余所高校陆续开设此专业，多数院校专业基础较弱，普遍面临师资、优质教材短缺等问题。教育部高等学校自动化类专业教学指导委员会轨道交通信号与控制专业教学指导组多次组织召开专业建设研讨会，开展师资培训研修，在全国首创跨区域、跨学校虚拟教研室，有效解决轨道交通信号与控制专业师资缺乏、协同教研难等问题。

2018 年，为适应专业建设需要，轨道交通信号与控制专业教学指导组启动原规划教材的修订工作，由教学指导组组长单位——北京交通大学，联合西南交通大学、兰州交通大学等院校组织实施。为此，教学指导组多次深入轨道交通信号行业创新技术企业、运营一线进行调研，邀请行业权威专家及同行开展专题研讨等，集思广益，挖掘铁路信号技术内在认知规律，充分论证，体现行业前沿技术，在教育理念、课程体系、课程内容方面形成共识，确定以“基础理论—关键技术—集成应用”为内容架构的“高等学校轨道交通信号与控制专业系列教材”。

本系列教材共有 8 种，分别是《铁路信号基础》、《车站信号自动控制》、《列车运行控制系统》、《铁路行车调度指挥自动化系统》、《编组站自动控制》、《现代铁路信号中的通信技术》、《铁路信号可靠性与安全性》和《铁路信号电磁兼容技术》。

本系列教材的出版得到了中国国家铁路集团有限公司工电部专家的指导，得到了北京交通大学电子信息工程学院、中国铁道出版社有限公司同仁的支持，国内同行们在教育思想、课程体系、教学内容、教学方法等方面提供了诸多有益的帮助，在此谨致谢忱。

教育部高等学校自动化类专业教学指导委员会　委员
轨道交通控制与安全国家重点实验室　主任
北京交通大学电子信息工程学院　教授

2022年8月于北京

前　言

铁路运输是通过列车在钢轨线路上运行来完成的,为了保证列车运行安全(防止列车冲突、追尾、超速颠覆等事故的发生),列车必须根据行车命令运行。铁路信号就是指示列车运行和调车作业的命令。为了保证列车运行安全、提高运输效率,作为列车运行的命令,一要保证行车命令是正确的,防止人为的疏忽给出错误的行车命令;二要保证列车按照行车命令运行,防止司机误操作酿成行车事故;三要提高行车调度指挥的效率。这些保证都是要通过各种设备/系统来实现的。

铁路信号的作用就是在保证列车运行安全的前提下提高运输效率。不断提高列车运行速度、列车运行密度和列车牵引质量是铁路运输发展的要求,而铁路运输的发展又对铁路信号不断提出新的要求。随着铁路信号技术水平的不断提高,对铁路信号的要求也越来越高。同时,随着列车速度的提高、密度的加大和载重量的增加,铁路运输对铁路信号的依赖性也在不断加大,铁路信号在铁路运输中的作用越来越重要。铁路信号设备发生故障,系统将不能正常使用,会影响列车的正常运行,给铁路运输造成经济损失。

安全性与可靠性是两个不同但又有密切联系的概念,同时也是航空航天、铁路、汽车、工业机电设备等系统或者产品的重要属性。随着计算机、通信和控制技术的不断更新换代,软件可靠性、人机可靠性也逐步成为研究热点,然而人们发现系统或者产品的可靠性提升之后并没有带来重特大事故数量的下降。这就不得不让人们从系统角度去思考产品的安全性和可靠性问题。产品或者设备复杂程度大幅提高,系统安全性、可靠性分析工作面临着较大的挑战:(1)传统的系统安全性、可靠性分析手段主观性较强,分析结果的准确性高度依赖工程师的自身水平,对于同一系统,由于知识以及思考方式的差异,不同的工程师建立的安全性、可靠性模型可能差别非常大;(2)针对具有动态重构特性、故障时序相关、逻辑相关的复杂系统,通过人工推理分析系统的故障逻辑关系已经变得不太现实,即便可以分析,其全面性和准确性也难以保证;(3)系统安全性、可靠性与功能性能的协同设计变得越来越困难。

铁路信号故障是可靠性问题,故障后的后果危及行车安全是安全性问题。铁路信号的作用和功能决定了可靠性和安全性在铁路信号中的重要性,而随着计算机技术、通信技术、网络技术在铁路信号中的应用，铁路信号功能的增加和系统复杂性程度的增大，铁路信号的可靠性和安全性问题越来越受到重视，铁路信号设备/系统的首要任务是保证列车运行安全，因此，安全性成为信号设备/系统最重要的特性。

本书从铁路信号可靠性与安全性的基本原理出发，全面系统地阐述铁路相关产品或者设备的可靠性和安全性、产品的故障机理和规律、系统的可靠性和安全性建模、系统可靠性安全性指标的分解、产品的故障薄弱环节及解决方法、系统运用过程中保证可靠性和安全性表现的稳定，等等。全书包含 11 章，第 1 章阐述可靠性与安全性的基本概念；第 2 章介绍和描述产品故障及其规律、度量方法和产品寿命规律模型；第 3 章阐述系统可靠性的建模方法；第 4 章说明系统可靠性分配与预计方法；第 5 章介绍和说明产品故障分析与识别方法；第 6 章阐述故障预防和可靠性设计方法；第 7 章阐述事故致因理论；第 8 章介绍和说明基于风险的安全性分析方法；第 9 章阐述系统危害的识别和风险评估方法，介绍危害的辨识方法和原因后果分析技术；第 10 章阐述如何开展风险预防和控制；第 11 章阐述人为因素对安全的影响。

本书由北京交通大学团队编写，燕飞、陆德彪任主编；牛儒、刘金涛、程荫杭任副主编；北京交通大学唐涛主审。其中，第 1 章由燕飞、程荫杭编写；第 2 章、第 3 章、第 4 章由陆德彪编写；第 5 章、第 10 章由燕飞编写；第 6 章由燕飞、马连川编写；第 7 章、第 9 章由刘金涛编写；第 8 章由牛儒、燕飞编写；第 11 章由牛儒编写。

本书在编写过程中得到了轨道交通运行控制系统国家工程研究中心李开成和北京交通大学电子信息工程学院卜长堃、杨世武、赵林海、曹源、刘中田、吴道华等许多老师的热情支持和帮助，尤其是卜长堃教授不辞辛苦，逐字逐段地阅读，给编者提出宝贵的意见和建议。宋围娜同学协助进行了格式修改、图表整理等工作，在此一并表示感谢。

由于作者水平有限，书中难免存在错误和不足之处，恳请读者批评指正。

如您有任何建议或者需要帮助，请通过 fyan@ bjtu. edu. cn 与我们联系，期待与您的分享！

编　者

2022 年 8 月

目　录

1 概　　述

可靠性与安全性始终是铁路信号系统发展的主旋律，铁路信号系统的安全技术是以防止人身伤亡、环境破坏和财产损失为目的的，从信号系统安全技术的发展趋势，可以发现，科学技术的提高和人们安全意识观念的变化对信号系统有着重要影响。

（1）信号系统发展初期和“故障—安全”概念的产生

安全技术是人们在汲取血的教训基础上发展进步的，实际上，安全技术首先是从铁路信号开始的，而且是以铁道历史和当时科学技术水平为背景不断发展进步的。早在 1825 年世界上出现了第一条铁路——英国的斯托克顿—达灵顿（Stockton-Darlington）铁路，当时在夜间是用车站窗口的蜡烛烛光指挥行车的，约定以烛光点亮为停车信号，以烛光熄灭为允许运行信号。由于烛光常被风吹灭而发生多次冒进停车地点的行车事故，从那时起人们就开始研究安全对策了。19 世纪铁路刚刚出现后，人们用人工手势来解决安全问题。例如，双手上举表示“停车”，单手举起表示“注意”，等等。显然，该方法只适于列车少且速度慢的铁路初期阶段。1841 年格雷戈里（Gregory）发明了易于被司机辨认的臂板信号机，铁路信号由人工式控制转为机械式控制。这种信号机白天利用臂板的位置、形状来显示信号，夜间用灯光的颜色和数目来表示。它模仿人们举手发出信号的动作，并约定以举起臂板作为停车信号，但是由于牵引臂板动作的导线常发生折断事故，在应该发出停车信号时不能发出停车信号，使列车冒进而造成伤亡事故，于是人们开始意识到应使设备在发生故障的情况下，造成的后果应导向安全方面，也称安全侧。改进后的臂板信号机能够在系统发生故障时借助重力自动恢复到发出停车信号的位置。从此，故障导向安全成为铁路信号领域必须贯彻的原则，铁路信号安全技术以“故障—安全”为核心逐步发展起来。1912 年出现色灯信号机，1920 年开始采用探照式三显示色灯信号机。色灯信号机采用不同的灯光颜色及其组合来表达信息含义。

（2）轨道电路的发明和“故障—安全”继电器的应用

1869 年美国人 William Robinson 发明了轨道电路，可谓是铁路信号史上的革命性事件。以轨道电路为基础，研制了自动闭塞设备，提高了列车在区间运行的安全性和效率。轨道电路一直沿用至今。早期的轨道电路都是直流的，主要用于检测列车的存在，不能用来传输车-地信息。后来先后发明了工频、音频轨道电路，使利用钢轨的交变电磁场传输车-地信息成为可能。早期轨道电路的逻辑和执行单元由“故障—安全”继电器构成，它在系统故障时借助重力导向安全侧以实现“故障—安全”，但是随着 I/O 数量的增加，继电器系统的缺点也慢慢显现出来，如配线麻烦、逻辑难以更改等等。为了克服继电器的缺点，开发了其他系统，例如，固态系统（Solid State System）。1985 年英国开发出了 SSI（Solid State Interlocking）系统，它采用三取二冗余结构来保证系统的安全性。

（3）计算机系统应用于信号系统

自 20 世纪 80 年代以来，计算机和网络技术越来越深入到工业、交通、国防以及日常生活领域中。它对铁路信号系统的影响也是革命性的，计算机联锁系统、车—地实时通信的实现等，使得铁路运输自动化程度大大提高。使用计算机控制系统能够降低成本，增强系统功能，给系统设计和维护带来很多便利，可以最大限度地减少人为出错的概率，有利于提高信号系统的安全性。可是计算机应用于信号系统对于系统的安全性也带来了新的挑战。首先，基于计算机的系统比较复杂，计算机由硬件和软件组成，硬件方面，即使是最简单的计算机系统也包含数以万计的元器件和非常复杂的行为状态；软件方面，比较简单的软件程序也可能有数以千计的执行路径，而复杂性对于系统安全的保证是一个难题，复杂的系统很难设计开发，寻找错误和安全隐患也比较困难。其次，就计算机软件来说，它没有物理的损耗，系统安全性的证明非常困难。尽管如此，计算机系统在信号系统中的应用日益广泛和深入，人们将“故障—安全”技术和计算机技术结合起来，形成了一些新的安全方法和技术：①故障监测与诊断技术，即能够尽快地发现故障，以便及时修复或投入备份，使系统恢复功能或者给出安全侧输出的技术；②计算机容错技术，即利用冗余去屏蔽错误的影响和利用重构保证系统缓慢的降级。当所容许的错误可能导致安全相关的失效时，容错就是一种达到安全的方法。通常采用冗余技术来实现容错，利用额外地备份以提高系统可靠性和安全性的技术称作冗余技术，它包括硬件冗余、软件冗余、时间冗余、信息冗余 4 种。硬件冗余包括静态冗余、动态冗余、混合冗余 3 种方式。随着对于计算机系统安全技术研究的深入，人们已经把和安全功能有关的计算机系统看作安全苛求系统单独进行研究，提出了很多提高系统安全性的技术方法，在系统开发设计和安全评估方面建立了相应的国际标准，如 IEC 61508《电气/电子/可编程电子安全系统的功能安全》。它和一般计算机系统应用的区别在于安全苛求系统往往涉及人员伤亡、重大财产损失等安全问题，例如，核工业、交通运输、航空航天领域，等等。

1.1 可靠性与安全性的基本概念

“可靠”是指：①可信赖依靠；②真实可信。我们说某产品很可靠，是指该产品能够按照我们的预期发挥需要的功能、完成特定的任务。也就是说，它的功能和性能的发挥是可信赖和依靠的。“可靠性”是对产品可信赖、依靠程度的一种度量，其定义是“产品在规定条件下和规定的时间内，完成规定功能的能力”。从其内涵来看，对“产品”能力的预期，需要用“三个规定”（即规定条件、规定时间、规定功能）来约束。

从“产品”看，包括从单一装备（如高速列车、飞机等），上到装备体系，下到系统、设备、组件、元器件、零部件等各个层次。各层次产品都需要对其可靠程度进行度量。“产品”还分为硬件和软件，具有各自不同的故障特征和机理。产品的层次、类别和故障特征不同，可靠性度量参数也会发生变化。例如，常用任务可靠度、平均故障间隔时间（MT-BF）、故障率等，分别度量单一装备、设备、元器件的可靠程度。

从“规定条件”看，包括使用时的环境条件（如温度、湿度、振动、冲击等）和工作条件。产品在不同的条件下使用，其可靠程度是不同的，条件越严酷，越容易出现故障，可靠性越低。从“规定时间”看，产品能否完成任务是与执行任务的时间长短相关的，任务时间越长，任务期间出现故障的可能性越大，可靠性越低。从“规定功能”看，包括完成预期任务必须具备的功能及其技术指标。任务越复杂，要求具备的功能越多，保持所有功能完好的可能性越小，任务可靠性越低。明确产品完成任务时应具备的规定功能及性能界限，是建立产品故障判据的基础。

应该注意到，可靠性定义中的“三个规定”既有其必要性，也有其局限性。一方面，只有明确了“三个规定”，才能建立产品可靠性设计和实验室试验的基准条件，才好对产品的可靠性进行定量分析与评价；另一方面，产品实际使用的环境条件、工作条件、任务时间和功能需求，常具有多样性和不确定性。“三个规定”描述的是代表性特征，是对实际情况的简化，并忽略了主观因素（如使用和维护人员）的影响。

这就引出了“固有可靠性”与“使用可靠性”的概念。“固有可靠性”是设计和制造赋予产品的，并在理想的使用和保障条件下所具有的可靠性；“使用可靠性”是产品在实际环境中使用时所呈现的可靠性，它反映产品设计、制造、使用、维修、环境等因素的综合影响。

产品可靠性的现实价值，体现为使用可靠性；产品可靠性工作的最终目标，是实现高的使用可靠性。当然，高固有可靠性是高使用可靠性的基础。本书论述的可靠性，没有考虑使用与维修因素的影响，主体上属于固有可靠性的范畴。

“安全”广泛地表达没有危险、不受威胁、不出事故的状态。作为专业术语，安全在安全科学领域有更加准确的定义。我国安全科学领域的专家和学者提出更加广泛的安全内涵，即“人的身心免受外界（不利）因素影响的存在状态（包括健康状况）及其保障条件”。词意是客观事物在人们思维和意识中的概括和反映。“安全”词义的变化反映出，随着科学的发展、社会文明程度的提高，人们对于威胁的种类和可接受程度都在发生显著变化，而且安全问题越来越引起人们的关注和广泛、深入地研究。

安全事故用血的教训敲响警钟，提醒人类在探索科学难题、攻克技术难关、发展经济的过程中不能“怠慢”安全。安全（Safety）被定义为“将损失的风险限制在可接受水平的状态”。这里的损失（Loss）被限定为“死亡、受伤、职业疾病、设备和财产损失，以及环境损害”。既成事实的某种或一系列损失也就是我们常说的事故（Accident），或者更准确地称之为安全事故。事故为人类揭开了复杂系统神秘面纱的一角，展示了事故致因机理和失效传播规律；同时，事故是公认的安全理论和安全学科发展的最大推动力。

1.2 提升安全水平的实践历程

1.2.1 可靠性工程阶段

可靠性工程阶段是指利用可靠性工程的知识解决安全问题的阶段。这是由于电力、化学、交通、冶金、飞机和核工业等的迅猛发展，使工业生产向大规模、自动化方向发展，技术装备向高压、高速、高温、高精度发展，并伴有易爆、易燃、易漏等特点，这就使得生产中的危险因素比过去任何时候都大为增加，事故原因也变得更为复杂，且事故后果所带来的损失也愈加严重，迫使安全问题的研究和解决采用一些专门的方法和手段，这样就产生了利用可靠性工程方面的知识解决安全性的问题，从而开始了安全工程的可靠性工程阶段。在此阶段，人们持有“可靠性”即为“安全”的观点，设备（硬件）可靠了，系统也就安全了。因此，在研究和评价系统是否安全时，往往将系统分解为子系统、部件或单元，分析它们的可靠性，看其是否会发生故障，采取措施消除故障（事故）达到系统安全的目的。

肖曼（M. L. Shooman）博士的经典著作《概率可靠性：一种工程方法》，全面、精辟地介绍了可靠性模型和质量控制及其核心工具，并阐明可靠性与安全性的关系："不论何时，只要产品的可靠性影响到了人的生命，那么可靠性问题通常就会成为所谓安全这个大问题的一部分。"

萨根（S. D. Sagan）出版的《安全极限》，提出了"高可靠性理论"，认为危险技术系统的严重事故是可以通过加强组织设计和管理来预防的。实现高可靠和安全运行的4个主要因素是：领导重视可靠性与安全性；人员和技术的高度冗余；营造"高可靠性文化"的氛围；良好的可靠性、安全性培训。

在可靠性工程阶段，安全性并未受到特别的关注，在此阶段安全的基本原则就是：安全是通过可靠性取得的；可靠性通过冗余而进一步加强。因此，可靠性工程学派认为可靠的系统就是安全的系统。对于安全工程来说，从机械可靠性发展电子元器件可靠性再到预测人的可靠性，可靠性工程的发展为安全工程留下许多宝贵的财富，迄今对于安全过程的评价基本上都是依赖于硬件的可靠性工程工具，诸如故障树分析（FTA）、事件树（ETA）、功能危险分析（FHA）和故障模式与影响分析（FMEA）等。

1.2.2 系统安全工程阶段

随着科学技术的发展，技术装备日趋复杂，事故发生日益频繁，人类安全受到的安全威胁愈发严重，可靠性工程的知识满足不了安全工程的需求。20世纪50年代开始系统工程的发展，对安全工程产生了巨大的影响，使人们认识到，除了硬件可靠性导致安全以外，还存在着其他造成事故的因素，诸如产品的危险特性、人为差错和异常环境等因素，以及这些因素的综合。对大量的这些因素导致伤亡的产品所进行的分析表明，大部分都是由于危险特性，而不是产品失效造成的。因此，促使人们以系统工程的观点来进行安全分析与评价。

系统安全工程产生于20世纪60年代初期美、英等国家。当时的美国对系统可靠性和安全性研究不足，仅一年半的时间就连续发生4起重大事故，从而迫使美国以系统工程的原理和方法来研究系统的安全性与可靠性。

随着市场竞争的日益激烈，用户要求的不断提高，迫使制造厂商在开发新产品时，寻求提高产品安全性的新方法和新途径。1965年，美国召开系统安全工程的专门学术会议，开展可靠性分析和系统安全评估取得了良好的效果。在此期间，电子、航空、铁路、汽车和冶金等行业开发了许多系统安全分析和评价的方法。

随着技术装备的复杂化，在系统中出现了专门执行安全功能的安全相关系统，特别是现代由电气、电子器件和计算机为基础组成的系统［一般指可编程电子系统（IEC）PES］，这就提出了这些系统的功能安全问题。1998年，国际电工委员会（IEC）发布了功能安全基础标准IEC 61508《电气/电子/可编程电子安全系统的功能安全》，该标准解决了困扰多年的对复杂安全系统功能安全的问题。

1998年，以IEC 61508为基础，欧洲电工标准化委员会（CENELEC）批准和发布了四个关于轨道交通安全领域内的欧洲标准，即EN 50126《铁路应用　可靠性、可用性、可维修性和安全性（RAMS）规范和说明》；EN 50128《铁路应用　通信、信号和处理系统　铁路控制和防护系统软件》；EN 50129《铁路应用　通信、信号、处理系统　信号安全相关电子系统》；EN 50159-1《铁路应用　通信、信号和处理系统　第1部分：封闭传输系统中的安全相关通信》。

系统安全工程的理论研究和实践仍在不断地完善和发展。系统安全工程以系统工程和安全科学为理论基础，以人—机—环境为研究对象，其研究内容不仅包括辨识、分析、评价和控制技术，而且还包括管理程序、管理方法等管理科学的内容。目前，国内外仍在发表大量的系统安全分析、评价和管理方面的论著，并在各行各业安全技术的实践中进行着大量预先分析、控制事故和提高系统安全性等方面的工作。因此，可以说系统安全工程的理论研究和生产实践仍在不断地完善和发展。

1.3 可靠性理论的发展趋势

1.3.1 技术方法上，由“基于统计的可靠性技术”向“基于机理的可靠性技术”发展

关于可靠性定量要求的实现，采取的方法是可靠性分配、贯彻可靠性设计准则和可靠性预计、可靠性评估。可以看出：这些工作项目中可靠性设计准则是定性的，不能与可靠性定量指标直接挂钩；可靠性预计与评估都是定量的，但是基于统计的。

基于统计的可靠性技术的一个缺陷是，可靠性定量设计难，对可靠性基础统计数据要求严酷，不能与性能设计（特别在方案设计阶段）同步融合，不能定量把握可靠性设计的效果，因而也难以开展与性能设计之间的权衡与优化。针对基于统计的可靠性技术的不足，近年来基于机理的可靠性技术逐渐得到重视，主要形成了“基于失效物理的可靠性设计”“故障预测与健康管理”“可靠性与性能一体化设计”等研究方向。

以失效物理为基础的可靠性工程方法，称之为以科学为基础的可靠性工程方法。这种方法强调在产品进入研制之前，必须开展由多学科组成的并行研究与开发，在研究产品工作原理的同时，要研究其制造方法、失效机理、失效模式和失效模型并运用系统工程的方法开展产品研制，将可靠性设计、制造到产品中去，并使产品具有故障告警和维修时间预测的能力。这种方法已用于微型机械研制中，并开发了 CAD 仿真工具，被称为 21 世纪的可靠性工程方法。

1.3.2 研究对象上，由常规系统向宏观、微观层次和认知（Cognitive）可靠性发展

宏观层次上，网络化系统的建构与运用，也将表现出新的故障模式、故障机理和故障模型。

微观层次上，各种新型材料和新型元器件的发展，各种微型装备、微型部件和组件的发展特别是各种微型电子器件和微机电组件的发展与应用，将会产生新的失效模式、失效机理和失效模型，对可靠性技术提出了新的研究需求。

认知层次上，人因可靠性是“人—机—环”系统可靠性的薄弱环节，人因在重大事故原因中占比达 70% 以上。目前，正从考虑人的身体和生理因素的人机适配，向考虑人的思维认知的可靠性发展。

1.3.3 工具手段上，由一般 CAD 工具向仿真虚拟化和综合集成化发展

仿真虚拟化方面，建模仿真与虚拟现实技术在可靠性领域具有广阔的应用前景，不仅可用于可靠性指标论证、方案权衡、分析设计，还可用于可靠性的试验验证与评价。

综合集成化方面，20 世纪 90 年代随着并行工程的兴起，将各类可靠性 CAD/CAE 工具与传统的性能 CAD/CAE 软件集成到一个综合的并行设计软件环境中，又成为新的发展趋势。综合集成的目标是实现可靠性与性能的并行设计，实现可靠性与其他专业间进行充分的数据共享，同时能将可靠性工作合理地融入产品研制过程当中，形成规范有序的并行设计流程。

1.4 安全性理论的发展趋势

1.4.1 技术安全

技术安全是指人们在生产过程中发生事故所采取的措施，并汲取经验教训而进行的预防工作。也就是查找事故的原因，采取预防措施，防止事故再次发生。

安全技术工作的内容主要包括：分析造成各种事故的原因；研究防止各种事故的办法；提高设备的安全性；研讨新技术、新工艺、新设备的安全措施。采取的措施通常包括：在生产和使用部分设立专职机构（如技术安全科室等），颁布安全生产法规，设置安全防护设备和工具，监督安全生产和使用，进行安全宣传和教育等。

传统的技术安全工作虽然在防止事故中起到重大的作用，特别是对于致因机理明确、升级换代慢的简单系统来说这种做法确实积累了丰富经验。但是，对于复杂系统而言，事故暴露出的问题往往是冰山一角，因此很难做到防患于未然，特别是跟不上技术装备日益复杂、事故频增的发展趋势。

1.4.2 系统安全

系统安全是人们为解决复杂系统的安全性问题而开发、研究出来的安全理论、方法体系，是系统工程与安全工程结合的完美体现。系统是由一些相互联系、相互作用、具有确定功能的部分或因素以一定必然关系组合起来，不断进行整体调节和控制的状态体系。用系统的概念去认识、分析、研究和处理问题时，需要正确理解系统的组成与系统整体之间的关系，还必须掌握紧紧抓住各个组成部分的正负反馈、整体的调节和控制、系统的运动和变化规律。系统安全在传统技术安全工作的基础上，按照系统工程的观点，应用系统分析的方法，来研究系统不发生事故的能力。它是从装备系统内部条件和外部环境触发，研究它们于安全问题的相互关系，掌握危险发生的规律，通过产品设计和对使用操作的规定来减少或控制危险，把事故发生的可能性降到最小限度。系统安全活动贯穿于整个系统生命周期，直到系统报废为止。

人们采用系统安全预先分析、系统安全评价技术，对系统安全过程进行安全控制，开展系统安全管理。目前，工业界通常将系统安全定义如下：

系统安全（System Safety）是指在系统生命周期内应用系统安全工程和系统安全管理方法，辨识系统中的隐患，并采取有效的控制措施使其危险性最小，从而使系统在规定的性能、时间和成本范围内达到最佳的安全程度。

从上述定义可知，系统安全具有如下特征：

（1）系统安全是主动的安全保障。系统安全将视角从事故前移到系统边界上可能出现的不安全状况，采用预先分析，辨识系统中的危害和其致因因素，提前设计消除、控制危害发生和减轻危害的功能、技术、措施，以减少重大事故的发生。

（2）系统安全强调整体权衡。系统安全以风险为基础建立了新的安全评价原则。在风险的基础上，综合权衡所有的系统目标，达到最佳的安全程度。安全不再是“零事故”“零伤亡”，而是不存在无法容忍的风险。后果严重的事故的发生频率不超过容许限度，同时相对常见的事故的后果不超过容许限度。这是一种更加客观、更加科学的安全理念。

（3）系统安全是全过程的安全保障。为了应对系统的动态变化，系统安全工作必须贯穿于整个系统的生命周期。从系统的概念论证、设计开发、制造安装、运用维护直到退役报废的各个阶段都有各自的安全保障任务，完成不同阶段的危害辨识—分析—控制—监督工作。

1.4.3 技术安全和系统安全比较

目前，在实际工作中，系统安全保障需要综合使用技术安全和系统安全两种方法。两种方法的工作内容和分析方法存在较大区别，主要表现在：

传统的技术安全认为事故的根源在于零部件故障，将安全与故障对立起来，主张要么杜绝正常运转阶段的设备故障，要么将故障转入安全状态，以实现绝对安全。由于所谓的“安全状态”往往是系统停止运转、退出物理或化学反应、中止任务的状态，因此系统安全将系统安全性与可用性、任务完成率等系统其他指标对立起来，从而导致安全规章制度的推行步步维艰。虽然“安全第一”的标语随处可见，但是违规操作屡禁不止。这样做仅可实现系统的静态安全，但保证不了系统的动态安全。另一方面，技术安全在分析和解决安全问题时，习惯做法是把已复合成为生产系统的不安全因素逐个地分割开来，孤立地、静止地采取安全工程技术措施来消除（或控制）该系统的不安全因素。通常事故改进措施只是从局部的、零碎的或处于被动状态来解决安全问题的，容易忽略事故的触发条件、限制因素和产生背景。部分措施的普适性难以得到保证，由此生成的规章制度在特定的生产环境中容易出现不合理、不适应的情况，从而生产单位不得不降低了规章制度的重视程度。

系统安全摒弃了“绝对安全”的理念，引入风险概念作为统一尺度，实现安全性与可用、可靠等企业的其他生产目标之间的权衡。系统安全所追求的目标是客观条件允许的可接受安全风险水平，而不是“零事故”的极端理想状况。系统安全工程直面工程系统的设计过程，综合考虑所有可能的危险，如危害、各分系统接口、软件对安全性的影响，不仅设计产品自身的安全功能，更同步明确安全功能执行的前提条件（即产品运行、操作、维护的约束条件），真正实现将安全设计到系统中，使安全工作主动而全面地发挥最佳的作用。

综上所述，系统安全工程和传统的技术安全各有侧重，应该相互补充。例如，传统的技术安全在现场的统计资料是系统安全工程定量研究的重要根据，控制危险的某些措施还有赖于技术安全的管理经验等。系统安全工程在提高工程系统的安全性上有很大的发展和应用前景，随着系统安全工程工作的普及与深入，必将使工业生产和工程系统使用安全水平得到更大的提高，而传统的技术安全工作也将得到改革。

1.5 可靠性与安全性理论方法在铁路信号系统中的应用

铁路运输的危险来源于列车的动能没有得到应有的控制，但是，铁路运输存在的目的就在于将人和货物运送到指定地点。因此，静止的列车虽然绝对安全，但是毫无意义。自铁路运输诞生起，人们都在研究如何安全且高效地使用列车的动能。从最初的油灯到目前广泛使用的列车运行控制系统，人们不断从事故中汲取经验，对铁路运输危害的了解日益全面，逐渐形成了目前的集“人—机—环—管”为一体的铁路运输安全防控体系。

这一体系体现出了铁路运输行业特有的安全特征和技术特征，不仅指导铁路运输安全防护技术的应用，更是有对安全理念的选择。因此，在介绍安全概念之前，有必要先让读者理解铁路运输的安全防御体系，从而更深刻地理解防御体系的缺陷，以及安全理论的初衷。

1.5.1 列车运行安全防控体系

列车运行安全主要是指不发生行车相关事故。影响列车运行安全的主要因素包括气候条件、车辆技术状况、设施设备运行状况、通信信号与行车组织、意外事故即突发事件等。铁路运输经过上百年的发展，从行车事故中汲取经验，形成了以列车运行控制系统为核心，涵盖基础设施（线、桥、隧等）和设备（牵引供电等）的状态监测、自然灾害（风、雨、雪及地震等）报警、设备运用维护人员和行车安全管理规章制度的运行安全防控体系，如图1.5.1所示。

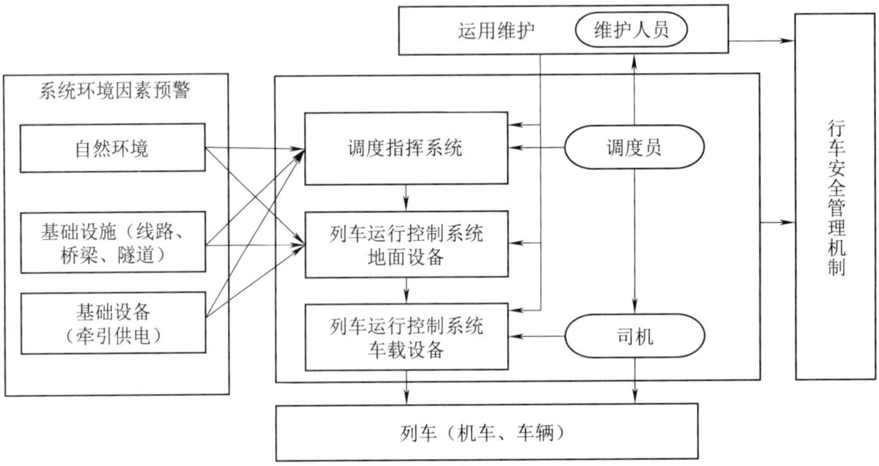

图1.5.1 列车运行安全防控体系框架模型

列车运行控制系统，简称列控系统，是根据列车在铁路线路上运行的客观条件和实际情况，监督、控制和调整列车运行的技术装备。从运营需求来看，列控系统不仅要确保列车安全、高效运行，还应当尽量减少对运营的干扰，即列控系统应满足一定的可靠性、可用性和可维护性要求，同时在内部或工作环境出现异常/故障的情况下，应提供“降级模式”使列车可以在人工的帮助下继续运行。因此，从广义上讲，列控系统是一个由设备、人员和行车安全管理规章制度共同组成的列车运行安全保障体系的“大脑和神经中枢”。

与其他安全相关行业相比，列车运行安全防控体系具有以下3个突出的特点：

首先，列车运行安全防控体系是一个主动安全防护系统。安全苛求系统最常见的定义是所有失效或误动作有可能导致人员伤亡、设备设施损坏和环境破坏的系统。根据这一概念，系统安全设计的目的是降低残余风险，并不关心系统能否正常工作。随着技术的发展，系统中防范安全风险的功能越来越完备，逐渐自成体系，成为一类新的安全苛求系统。与它们的防护对象不同，对于防护系统来说主要危险并不是由其自身引入的，而是早已存在于其工作环境中。因此，防御系统的安全设计不仅要保证系统可以正常工作、可以对目标危害提供足够的防护程度，同时也要求系统自身不会引入其他不可接受的风险。

其次，列车运行安全防控体系有固定的安全侧。铁路运输作为一种地面运输方式，一直将“列车静止”作为绝对的安全状态，出现危险时需采取“使列车停车”为结果的处置措施，即“故障导向安全”，简称“故障—安全”。例如，臂板信号机将“臂板落下”定义为“停车信号”，引线折断、臂板损坏等故障都会向司机发出“停车信号”。自此，“故障—安全”成为铁路运输领域必须贯彻的原则。实际上，对于安全相关系统来说，能够满足“故障导向安全（Fail-Safe）”或“故障导向停车（Fail-Stop）”条件的行业非常稀少。在“故障导向安全”原则下，铁路运输运行安全防控体系的基本功能是发现故障或异常，并触发紧急制动或常用制动使列车及时停车。正因如此，铁路运输行业经常出现行车安全与行车效率的矛盾。

第三，列车运行安全防控体系是复杂的社会技术系统。设备需要直接、间接地与多工种、跨地区的运营人员进行频繁、复杂的交互。特别是在系统由于故障或条件限制不得不使用低等级模式无法全面监控安全时，需要设备与司机、司机与调度、调度与电务和工务在行车安全管理规章的指导下密切合作，完成安全责任的重分配、移交和降级运行。因此，在铁路运输运行安全防控体系中，设备与运营人员并不是简单的机器防护人工错误的关系，而是更加复杂的协同控制关系。系统的设计必须考虑使用者的心智模型，提供足够的信息、提示帮助人员做出正确操作，并避免低级错误造成事故。

1.5.2 列车运行控制系统的安全需求

列控系统应能够保证列车按照既定行车规则安全运行，实现如下基本安全功能。即使在设备故障的情况下，也应在规定人员配合下完成这些功能。

（1）授权列车沿一段线路运行前，应证实该段线路是安全的，即道岔位置正确且锁闭、线路空闲、状态正常（未受自然灾害及施工维修等的影响）。

在一般情况下，列车不能进入有其他列车或社会车辆占用的区段，但获得特殊授权的情况下例外，例如站台共用、列车重联、允许施工和调车。

（2）获得授权的列车进入区段行驶后，应保持该区段的独占性，直到整列列车通过该区段；或授权已被撤销，并且列车已停车；或授权已被撤销（并且这一信息已经传输给列车），且在已授权行驶区段始端前有足够的空间供列车安全停车。

这一项需求不排除区段进路释放的可能性，即列车已出清的区段可以逐渐空闲，以便尽早设置其他进路。

（3）应为列车司机（或自动驾驶子系统）提供/配备明确、一致和及时的信息，确保列车安全控制。此处的信息包含给司机（ATO 子系统）提供开始/停止信息；提供接近运行许可终点或者低速限速区段的警告信息，确保列车安全制动；提供速度、进路、坡度、制动能力等信息。车载数据录入子系统也属于需求规范的范围，司机通过这一子系统设置与列控系统安全运行相关的参数，相关的列控系统安全运行设置也在这一需求的范围之内。

（4）提供足够的空间间隔，确保每一列列车可以安全地制动直到停车。

（5）应在列车越过运行许可终点、列车速度超过最大允许速度，或列车（或单节车）未经授权出现移动的情况下，实施有效干预，以达到防止和/或减轻后果的目的。

可能的技术措施包括列车防护/报警系统、侧面防护、接近控制/信号释放等，也包括其他的措施，例如，列车启动和停车流程、驾驶能力要求、为司机提供信息、预防未经授权进入驾驶室等。

（6）在施工期间，应为列车、工地及工人提供保护措施。无论是否影响列控系统，所有类型施工都应该包含在需求之内。

可以采取的措施包括：控制列车进入正在施工的区段或者由于施工导致安全性降低的区段；当施工结束后，运行列车驶入这个区段前，需确保区段内的障碍物（工程车辆等）都已经被清理完；限制列车速度来帮助保护在轨道上施工的工人，并警告施工工人有列车接近。

（7）应给地面人员（调度、车载值班员等）提供明确、一致且及时的信息，以及适当的控制设备，确保可以通过人工方式完成列车运行安全保障。

注意这里的需求主要指设备故障和降级模式下应给人工操作提供所需要的信息，包括正常模式下可以提供的信息，以及必要的辅助信息，例如，调度员所需要的列车描述、关键故障报警信息，以及录入系统的数据信息。

（8）系统应便于调度员与其他人员之间的通信。通信系统的性能既要满足正常运行的需求，也要满足故障/降级模式下的需求。

不仅包括司机与调度员通信，也包括其他的通信，如邻近控制中心调度员之间，调度员与应急处置人员之间的通信。

（9）应能防止列车进入不兼容线路。该需求应用的情况包括轨道和列车之间的轨距标准不兼容、牵引供电系统不兼容、车载列控子系统不兼容；限制某型列车进入隧道或包括特定类型列车在同一时刻进入某些区段，如危险货车和旅客列车。

（10）在紧急情况下应提供装置指示列车撤回运行许可，立即停车。紧急消息的实时性和可靠性需视突发事件的风险而定，还应考虑在不适合的点使列车停车的风险。

这个需求可以通过信号系统自身或者使用一种可选或独立的装置（如与司机无线通信装置）撤回已发送的运行许可。

复习思考题

1. 可靠性与安全性的重要作用体现在哪里？它们之间有什么联系和区别？
2. 可靠性理论的发展趋势是什么？
3. 安全性理论的发展趋势是什么？
4. 列控系统的特征有哪些？运行安全如何保证？

2 可靠性度量方法

2.1 产品故障及其定义

2.1.1 产品可靠性

美国有关研究报告阐述了可靠性设计、试验及管理的程序和方法。该报告中把可靠度定义为“在规定的时间和规定的条件下，无故障完成规定功能的概率”，将抽象的可靠性概念进行了定量的描述，从而确定了可靠性在科学中的位置。

这里的“规定功能”通常指的就是我们在设计一个产品时希望产品具备的能力，进而达到我们的目的。根据系统科学的定义，产品行为所引起的有利于环境中的某些事务乃至整个环境存续与发展的作用，称为产品的功能。被作用的外部事物，称为产品的功能对象。一般来说，设计产品和制造产品的过程中，要求产品具有某些功能，这些功能通常需要在设计阶段前出定义，并在设计中赋予其特征，可供使用过程中实现。例如，为列车设计的发动机，发动机的最大牵引力是多少，能够有效工作多长时间，维修时间不能超过多少等技术要求，在设计前应当进行明确的定义，在给出的系统需求规格书、功能需求规格书的指导下进行设计和实现，利用相关的控制原理、可靠性原理、结构等多方面的综合设计，实现预期的功能，并通过大量的实验进行验证。

根据相关国家标准，可靠性定义为：产品在规定的条件下和规定的时间内，完成规定功能的能力。因此，一旦产品设计并生产出来，其可靠性也就确定了。可靠性是产品所具有的功能反映到时间上的特性，反映了产品无故障时间的长短（即能够完成规定功能的时间）。“可靠性”的定义与产品的“故障”发生时间密切相关，在规定时间（t_1，t_2）内无“故障”发生，则产品可靠，否则产品不可靠。

2.1.2 产品故障

产品在工作过程中会出现偏差，我们在设计时希望产品具备一定的能力，因为各种各样的问题会导致功能无法总能保持，产品在演化过程中可能会有我们不希望出现的状态，即故障状态。产品从规定功能出现偏差，到超过目标的规定功能水平，出现失效进入故障状态的过程，称为失效过程，通常有一定的性能退化、失效机理。从规定功能到进入故障状态如图 2. 1. 1所示。

随着生产制造技术的快速发展和人类探索自然领域的不断拓展，许多设备变得越来越复杂。这些设备由于机械的复杂性和各种运行因素（如磨损、外部冲击、负载、运行环境）的影响，其性能及健康状态将会发生不可避免的退化，进而造成设备最终进入故障状态。

故障是指产品或者产品的一部分不能或将不能执行规定功能的事件或状态。该定义覆盖了本书提出的失效事件和故障状态，泛指各类故障，本书中将失效用于描述事件，故障用于描述状态，一般性地故障是失效导致的结果，并且“失效”和“故障”单独出现时不做具体区分。

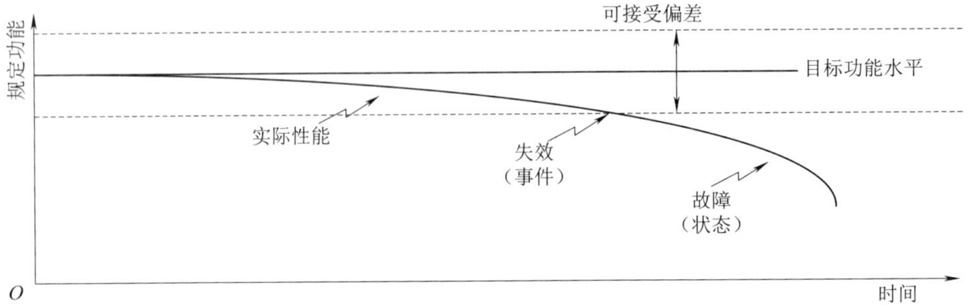

图 2. 1. 1　产品进入故障状态的过程

从铁路运输来看，信号系统故障会影响列车正常运行，给铁路运输造成经济损失。信号系统故障除了造成列车延误，甚至可能酿成列车冲突、追尾、超速颠覆等重大事故，造成人员伤亡和重大经济损失。例如：本应该给出列车禁止运行的命令（信号机显示红灯），而由于铁路信号故障，错误地给出了允许列车运行的命令（信号机显示绿灯）；本应该不允许给出道岔转动的命令，而由于铁路信号故障，给出道岔转动的操作；本应该给出列车减速的操作指令，而由于铁路信号故障，没有给出列车减速的操作指令。这些情况都会造成危及行车安全的后果，对于铁路信号设备或系统是绝对不允许这种情况存在的。也就是说，对于铁路信号设备或系统，绝对不允许其故障后会出现危及行车安全的后果，这就是铁路信号设备或系统设计时必须遵循的“故障—安全”原则。铁路信号故障是可靠性问题，故障的后果危及行车安全是安全性问题。铁路信号的作用和功能决定了可靠性和安全性在铁路信号中的重要性，而随着计算机技术、通信技术、网络技术在铁路信号中的应用，铁路信号功能的增加及系统复杂性程度的增大，使得铁路信号的可靠性和安全性问题越来越受到重视，信号系统的故障特性及其规律是进行可靠性和安全性分析的重要基础。

2. 2　产品故障的度量方法

2. 2. 1　故障的概率度量方法

1. 失效分布函数 $F(t)$

产品的可靠性分析一般是从其失效特性开始的。失效一般分为随机失效和系统失效。随机失效是指由于物理原因（如腐蚀、磨损、热应力、老化等）导致的失效，一般来说其发生时间无法确定。系统失效是指系统生命周期任何阶段安全活动的错误所引发的失效，此类失效在某些特定的输入组合或某些特定的环境条件下必然会发生。

为了研究随机现象的统计规律性，就要对客观事物进行观察，观察的过程叫随机试验（简称试验）。在一次试验中可能出现，也可能不出现的一类结果称为随机事件，简称为事件。在随机试验中，很多试验结果采用数量表示，而实验结果无法用数量表示时，需要设置变量。在随机试验 E 中，Ω 是相应样本空间，如果对 Ω 中每一个样本点 ω 都有唯一一个实数 $X(\omega)$ 与它对应，那么就把这个定义域为 Ω 的单值实值函数 $X=X(\omega)$ 称为随机变量。

产品丧失规定的功能称为故障，或称失效，是一个随机事件。由于产品发生失效的时间是随机的，所以产品从开始工作到失效前的工作时间 T 是一个随机变量。随机变量 T 的分布函数 $F(t)$，称为失效分布函数，根据分布函数的含义：

$$F(t)=P(T\leqslant t) \tag{2.2.1}$$

$F(t)$ 表示在规定条件下，产品从开始工作到失效前的工作时间不超过 t 的概率，或者说，产品在 t 时刻前发生失效的概率，$F(t)$ 也可称为故障累计分布函数。常把产品从开始工作到首次失效前的工作时间 T 称为产品的寿命，所以 $F(t)$ 又称为产品的寿命分布函数。确定一种产品的失效分布函数是一件非常重要和非常基础的工作，因为以后的统计推断很多需要在这个基础上进行。

概率可以用频率来解释，因此也可以用频率来解释失效分布。例如，$F(900)=0.04$ 意味着，在 0 到 900 h 内，平均 100 件产品大约有 4 件失效，而大约有 96 件产品没有失效。反过来，也可以用频率去估计失效分布。假如在 0 时刻有 N 件产品开始工作，而到 t 时刻有 $n(t)$ 件产品失效（图 2.2.1），则可以用频率为

$$\hat{F}(t)=\frac{n(t)}{N} \tag{2.2.2}$$

去估计 t 时刻的失效分布函数值 $F(t)$。

寿命 T 是一个连续型随机变量，其密度函数 $f(t)=F'(t)$ 称为失效概率分布函数，简称失效概率密度函数。

由于寿命 T 的取值总是非负实数，故对 $t<0$ 时，总有 $F(t)=0$ [或 $f(t)=0$]。所以在以后给定失效分布时，需为 $t\geqslant 0$。

根据上面所述，式（2.2.1）可以写成

$$F(t)=\int_0^t f(t)\,\mathrm{d}t \tag{2.2.3}$$

$F(t)$ 的性质如下（图 2.2.2）：

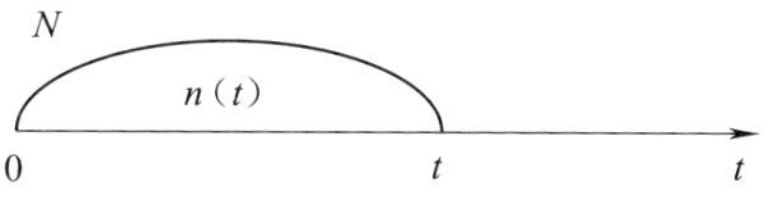

图 2.2.1 失效分布频率

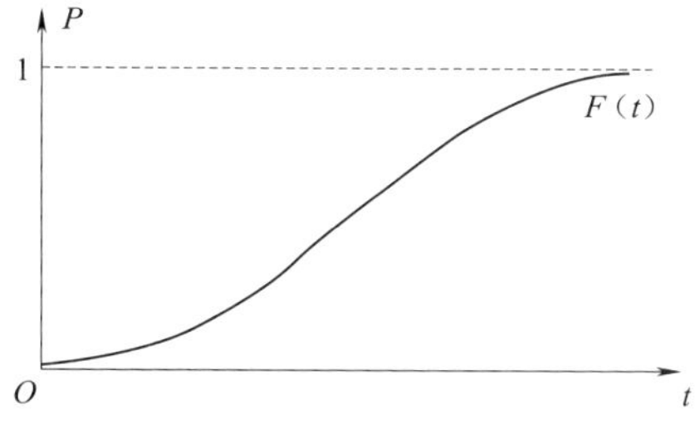

图 2.2.2 $F(t)$ 的性质

（1）$F(0)=0$。

（2）$\lim\limits_{t\to\infty}F(t)=1$。

（3）$F(t)$ 是 t 的非减函数。

2. 可靠度函数 $R(t)$

可靠度是产品在规定的条件下，规定的时间内，完成规定功能的概率。可靠度是时间的函数，称为可靠度函数，记作 $R(t)$。

$$R(t)=P(T>t)=1-F(t)=\int_t^{\infty}f(t)\,\mathrm{d}t \tag{2.2.4}$$

对式（2.2.4）微分可以表示为

$$R'(t) = -f(t) \tag{2.2.5}$$

可靠度也可用频率来解释，例如 $R(900)=0.96$ 意味着，在 900 h 内，平均 100 件产品大约有 96 件产品能完成规定的功能，而大约有 4 件产品失效。反过来，也可以用频率去估计可靠度。假如在 $t=0$ 时有 N 件产品开始工作，而到 t 时刻有 $n(t)$ 个产品失效，仍有 $N-n(t)$ 件产品在继续工作，则可以用频率：

$$\hat{R}(t) = \frac{N-n(t)}{N} = 1 - \frac{n(t)}{N} \tag{2.2.6}$$

估计到 t 时刻的可靠度。

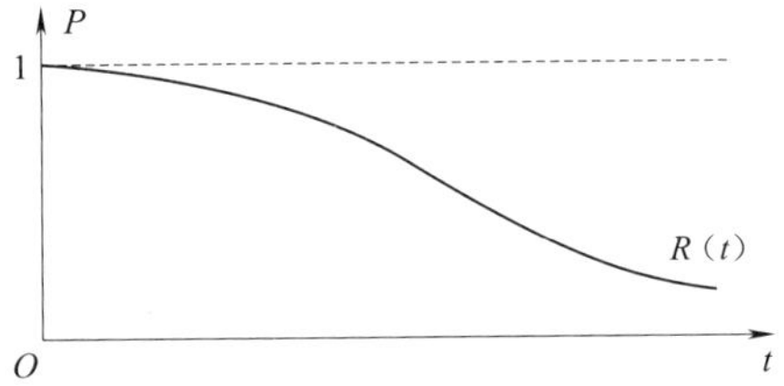

图 2.2.3　$R(t)$ 的性质

$R(t)$ 的性质如下（图 2.2.3）：

（1）$R(0)=1$。

（2）$\lim\limits_{t\to\infty} R(t)=0$。

（3）$R(t)$ 是 t 的非增函数。

图 2.2.4 显示了 $R(t)$ 与 $F(t)$ 的性质；图 2.2.5 显示了 $R(t)$ 与 $F(t)$ 的关系。

从上述讨论可以看出，可靠度函数 $R(t)$ 可以被失效分布函数 $F(t)$ 或失效密度函数 $f(t)$ 完全确定。反之，由 $R(t)$ 也可以唯一确定相应的 $F(t)$ 和 $f(t)$，所以 $R(t)$ 与 $F(t)$、$f(t)$ 一样可以用来描述寿命 T 取值的统计规律性。在可靠性理论中，给出 $R(t)$ 就等于给出了其失效分布。

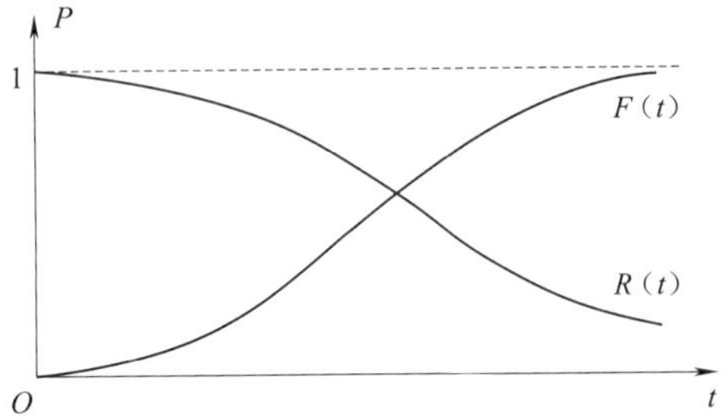

图 2.2.4　$R(t)$、$F(t)$ 的性质

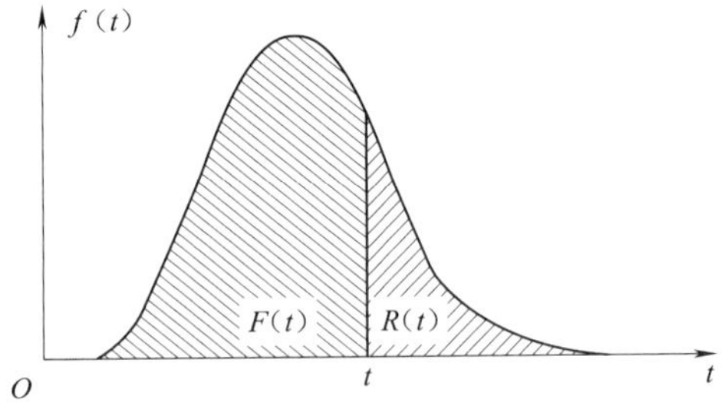

图 2.2.5　$R(t)$ 与 $F(t)$ 的关系

3. 失效率函数

（1）失效率函数

产品的失效率是可靠性理论的重要概念，在实践中，它又是产品可靠性的重要指标，不少产品就是用失效率的大小来确定其等级的。

已工作到时刻 t 的产品，在时刻 t 后单位时间内发生失效的概率称为该产品时刻 t 的失效率函数，简称失效率，记为 $\lambda(t)$。

先把上述定义中的概率理解为频率，对失效率概念做一些直观的解剖，便于正确地理解它的含义，然后来推导失效率的数学表达。

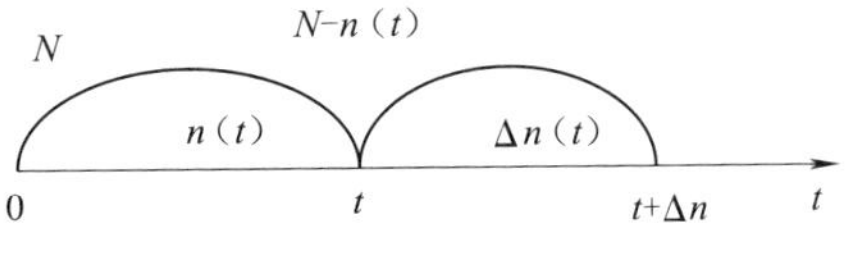

图 2.2.6　失效率的频率解释

如图 2.2.6 所示，设在 $t=0$ 时有 N 个产品开始工作，到时刻 t 有 $n(t)$ 个产品失效，还有 $N-n(t)$ 个产品继续工作的条件下，在时间（t，$t+\Delta t$）内失效的频率为

$$\frac{\Delta n(t)}{N-n(t)} = \frac{\text{在时间}(t,t+\Delta t)\text{内失效的产品数}}{\text{在时刻 } t \text{ 仍然正常工作的产品数}}$$

于是工作到时刻 t 之后，单位时间内发生失效的频率为

$$\frac{\Delta n(t)/[N-n(t)]}{\Delta t}=\frac{\Delta n(t)}{\Delta t[N-n(t)]}=\hat{\lambda}(t) \tag{2.2.7}$$

这个量可以用来估计在时刻 t 的失效率 $\lambda(t)$。

从上述分析中可以看出，失效率是有条件的，"产品工作到时刻 t 后"就是条件。式（2.2.7）分母中的 $N-n(t)$ 就是随着这个条件的变化而变化的；若无这个条件，那么产品的失效频率不是 $\Delta n(t)/[N-n(t)]$，而是 $\Delta n(t)/N$，这时有

$$\frac{\Delta n(t)/N}{\Delta t}=\frac{\Delta n(t)}{\Delta t\cdot N}=\hat{f}(t) \tag{2.2.8}$$

用来估计在时刻 t 的失效密度函数 $f(t)$。

下面将从上述失效率的定义推出失效率 $\lambda(t)$ 的数学表达式。时间"产品工作到时刻 t 后"的概率为 $R(t)$，t 到 $t+\Delta t$ 的是失效概率为 $R(t)-R(t+\Delta t)$，当单位时间 Δt 趋近于零，取极限时，即

$$\lambda(t)=\lim_{\Delta t\to 0}\left[\frac{R(t)-R(t+\Delta t)}{\Delta t\cdot R(t)}\right]=\frac{1}{R(t)}\left[\frac{-\mathrm{d}R(t)}{\mathrm{d}t}\right]=\frac{f(t)}{R(t)} \tag{2.2.9}$$

从式（2.2.9）可得

$$\lambda(t)=\frac{f(t)}{R(t)}=\frac{F'(t)}{R(t)}=\frac{F'(t)}{1-F(t)} \tag{2.2.10}$$

这些都是失效率的数学表达式。从这些关系式中可以看出，假如已知失效分布 $F(t)$ 或 $f(t)$ 可靠度函数 $R(t)$，都可以立即求出 $\lambda(t)$。

反之，假如已知产品的失效率 $\lambda(t)$，那么也可以定出产品可靠度函数 $R(t)$，失效分布 $F(t)$ 或 $f(t)$。

从式（2.2.9）可得

$$\lambda(t)=-\frac{1}{R(t)}\left[\frac{\mathrm{d}R(t)}{\mathrm{d}t}\right]$$

$$\frac{\mathrm{d}R(t)}{R(t)}=-\lambda(t)\,\mathrm{d}t \tag{2.2.11}$$

对式（2.2.11）两边积分：

$$\int_0^t\frac{\mathrm{d}R(t)}{R(t)}=-\int_0^t\lambda(t)\,\mathrm{d}t$$

$$\ln R(t)-\ln R(0)=-\int_0^t\lambda(t)\,\mathrm{d}t$$

由 $R(0)=1$，$\ln R(0)=0$，得

$$\ln R(t)=-\int_0^t\lambda(t)\,\mathrm{d}t$$

$$R(t)=\exp\left[-\int_0^t\lambda(t)\,\mathrm{d}t\right] \tag{2.2.12}$$

于是

$$F(t)=1-R(t)=1-\exp\left[-\int_0^t\lambda(t)\,\mathrm{d}t\right] \tag{2.2.13}$$

$$f(t)=\lambda(t)\exp\left[-\int_0^t\lambda(t)\,\mathrm{d}t\right] \tag{2.2.14}$$

这些结果不仅给出了从失效率 $\lambda(t)$ 推出 $F(t)$、$f(t)$ 和 $R(t)$ 的具体公式，而且还说明 $\lambda(t)$ 与 $F(t)$、$f(t)$、$R(t)$ 一样重要，都可全面地描述产品寿命 T 取值的统计规律性，它们之间是相通的，只是各个概念着重的侧重面不一样，从而用途也不一样。

从式（2.2.7）失效率的估计公式中可以确定失效率的量纲为

$$\hat{\lambda}(t)=\frac{\Delta n}{\Delta t[N-n(t)]}\quad(1/\mathrm{h})$$

例如 $\hat{\lambda}(1\,000)=2\times10^{-5}/\mathrm{h}$，可理解为产品工作 1 000 h 后的 1 h 内，10^5 个产品，有 2 个失效。

式（2.2.12）是可靠度函数的一般形式。如果能够认为 $\lambda(t)$ 是恒定失效率 λ（对于电子设备来说大多数情况都是如此），则式（2.2.12）为

$$R(t)=\mathrm{e}^{-\lambda t}\tag{2.2.15}$$

（2）失效率曲线

人们在各种产品的使用和试验中得到大量数据，对它们进行统计分析之后，发现一般产品的失效率和时间 t 的关系有如图 2.2.7 所示的曲线形式，这条曲线通常称为“浴盆曲线”（Bathtub Curve）。这条曲线明显地分为三段，对应着产品的三个时期。

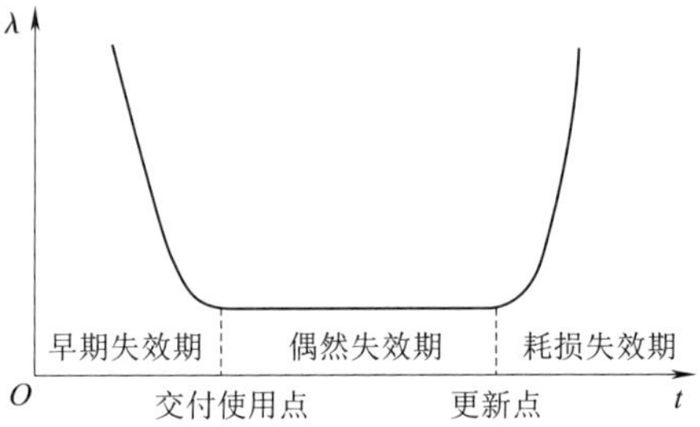

图 2.2.7　失效率曲线

①早期失效期

早期失效期的特点是失效率非常高，但随着产品工作时间的增加，失效率迅速降低。这一阶段产品失效的原因大多是由于原材料和制造过程中的缺陷造成的。如果在生产过程中加强对原材料的检验，加强质量管理，不断提高操作人员技术水平和责任心，就可以大大减少早期失效的产品数量。

使产品的失效率达到偶然失效期失效率水平的时间点称为交付使用点，厂方为了尽快达到交付使用点，常常采用合理的筛选技术和加负荷试验等方法将这些有缺陷、不可靠产品尽早地暴露出来，使剩余的产品有较低的失效率，一旦达到交付使用点的失效率水平，产品就可出厂，交付使用。

②偶然失效期

偶然失效期也称随机失效期或稳定工作阶段。这是产品（特别是整机）的最良好的工作时期。这一阶段的特点是失效率较低且比较稳定，往往可以看作是常数。在这阶段内，产品失效常常是由于多种因素造成的，而每一种因素的影响都不太严重，因此失效纯属偶然。在这一阶段要尽力做好产品的维护和保养工作，使这一阶段尽量延长。假如不注意这一点，就会使更新点（产品从偶然失效期进入到耗损失效期的时间点称为更新点）提前到来。

③耗损失效期

耗损失效期是从材料的老化或机械磨损而引申到可靠性领域来的。耗损失效期的特征是失效率随时间延长而急速增加。到了这一阶段，大部分产品都要开始失效，这时可针对不同情况采取一些补救措施。例如，由于元器件老化引起整机失效，那就更换这部分元器件；对寿命较短的产品可以采取预防性检修措施和替换的办法。

故障发生发展各阶段特征见表 2. 2. 1。

表 2. 2. 1 故障发生发展各阶段特征表

阶段	故障率特性	产 生 原 因	解 决 措 施
早期故障	递减	制造缺陷、焊缝微裂纹、有缺陷的零部件、不良的质量控制等	老练筛选、质量控制、验收试验等
偶然故障	恒定	环境影响、随机应力的作用、人因、未知原因等	余度设计、裕度设计等
耗损故障	递增	材料疲劳、材料老化、磨损等	降额、预防性维修等

2. 2. 2 失效的统计学参数

产品失效前的工作时间称为产品的寿命，平均失效前时间（Mean Time To Failure，MTTF）又称为平均寿命，记为 θ，即

$$\theta = \int_0^{\infty} tf(t)\,\mathrm{d}t = \int_0^{\infty} R(t)\,\mathrm{d}t \tag{2.2.16}$$

失效状态可以用函数完整地描述，但是也需要烦琐的函数求解和表示，然而在许多情况下是一致的，失效函数“中值”大致位于何处以及失效时间与均值相差多远。对此，可以使用所谓的“位置参数和离散参数”。由失效时间可以很简单地求出这些值。用参数来表征失效状态当然意味着一种简化，在此自然会遗失掉一些信息。最熟知的参数是均值和方差或标准离差。因此首先对这些概念加以讨论。

1. 均值

由失效时间 t_1，t_2，⋯，t_n 求出的均值 t_m 为

$$t_m = \frac{t_1 + t_2 + \cdots + t_n}{n} = \frac{1}{n}\sum_{i=1}^{n} t_i \tag{2.2.17}$$

作为位置参数，均值给出了失效时间中值的大概位置。

均值相对于偏离较大的“离散值”很敏感，也就是说，一个极短的或极长的失效时间会大大地影响均值的大小。

2. 方差

经验方差 S^2 描述了与均值的平均偏差，它衡量失效时间与均值 t_m 的离散程度为

$$S^2 = \frac{1}{n-1}\sum_{i=1}^{n} (t_i - t_m)^2 \tag{2.2.18}$$

在计算方差时，求出失效时间与均值的差，然后平方相加。之所以要平方，是为了避免正负偏差互相抵消的情形。

3. 标准离差

经验标准离差 S 从对方差求根得到

$$S = \sqrt{S^2} \tag{2.2.19}$$

标准离差相对于方差的优越之处在于，它具有与失效时间 t_i 相同的量纲。其他重要参数是中位数和众数。

4. 中位数

中位数是当失效数正好为总失效数一半时的失效时间。因此，中位数可以最简单地用失效概率 $F(t)$ 求出

$$F(t_{\mathrm{median}})=0.5 \tag{2.2.20}$$

如果失效状态用密度函数$f(t)$表示，那么中位数将曲线$f(t)$按

$$F(t) = \int f(t)\mathrm{d}t$$

围成的面积分成相等的两块。

中位数相对于均值t_{m}最大的优点在于，它对于偏离较大的“离散值”很不敏感。一个很小的或很大的失效时间都不会使中位数移动。

5. 众数

最常出现的失效时间称为众数，因此，众数t_{mode}可以从密度函数$f(t)$中简单求出。t_{mode}是当密度函数为最大时的失效时间。

在概率论中，众数具有重要的意义。假如进行一个试验，就可以预料，大多数零件在众数时失效。

位置参数均值、中位数和众数在一般的非对称分布时是不相等的（图2.2.8）。只有当密度函数曲线完全对称时，这三个值完全相等。例如，在下文将描述的正态分布就属于这种情形。

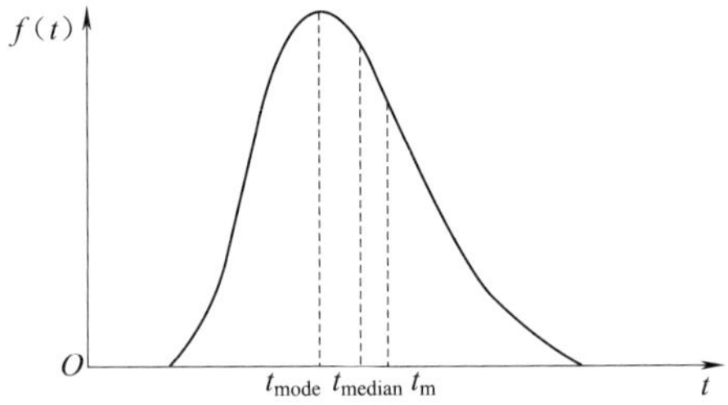

图2.2.8 均值、中位数、众数

2.2.3 故障的时间度量方法

平均失效前时间MTTF是失效前工作时间的期望值，根据统计理论，有

$$\mathrm{MTTF} = \int_0^{\infty} tf(t)\mathrm{d}t = \int_0^{\infty} t\left[-\frac{\mathrm{d}R(t)}{\mathrm{d}t}\right]\mathrm{d}t \tag{2.2.21}$$

通过分部公式，式（2.2.21）可得

$$\int_0^{\infty} t\left[-\frac{\mathrm{d}R(t)}{\mathrm{d}t}\right]\mathrm{d}t = -\left[tR(t)\right]_0^{\infty} + \int_0^{\infty} R(t)\mathrm{d}t$$

由于$R(t)$一般是以e为底的指数函数，如$R(t)=\mathrm{e}^{-\lambda t}$，采用洛必达法则：

$$\lim_{t\to\infty}\left[tR(t)\right] = \lim_{t\to\infty}\frac{t}{\left(\dfrac{1}{R(t)}\right)} = 0$$

又

$$\lim_{t\to 0}\left[tR(t)\right] = 0$$

所以

$$\mathrm{MTTF} = \int_0^{\infty} R(t)\mathrm{d}t \tag{2.2.22}$$

从式（2.2.22）可知，如果知道了可靠度函数$R(t)$就可以计算MTTF，在很多情况下式（2.2.22）可以使MTTF的计算得到简化。

对于可修复的产品，MTTF定义为首次失效前平均工作时间。

2.3 产品寿命规律模型

2.3.1 连续型寿命模型

1. 指数分布

指数分布的失效密度函数为

$$f(t)=\lambda e^{-\lambda t} \quad t \geqslant 0 \tag{2.3.1}$$

式中，λ 是常数。

失效分布函数为

$$F(t)=\int_0^t \lambda e^{-\lambda t} dt = 1-e^{-\lambda t} \quad t \geqslant 0 \tag{2.3.2}$$

可靠性函数为

$$R(t)=\int_t^{\infty} \lambda e^{-\lambda t} dt = e^{-\lambda t} \quad t \geqslant 0 \tag{2.3.3}$$

失效率函数为

$$\lambda(t)=\frac{f(t)}{R(t)}=\frac{\lambda e^{-\lambda t}}{e^{-\lambda t}}=\lambda \tag{2.3.4}$$

失效率为常数，即产品处于偶然失效期，也就是产品稳定工作阶段，因此指数分布是最常用的失效分布函数。

图 2.3.1 至图 2.3.3 分别表示寿命分布为指数分布的可靠度函数、失效密度函数和失效率函数。

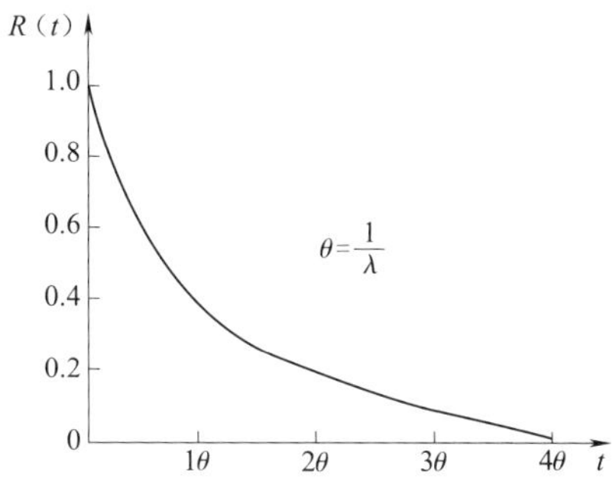

图 2.3.1 指数分布可靠度函数 $R(t)$

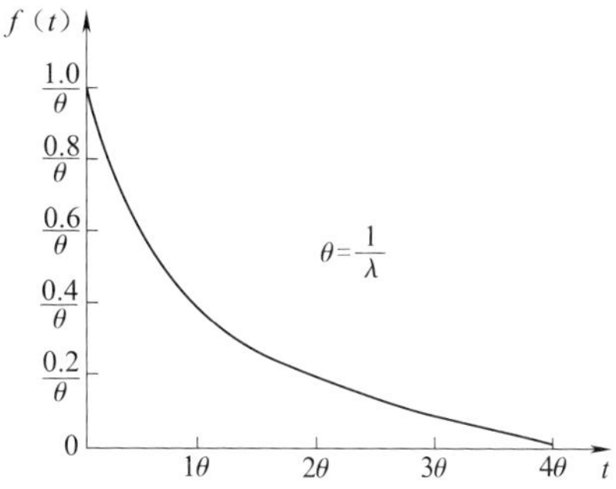

图 2.3.2 指数分布失效密度函数 $f(t)$

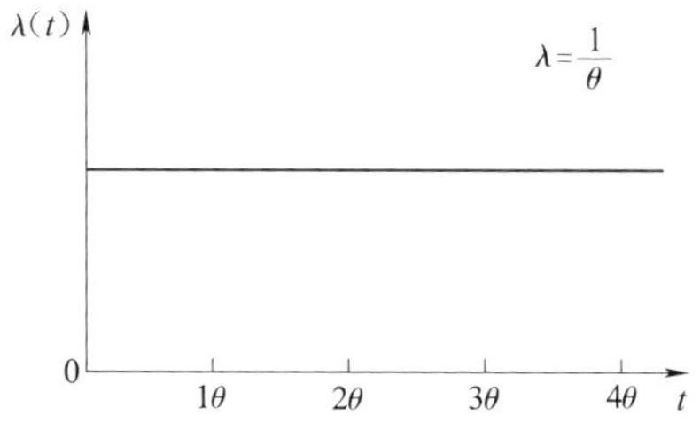

图 2.3.3 指数分布失效率函数 $\lambda(t)$

指数分布的平均寿命为

$$\theta=\int_0^{\infty} R(t)dt=\int_0^{\infty} e^{-\lambda t}dt=\frac{1}{\lambda} \tag{2.3.5}$$

指数分布的平均寿命与失效率互为倒数。对于可修复设备有

$$\text{MTBF}=\theta=\frac{1}{\lambda}$$

2. 正态分布

正态分布记为 $N(\mu,\sigma^2)$，其分布密度函数为

$$f(t)=\frac{1}{\sqrt{2\pi}\sigma}\exp\left[-\frac{1}{2}\left(\frac{t-\mu}{\sigma}\right)^2\right] \tag{2.3.6}$$

式中，μ 为均值；σ 为标准差，它是方差的平方根。

正态分布的失效分布函数为

$$F(t)=\int_{-\infty}^{t}\frac{1}{\sqrt{2\pi}\sigma}\exp\left[-\frac{1}{2}\left(\frac{t-\mu}{\sigma}\right)^2\right]dt \tag{2.3.7}$$

从而可得正态分布的可靠度函数：

$$R(t)=1-F(t)$$

实际应用中多用标准正态分布函数表，标准正态分布密度函数 $\phi(z)$ 为

$$\phi(z)=\frac{1}{\sqrt{2\pi}}\exp\left(-\frac{z^2}{2}\right) \tag{2.3.8}$$

这里 $\mu=0$，$\sigma^2=1$。

标准正态分布，记为 $N(0,1)$。利用换算公式将正态分布转换为标准正态分布：

$$z=\frac{t-\mu}{\sigma} \tag{2.3.9}$$

$$f(t)=\frac{\phi(z)}{\sigma} \tag{2.3.10}$$

标准正态分布的分布函数 $\Phi(z)$ 为

$$\Phi(z)=\int_{-\infty}^{z}\frac{1}{\sqrt{2\pi}}\exp\left(-\frac{z^2}{2}\right)dz \tag{2.3.11}$$

因此，对于正态分布变量 t，在均值 μ 和标准方差 σ 下，有

$$F(t)=P(T\leqslant t)=P\left(z\leqslant\frac{t-\mu}{\sigma}\right)=\Phi\left(\frac{t-\mu}{\sigma}\right) \tag{2.3.12}$$

对于可靠性来说，正态分布有两种基本途径。一是用于分析由于磨损（如机械装置）而发生失效的产品，损耗失效分布往往服从正态分布；另一用途是对制造的产品及其性能是否符合规范进行分析，用于质量控制。

3. 对数正态分布

当随机变量 T 的对数 $\ln T$ 服从参数为 μ、σ 的正态分布 $N(\mu,\sigma^2)$ 时，那么称随机变量 T 服从对数正态分布。习惯记法为 $\ln T\sim N(\mu,\sigma^2)$，$T$ 的分布密度函数 $f(t)$ 和分布函数 $F(t)$ 分别为

$$f(t)=\frac{1}{\sqrt{2\pi}\sigma t}\exp\left[-\frac{1}{2}\left(\frac{\ln t-\mu}{\sigma}\right)^2\right]\quad t>0 \tag{2.3.13}$$

$$F(t)=\int_{0}^{t}f(t)\,dt=\int_{0}^{t}\frac{1}{\sqrt{2\pi}\sigma t}\exp\left[-\frac{1}{2}\left(\frac{\ln t-\mu}{\sigma}\right)^2\right]dt \tag{2.3.14}$$

对数正态分布用于半导体器件的可靠性分析和某些种类的机械零件的疲劳寿命分析，也用于维修性分析中对维修时间数据进行分析。

4. 威布尔分布

在可靠性工作中威布尔分布非常有用，因为它是通用分布，通过调整分布参数可构成不同分布，为各种寿命分布特性建立模型。

威布尔分布失效密度函数为

$$f(t)=\frac{m}{\eta}\left(\frac{t-\gamma}{\eta}\right)^{m-1}\exp\left[-\left(\frac{t-\gamma}{\eta}\right)^{m}\right] \tag{2.3.15}$$

式中，m 为形状参数；η 为尺度参数或特征寿命（达到该寿命时，失效的概率为 63.2%）；γ 为位置参数，最低的寿命。

在可靠性分析中，大多数情况下，$\gamma=0$（假设 $t=0$ 时开始失效），得到两个参数的威布尔分布，失效密度函数则成为

$$f(t)=\frac{m}{\mu}\left(\frac{t}{\mu}\right)^{m-1}\exp\left[-\left(\frac{t}{\eta}\right)^{m}\right] \tag{2.3.16}$$

并且失效分布函数 $F(t)$、可靠度函数 $R(t)$ 和失效率函数 $\lambda(t)$ 分别为

$$F(t)=1-\exp\left[-\left(\frac{t}{\eta}\right)^{m}\right] \tag{2.3.17}$$

$$R(t)=\exp\left[-\left(\frac{t}{\eta}\right)^{m}\right] \tag{2.3.18}$$

$$\lambda(t)=\left(\frac{m}{\eta}\right)\left(\frac{t}{\eta}\right)^{m-1} \tag{2.3.19}$$

对于不同的 m 值，威布尔函数可以有几种分布形式：$m<1$，伽马分布；$m=1$，指数分布；$m=2$，对数正态分布；$m=3.5$，近似于正态分布。

当 $m<1$ 时，为早期失效期的模型；当 $m=1$ 时，为偶然失效期的模型；当 $m>1$ 时，为耗损失效期的模型。

威布尔分布的平均寿命为

$$\theta=\eta\Gamma\left(1+\frac{1}{m}\right) \tag{2.3.20}$$

式中，$\Gamma(p)=\int_0^{\infty}x^{p-1}\mathrm{e}^{-x}\mathrm{d}x\ (p>0)$，是 Γ 函数。

常见连续寿命分布函数见表 2.3.1。

表 2.3.1 常见连续寿命分布函数

分布形式	失效密度函数 $f(t)$	可靠度函数 $R(t)$	失效率函数 $\lambda(t)$
指数分布	$\lambda e^{-\lambda t}$	$e^{-\lambda t}$	λ
	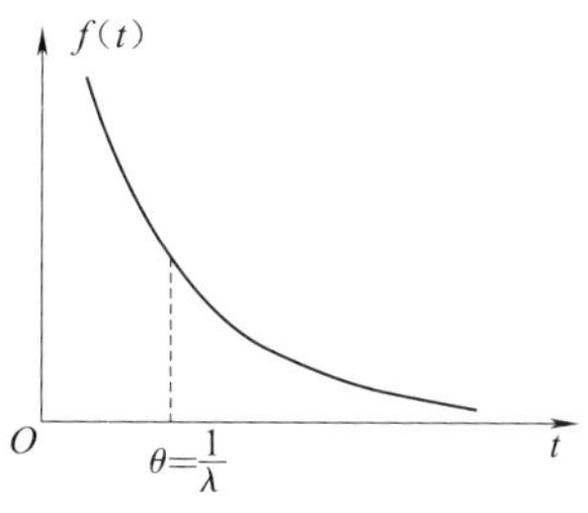	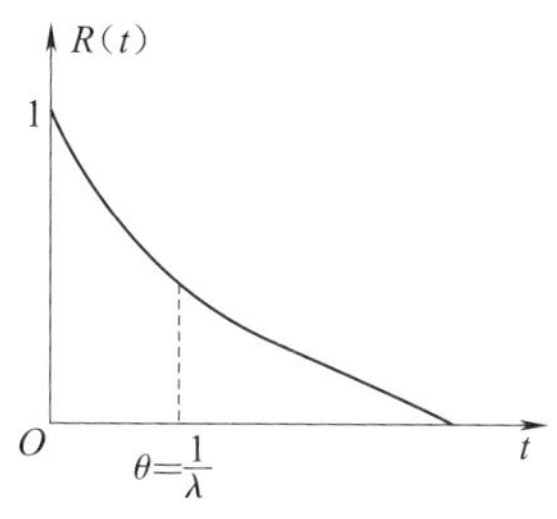	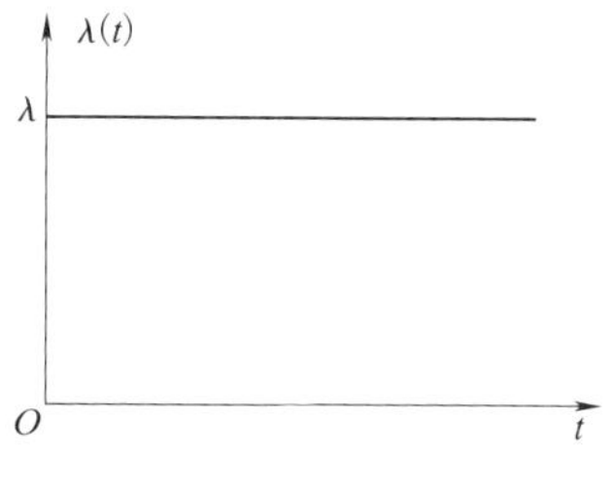

续上表

分布形式	失效密度函数 $f(t)$	可靠度函数 $R(t)$	失效率函数 $\lambda(t)$
正态分布	$\frac{1}{\sigma\sqrt{2\pi}}e^{-\frac{1}{2}\left(\frac{t-\mu}{\sigma}\right)^2}$	$\frac{1}{\sigma\sqrt{2\pi}}\int_t^{\infty}e^{-\frac{1}{2}\left(\frac{t-\mu}{\sigma}\right)^2}\mathrm{d}t$	$\frac{e^{-\frac{1}{2}\left(\frac{t-\mu}{\sigma}\right)^2}}{\int_t^{\infty}e^{-\frac{1}{2}\left(\frac{t-\mu}{\sigma}\right)^2}\mathrm{d}t}$
	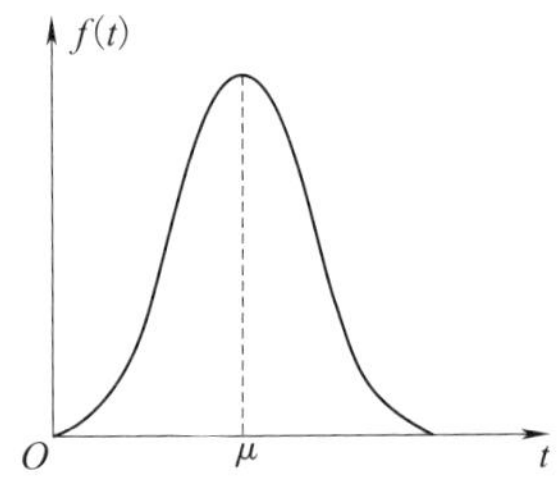	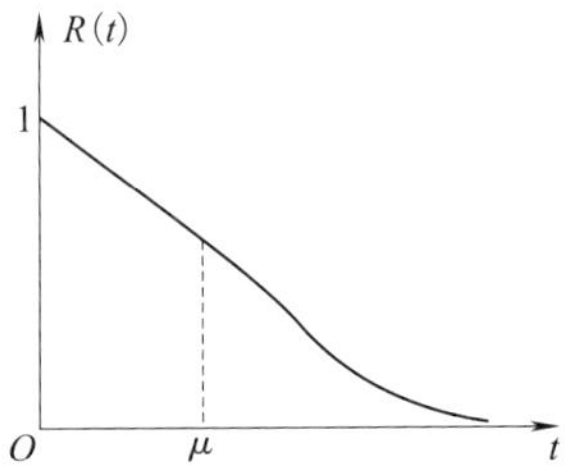	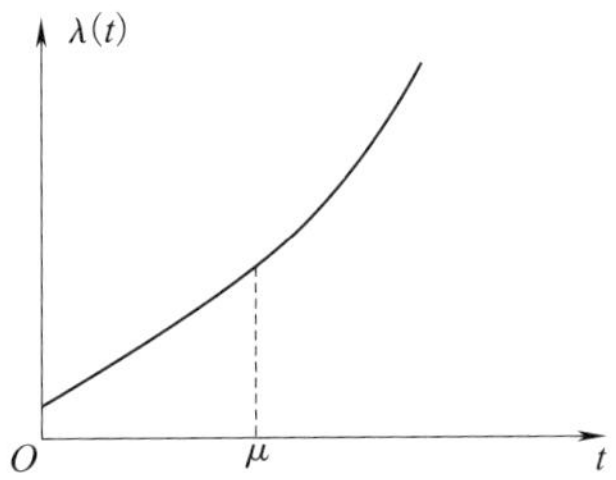
对数正态分布	$\frac{1}{\sigma t\sqrt{2\pi}}e^{-\frac{1}{2}\left(\frac{\ln t-\mu}{\sigma}\right)^2}$	$\frac{1}{\sigma\sqrt{2\pi}}\int_t^{\infty}\frac{1}{t}e^{-\frac{1}{2}\left(\frac{\ln t-\mu}{\sigma}\right)^2}\mathrm{d}t$	$\frac{\frac{1}{t}e^{-\frac{1}{2}\left(\frac{\ln t-\mu}{\sigma}\right)^2}}{\int_t^{\infty}\frac{1}{t}e^{-\frac{1}{2}\left(\frac{\ln t-\mu}{\sigma}\right)^2}\mathrm{d}t}$
	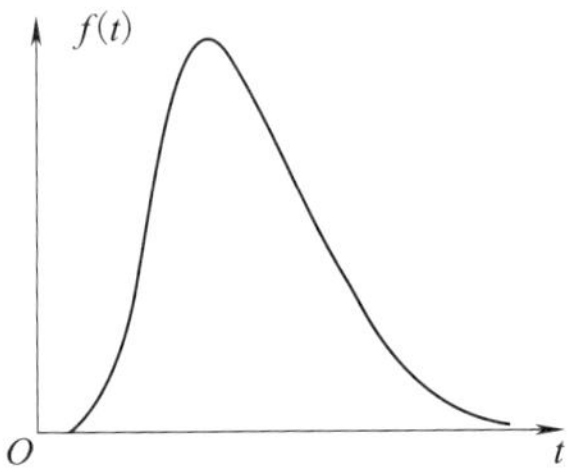	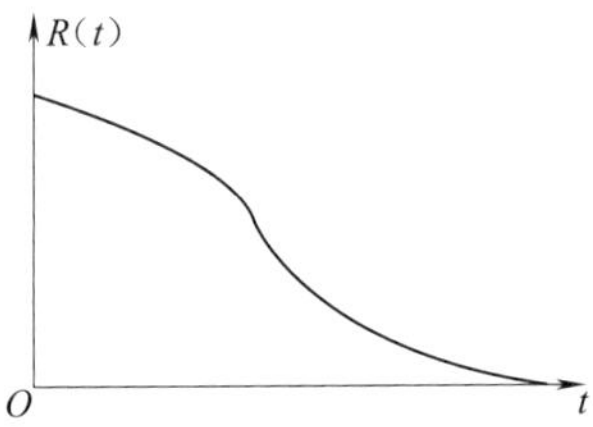	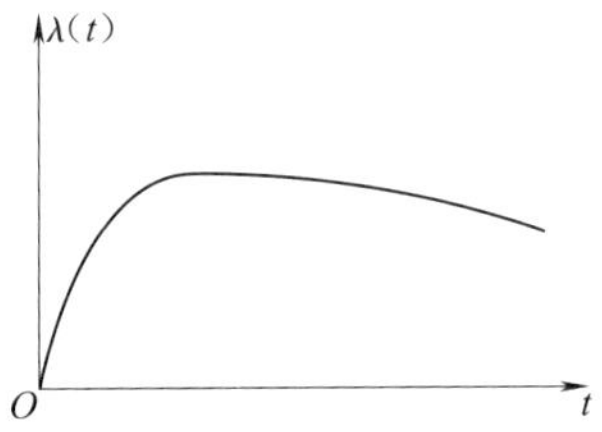
威布尔分布 $\gamma=0$	$\frac{m}{\eta}\left(\frac{t}{\eta}\right)^{m-1}e^{-\left(\frac{t}{\eta}\right)^m}$	$e^{-\left(\frac{t}{\eta}\right)^m}$	$\frac{m}{\eta}\left(\frac{t}{\eta}\right)^{m-1}$
	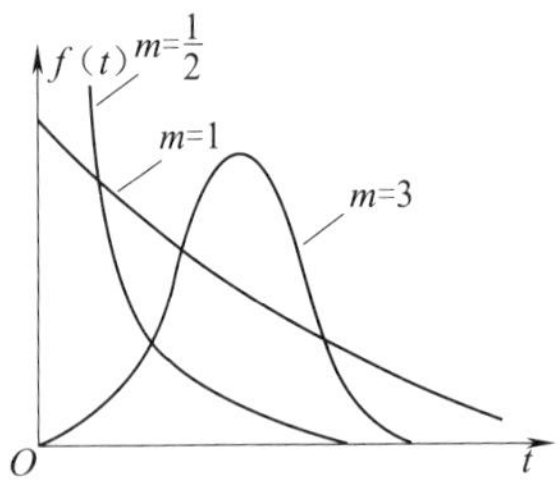	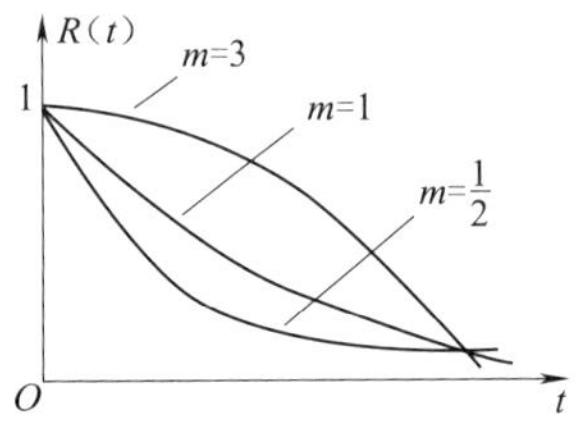	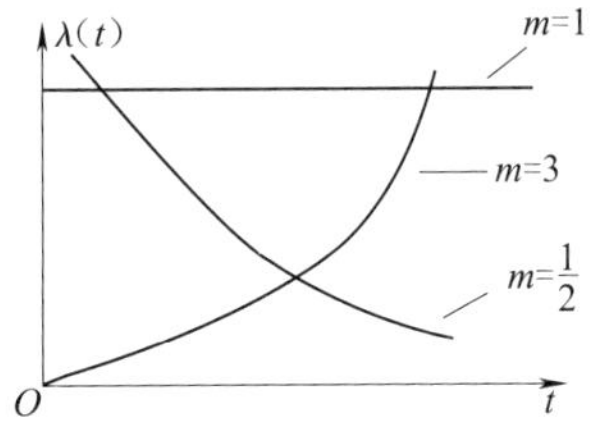

2.3.2 离散型寿命模型

1. 二项分布

二项分布一般用于描述一个事物只有两种可能状态或结果的情况，如成功和失败，好和坏，并且对所有试验来说，概率都相同，这种分布对可靠性和质量保证工作都很有用。当产品中好产品（成功）的概率为 p，坏产品（失败）的概率为 q 时，抽出 n 个样本中有 x 个好产品和 $(n-x)$ 个坏产品的概率为

$$P(X=x)=C_n^x p^x q^{n-x} \tag{2.3.21}$$

这里

$$C_n^x=\frac{n!}{x!\ (n-x)!},\ q=1-p$$

累积分布函数为

$$P(X\leqslant r)=\sum_{x=0}^{r}C_n^x p^x q^{n-x} \tag{2.3.22}$$

表示抽出 n 个样本中最多有 r 个好产品的概率。

2. 泊松分布

泊松分布是可靠性分析中最常用的一种分布，可以把泊松分布看成是当 n 为无限大时的二项分布。事实上，当 $n\geqslant 20$ 且 $p\leqslant 0.05$ 时，泊松分布用来近似表示二项分布。

泊松分布描述的是某随机事件在所研究的时间区间（0，t）内出现次数的概率，满足泊松分布的条件为：

（1）在（a，$a+t$）时间内，事件出现次数的概率与时间的起点 a 无关，仅仅与时间的长短 t 有关。

（2）在两段不重叠的时间（a_1，a_2）和（b_1，b_2）内事件出现的次数 k_1，k_2 相互独立的。

（3）在很短的时间（0，t）内，出现两次或两次以上事件的概率是很小的，而出现的次数为一次的概率近似为 λt。在时间（0，t）内事件出现 k 次的概率可表示为

$$P(X=k)=\frac{(\lambda t)^k}{k!}e^{-\lambda t} \tag{2.3.23}$$

用于可靠性分析时，式（2.3.23）中 λ 为失效率；t 为时间长度；k 为失效次数。

在 t 时刻，可靠度函数 $R(t)$ 或零失效的概率可由下式给出：

$$R(t)=\frac{(\lambda t)^0}{0!}e^{-\lambda t}=e^{-\lambda t}$$

这就是我们熟悉的指数分布。

泊松分布是失效分布为指数分布时，t 时刻出现 k 次失效的分布。

泊松分布适合于描述单位时间（或空间）内随机事件发生的次数，如某一服务设施在一定时间内到达的人数，机器出现的故障数，自然灾害发生的次数等。泊松分布在管理科学、运筹学以及自然科学的某些问题中都占有重要的地位。

2.4 产品维修性和可用性度量方法

从可靠性的定义来看，在规定时间（t_1，t_2）内产品正常工作，则产品可靠，否则不可靠。因此，可靠性度量的目标是如何使得产品的平均失效前时间（MTTF）更长，但是产品不可避免地会出现故障，在故障发生之后，针对产品的价值会进行是否维修的判断。

维修性是对产品发生故障之后，如何尽快排除故障的方法及度量。因此维修性是针对可修复系统提出的，系统的状态为工作（Work，W）或维修（Repair，R）两种状态。可靠性和维修性构成了工作和维修对应的描述，因此引入可用性的概念对系统的整体工作性能进行度量。因此，可靠性（Reliability，R）、可用性（Availability，A）和维修性（Maintainability，M）构成了 RAM 的概念，一般 RAM 称为“广义可靠性”或可信性（Dependability）。

2.4.1 维修性度量方法

根据相关标准对维修性的定义为：产品在规定的条件下和规定的时间内，按规定的程序

和方法进行维修时，保持或恢复到规定状态的能力。

因此与可靠性类似，维修性亦有“能力”和“概率”两种描述方式。针对可靠性定义中“规定时间”和“规定条件”，维修性定义中亦有此描述，并且增加“规定程序和规定方法”的描述。在铁路领域，“规定程序和规定方法”一般称之为“修程修制”。修程修制，就是维修范围、方式、标准、周期、级别、策略等维修规程和制度方面的安排。以 CRH 系列动车组为例，修程修制统一划分为一至五级。一至二级为运用检修，三至五级为定期检修。运用检修在运用所内进行，定期检修在动车段内进行。

可以用推导可靠性函数时使用的方法来推导维修性函数。以修复时间 t 代替失效前时间 t，以修复率 μ 代替失效率 λ，以 $M(t)$ 在某时刻 $t=\tau$ 成功地完成一次维修的概率，记为 $M(t)=P(\tau\leq t)$ 代替 $F(t)=P(T\leq t)$。因此，在可靠性和维修性函数中有下列对应关系：

（1）维修性中的修复时间概率密度函数（pdf）对应可靠性中的失效前工作时间的概率密度函数。

（2）维修性中的修复率函数对应可靠性中的失效率函数，修复率是完成一次修复活动的速度。

（3）维修性中的维修度（修复成功的概率）对应可靠性中的不可靠度（失效的概率）。

表 2.4.1 给出了可靠性和维修性函数的对照比较。

表 2.4.1　可靠性和维修性函数的对照比较

可　靠　性	维　修　性
失效概率密度函数（pdf） $f(t)$	维修时间概率密度函数（pdf） $m(t)$
可靠度 $R(t)=\int_t^{\infty}f(t)\mathrm{d}t$	维修度 $M(t)=\int_0^t m(t)\mathrm{d}t$
失效率 $\lambda(t)=\dfrac{f(t)}{R(t)}$	修复率 $\mu(t)=\dfrac{m(t)}{1-M(t)}$
故障前平均工作时间（MTTF） $\text{MTTF}=\int_0^{\infty}tf(t)\mathrm{d}t=\int_0^{\infty}R(t)\mathrm{d}t$	平均修复时间（Mean Time To Repair，MTTR） $\text{MTTR}=\int_0^{\infty}tm(t)\mathrm{d}t$
故障前工作时间的概率密度函数 $f(t)=\lambda(t)R(t)=\lambda(t)\exp\left[-\int_0^t\lambda(t)\right]\mathrm{d}t$	修复时间的概率密度函数 $m(t)=\mu(t)[1-M(t)]=\mu(t)\exp\left[-\int_0^t\mu(t)\right]\mathrm{d}t$

【例】 某工厂维修 20 个道岔紧固件，每个紧固件的修理时间（单位为 min）如下：48，59，68，86，90，105，110，120，126，128，144，150，157，161，172，176，180，193，198，200。

试求：（1）160 min 时的维修度。

（2）MTTR。

（3）120 min 时的修复率。

解：（1）

$$\hat{M}(t)=\frac{t\text{ 时间内修复的个数}}{\text{维修总个数}}$$

$$\hat{M}(160)=\frac{13}{20}=0.65$$

（2）

$$\text{MTTR}=\frac{\text{各台修复时间的总和}}{\text{维修总台数}}$$

$$\text{MTTR}=(48+59+68+\cdots+198+200)/20=\frac{2\ 671}{20}=133.55\ \text{min}$$

（3）以 $\Delta t=15$ min 作为修复率计算使用的维修时间间隔：

$$\hat{\mu}(t)=\frac{\text{在时间区间}(t,t+\Delta t)\text{内修复的台数}}{\text{到时刻 }t\text{ 仍未维修好的台数}\times\Delta t}$$

$$\hat{\mu}(120)=\frac{2}{12\times 15}=0.011/\text{min}$$

类似于可靠性分析，维修性分析中最常用的分布有正态分布、对数正态分布和指数分布。在设备和系统的维修性分析中对数正态分布得到最广泛的应用。正态分布适用于比较简单的维修项目和修复活动（如简单的拆除和更换工作项目），这种维修工作始终需要固定的完成的时间。指数分布适用于与以前的维修经验无关的维修过程。

修复时间为指数分布时，其修复时间密度函数、维修度、修复率和平均修复时间分别为

$$m(t)=\mu e^{-\mu t}$$

$$M(t)=1-e^{-\mu t}$$

$$\mu(t)=\mu$$

$$\text{MTTR}=\frac{1}{\mu}$$

一般来说，修复时间密度函数为对数正态分布。然而，在实践中修复时间的对数标准差一般是未知的，在没有合理的估计值时，使用的办法是把指数分布当作对数正态分布的近似分布使用。一般来说，指数近似分布是偏保守的。指数分布时在 t 时刻的修复概率如下

$$M(t)=1-e^{-\frac{t}{M_{ct}}}=1-e^{-\mu t}$$

式中　$M(t)$——在规定时间 t 的修复概率；

M_{ct}——已知的平均修复时间（总维修时间除以总的维修次数）。

2.4.2　可用性度量方法

从定义来看，欧洲标准 EN 50126：1999《Railway applications-The specification and demonstration of Reliability，Availability，Maintainability and Safety（RAMS）》“铁路应用可靠性、可用性、可维修性和安全性（RAMS）规范和说明”中 Availability 定义为：The ability of a product to be in a state to perform a required function under given conditions at a given instant of time or over a given time interval assuming that the required external resources are provided. 也有标准对可用性的定义为：产品在任一时刻需要和开始执行任务时，处于可工作或可使用状态的程度。可用性的概率度量称为可用度。

可用性在度量时，因其与观测时间 t 有关，因此考虑 t 的当前时刻，以及［0，t）时刻

整个时间范围等，所考虑的可用度表述方法有很多种，比较常用的可用度描述分为5种。

（1）瞬时可用度 $A(t)$

系统在开始工作之后，在任意随机时刻 t 处于工作状态的概率。

（2）任务可用度 $A_m(t_2-t_1)$

任务成功的概率度量，在任务期间，系统可以使用的时间在时间间隔（t_2-t_1）中所占的比例，或

$$A_m(t_2-t_1)=\frac{1}{t_2-t_1}\int_{t_1}^{t_2}A(t)\mathrm{d}t$$

这个参数也叫作平均可用度 $\bar{A}$。

（3）稳态可用度 A

当 t 很大或当 $t\to\infty$ 时，系统处在工作状态的概率：

$$A=\lim_{t\to\infty}A(t)$$

（4）达到的可用度 A_A

$$A_A=1-\frac{维修时间}{总时间}=\frac{工作时间}{总时间}$$

维修时间包括修复性维修时间和预防性维修时间。

（5）固有可用度 A_i 及平均故障间隔时间（Mean Time Between Failure，MTBF）

可用性是描述可修复系统的性能指标，从稳态可用度和达到的可用度来看，均考虑了故障的时间，而 MTTF 只考虑工作到故障的时间 T，如图 2.4.1 所示。而有故障的过程，正常工作的时间是分为多个部分的，因此引入平均故障间隔时间的概念。

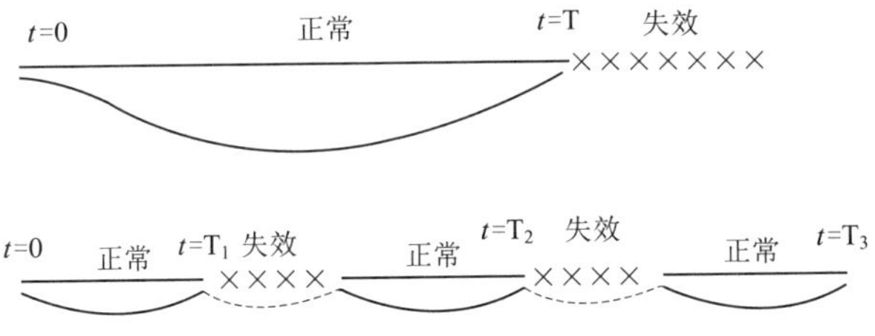

图 2.4.1　不可修复系统与可修复系统工作过程差异

平均故障间隔时间 MTBF 即发生故障的部分可更换或修理，统计所有工作时间的平均值。MTBF 的表达式为

$$\mathrm{MTBF}=\frac{T(t)}{r}$$

式中　$T(r)$——总工作时间；

r——失效次数。

对于可以完全修复的理想产品（即修复后的产品和新产品一样，一般可考虑失效率恒定的产品），这时可简单地认为 MTBF = MTTF：

$$\mathrm{MTBF}=\int_0^{\infty}tf(t)\mathrm{d}t$$

总结来看，MTTF 和 MTBF 的适用场景的区别主要在于对应的产品是否可维修。MTTF 用于表示不可修复系统平均失效前时间，MTBF 用于表示可修复系统平均失效间隔时间。

固有可用度 A_i 为仅与工作时间和修复性维修时间有关的一种可用性参数，其度量方法为：产品的平均故障间隔时间与平均故障间隔时间和平均修复时间的和之比，即

$$A_i = \frac{\text{MTBF}}{\text{MTBF} + \text{MTTR}}$$

它一般不包括预防性维修时间。A_i 主要由设备或系统设计所决定。

当可靠度 $R(t)$ 和维修度 $M(t)$ 均为指数分布时，且

$$\text{MTBF} = \frac{1}{\lambda}$$

$$\text{MTTF} = \frac{1}{\mu}$$

有

$$A_i = \frac{\text{MTBF}}{\text{MTBF} + \text{MTTR}} = \frac{\mu}{\mu + \lambda}$$

由式可知，固有可用度中包含了失效率 λ 和修复率 μ，分别为可靠度和维修度参数，因此可用度的估计离不开可靠度和维修度。一般地，可靠度和维修度的度量是可用度度量的基础。

复习思考题

1. 什么是可靠度？什么是不可靠度？
2. 失效率、平均失效前时间（MTTF）、平均失效间隔时间（MTBF）的定义是什么？
3. 失效概率密度函数 $f(t)$ 与失效率 $\lambda(t)$ 之间的区别和联系是什么？
4. 产品的浴盆曲线的 3 个阶段是什么？
5. 从可靠性的概念出发，针对指数分布、正态分布和威布尔分布的 $R(t)$、$F(t)$、$f(t)$、$\lambda(t)$ 之间是什么函数表达式？各有什么特点？
6. 试着比较可靠度和维修度函数的异同。

3 系统可靠性建模方法

3.1 可靠性模型概述

3.1.1 可靠性模型及分类

由若干部件（可以是整机、元器件等）组成的完成某一功能的整体称为系统，而组成系统的部件，称为单元。可靠性数学模型研究的就是系统可靠性和单元可靠性之间的关系，是从研究产品故障规律的角度建立的一种模型。按照研究对象的不同，可分为元件、单元、部件、系统等不同级别的可靠性模型。对于简单的产品，一个产品即为一个整体，不考虑其内部构造，构建描述其外部特性的模型称为元件或单元的可靠性模型。对于复杂的产品，其由相互作用和相互依赖的单元有机组成，构建描述元件、单元间的可靠性关系模型，通过其可靠性规律推测系统的可靠性规律，这种模型称为系统可靠性模型。

系统可靠性模型的本质是系统或者单元的故障特征规律的数学描述。系统可靠性模型的种类繁多，并且分别建立了各类标准。从基于故障逻辑的系统可靠性模型来讲，该类模型通过形成形式化（Formal）的表达系统与其组成要素之间故障逻辑关系和逻辑过程建立可靠性关系模型，主要包括可靠性框图（Reliability Block Diagram，RBD），马尔可夫模型，故障树模型分析（Fault Tree Analysis，FTA），等等。

3.1.2 系统功能分析与任务定义

为正确地建立系统的可靠性模型，必须对系统的构成、原理、功能和接口等方面有完整的理解，即系统定义与分析。从可靠性定义的 3 个方面，从规定功能（功能分析、故障定义）以规定条件和规定时间 3 个方面进行。

1. 规定功能

产品的设计一般按照自顶向下的原则设计分为 6 个层次，即装备、系统、分系统、设备、组件、元件，可划分为系统级和单元级。按照功能的方式构造工程结构框图、形成功能的分解与分类。一般地，按照图 3.1.1 的工程结构框图与可靠性的描述存在差异，将在基于故障逻辑的系统可靠性建模部分进行分析。

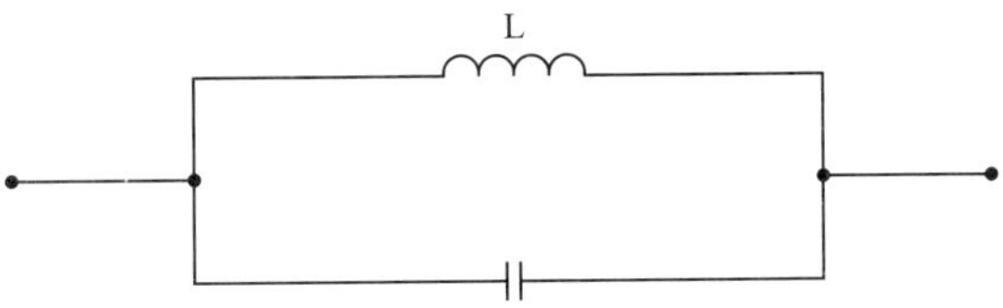

图 3.1.1　工程结构框图

2. 规定时间

从可靠性的定义来看，产品完成规定功能的时间，指的是起始时间 t_1 和结束时间 t_2 的区间。所使用的时间度量单位为时间单位或相当于时间单位的公里数、周期数等。在铁路领域经常使用的时间描述为 FIT（Failure In Time）。1 FIT 代表运行 10^9 h，出现 1 个设备故障。

3. 规定条件

规定条件一般分为自然环境条件、诱发环境条件、使用条件、维修条件等。自然环境条件包括气候、地形等地球表面存在的各种因素。气候因素主要包括温度、湿度、尘雾、风、雨、太阳辐射等。地形因素主要包括地形轮廓、土壤、植物、动物、微生物等。诱发环境条件包括人为制造环境和人为改变环境。人为制造环境包括放射现象、核爆炸冲击波引起的空气污染和电磁干扰等。人为改变环境包括人的活动对自然环境条件作用而产生的环境条件，如热岛效应、温室效应等。使用条件包括功能模式、工作时间及使用频度，输入信号的要求和误差，工作能源特性及误差。例如：AC-DC。维修条件包括维修方式、维修人员状况、维修设备和工具等。

3.2 基于故障逻辑的系统可靠性模型

3.2.1 可靠性框图模型

1. 可靠性框图法

可靠性框图（RBD）用来表示系统功能与系统各单元之间的可靠性功能关系。将系统的零件及它们的连接关系用图形化的方式表现出来，此框图（由长方形表示）并不体现其所代表的零件或子系统的细节。可靠性框图在应用过程中，应当优先考虑系统的工程系统结构与可靠性描述的 RBD 之间的关系，基于正确的可靠性结构 RBD、各单元的可靠性特征即可进行系统可靠性特征的估计，如图 3.2.1 所示。

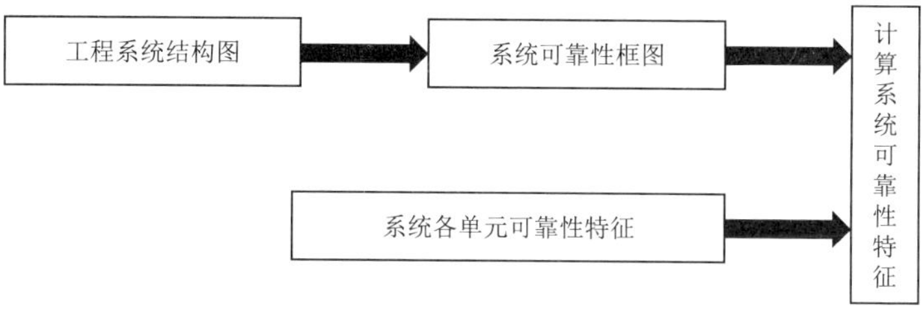

图 3.2.1 可靠性框图应用流程

系统工程结构图是用来表示系统各单元之间的物理关系和工作关系。可靠性框图与工程结构图不完全等价，有时在工程结构图中是串联的，而在可靠性框图中却是并联的；有时工程结构图中只需一个方框表示即可，而在可靠性框图中需要两个或几个方框才能表示出来。

如图 3.2.2 所示，最简单的振荡电路由一个电感 L 与一个电容 C 组成，图 3.2.2（a）中，电感与电容为并联，但是在可靠性框图中它们却是串联关系。这是因为电感 L 和电容 C 中任意一个故障都会引起振荡电路故障。

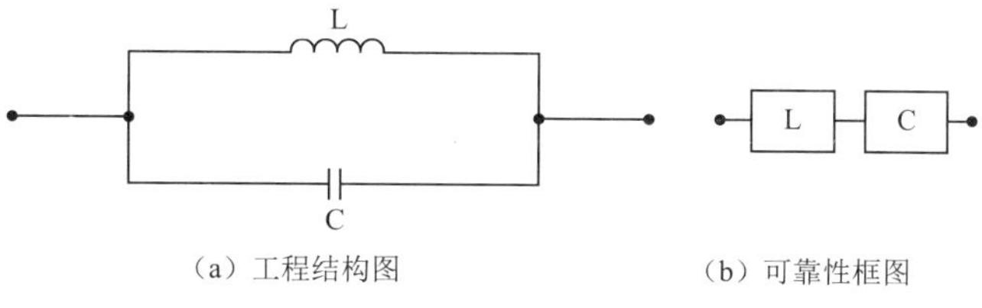

图 3.2.2 LC 振荡电路工程结构图与可靠性框图对比

如图3.2.3和图3.2.4所示，若要流体流过阀门A和阀门B，两者均需打开，从可靠性框图角度来看为图3.2.3串联结构。若要流体无法流过，则阀门A和阀门B任一关闭即可，从可靠性框图角度来看为图3.2.4的并联结构。

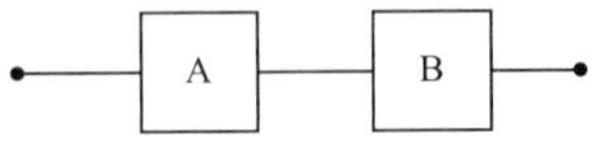

图3.2.3 流体阀门串联可靠性框图

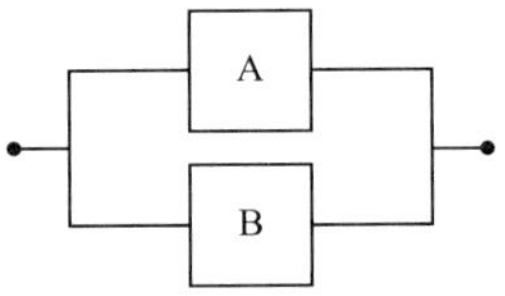

图3.2.4 流体阀门并联可靠性框图

因此，在所有可靠性基本模型中，都必须注意避免工程结构图与可靠性框图之间的差异，不能混淆。并且要注意，可靠性框图是针对某一特定功能的描述。

可靠性框图（图3.2.5）的建立首先要明确系统的全部任务，进行任务分析和结构功能分解；确定任务过程，划分任务阶段，确立硬件和软件的运行功能、成功标准、工作时间、工作模式等；将系统结构适当地分解为若干子系统；了解系统中每个单元的功能，各单元间可靠性功能的联系，以及单元功能、失效模式对系统的影响。不能只从工程结构上判定系统类型，而应从功能上研究系统类型以保证功能关系的正确性。随着系统设计工作的进展，必须绘制一系列的可靠性逻辑框图，逐渐细分下去，按级展开。

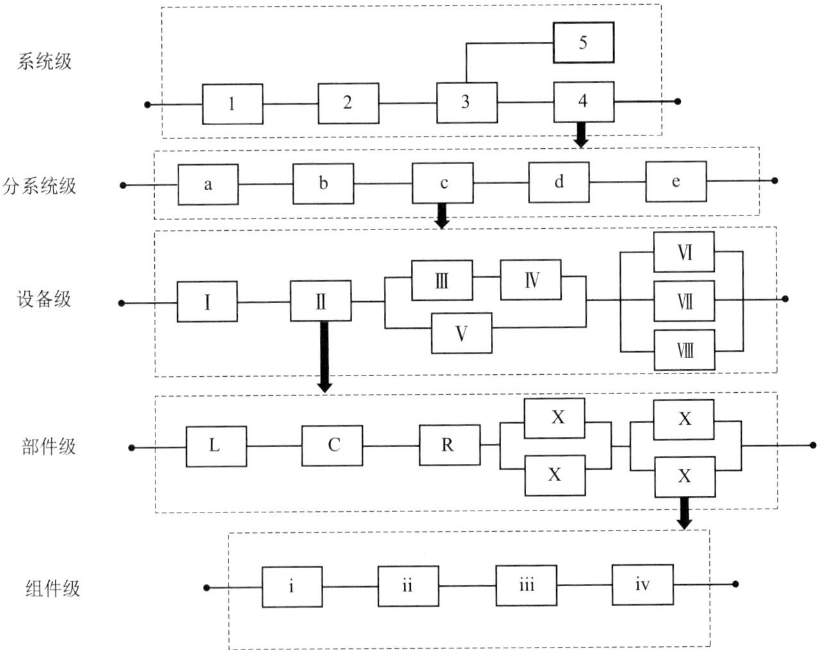

图3.2.5 可靠性框图

每个可靠性框图都有一个标题，包括产品的等级，寿命周期指定的任务等级或划分，为了进行预计用的工作方式的描述。

每个可靠性框图应该包括条件的说明，列出所有的约束条件，这些条件影响方框图的选择，影响分析中使用的可靠性参数或可靠性变量，影响制作框图所用假设或简化。

可靠性框图中的每一个方框表示产品包含的一个功能单元。所有的框图规定为串联、并联、备用或混联。

（1）方框标识，代码系统应当建立在相同的识别系统之上，可靠性框图方框标识与文件中定义的硬件（或功能）相对应。

（2）可靠性参数。每个方框是包含可靠度或平均寿命值的单元。

（3）方框图的假设。可靠性框图一般采用的假设如下：

①当估计可靠度的时候，可靠性框图代表所考虑的产品的单元或功能，每个方框有相应的可靠性数值。

②连线方框没有可靠性数值。连线仅给出方框的次序。导线和连接器单独放入一个方框或作为单元或功能块的一部分。

③产品的所有输入都在规定的限制内。

④框图中任何一个方框表示的单元或功能的故障都将导致整个产品的故障，有冗余的工作的方程式除外。例如，冗余单元或路径。

⑤框图中方框表示每一个单元或功能就故障概率来说，与其他所有的方框都是相对独立的。

（4）软件可靠性和人为可靠性假设。在可靠性模型中，需要开始考虑软件和人为可靠性对产品造成的影响。

估计系统可靠性指标的过程是通过已知组件中各单元的可靠性指标（如可靠度、故障率或 MTBF 等），即可由下一级的逻辑框图及数学模型计算上一级的可靠性指标，这样逐级向上推，直到算出系统的可靠性指标。本节将介绍一些简单结构的可靠性模型，并以寿命分布为指数分布的例子加以说明。模型中假设系统各单元相互独立，即任何单元失效或工作与任何其他单元失效或工作无关。

2. 串联系统

组成系统的所有单元中任一单元的故障就会导致整个系统故障的系统称为串联系统，其属于非储备可靠性模型，图 3. 2. 6 是一个典型串联系统的可靠性框图，表示系统和单元之间的关系。

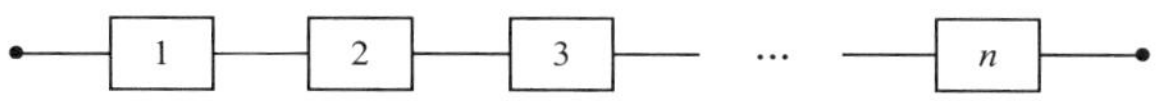

图 3. 2. 6 典型串联系统的可靠性框图

串联系统的可靠度函数为

$$R_s(t) = R_1(t)R_2(t)\cdots R_n(t) = \prod_{i=1}^{n} R_i(t)$$

串联系统的失效率函数为

$$R'_s(t) = \prod_{i=1}^{n} R_i(t) \sum_{i=1}^{n} \frac{R'_i(t)}{R_i(t)} = -R_s(t)\sum_{i=1}^{n} \lambda_i(t)$$

$$\lambda(t) = \frac{R'_s(t)}{-R_s(t)} = \sum_{i=1}^{n} \lambda_i(t)$$

可见，串联系统可靠度等于组成系统各独立单元可靠度的乘积，失效率为组成系统各独立单元失效率之和。

若各单元的寿命分布均为指数分布，即

$$R_i(t)=e^{-\lambda_i t}$$

$$R_s(t)=\prod_{i=1}^{n}e^{-\lambda_i t}=e^{-\sum_{i=1}^{n}\lambda_i t}=e^{-\lambda_s t}$$

$$\lambda_s=\sum_{i=1}^{n}\lambda_i$$

式中，λ_s 为系统的故障率；λ_i 为各单元的故障率。

系统的平均故障间隔时间为

$$\mathrm{MTTF}_s=\frac{1}{\lambda_s}=\frac{1}{\sum_{i=1}^{n}\lambda_i}$$

图 3.2.7 是 n 个相同单元串联系统的可靠度随着各部分单元可靠度变化的示意图，可以看出随着 n 的增加，串联系统的可靠性在各个单元可靠度相同的条件下，显著降低。

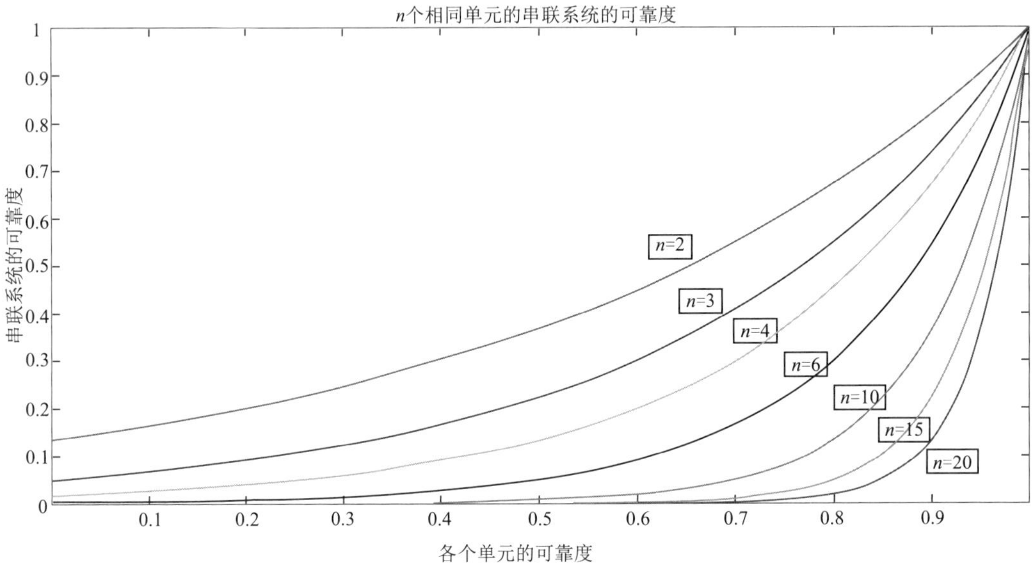

图 3.2.7　n 个相同单元串联系统的可靠度

【例】　由 4 个单元串联组成的系统，单元的可靠度分别为：$R_A=0.9$，$R_B=0.8$，$R_C=0.7$，$R_D=0.6$。求系统可靠度 R_s。

解： $R_s=0.9\times0.8\times0.7\times0.6=0.3024$

因此可得出如下结论：

（1）串联系统可靠度低于系统中每个单元的可靠度，并且随串联单元数量的增大而迅速下降。

（2）串联系统的失效率大于系统的各单元失效率。

（3）串联系统中各单元的寿命为指数分布时，系统的寿命也为指数分布。

3. 并联系统

当且仅当组成系统的所有单元都故障时系统才会故障的系统称作并联系统，其属于工作储备模型。图 3.2.8 是一个有 n 个相同单元的并联系统的可靠性框图。

根据并联系统定义逻辑框图，并联系统不可靠度为

$$F_s(t) = \prod_{i=1}^{n} F_i(t)$$

$$R_s(t) = 1 - F_s(t) = 1 - \prod_{i=1}^{n} F_i(t)$$

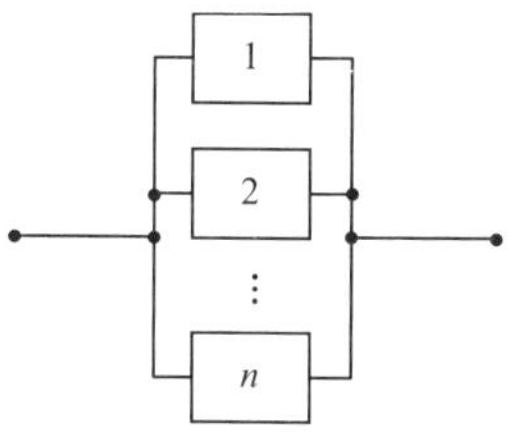

图 3.2.8 n 个相同单元的并联系统的可靠性框图

式中，$F_s(t)$为系统的不可靠度；$F_i(t)$为第 i 个单元的不可靠度。

并联系统的失效概率等于组成系统各独立单元失效概率的乘积。

【例】 4 个单元组成的并联系统，可靠度分别为：$R_A = 0.9$，$R_B = 0.8$，$R_C = 0.7$，$R_D = 0.6$。求系统可靠度 R_s。

解：$R_s = 1 - \prod_{i=1}^{4}(1 - R_i)$

$= 1 - (1 - 0.9) \times (1 - 0.8) \times (1 - 0.7) \times (1 - 0.6)$

$= 0.997\ 6$

当 $\lambda_i = \lambda$ 时：

$$F_s(t) = (1 - e^{-\lambda t})^n$$

$$R_s(t) = 1 - (1 - e^{-\lambda t})^n$$

$$\lambda_s(t) = \frac{n\lambda e^{-\lambda t}(1 - e^{-\lambda t})^{n-1}}{1 - (1 - e^{-\lambda t})^n}$$

$$\theta = \frac{1}{\lambda} + \frac{1}{2\lambda} + \frac{1}{3\lambda} + \cdots + \frac{1}{n\lambda}$$

$N = 2$ 时：

$$R_s(t) = 1 - (1 - e^{-\lambda t})^2 = 2e^{-\lambda t} - e^{-2\lambda t}$$

$$\lambda_s(t) = \frac{2\lambda e^{-\lambda t}(1 - e^{-\lambda t})}{1 - (1 - e^{-\lambda t})^2} = \frac{2\lambda(1 - e^{-\lambda t})}{2 - e^{-\lambda t}}$$

$$\theta = \frac{2}{\lambda} - \frac{1}{2\lambda} = \frac{3}{2\lambda}$$

$N = 3$ 时：

$$R_s(t) = 1 - (1 - e^{-\lambda t})^3 = 3e^{-\lambda t} - 3e^{-2\lambda t} + e^{-3\lambda t}$$

$$\lambda_s(t) = \frac{3\lambda e^{-\lambda t}(1 - e^{-\lambda t})^2}{1 - (1 - e^{-\lambda t})^3}$$

$$\theta = \frac{3}{\lambda} - \frac{3}{2\lambda} + \frac{1}{3\lambda} = \frac{11}{6\lambda}$$

图 3.2.9 是 n 个相同单元并联系统的可靠度随着各部分单元可靠度变化的示意图，可以看出随着 n 的增加，并联系统的可靠性在各个单元可靠度相同的条件下，显著增加。

因此可得出如下结论：

（1）并联系统的失效率低于各单元失效率。

（2）并联系统的可靠度高于各单元可靠度。

（3）并联系统的平均寿命大于各单元平均寿命，随着并联单元的增多，对系统可靠性的贡献程度下降。

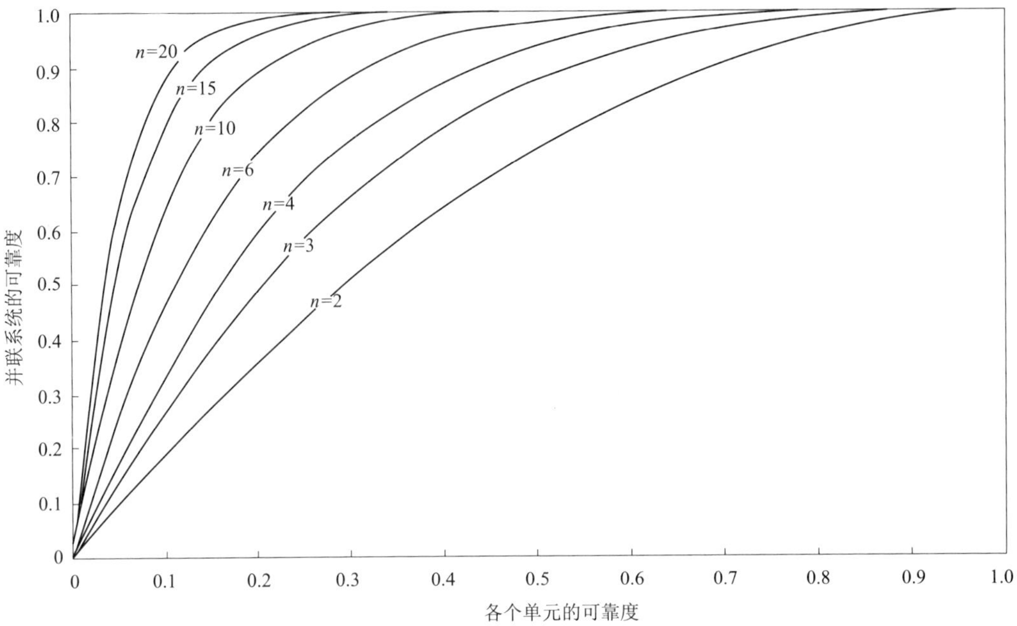

图 3.2.9　n 个相同单元的并联系统的可靠度

（4）并联系统各单元服从指数寿命分布，但系统不再服从指数寿命分布。

4. 混联系统

由串联结构和并联结构混合而成的系统结构，称为混联系统。典型的是系统冗余和单元冗余。

（1）系统冗余

系统冗余是由一部分单元先组成一些串联结构的子系统，再由这些子系统组成一个并联结构的系统。混联系统中的一种系统冗余的可靠性框图如图 3.2.10 所示。

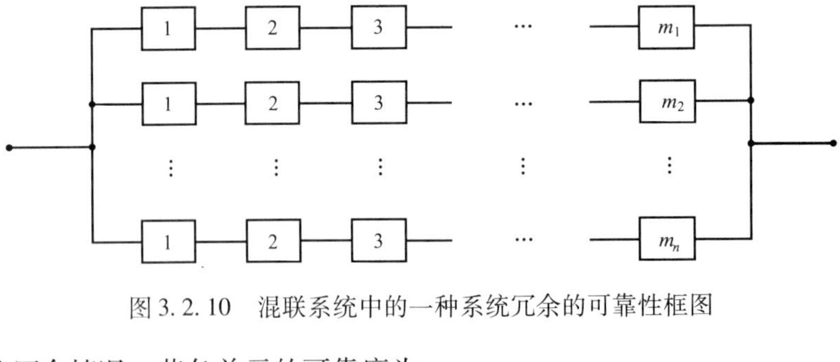

图 3.2.10　混联系统中的一种系统冗余的可靠性框图

对于系统冗余情况，若各单元的可靠度为

$$R_{ij}(t),\ i=1,\ 2,\ \cdots,\ n;\ j=1,\ 2,\ \cdots,\ m_i$$

则第 i 行子系统的可靠度为

$$R_i(t) = \prod_{j=1}^{m_i} R_{ij}(t)$$

则系统的可靠度为

$$R(t) = 1 - \prod_{i=1}^{n}\left[1 - \prod_{j=1}^{m_i} R_{ij}(t)\right]$$

（2）单元冗余

单元冗余是由一部分单元先组成一些并联结构的子系统，再由这些子系统组成一个串联结构的系统。混联系统中的一种单元冗余的可靠性框图如图 3.2.11 所示。

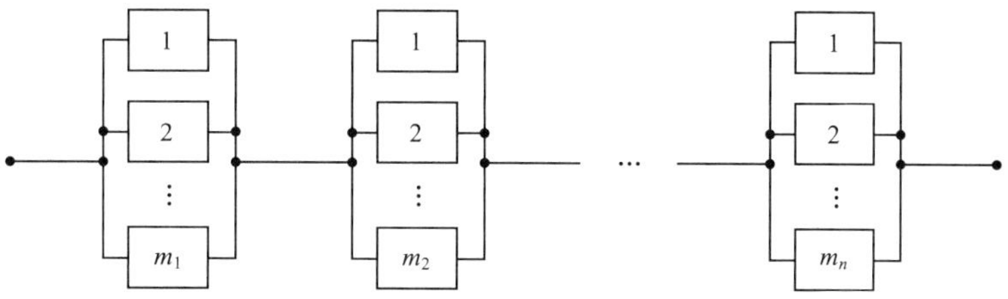

图 3.2.11 混联系统中的一种单元冗余的可靠性框图

对于单元冗余情况，若各单元的可靠度为

$$R_{ij}(t),\ j=1,\ 2,\ \cdots,\ n;\ i=1,\ 2,\ \cdots,\ m_j$$

则第 j 列子系统的可靠度为

$$R_j(t) = 1 - \prod_{i=1}^{m_j}\left[1 - R_{ij}(t)\right]$$

则系统的可靠度为

$$R(t) = \prod_{j=1}^{n}\left[1 - \prod_{i=1}^{m_j}\left[1 - R_{ij}(t)\right]\right]$$

一般情况下，单元冗余可靠度大于系统冗余可靠度。

5. 表决系统

在表决系统中，组成系统的 n 个单元中，不故障单元数不少于 m（m 介于 1 和 n 之间），系统就不会故障，其属于工作储备/冗余模型。表决系统的可靠性框图如图 3.2.12 所示。

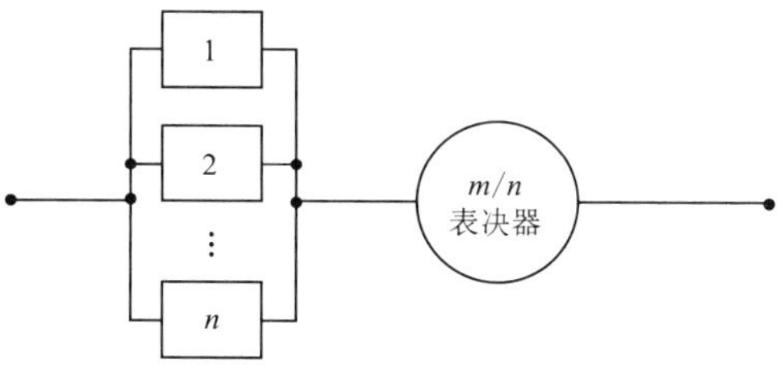

图 3.2.12 m/n 表决系统的可靠性框图

特例：串联系统是 $n/n(G)$ 系统；并联系统是 $1/n(G)$ 系统。

当 n 个单元独立且可靠度均为 $R_0(t)$，失效概率均为 $F_0(t)$ 时，则有

$$R_s(t) = \sum_{i=m}^{n} C_n^i \left[R_0(t)\right]^i \left[F_0(t)\right]^{n-i}$$

$$R_0(t) = e^{-\lambda t}$$

$$R_s(t) = \sum_{i=m}^{n} C_n^i e^{-i\lambda t}\left(1 - e^{-\lambda t}\right)^{n-i}$$

$$\theta = \sum_{i=m}^{n} \frac{1}{i\lambda}$$

【例】 有一个由4个不同的并联通道构成的远程通信系统A，如果任意3个通道是运行的，认为系统A正常运行，假设各个通道的失效独立且正常工作概率相等为p，计算系统的可靠性。

解：表决系统MooN，$m/n(G)$：假设所有单元可靠度独立且同分布，一个单元正常运行的概率为p，则n个单元中有m个处于运行状态的概率。

$$p_s(m,n,p) = \binom{n}{m} p^m (1-p)^{n-m}$$

系统的可靠度为

$$R_s(t) = \sum_{i=m}^{n} C_n^i \left[R_0(t)\right]^i \left[F_0(t)\right]^{n-i}$$
$$= \sum_{i=m}^{n} \binom{n}{m} p^i (1-p)^{n-i}$$

【例】 $4/6(G)$，$R_i = 0.85$，求R_s。

解：$R_s = \sum_{r=4}^{6} \binom{6}{r} 0.85^r (1-0.85)^{6-r}$

$$= \binom{6}{4} 0.85^4 (1-0.85)\ 2 + \binom{6}{5} 0.85^5 (1-0.85)\ 1 + \binom{6}{6} 0.85^6 (1-0.85)^0$$

$= 0.176\ 2 + 0.399\ 3 + 0.377\ 1$

$= 0.952\ 6$

m/n表决系统的可靠性如图3.2.13所示。

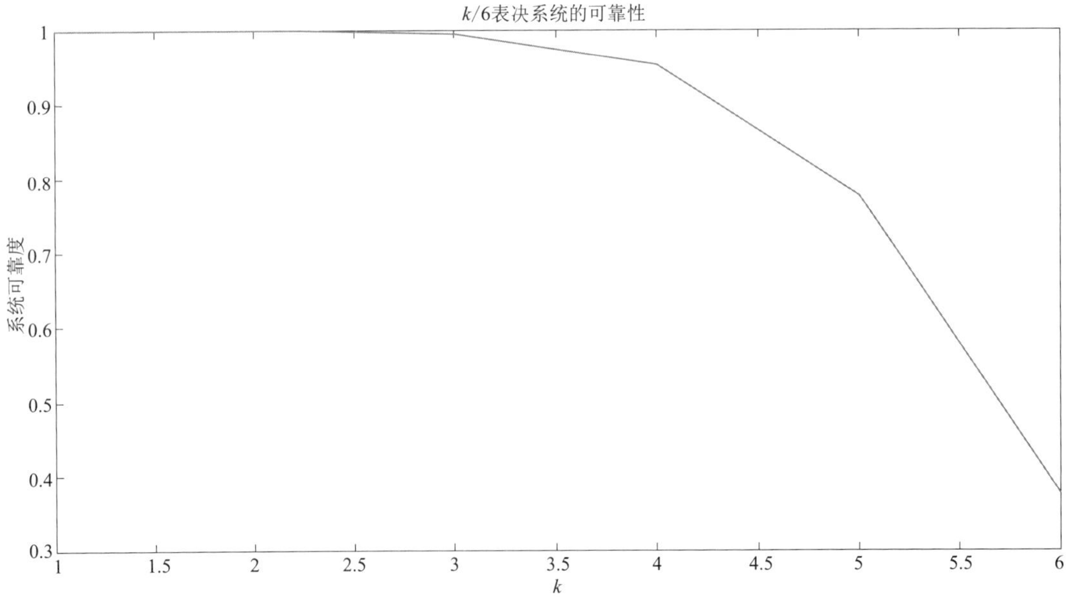

图3.2.13 m/n表决系统的可靠性框图

2/3(*G*)表决系统是一种常见的表决系统，2/3(*G*)表决系统的可靠性框图如图 3. 2. 14 所示。

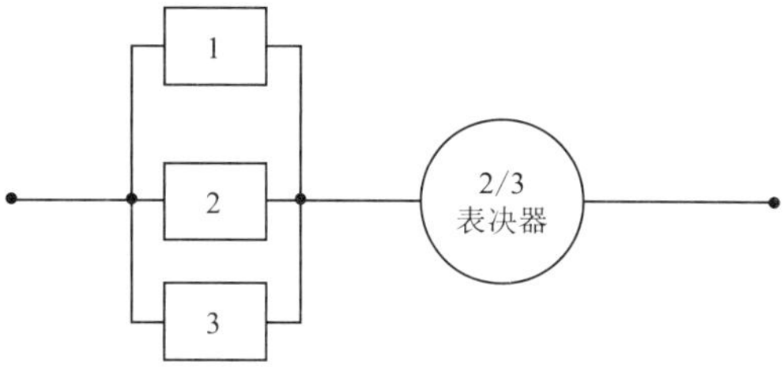

图 3. 2. 14 2/3（*G*）表决系统的可靠性框图

2/3(*G*)表决系统的可靠度为

$$\begin{aligned} R_s(t) = & R_1(t)R_2(t)F_3(t) + \\ & R_1(t)F_2(t)R_3(t) + \\ & F_1(t)R_2(t)R_3(t) + \\ & R_1(t)R_2(t)R_3(t) \end{aligned}$$

当 3 个单元同一类型，可靠度同为指数分布，失效率均为 λ 时：

$$F_s(t) = 1 + 2e^{-3\lambda t} - 3e^{-2\lambda t}$$

$$R_s(t) = -2e^{-3\lambda t} + 3e^{-2\lambda t}$$

$$\theta = \int_0^{+\infty} R_s(t)\,dt = \frac{3}{2\lambda} - \frac{2}{3\lambda} = \frac{5}{6\lambda}$$

r 失效率 10^{-3}/h	0. 99	0. 90	0. 70	0. 50	0. 20
t(*r*)（一个单元）	10	105	357	693	1 609
t(*r*)［2/3(*G*)系统］	61	218	452	693	1 248

两系统中位寿命相同；可靠水平 *r* 小于 0. 5，一单元系统可靠寿命较高；可靠水平 *r* 大于 0. 5，2/3(*G*)系统可靠寿命较高。*R* 越接近 1，2/3(*G*)系统结构对提高可靠寿命效果越显著。因此，对系统可靠水平要求很高时，采用表决系统将大大提高系统可靠寿命。

如图 3. 2. 15 所示，表决系统不仅提高系统的可靠寿命，也降低了系统的冗余。

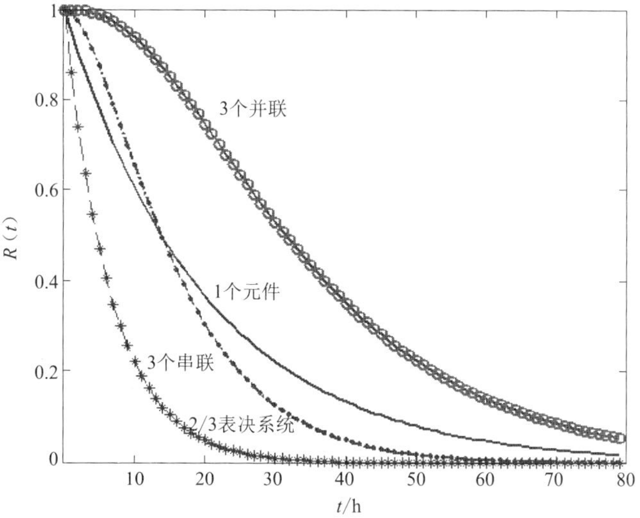

图 3. 2. 15 串联、并联和表决系统的可靠度比较图

6. 旁联系统

旁联系统是在系统中储备一些单元，当工作单元失效时，能立即通过转换开关使储备的

单元逐个的去替换，直到所有单元都发生故障时为止，系统才失效。旁联系统分为储备单元在储备期失效率为0（理想旁联系统）和储备单元在储备期也可能失效（非理想旁联系统）。在旁联系统中假定转换开关完全可靠，不发生故障，在极短时间内同时发生两个故障的可能性很小。旁联系统的可靠性框图如图3.2.16所示。

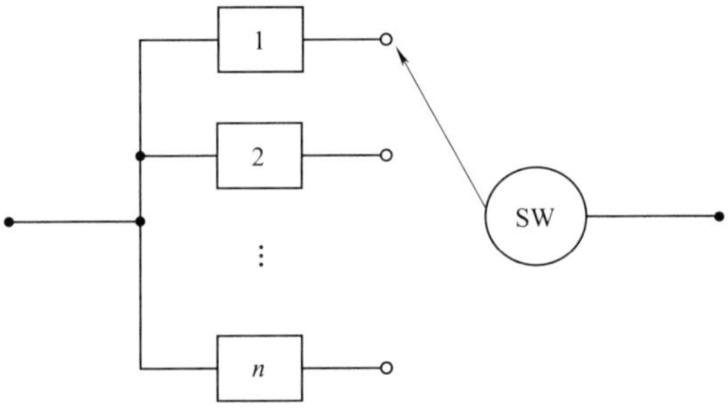

图3.2.16　旁联系统的可靠性框图

对两单元旁联系统进行可靠度分析，设工作单元的可靠度为$R_1(t)$；储备单元工作时可靠度为$R_2(t)$；储备中不发生失效。为保证系统在时刻t仍在工作。

（1）工作单元在（0，t）内没有发生故障［工作概率为$R_1(t)$］。

（2）在x时刻（$0<x<t$），工作单元故障［故障概率为$f(x)\mathrm{d}x$］；其后（x，t）时间内，储备单元工作，没有故障［工作其概率为$R_2(t-x)$］系统工作，则两单元旁联系统可靠度函数为

$$R_s(t) = R_1(t) + \int_0^t f_1(x)R_2(t-x)\mathrm{d}x$$

若工作单元和储备单元失效分布都服从指数分布，则系统可靠度为

$$R_1(t) = \mathrm{e}^{-\lambda_1 t}, R_2(t) = \mathrm{e}^{-\lambda_2 t}$$

$$R_s(t) = \frac{\lambda_2 \mathrm{e}^{-\lambda_1 t} - \lambda_1 \mathrm{e}^{-\lambda_2 t}}{\lambda_2 - \lambda_1}$$

$$\mathrm{MTTF} = \frac{1}{\lambda_1} + \frac{1}{\lambda_2}$$

当$\lambda_1 = \lambda_2$时：

$$R_s(t) = \mathrm{e}^{-\lambda t}(1+\lambda t)$$

$$\mathrm{MTTF} = \frac{2}{\lambda}$$

n个单元旁联系统可靠度为

$$R_s(t) = \sum_{i=1}^{n} \prod_{\substack{j=1 \\ j\neq 1}}^{n} \frac{\lambda_j}{\lambda_j - \lambda_i} \mathrm{e}^{-\lambda_i t}$$

$$\mathrm{MTTF} = \sum_{i=1}^{n} \frac{1}{\lambda_i}$$

n个单元旁联系统的可靠度如图3.2.17所示。

n个相同单元组成的旁联系统可靠度为

$$R_s(t) = \mathrm{e}^{-\lambda t} \sum_{i=0}^{n-1} \frac{(\lambda t)^i}{i!}$$

$$\mathrm{MTTF} = \frac{n}{\lambda}$$

在实际使用中，储备单元由于受到环境因素的影响，在储备期间失效率不一定为零，当然这种失效率不同于工作失效率，一般要小得多。

【例】　一台机械设备上的某一零件，经长期使用表明，平均失效率为常数$\lambda=0.000\,01/\mathrm{h}$，但

这种零件库存仅一件（库存期间不失效），若希望继续工作 50 000 h，试求其成功的概率。

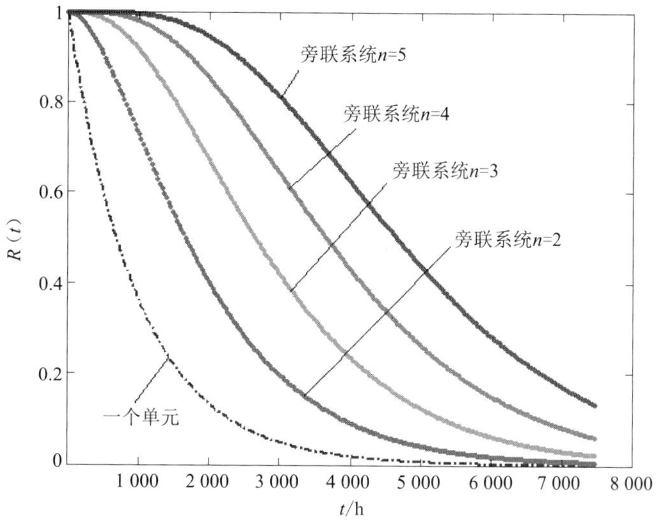

图 3. 2. 17　n 个单元旁联系统的可靠度示意图

解：该零件失效率为常数，其可靠度函数为

$$R(t)=\mathrm{e}^{-\lambda t}=\mathrm{e}^{-0.000\,01t}$$

根据两个相同单元完全可靠的旁联系统计算公式：

$$R(t)=(1+\lambda t)\mathrm{e}^{-\lambda t}$$

50 000 h 的可靠度为

$$R(50\,000)=(1+\lambda t)\mathrm{e}^{-\lambda t}=(1+0.000\,01\times 50\,000)\mathrm{e}^{-0.000\,01\times 50\,000}=0.909\,8$$

图 3. 2. 18 是各个连接结构的寿命比较，这里假设单个元件的可靠度为 $R=\mathrm{e}^{-0.001t}$。

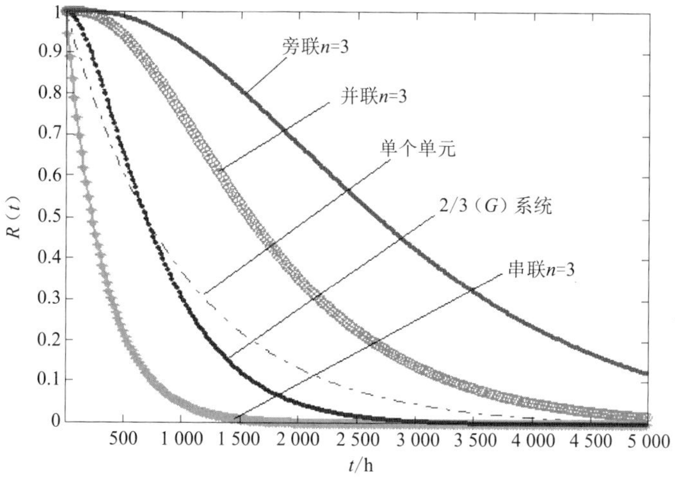

图 3. 2. 18　不同连接结构的寿命比较示意图

串联系统的寿命为单元中最小的寿命，并联系统的寿命为单元中最大的寿命，而转换开关与储备单元完全可靠的旁联系统的寿命为所有单元寿命之和，这说明转换开关、储备单元

均完全可靠的旁联系统的可靠性最佳，串联系统的可靠性最差。n 个单元的旁联和并联的寿命比较如图 3. 2. 19 所示。

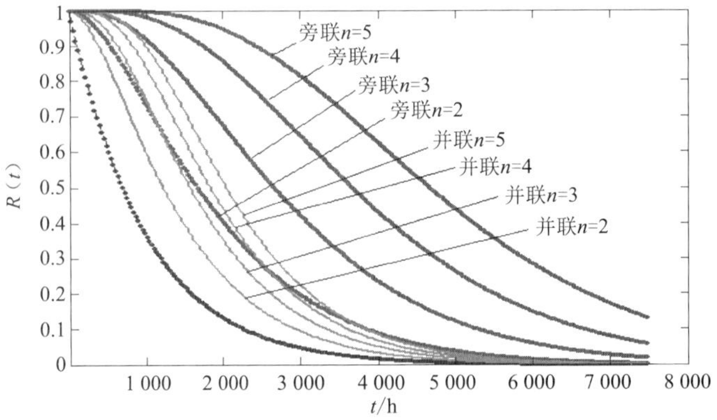

图 3. 2. 19　n 个单元的旁联和并联的寿命比较示意图

7. 复杂系统可靠性分析

(1) 真值表法（穷举法）

设构成系统各单元状态只有：正常、故障，则由 n 个单元构成的系统有 $2n$ 个状态且状态独立。归纳系统的正常与故障状态，将系统所有正常工作状态的可靠度相加，得到系统可靠度。可靠性框图如图 3. 2. 20 所示。

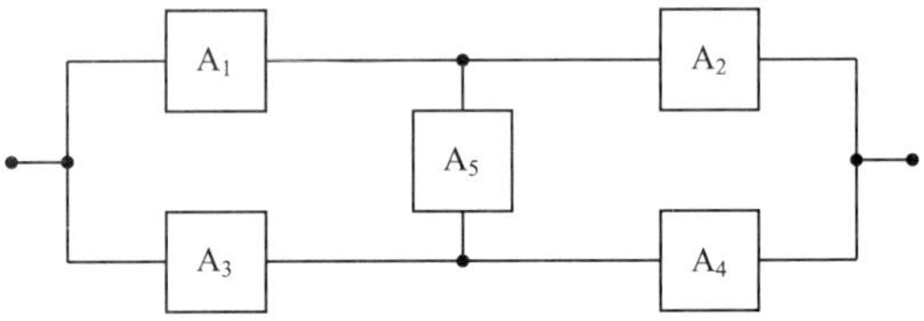

图 3. 2. 20　可靠性框图

【例】　$P_1 = P_3 = 0.8$，$P_2 = P_4 = 0.7$，$P_5 = 0.9$，利用真值表法求系统可靠性。

解： 系统、单元故障记为“0”；系统、单元正常记为“1”。建立真值表（表 3. 2. 1），例如：

$$P(7) = \overline{P_1}\ \overline{P_2}P_3P_4\overline{P_5} = 0.003\ 36$$

表 3. 2. 1　真值表

系统状态编号	A_1 A_2 A_3 A_4 A_5	系统状态	系统状态概率	系统状态编号	A_1 A_2 A_3 A_4 A_5	系统状态	系统状态概率
1	0 0 0 0 0	0		11	0 1 0 1 0	0	
2	0 0 0 0 1	0		12	0 1 0 1 1	0	
3	0 0 0 1 0	0		13	0 1 1 0 0	0	
4	0 0 0 1 1	0		14	0 1 1 0 1	1	0. 030 24
5	0 0 1 0 0	0		15	0 1 1 1 0	1	0. 007 84
6	0 0 1 0 1	0		16	0 1 1 1 1	1	0. 070 56
7	0 0 1 1 0	1	0. 003 36	17	1 0 0 0 0	0	
8	0 0 1 1 1	1	0. 030 24	18	1 0 0 0 1	0	
9	0 1 0 0 0	0		19	1 0 0 1 0	0	
10	0 1 0 0 1	0		20	1 0 0 1 1	1	0. 030 24

续上表

系统状态编号	A_1	A_2	A_3	A_4	A_5	系统状态	系统状态概率	系统状态编号	A_1	A_2	A_3	A_4	A_5	系统状态	系统状态概率
21	1	0	1	0	0	0		27	1	1	0	1	0	1	0.007 84
22	1	0	1	0	1	0		28	1	1	0	1	1	1	0.070 56
23	1	0	1	1	0	1	0.013 44	29	1	1	1	0	0	1	0.013 44
24	1	0	1	1	1	1	0.120 96	30	1	1	1	0	1	1	0.120 96
25	1	1	0	0	0	1	0.003 36	31	1	1	1	1	0	1	0.031 36
26	1	1	0	0	1	1	0.030 24	32	1	1	1	1	1	1	0.282 24

计算系统可靠性：$R=0.003\ 66+0.030\ 24+\cdots+0.327\ 68=0.86\ 688$。

真值表法的优点是原理简单，容易掌握。其缺点是单元数大时，计算量大。

（2）全概率分解法

根据全概率公式，选择分解元，将复杂网络进行成若干简单的子系统，分别计算各子系统的可靠度。利用全概率公式，计算系统的可靠度。

$$R(G)=P(X)P(G|X)+P(\overline{X})P(G|\overline{X})$$

式中 G——系统正常事件；

X——备选分解单元正常事件；

$\overline{X}$——备选分解单元失效事件；

$P(G|X)$——在 X 单元正常条件下，系统正常工作的概率；

$P(G|\overline{X})$——在 X 单元故障条件下，系统正常工作的概率。

分解单元可以选择无向单元或有向单元（一端只流入或流出）。

选择最佳分解单元可以减少分解步骤，更快地建立系统的可靠性数学模型。最佳分解单元的选择需要一定的经验，一种系统的分解单元和对可靠性框图进行简化的示意图分别如图 3.2.21和图 3.2.22 所示。

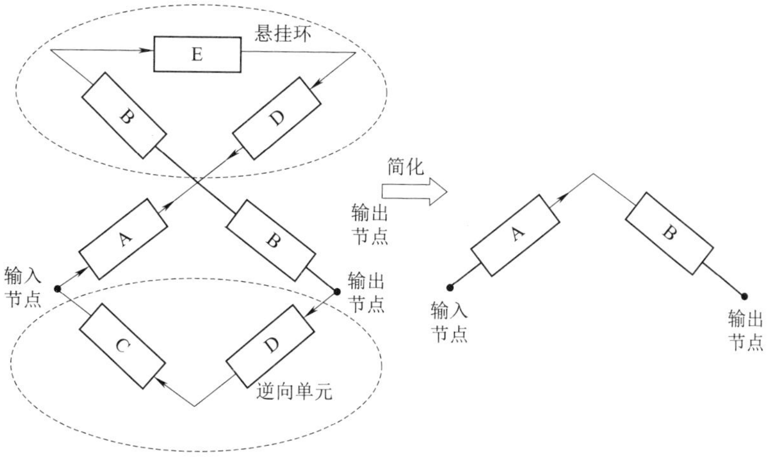

图 3.2.21 一种系统的分解单元示意图

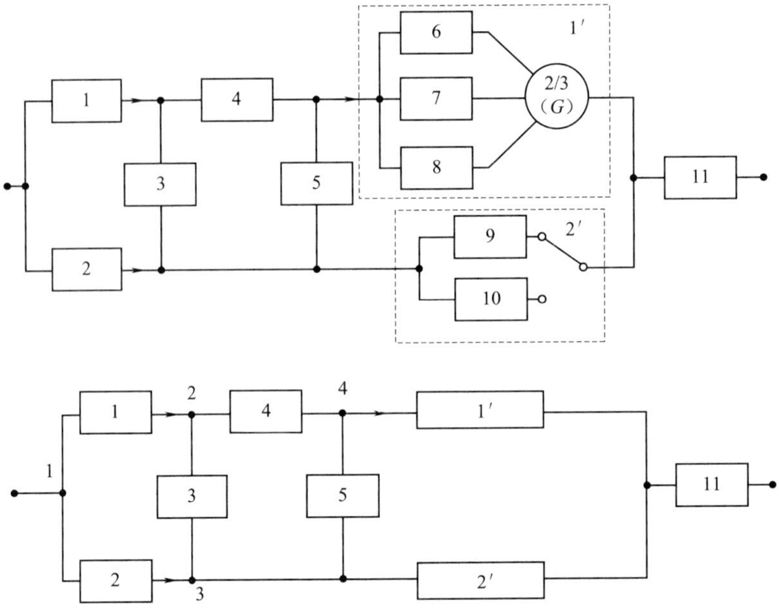

图 3.2.22 对可靠性框图进行简化的示意图

【例】 $P_1=P_3=0.8$，$P_2=P_4=0.7$，$P_5=0.9$，利用全概率法求系统可靠性（图 3.2.23）。

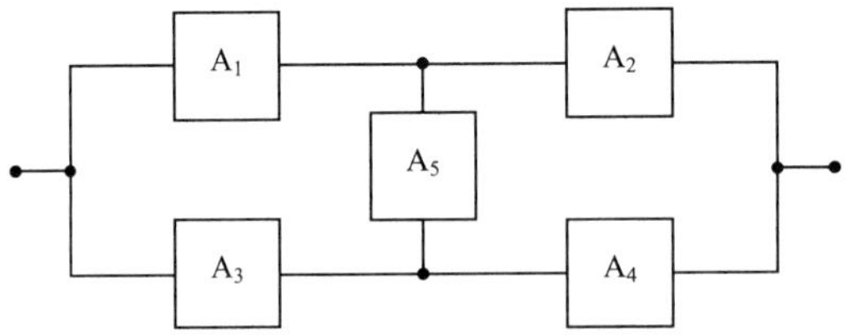

图 3.2.23 可靠性框图

解： 选 A_5 为分解单元，A_5 正常，系统等效为（图 3.2.24）。

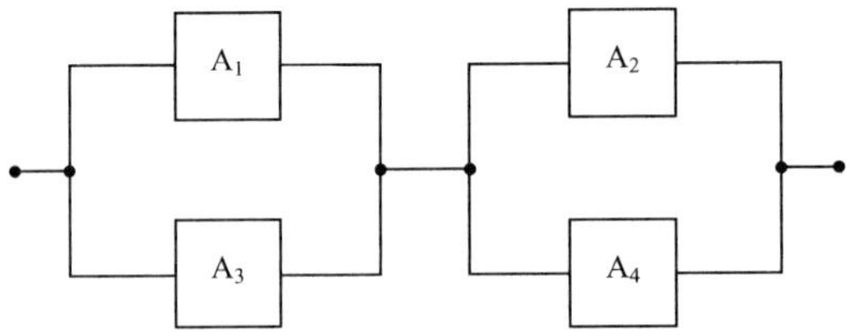

图 3.2.24 以 A_5 为分解单元的等效可靠性框图

系统可靠度为

$$P(G|X)=[1-(1-P_1)(1-P_3)][1-(1-P_2)(1-P_4)]$$
$$=0.873\ 6$$

A_5 故障，系统等效为图 3.2.25。

系统可靠度为

$$P(G|\overline{X})=[1-(1-P_1P_2)(1-P_3P_4)]$$

$$=0.8064$$

$$R(G)=P(X)P(G|X)+P(\overline{X})P(G|\overline{X})$$
$$=0.9\times0.8736+0.1\times0.8064=0.86688$$

（3）最小路集法

从节点 V_1 经一串弧序列到达节点 V_2，称为从 V_1 到 V_2 的一个路集。一条路集中所有弧对应的单元都正常，则系统正常，如图 3.2.26 所示。路集中增加一条弧后仍然是路集。系统可靠性框图中所有弧的全集合必然是路集。

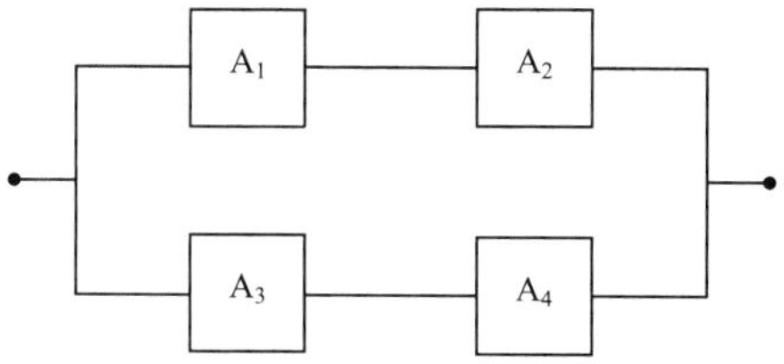

图 3.2.25　A5 故障下的等效可靠性框图

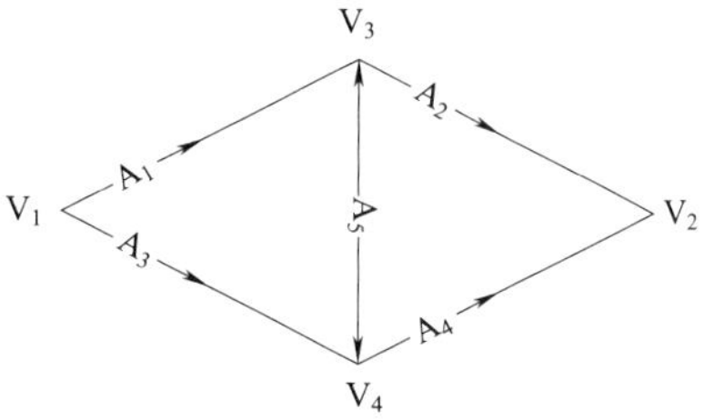

图 3.2.26　路集示意图

最小路集是可使系统正常工作的最少单元的集合，若一条路集的弧序列中，任意除去一条弧后，则就不再是路集。最小路集中包含的弧数称为路长。在最小路集中，既没有重复的弧，其所形成的通路也没有重复的节点。因此，具有 n 个节点的可靠性框图的最小路集的最大路长为 $n-1$。

最小路集法的原理是：

找出系统所有最小路集 $L_1,L_2,\cdots,L_n$；系统工作正常表示至少有一条路集畅通，即 $S=\bigcup_{i=1}^{n}L_i$。系统可靠度为

$$R=P(S)=P(\bigcup_{i=1}^{n}L_i)$$

$$R=\sum_{i=1}^{n}P(L_i)-\sum_{i<j=2}^{n}P(L_iL_j)+\cdots+(-1)^{n-1}P(L_1L_2\cdots L_n)$$

【例】　$R_i=0.8$。

解：路集：$\{A_1,A_2,A_3\}$，…，$\{A_1,A_2,A_3,A_4\}$。

最小路集共 4 个：$\{A_1,A_2\}$，$\{A_3,A_4\}$，$\{A_1,A_4,A_5\}$，$\{A_2,A_3,A_5\}$。

$$R=P(\bigcup_{i=1}^{4}L_i)=P(L_1)+P(L_2)+P(L_3)+P(L_4)-P(L_1L_2)-P(L_1L_3)-P(L_1L_4)-$$
$$P(L_2L_3)-P(L_2L_4)-P(L_3L_4)+P(L_1L_2L_3)+P(L_1L_2L_4)+P(L_1L_3L_4)+$$
$$P(L_2L_3L_4)-P(L_1L_2L_3L_4)$$
$$=0.91136$$

3.2.2 马尔可夫（Markov）模型

1. 马尔可夫过程

在系统可用度的研究中，马尔可夫过程是一个常用的数学模型。马尔可夫过程是由一种状态转移到另一种状态的转移概率，只与现在所处状态有关而与在此时刻以前的状态完全无关的随机过程。或者说，若已知系统在 t_0 时刻所处的状态，那么 $t>t_0$ 时的状态仅与 t_0 时刻

的状态有关。

马尔可夫过程的数学表达式是设 $\{X(t), t\geqslant 0\}$ 是取值在 $E=\{0, 1, 2, \cdots\}$ 或 $E=\{0, 1, 2, \cdots, N\}$ 上的一个随机过程。若对任意自然数 n 及任意 n 个时刻点 $0\leqslant t_1<t_2<\cdots<t_n$，均有

$$P\{X(t_n)=i_n|X(t_1)=i_1, X(t_2)=i_2, \cdots, X(t_{n-1})=i_{n-1}\}$$
$$=P\{X(t_n)=i_n|X(t_{n-1})=i_{n-1}\}, i_1, i_2, i_3, \cdots, i_n\in E$$

则称$\{X(t), t\geqslant 0\}$为离散状态空间 E 上的连续时间马尔可夫过程。特别是当 t，$\Delta t\geqslant 0$ 时：

$$P\{X(t+\Delta t)=j|X(t)=i\}|=P_{ij}(t)$$

任意 i，$j\in S$ 成立，并与初始时刻 t 无关，则称该马氏过程是齐次的，P_{ij} 为一步转移概率。

由转移概率全体组成的矩阵叫转移矩阵，即

$$\boldsymbol{P}=\begin{bmatrix} P_{00} & P_{10} & \cdots & P_{n0} \\ P_{01} & P_{11} & \cdots & P_{n1} \\ \vdots & \vdots & & \vdots \\ P_{0n} & P_{1n} & \cdots & P_{nn} \end{bmatrix}_{(n+1)\times(n+1)}$$

对于齐次马尔可夫过程，有关系式：

$$\left.\begin{aligned} & P_{ij}(\Delta t)\geqslant 0 \\ & \sum_{j=1}^{n} P_{ij}(\Delta t)=1 \end{aligned}\right\}$$

其中强调 $P_{jj}=P[X(t+\Delta t)=j|X(t)=j]=1-\sum_{i\neq j}^{n} P_{ij}(\Delta t)$

若 $X(t)$（t 时刻系统的状态）是马尔可夫过程，且 $X(t)$ 是离散型随机变量，则称为马尔可夫链。

2. 可修复系统介绍

（1）单单元可修复和不可修系统

在单单元可修复系统中，假定组成系统单元的寿命和维修时间的分布均为指数分布，$X(t)$表示系统在 t 时刻的状态，每个单元所处状态是相互独立的，部件和系统取正常和故障两种状态，在相当小的 Δt 时间内，发生两个及两个以上部件同时进行状态转移的概率是 Δt 的高阶无穷小，可以忽略。

在不考虑维修的单单元系统中，状态 0 为正常状态，状态 1 为故障状态。不可修的单单元状态转移如图 3.2.27 所示。

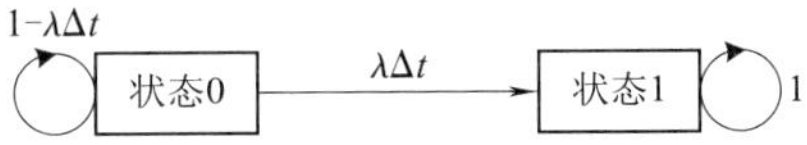

图 3.2.27 不可修的单单元状态转移图

令：$P_0(t)$ 和 $P_0(t+\Delta t)$ 分别代表系统在 t 时刻和 $t+\Delta t$ 时刻处于状态 0 的概率。

$P_1(t)$ 和 $P_1(t+\Delta t)$ 分别代表系统在 t 时刻和 $t+\Delta t$ 时刻处于状态 1 的概率。

$$\left.\begin{aligned} & P_0(t+\Delta t)=(1-\lambda\Delta t)P_0(t)+0P_1(t) \\ & P_1(t+\Delta t)=\lambda\Delta t P_0(t)+1P_1(t) \end{aligned}\right\}$$

$$\begin{bmatrix} P_0(t+\Delta t) \\ P_1(t+\Delta t) \end{bmatrix} = \begin{bmatrix} 1-\lambda\Delta t & 0 \\ \lambda\Delta t & 1 \end{bmatrix} \begin{bmatrix} P_0(t) \\ P_1(t) \end{bmatrix}$$

$$\left.\begin{aligned} \frac{P_0(t+\Delta t)-P_0(t)}{\Delta t} &= -\lambda P_0(t) \\ \frac{P_1(t+\Delta t)-P_1(t)}{\Delta t} &= \lambda P_0(t) \end{aligned}\right\}$$

当 $\Delta t \to 0$ 时，状态方程为

$$\left.\begin{aligned} P_0'(t) &= -\lambda P_0(t) \\ P_1'(t) &= \lambda P_0(t) \end{aligned}\right\}, 即 \begin{bmatrix} P_0'(t) \\ P_1'(t) \end{bmatrix} = \begin{bmatrix} -\lambda & 0 \\ \lambda & 0 \end{bmatrix} \begin{bmatrix} P_0(t) \\ P_1(t) \end{bmatrix}$$

给定方程初始化条件 $P_0(0)=1$，$P_1(0)=0$，求得

$$P_0(t) = e^{-\lambda t}$$

$$P_1(t) = 1-e^{-\lambda t}$$

求状态方程的一般步骤：

①画出系统的状态空间图。

②根据状态转移空间图，写出状态转移概率矩阵 $\boldsymbol{P}$。

③规定一个新矩阵 $\boldsymbol{A}=\boldsymbol{P}-\boldsymbol{I}$，称为状态方程系数矩阵，$\boldsymbol{I}$ 是 $\boldsymbol{P}$ 的同阶单位矩阵。

④写出状态方程式 $\boldsymbol{P}=\boldsymbol{AP}$，$\boldsymbol{P}$ 为各状态概率的列向量，$\boldsymbol{p}$ 为各状态概率导数的列向量。

强调 $\lim\limits_{t\to+\infty}\boldsymbol{P}_j(t)=0$，$\boldsymbol{P}=\boldsymbol{AP}\underset{t\to\infty}{\Rightarrow}0=\boldsymbol{AP}$，$\sum\limits_{j=0}^{N}\boldsymbol{P}_j = 1$ 。

单单元系统故障修复的状态转移如图 3.2.28 所示，其联合过程及状态方程为

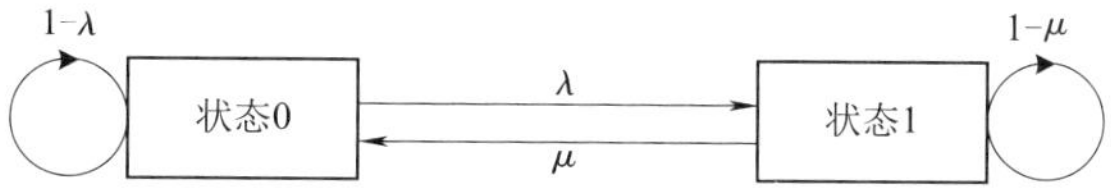

图 3.2.28 可修复的单单元状态转移图

状态转移矩阵为

$$\boldsymbol{P} = \begin{bmatrix} 1-\lambda & \mu \\ \lambda & 1-\mu \end{bmatrix}$$

状态方程的系数矩阵为

$$\boldsymbol{A} = [\boldsymbol{P}-\boldsymbol{I}] = \begin{bmatrix} -\lambda & \mu \\ \lambda & -\mu \end{bmatrix}$$

状态方程为

$$\begin{bmatrix} \boldsymbol{P}_0(t) \\ \boldsymbol{P}_1(t) \end{bmatrix} = \begin{bmatrix} -\lambda & \mu \\ \lambda & -\mu \end{bmatrix} \begin{bmatrix} P_0(t) \\ P_1(t) \end{bmatrix}$$

初始条件 $P_0(0)=1$，$P_1(0)=0$，展开状态方程为

$$\boldsymbol{P}_0(t) = -\lambda P_0(t)+\mu P_1(t)$$

$$\boldsymbol{P}_1(t) = \lambda P_0(t)-\mu P_1(t)$$

经过拉氏变换，得到线性方程为

$$\begin{cases} sP_0(s)-P_0(0) = -\lambda P_0(s)+\mu P_1(s) \\ sP_1(s)-P_1(0) = \lambda P_0(s)-\mu P_1(s) \end{cases}$$

由此解出：

$$P_0(s)=\frac{s+\mu}{s(s+\lambda+\mu)}$$

$$P_1(s)=\frac{\lambda}{s(s+\lambda+\mu)}$$

对上式进行反拉氏变换，得到

$$A(t)=P_0(t)=\frac{\mu}{\lambda+\mu}+\frac{\lambda}{\lambda+\mu}\mathrm{e}^{-(\lambda+\mu)t}$$

$$\bar{A}(t)=P_1(t)=\frac{\lambda}{\lambda+\mu}-\frac{\lambda}{\lambda+\mu}\mathrm{e}^{-(\lambda+\mu)t}$$

在上式中，当 $t\to\infty$，即系统处于稳态，得到稳态时的可用度和不可用度为

$$A=P_0(\infty)=\frac{\mu}{\lambda+\mu}$$

$$\bar{A}=P_1(\infty)=\frac{\lambda}{\lambda+\mu}$$

（2）串联可修复系统

①N 个相同单元的串联可修复系统（其状态转移如图 3.2.29 所示）

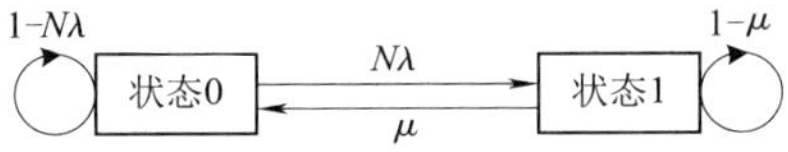

图 3.2.29　N 个相同单元的可修复的串联系统状态转移图

状态转移矩阵为

$$\boldsymbol{P}=\begin{bmatrix}1-N\lambda & \mu\\ N\lambda & 1-\mu\end{bmatrix}$$

状态方程的系数矩阵为

$$\boldsymbol{A}=[\boldsymbol{P}-\boldsymbol{I}]=\begin{bmatrix}-N\lambda & \mu\\ N\lambda & -\mu\end{bmatrix}$$

状态方程为

$$\begin{bmatrix}\dot{\boldsymbol{P}}_0(t)\\ \dot{\boldsymbol{P}}_1(t)\end{bmatrix}=\begin{bmatrix}-N\lambda & \mu\\ N\lambda & -\mu\end{bmatrix}\begin{bmatrix}P_0(t)\\ P_1(t)\end{bmatrix}$$

初始条件为 $P_0(0)=1$，$P_1(0)=0$，可得

$$A(t)=\frac{\mu}{N\lambda+\mu}+\frac{\lambda}{N\lambda+\mu}\mathrm{e}^{-(N\lambda+\mu)t}$$

$$A=\frac{\mu}{N\lambda+\mu}$$

$$R(t)=\mathrm{e}^{-N\lambda t}$$

$$\mathrm{MTBF}=\frac{1}{N\lambda}$$

②N 个不同单元的串联可修复系统

设 N 个单元的故障率和修复率分别为 λ_i 和 μ_i，$i=1,2,\cdots,N$，系统可处于 $N+1$ 个状态。

状态 0：全部 N 个单元均正常，系统正常。
状态 1：第一个单元故障，其余正常，系统故障。
状态 2：第二个单元故障，其余正常，系统故障。
⋮
状态 N：第 N 个单元故障，其余正常，系统故障。
N 个不相同单元的可修复的串联系统状态转移如图 3. 2. 30 所示。

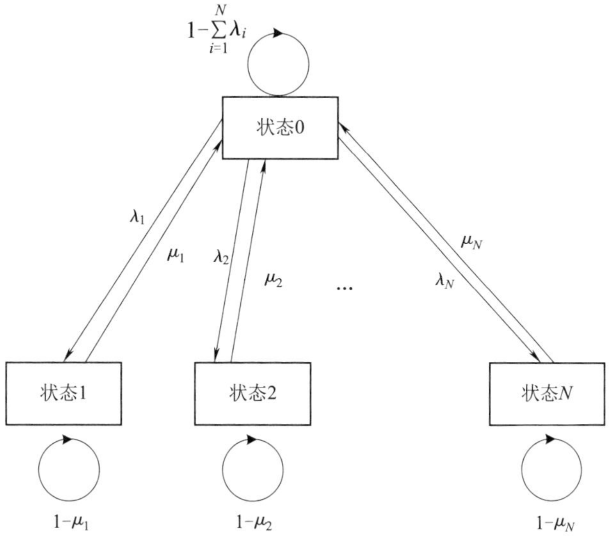

图3. 2. 30　N 个不相同单元的可修复的串联系统状态转移图

状态转移矩阵为

$$\boldsymbol{P}=\begin{bmatrix} 1-\sum_{i=1}^{N}\lambda_i & \mu_1 & \mu_2 & \cdots & \mu_N \\ \lambda_1 & 1-\mu_1 & 0 & \cdots & 0 \\ \lambda_2 & 0 & 1-\mu_2 & \cdots & 0 \\ \vdots & \vdots & \vdots & & \vdots \\ \lambda_N & 0 & 0 & \cdots & 1-\mu_N \end{bmatrix}$$

状态方程为

$$\dot{\boldsymbol{P}}(t)=(\boldsymbol{P}-\boldsymbol{I})P(t)\Rightarrow\begin{bmatrix} \dot{\boldsymbol{P}}_0(t) \\ \dot{\boldsymbol{P}}_1(t) \\ \dot{\boldsymbol{P}}_2(t) \\ \vdots \\ \dot{\boldsymbol{P}}_N(t) \end{bmatrix}=(\boldsymbol{P}-\boldsymbol{I})\begin{bmatrix} P_0(t) \\ P_1(t) \\ P_2(t) \\ \vdots \\ P_N(t) \end{bmatrix}$$

给定初始条件，解此方程即可求得可用度和可靠度。

③两个不同单元的串联可修复系统

$$\boldsymbol{P}=\begin{bmatrix}1-\sum_{i=1}^{2}\lambda_i & \mu_1 & \mu_2\\ \lambda_1 & 1-\mu_1 & 0\\ \lambda_2 & 0 & 1-\mu_2\end{bmatrix}$$

$$\boldsymbol{A}=\begin{bmatrix}-(\lambda_1+\lambda_2) & \mu_1 & \mu_2\\ \lambda_1 & -\mu_1 & 0\\ \lambda_2 & 0 & -\mu_2\end{bmatrix}$$

$$\begin{bmatrix}-(\lambda_1+\lambda_2) & \mu_1 & \mu_2\\ \lambda_1 & -\mu_1 & 0\\ \lambda_2 & 0 & -\mu_2\end{bmatrix}\begin{bmatrix}p_0\\ p_1\\ p_2\end{bmatrix}=\begin{bmatrix}0\\ 0\\ 0\end{bmatrix}$$

$$\begin{cases}\boldsymbol{P}_0=\left[1+\dfrac{\lambda_1}{\mu_1}+\dfrac{\lambda_2}{\mu_2}\right]^{-1}\\ \boldsymbol{P}_1=\dfrac{\lambda_1}{\mu_1}\boldsymbol{P}_0\\ \boldsymbol{P}_2=\dfrac{\lambda_2}{\mu_2}\boldsymbol{P}_0\\ \boldsymbol{P}_0+\boldsymbol{P}_1+\boldsymbol{P}_2=1\end{cases}$$

（3）并联可修复系统

①两个相同单元的并联系统

对于相同单元，故障率和修复率均设为 λ 和 μ，其并联系统状态转移如图 3. 2. 31 所示。

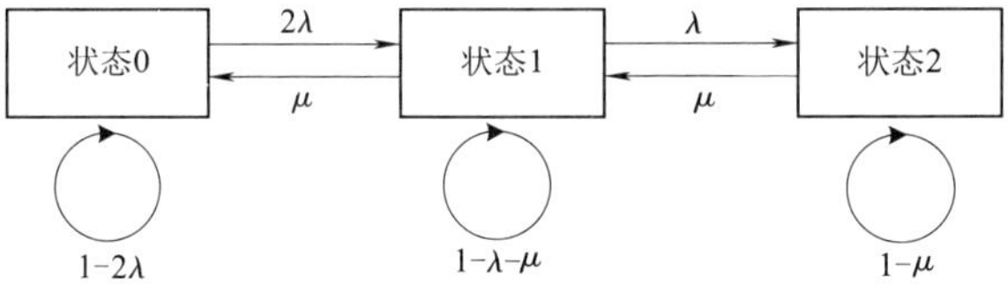

图 3. 2. 31　两个相同单元的可修复的并联系统状态转移图

其中，状态 0 为两个单元都正常，系统正常；状态 1 为任意一个单元故障，系统正常；状态 2 为两个单元都故障，系统故障。

状态转移概率矩阵为

$$\boldsymbol{P}=\begin{bmatrix}1-2\lambda & \mu & 0\\ 2\lambda & 1-\lambda-\mu & \mu\\ 0 & \lambda & 1-\mu\end{bmatrix}$$

状态方程系数矩阵为

$$\boldsymbol{A}=\begin{bmatrix}-2\lambda & \mu & 0\\ 2\lambda & -\lambda-\mu & \mu\\ 0 & \lambda & -\mu\end{bmatrix}$$

状态方程为

$$\begin{bmatrix} \dot{\boldsymbol{P}}_0(t) \\ \dot{\boldsymbol{P}}_1(t) \\ \dot{\boldsymbol{P}}_2(t) \end{bmatrix} = \boldsymbol{A} \begin{bmatrix} P_0(t) \\ P_1(t) \\ P_2(t) \end{bmatrix}$$

②N 个相同单元的并联系统

每个单元的故障率为 λ，修复率为 μ，修复后单元的寿命分布不变。在此假定下，系统有 $n+1$ 个可能状态。N 个相同单元的可修复的并联系统状态转移如图 3.2.32 所示。

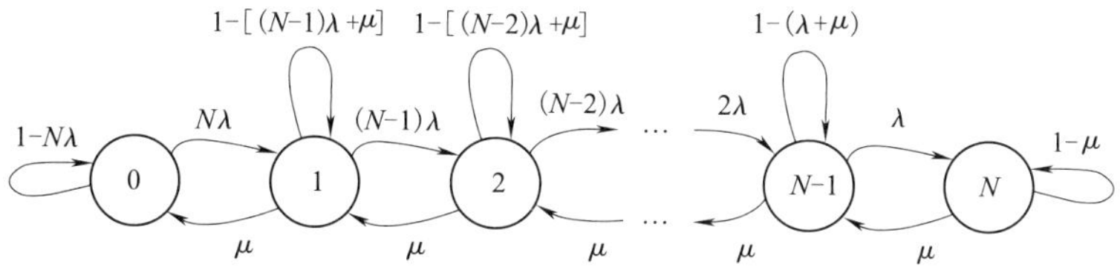

图 3.2.32 N 个相同单元的可修复的并联系统状态转移图

状态转移概率矩阵为

$$\boldsymbol{T} = \begin{bmatrix} 1-N\lambda & \mu & 0 & \cdots & 0 & 0 \\ N\lambda & 1-[(N-1)\lambda+\mu] & \mu & \cdots & 0 & 0 \\ 0 & (N-1)\lambda & 1-[(N-2)\lambda+\mu] & \cdots & 0 & 0 \\ \vdots & \vdots & \vdots & & \vdots & \vdots \\ 0 & 0 & 0 & \cdots & 1-(\lambda+\mu) & \mu \\ 0 & 0 & 0 & \cdots & \lambda & 1-\mu \end{bmatrix}$$

状态方程系数矩阵由状态方程可以相应推出。

③两个不同单元的并联系统

系统由两个不同单元和一个维修人员并联组成，其故障率及维修率分别为 λ_1，λ_2 和 μ_1，μ_2，其状态转移如图 3.2.33 所示。

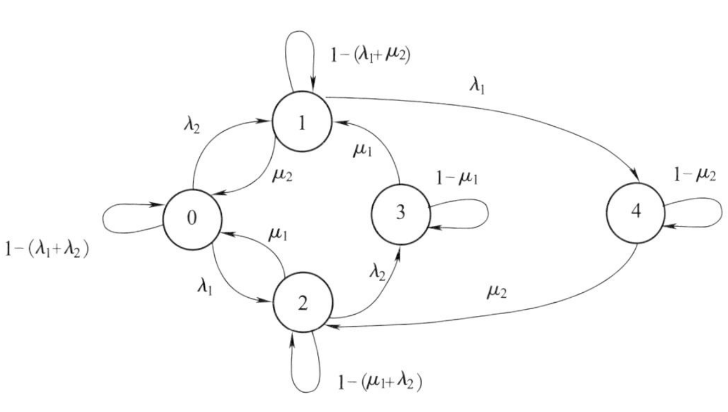

图 3.2.33 两个不同单元的可修复的并联系统状态转移图

该系统共有 5 个状态：状态 0 表示单元 1 和单元 2 都正常工作，系统正常；状态 1 表示单元 1 正常，单元 2 故障，系统正常；状态 2 表示单元 1 故障，单元 2 正常，系统正常；状态 3 表示单元 1 修理，单元 2 待修，系统故障；状态 4 表示单元 1 待修，单元 2 修理，系统故障。

状态转移概率矩阵为

$$\boldsymbol{T}=\begin{bmatrix} 1-(\lambda_1+\lambda_2) & \mu_2 & \mu_1 & 0 & 0 \\ \lambda_2 & 1-(\lambda_1+\mu_2) & 0 & \mu_1 & 0 \\ \lambda_1 & 0 & 1-(\lambda_2+\mu_1) & 0 & \mu_2 \\ 0 & 0 & \lambda_2 & 1-\mu_1 & 0 \\ 0 & \lambda_1 & 0 & 0 & 1-\mu_2 \end{bmatrix}$$

状态方程系数矩阵为

$$\boldsymbol{A}=\begin{bmatrix} -(\lambda_1+\lambda_2) & \mu_2 & \mu_1 & 0 & 0 \\ \lambda_2 & -(\lambda_1+\mu_2) & 0 & \mu_1 & 0 \\ \lambda_1 & 0 & -(\lambda_2+\mu_1) & 0 & \mu_2 \\ 0 & 0 & \lambda_2 & -\mu_1 & 0 \\ 0 & \lambda_1 & 0 & 0 & -\mu_2 \end{bmatrix}$$

状态方程为

$$\begin{bmatrix} \dot{\boldsymbol{P}}_0(t) \\ \dot{\boldsymbol{P}}_1(t) \\ \dot{\boldsymbol{P}}_2(t) \\ \dot{\boldsymbol{P}}_3(t) \\ \dot{\boldsymbol{P}}_4(t) \end{bmatrix}=\boldsymbol{A}\begin{bmatrix} P_0(t) \\ P_1(t) \\ P_2(t) \\ P_3(t) \\ P_4(t) \end{bmatrix}$$

（4）$m/n(G)$表决可修复系统

①N 个相同单元和一个维修人员系统

系统至少有 m 个单元工作时，系统才工作，当有 $N-m+1$ 个单元故障，系统故障。系统故障期间 $m-1$ 个好的单元也停止工作，但不会故障，直到有一个单元修复时，又有 m 个好的单元同时进入工作状态，此时系统重新进入工作状态。

显然，当 $m=1$ 时，系统是 N 个相同单元的并联系统；当 $m=N$ 时，系统是 N 个相同的串联系统。

N 个相同单元和一个维修人员的系统状态转移如图 3.2.34 所示。

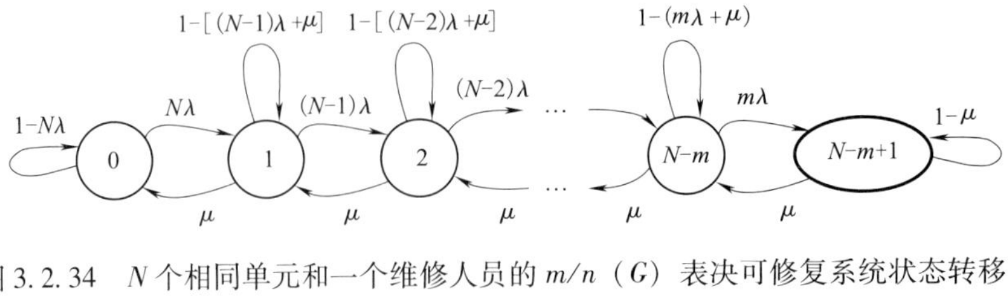

图 3.2.34 N 个相同单元和一个维修人员的 m/n（G）表决可修复系统状态转移图

系统的状态转移概率矩阵为

$$
\boldsymbol{T}=\begin{bmatrix}
1-N\lambda & \mu & 0 & \cdots & 0 & 0\\
N\lambda & 1-[(N-1)\lambda+\mu] & \mu & \cdots & 0 & 0\\
0 & (N-1)\lambda & 1-[(N-2)\lambda+\mu] & \cdots & 0 & 0\\
\vdots & \vdots & \vdots & & \vdots & \vdots\\
0 & 0 & 0 & \cdots & 1-(m\lambda+\mu) & \mu\\
0 & 0 & 0 & \cdots & m\lambda & 1-\mu
\end{bmatrix}
$$

②两个相同单元和一个维修人员的旁联系统

只考虑转换开关完全可靠，储备单元在储备期内完全可靠的情况。两个相同单元和一个维修人员的旁联系统的状态转移如图 3.2.35 所示。

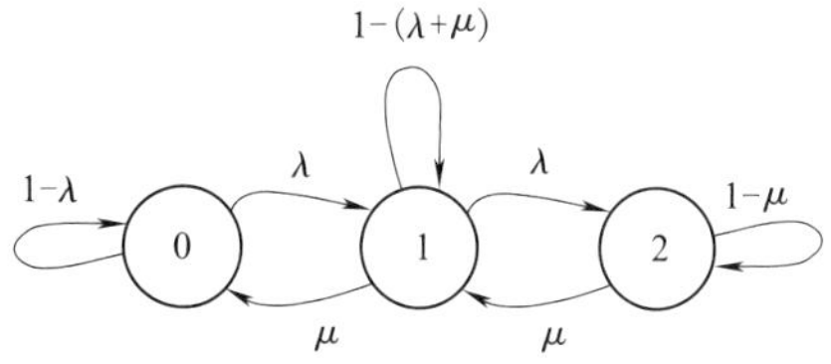

图 3.2.35　两个相同单元和一个维修人员的旁联系统状态转移图

其中，状态 0 表示工作单元正常，储备单元正常，进入工作状态；状态 1 表示当工作单元发生故障时，工作单元变成修理单元，储备单元立刻顶替工作，系统正常工作；状态 2 表示若修理单元没有修好时，顶替单元也发生了故障，因只有一组维修人员，顶替单元只好处于待修状态，这时系统处于故障状态。

当第一个故障单元修复后投入工作状态时，第二个故障单元进入修复状态，这时系统又处于工作状态。

系统状态转移概率矩阵为

$$
\boldsymbol{T}=\begin{bmatrix}
1-\lambda & \mu & 0\\
\lambda & 1-(\mu+\lambda) & \mu\\
0 & \lambda & 1-\mu
\end{bmatrix}
$$

③两个不同单元，一个维修人员的旁联系统（图 3.2.36）

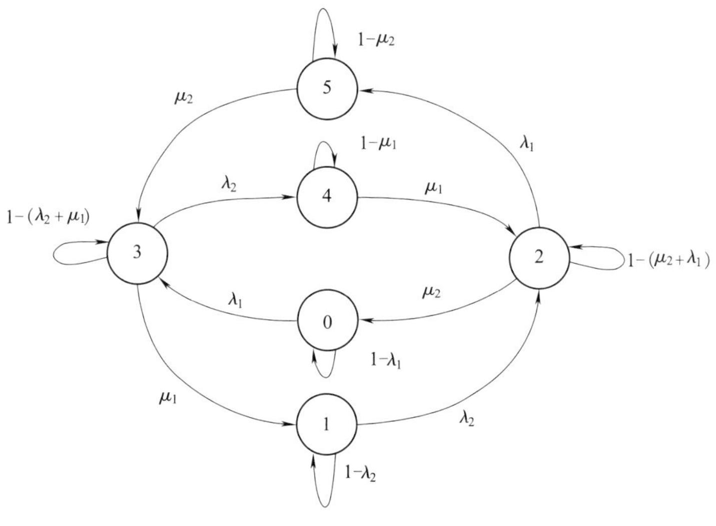

图 3.2.36　两个不同单元和一个维修人员的旁联系统状态转移图

系统由两个不同单元及一个维修人员组成，两个单元的故障率分别为 λ_1，λ_2，修复率分别为 μ_1，μ_2。该系统可能有 6 个状态。

其中，状态 0 表示单元 1 工作，单元 2 处于储备状态，系统正常；状态 1 表示单元 2 工作，单元 1 处于储备状态，系统正常；状态 2 表示单元 1 工作，单元 2 处于修理状态，系统正常；状态 3 表示单元 2 工作，单元 1 处于修理状态，系统正常；状态 4 表示单元 1 在修理，单元 2 处于待修状态，系统故障；状态 5 表示单元 2 在修理，单元 1 处于待修状态，系统故障。

系统的状态转移概率矩阵为

$$
\boldsymbol{T}=\begin{bmatrix}
1-\lambda_1 & 0 & \mu_2 & 0 & 0 & 0 \\
0 & 1-\lambda_2 & 0 & \mu_1 & 0 & 0 \\
0 & \lambda_2 & 1-(\lambda_1+\mu_2) & 0 & \mu_1 & 0 \\
\lambda_1 & 0 & 0 & 1-(\lambda_2+\mu_1) & 0 & \mu_2 \\
0 & 0 & 0 & \lambda_2 & 1-\mu_1 & 0 \\
0 & 0 & \lambda_1 & 0 & 0 & 1-\mu_2
\end{bmatrix}
$$

3.2.3 故障树分析（FTA）模型

1. 故障树概述

故障树（Fault Tree，FT）指用以表明产品哪些组成部分的故障或外界事件或它们的组合将导致产品发生一种给定故障的逻辑图。故障树是一种逻辑因果关系图，构图的元素是事件和逻辑门。

事件：用来描述系统和元部件故障的状态。

逻辑门：把事件联系起来，表示事件之间的逻辑关系。

故障树分析（Fault Tree Analysis，FTA）是通过对可能造成产品故障的硬件、软件、环境、人为因素进行分析，画出故障树，从而确定产品故障原因的各种可能组合方式和（或）其发生概率。

故障树分析的目的是：

（1）帮助判明可能发生的故障模式和原因。

（2）发现可靠性和安全性薄弱环节，采取改进措施，以提高产品可靠性和安全性。

（3）计算故障发生概率。

（4）发生重大故障或事故后，FTA 是故障调查的一种有效手段，可以系统而全面地分析事故原因，为故障“归零”提供支持。

（5）指导故障诊断、改进使用和维修方案等。

故障树分析的特点：

（1）是一种自上而下的图形演绎方法。

（2）有很大的灵活性。

（3）综合性强，涉及硬件、软件、环境、人为因素等。

（4）主要用于安全性分析及可靠度分析，从系统失效的角度进行分析。

相应地，FTA 应用过程中的主要要求包括：

（1）在产品研制早期就应进行 FTA，以便及早发现问题并进行改进。随设计工作进展，FTA 应不断补充、修改、完善。

（2）“谁设计，谁分析”，故障树应由设计人员在 FMEA 基础上建立。可靠性专业人员协助、指导，并由有关人员审查，以保证故障树逻辑关系的正确性。

（3）应通过 FMEA 找出影响安全及任务成功的关键故障模式（即严酷度Ⅰ、Ⅱ类的故障模式）作为顶事件，建立故障树进行多因素分析，找出各种故障模式组合，为改进设计提供依据。

故障模式影响分析（Failure Mode and Effects Analysis，FMEA）和故障模式影响及危害性分析（Failure Mode，Effects and Criticality Analysis，FMECA）是分析系统中每一产品所有可能产生的故障模式及其对系统造成的所有可能影响，并按每一个故障模式的严重程度，检测难易程度以及发生频度予以分类的一种归纳分析方法。

故障树中的事件用于描述系统和元部件故障状态，故障树常用事件符号见表 3.2.2。

表 3.2.2 故障树常用事件符号

符号		说明
底事件	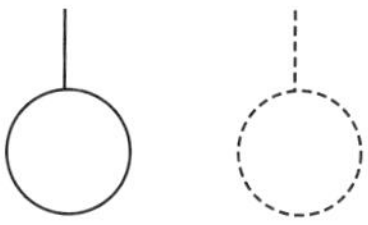	元、部件在设计的运行条件下发生的随机故障事件，故障分布已知。 实线圈——硬件故障； 虚线圈——人为故障
底事件	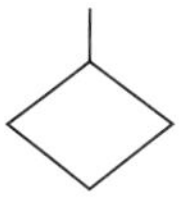	未探明事件： 表示该事件可能发生，但是概率较小，无须进一步分析的故障事件，在故障权定性、定量分析中一般可以忽略不计
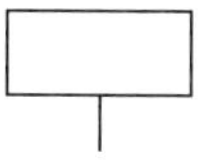	顶事件	人们不希望发生的显著影响系统技术性能、经济性、可靠性和安全性的故障事件。顶事件可有 FMECA 分析确定
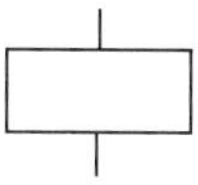	中间事件	包括故障树除底事件及顶事件之外的所有事件

故障树中事件之间的逻辑关系是由逻辑门表示的，它们与事件一起构成了故障树。故障树中常用的逻辑门是逻辑“与门”和逻辑“或门”，其他逻辑门在某种程度上都可以化为逻辑“与门”和逻辑“或门”。故障树常用逻辑门及符号见表 3.2.3。

表 3.2.3 故障树常用逻辑门及符号

符号	说明
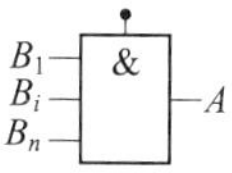 与门	B_i（$i=1，2，\cdots，n$）为门的输入事件，A 为门的输出事件。 B_i 同时发生时，A 必然发生，这种逻辑关系称为事件交。 用逻辑“与门”描述，逻辑表达式为 $A=B_1\cap B_2\cap B_3\cap\cdots\cap B_n$
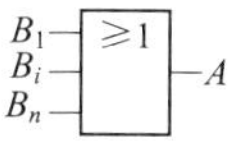 或门	当输入事件中至少有一个发生时，输出事件 A 发生，称为事件并。 用“或门”，逻辑表达式为 $A=B_1\cup B_2\cup B_3\cup\cdots\cup B_n$
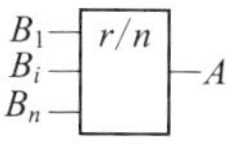	表决门： n 个输入中至少有 r 个发生，则输出事件发生；否则输出事件不发生

续上表

符　　号	说　　明
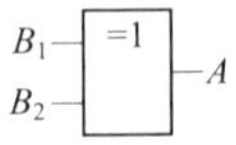	异或门： 输入事件 B_1、B_2 中任何一个发生都可引起输出事件 A 发生，但 B_1、B_2 不能同时发生，相应的逻辑代数表达式为 $A=(B_1\cap\overline{B_2})\cup(\overline{B_1}\cap B_2)$ 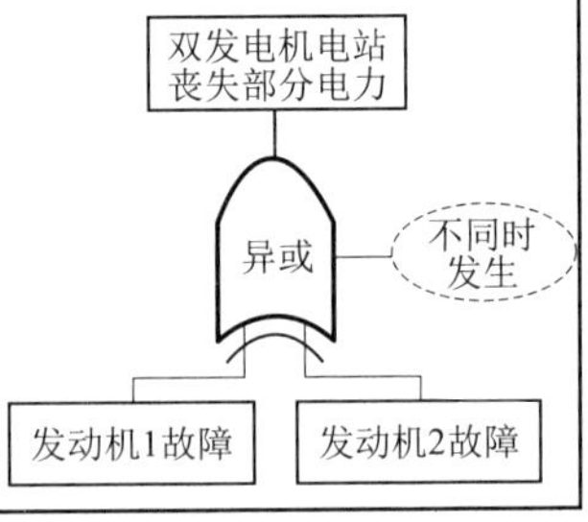

故障树分析的建树步骤：

（1）广泛收集并分析系统及其故障的有关资料。

（2）选择顶事件。

①顶事件发生与否必须有明确定义。

②顶事件必须能进一步分解。

③顶事件能定量度量。

（3）建造故障树。

找出系统故障和导致故障诸元素之间的逻辑关系，并将其用特定图形表示。

（4）简化故障树。

2. 故障树定性分析

故障树定性分析的分析步骤为：

（1）建立故障树。

（2）故障树定性分析。

（3）故障树定量分析。

（4）重要度分析。

（5）确定薄弱环节。

（6）确定改进措施。

故障树定性分析的目的是：

（1）寻找顶事件的原因事件及原因事件的组合（最小割集）。

（2）发现潜在的故障。

（3）发现设计的薄弱环节，以便改进设计。

（4）指导故障诊断，改进使用和维修方案。

割集：故障树中一些底事件的集合，当这些底事件同时发生时，顶事件必然发生。

最小割集：若将割集中所含的底事件任意去掉一个就不再成为割集了，这样的割集就是最小割集。

【例】 求图 3.2.37 所示的割集和最小割集。

解： 割集：$\{X_1\}$，$\{X_2, X_3\}$，$\{X_1, X_2\}$，$\{X_1, X_3\}$，$\{X_1, X_2, X_3\}$。

最小割集：$\{X_1\}$，$\{X_2, X_3\}$。

求系统故障树最小割集的方法主要有下行法、结构法和布尔代数化简法。

下行法是根据故障树的实际结构，从顶事件开始，逐层向下巡查，找出割集。“与门”使割集容量增加，而不增加割集的数量；按行横向排列；“或门”使割集的数量增加，而不增加割集的容量。从顶上事件开始，用下一层事件代替上一层事件，逐层向下，直至各基本事件，列出若干行，最后利用布尔代数化简法。化简结果，就得出若干最小割集。

结构法的理论根据是：事故树的结构完全可以用最小割集来表示。

布尔代数化简法和结构法相似，不同的只是“∪”与“+”的问题，每个逻辑积就是最小割集。

【例】 用下行法、结构法和布尔代数化简法求图3.2.38所示的最小割集。

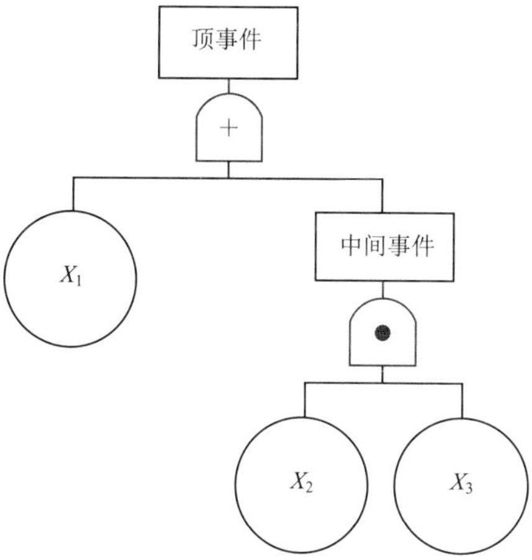

图3.2.37 故障树示意图（一）

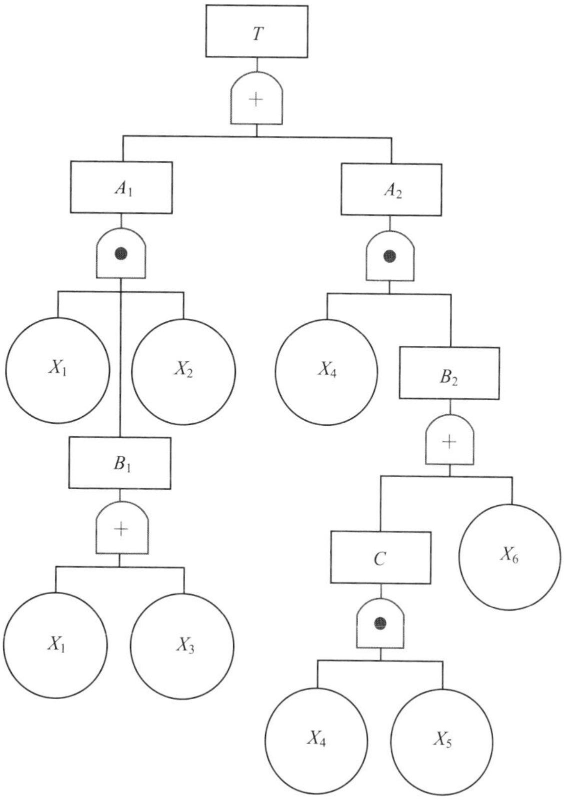

图3.2.38 故障树示意图（二）

解：

（1）下行法

顶上事件 T 与中间事件 A_1、A_2 是用“或门”连接的，所以，应当成列摆开；A_1、A_2 与下一层事件 B_1、B_2、X_1、X_2、X_4 的联结均为“与门”，所以成行排列。下面以此类推，共得到4个割集为

$$\{X_1, X_2\}, \{X_1, X_2, X_3\}, \{X_4, X_5\}, \{X_4, X_6\}$$

通过集合运算吸收律规则简化以上割集，得到全部最小割集。因为

$$\{X_1, X_2\} \cup \{X_1, X_2, X_3\} = \{X_1, X_2\}$$

所以，$X_1X_2X_3$ 被吸收，得到全部最小割集为

$$\{X_1, X_2\}, \{X_4, X_5\}, \{X_4, X_6\}$$

化简后的故障树如图 3. 2. 39 所示。

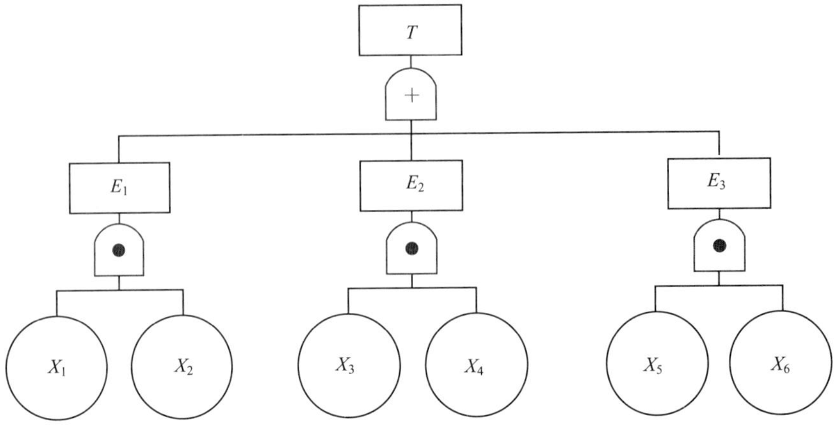

图 3. 2. 39　化简后的故障树示意图

（2）结构法

$$
\begin{aligned}
A_1 \cup A_2 &= X_1 \cdot B_1 \cdot X_2 \cup X_4 \cdot B_2 \\
&= (X_1 \cdot (X_1 \cup X_3) \cdot X_2) \cup (X_4 \cdot (C \cup X_6)) \\
&= (X_1 \cdot X_2) \cup (X_1 \cdot X_3 \cdot X_2) \cup (X_4 \cdot (X_4 \cdot X_5) \cup X_6) \\
&= (X_1 \cdot X_2) \cup (X_1 \cdot X_2 \cdot X_3) \cup (X_4 \cdot X_4 \cdot X_5) \cup (X_4 \cdot X_6) \\
&= (X_1 \cdot X_2) \cup (X_1 \cdot X_2 \cdot X_3) \cup (X_4 \cdot X_5) \cup (X_4 \cdot X_6) \\
&= (X_1 \cdot X_2) \cup (X_4 \cdot X_5) \cup (X_4 \cdot X_6)
\end{aligned}
$$

（3）布尔代数化简法

$$
\begin{aligned}
T &= A_1 + A_2 = X_1 \cdot B_1 \cdot X_2 + X_4 \cdot B_2 \\
&= X_1 \cdot (X_1 + X_3) \cdot X_2 + X_4 \cdot (C + X_6) \\
&= X_1 \cdot X_1 \cdot X_2 + X_1 \cdot X_3 \cdot X_2 + X_4 \cdot (X_4 \cdot X_5 + X_6) \\
&= X_1 \cdot X_2 + X_1 \cdot X_2 \cdot X_3 + X_4 \cdot X_4 \cdot X_5 + X_4 \cdot X_6 \\
&= X_1 \cdot X_2 + X_1 \cdot X_2 \cdot X_3 + X_4 \cdot X_5 + X_4 \cdot X_6 \\
&= X_1 \cdot X_2 + X_4 \cdot X_5 + X_4 \cdot X_6
\end{aligned}
$$

最小割集的意义：

（1）降低复杂系统潜在事故风险。如果能使每个最小割集中至少有一个底事件恒不发生（发生概率极低），则顶事件就恒不发生，系统潜在事故的发生概率降至最低。

（2）消除可靠性关键系统中的一阶最小割集，可消除单点故障。可靠性关键系统不允许有单点故障，方法之一就是设计时进行故障树分析，找出一阶最小割集，在其所在的层次或更高的层次增加“与门”，并使“与门”尽可能接近顶事件。

（3）最小割集可以指导系统的故障诊断和维修。如果系统某一故障模式发生了，则一定是该系统中与其对应的某一个最小割集中的全部底事件全部发生了；进行维修时，如果只修复某个故障部件，虽然能够使系统恢复功能，但其可靠性水平还远未恢复；根据最小割集的概念，只有修复同一最小割集中的其他部件故障，才能恢复系统可靠性、安全性设计水平。

（4）最小割集表示系统的危险性。求出最小割集可以掌握事故发生的各种可能，为事故调查和事故预防提供方便。

（5）最小割集能直观地、概略地告诉人们，哪种事故模式最危险，哪种稍次，哪种可以忽略。

（6）利用最小割集可以直接排出结构重要度顺序。

（7）利用最小割集计算顶上事件的发生概率和定量分析。

故障树示例如图 3. 2. 40 所示。

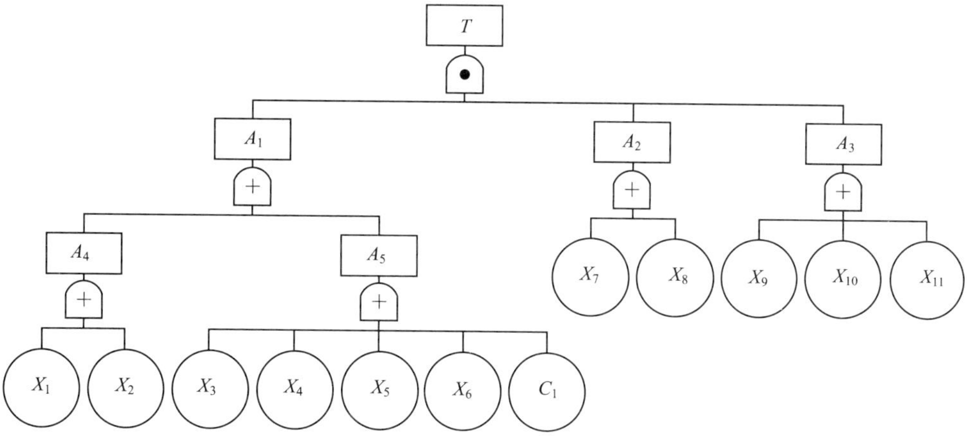

图 3. 2. 40　故障树示例（三）

T：触电上网；A_1 设备及设施带电；A_2 安全用具不起作用；A_3 保护接地失效；A_4 电源设施带电；A_5 设备外壳带电；X_1 开关漏电；X_2 线路漏电；X_3 热元件变形带电；X_4 电机漏电；X_5 导物造成电源与设备相接；X_6 控制电器漏电；X_7 没有使用；X_8 因脏湿绝缘失效；X_9 保护接地不合格；X_{10}接地不良；X_{11}未接地；C_1 漏电保护失效。最小割集见表 3. 2. 4。

表 3. 2. 4　最小割集

序号	最小割集	序号	最小割集
1	$\{X_1, X_7, X_9\}$	10	$\{C_1, X_8, X_{11}, X_3\}$
2	$\{X_2, X_7, X_9\}$	11	$\{C_1, X_8, X_9, X_5\}$
3	$\{X_1, X_7, X_1 0\}$	12	$\{C_1, X_7, X_{10}, X_4\}$
4	$\{C_1, X_8, X_9, X_3\}$	13	$\{C_1, X_7, X_{10}, X_6\}$
5	$\{C_1, X_7, X_{11}, X_3\}$	14	$\{C_1, X_7, X_{11}, X_5\}$
6	$\{C_1, X_7, X_9, X_5\}$	15	$\{X_2, X_8, X_{10}\}$
7	$\{X_2, X_8, X_9\}$	16	$\{C_1, X_8, X_{10}, X_4\}$
8	$\{X_2, X_7, X_{11}\}$	17	$\{C_1, X_8, X_{10}, X_6\}$
9	$\{X_1, X_8, X_{11}\}$	18	$\{C_1, X_8, X_{11}, X_5\}$

续上表

序号	最小割集	序号	最小割集
19	$\{C_1, X_7, X_9, X_3\}$	28	$\{C_1, X_8, X_9, X_4\}$
20	$\{X_1, X_8, X_9\}$	29	$\{C_1, X_8, X_9, X_6\}$
21	$\{X_1, X_7, X_{11}\}$	30	$\{C_1, X_7, X_{10}, X_5\}$
22	$\{C_1, X_7, X_{10}, X_3\}$	31	$\{C_1, X_7, X_{11}, X_4\}$
23	$\{C_1, X_7, X_9, X_4\}$	32	$\{C_1, X_7, X_{11}, X_6\}$
24	$\{C_1, X_7, X_9, X_6\}$	33	$\{X_2, X_8, X_{11}\}$
25	$\{X_2, X_7, X_{10}\}$	34	$\{C_1, X_8, X_{10}, X_5\}$
26	$\{X_1, X_8, X_{10}\}$	35	$\{C_1, X_8, X_{11}, X_4\}$
27	$\{C_1, X_8, X_{10}, X_3\}$	36	$\{C_1, X_8, X_{11}, X_6\}$

举例结论：

（1）从故障树的结构上看，“或门”比较多，说明在人员操作不当或设备连接不好或设备质量不良的情况下，触电事故很容易发生。

（2）从结构重要度上看，C_1、X_7、X_8 的系数最大，其次是 X_9、X_{10}、X_{11}，说明要预防触电事故，应重点预防 C_1、X_7、X_8 和 X_9、X_{10}、X_{11}，即电设备一定要良好接地，保持干净，而且漏电保护装置要良好。

结构重要度分析：

从故障树结构上入手，分析各基本事件的重要程度，并用最小割集进行结构重要度分析。

（1）看频率。当最小割集中的基本事件个数不等时，基本事件少的割集中的基本事件比基本事件多的割集中的基本事件结构重要度大。例如，某事故树的最小割集为：$\{X_1, X_2, X_3, X_4\}$，$\{X_5, X_6\}$，$\{X_7\}$，$\{X_8\}$。则 X_7 和 X_8 的结构重要度最大；其次是 X_5，X_6，因为它们在两个事件的最小割集中；最不重要的是 X_1，X_2，X_3，X_4，因为它们所在的最小割集中基本事件最多。排出各基本事件的结构重要度顺序：$I(7)=I(8)>I(5)=I(6)>I(1)=I(2)=I(3)=I(4)$。

（2）看频数。当最小割集中基本事件的个数相等时，重复在各最小割集中出现的基本事件，比只在一个最小割集中出现的基本事件结构重要度大；重复次数多的比重复次数少的结构重要度大。例如，某事故树有 8 个最小割集：$\{X_1, X_5, X_7, X_8\}$，$\{X_1, X_6, X_7, X_8\}$，$\{X_2, X_5, X_7, X_8\}$，$\{X_2, X_6, X_7, X_8\}$，$\{X_3, X_5, X_7, X_8\}$，$\{X_3, X_6, X_7, X_8\}$，$\{X_4, X_5, X_7, X_8\}$，$\{X_4, X_6, X_7, X_8\}$。X_7 和 X_8 均出现过 8 次；X_5 和 X_6 各出现过 4 次；X_1，X_2，X_3，X_4 各出现过 2 次。尽管 8 个最小割集基本事件个数都相等（4 个），但由于各基本事件在其中出现的次数不同，我们仍可以排出其结构重要度顺序：$I(7)=I(8)>I(5)=I(6)>I(1)=I(2)=I(3)=I(4)$。

（3）既看频率又看频数。在基本事件少的最小割集中出现次数少的事件与基本事件多的最小割集中出现次数多的相比较，一般前者大于后者。例如，某事故树的最小割集为：$\{X_1\}$，$\{X_2, X_3\}$，$\{X_2, X_4\}$，$\{X_2, X_5\}$，其结构重要度顺序为：$I(1)>I(2)>I(3)=I(4)=I(5)$。

系统薄弱环节预测，对于最小割集来说，它与顶上事件用或门相连，显然最小割集的个数越少越安全，越多越危险。每个最小割集中的基本事件与第二层事件用与门连接，因此割集中的基本事件越多越有利，基本事件少的割集就是系统的薄弱环节。根据以上分析，可以从以下 4 条途径来改善系统的安全性：减少最小割集数，首先应消除那些含基本事件最少的割集；增加割集中的基本事件数，首先应给含基本事件少，又不能清除的割集增加基本事件。

3.3 基于行为仿真的系统可靠性模型——蒙特卡罗方法

3.3.1 蒙特卡罗方法

蒙特卡罗方法又被称为概率模拟方法，有时也被称作随机抽样技术或统计试验方法。它以概率论及数理统计为理论基础，是一种利用重复的抽样、统计实验来求解那些可以直接或间接的用一个随机过程来描述物理和数学的模拟方法。它可以针对数学模型进行大量的统计模拟实验，能有效解决很多用传统的数理统计或物理实验难以解决的问题。近几十年来，随着电子计算机技术的出现和迅速发展，人们广泛、系统的应用随机抽样来解决数学、物理问题，而且把蒙特卡罗方法当作计算数学的一个重要的分支。

蒙特卡罗方法有这样几个优点：收敛速度与问题维度无关，即要达到同一精度，用蒙特卡罗方法选取的点数与维数无关；计算时间仅与维数成比例，但一般数值方法，比如在计算多重积分时，达到同样的误差，点数与维数的幂次成比例，即计算量要随维数的幂次方增加。这一特性决定了对多维问题的实用性；受问题条件限制的影响小；程序结构简单，在电子计算机上实现蒙特卡罗计算时，程序结构清晰、简单，便于编制和调试；对于模拟粒子输运等物理问题，具有其他数值计算方法不能替代的作用。

使用蒙特卡罗方法求解可靠性问题时，可以简单理解为，当所求解的问题是某个事件出现的概率时，例如可靠度，可以通过抽样实验的方法得到这种事件出现的概率，把它作为问题的解；当所求解的问题是某个随机变量的期望值时，例如 MTBCF，则可以通过抽样实验，求出这个随机变量的样本均值，并用它作为问题的解。

3.3.2 蒙特卡罗方法的主要步骤

1. 构造或描述概率过程

对于本身就具有随机性质的问题，如粒子输运问题，主要是正确描述和模拟这个概率过程，对于本来不是随机性质的确定性问题，比如计算定积分，就必须事先构造一个人为的概率过程，它的某些参量正好是所要求问题的解，即要将不具有随机性质的问题转化为随机性质的问题。

根据大数定律，x_1，x_2，…，x_N 是 N 个独立随机变量，它们有相同的分布，并且有相同的有限期望 $E(x_i)$ 和方差 $D(x_i)$，$i=1$，2，…，N，则对于任意的 $\varepsilon>0$，有

$$\lim_{N\to\infty}P\left\{\left|\sum_{i=1}^{N}\frac{x_i}{N}-E(x_i)\right|\geqslant\varepsilon\right\}=0$$

由伯努利定理说明，设随机事件 A 的概率为 $P(A)$，在 N 次独立试验中，事件 A 发生的频数为 n，则频率为 $W(A)=n/N$，对于任意 $\varepsilon>0$，有

$$\lim_{N\to\infty}P\left\{\left|\frac{n}{N}-P(A)\right|<\varepsilon\right\}=1$$

蒙特卡罗方法从总体抽取简单子样做抽样试验，根据简单子样的定义，x_1，x_2，…，x_N 为具有同分布的独立随机变量。由上述两式可知，当 N 足够大时，$\sum_{i=1}^{N}(x_i/N)$ 依概率 1 收敛于 $E(x)$，而频率 n/N 依概率 1 收敛于 $P(A)$，这就保证了使用蒙特卡罗方法的概率收敛性。

2. 实现从已知概率分布抽样

构造了概率模拟以后，由于各种概率模型都可以看作是由各种各样的概率分布构成的，因此产生已知概率分布的随机变量（或随机向量），就成为实现蒙特卡罗方法模拟试验的基本手段，这也是蒙特卡罗方法被称为随机抽样的原因。最简单、最基本、最重要的一个概率分布是（0，1）上的均匀分布（或称矩形分布）。随机数就是具有这种均匀分布的随机变量。随机数序列就是具有这种分布的总体的一个简单子样，也就是一个具有这种分布的相互独立的随机数序列。产生随机数的问题，就是这个分布的抽样问题。在计算机上，可以用物理方法产生随机数，但价格昂贵，不能重复，使用不便。另一种方法是用数学递推公式产生。这样产生的序列，与真正的随机数序列不同，所以称为伪随机数或伪随机数列。不过，经过多种统计检验表明，它与真正的随机数或随机数序列具有相近的性质，因此可把它作为真正的随机数来使用。由已知分布的随机抽样的各种方法，与从（0，1）上均匀分布抽样不同，这些方法都是借助随机序列来实现的，也就是说，都是以产生随机数为前提的。由此可见，随机数是实现蒙特卡罗模拟的基本工具。

随机数抽样方法有反函数法、变换法、舍选法以及组合法等，以下仅介绍最常用的反函数方法。

反函数基本定理为：设随机变量 ξ 具有分布函数 $F(x)$ ［或已知分布密度函数 $f(x)$］，则是区间［0，1］上均匀分布的随机变量。

由上述基本定理可知，若 Z 为［0，1］区间上均匀分布的随机变量，并且 $F(x)$ 为单调递增函数，则

$$\xi = F^{-1}(Z)$$

是以 $F(x)$ 为分布函数的随机变量。因此，可用［0，1］区间上均匀分布的伪随机数来产生随机变量 ξ 的抽样值。

3. 建立各种估计量

一般来说，构造了概率模型并能从中抽样，即实现模拟试验后，就要确定一个随机变量，作为所要求的问题的解，称它为无偏估计。建立各种估计量，相当于对模拟试验的结果进行考察和登记，从中得到问题的解。

复习思考题

1. 可靠性框图的串联结构、并联结构、表决结构、旁联结构的数学模型是什么？

2. 基于可靠性框图对应的数学模型，假设每个部件均为失效率，其值为常数 λ，估计每个结构下的 MTTF。

3. 3 个失效率相同、均为 λ 单元组成的并联系统和 2/3 表决系统，分别计算其寿命，并且比较两个系统从寿命角度的可靠性水平。

4. 考虑可维修性、可靠性及可用性之间的函数关系，比较可靠性和可维护性之间的可对比性表现在哪些方面？为什么说可靠性和可维护性是可用性的基础？

5. 利用马尔可夫系统进行2个单元构成的失效率为λ，只有一支维修队伍的情况下系统的稳态可用性和瞬态可用性。

6. 针对铁路系统的应答器的“无法接收应答器报文”这一故障进行故障树分析，并对各底事件的重要度排序。

4 系统可靠性分配与预计方法

4.1 可靠性参数指标与要求

4.1.1 基本概念

1. 可靠性分配与可靠性预计

为了达到对产品的可靠性定量指标要求，在产品的设计阶段应进行可靠性设计，包括可靠性分配、建模和预计工作。

在可靠性设计中把产品的可靠性指标分配给各组成部分，变成各组成部分的可靠性定量要求的工作，称为可靠性分配。如果把产品视为一个系统，可靠性分配就是把规定的可靠性指标自上而下分配到系统、分系统、设备、器件，是一个分解的过程。

可靠性分配的目的就是使各级设计人员明确其可靠性设计的定量要求，根据要求估计所需的人力、时间、资源，并研究实现此要求的可能性和方法。

可靠性分配的目的主要有：

（1）通过可靠性分配，即合理地确定系统中每个单元的可靠度指标，以便在单元设计、制造、试验、验收时切实地加以保证，反过来又将促进设计、制造、试验、验收方法和技术的改进和提高。

（2）通过可靠性分配，即帮助设计者了解零件、单元（子系统）、系统（整体）间的可靠性的相互关系，减少盲目性，明确设计的基本问题。

（3）通过可靠性分配，即使设计者更加全面地权衡系统的性能、功能、费用及有效性等与时间的关系，以获得合理的系统设计，提高产品的设计质量。

（4）通过可靠性分配，即使系统所获得的可靠度值比分配前更加切合实际，可节省制造的时间及费用。

可靠性分配主要在方案论证和初步设计阶段进行，它是一个反复的过程，应尽早地实施。可靠性分配包括任务可靠性分配和基本可靠性分配。这两者有时是相互矛盾的，在可靠性分配时要进行两者之间的权衡。

在可靠性设计中，把根据产品各组成部分的可靠性估计产品可靠性的工作方法，称为可靠性预计。可靠性预计是从器件、设备、分系统、系统自下而上的估计系统可靠性，是一个综合的过程。

可靠性预计的目的和用途主要有：

（1）检验所做设计是否能满足给定的可靠性目标，预测产品的可靠度值。

（2）在方案论证阶段，通过可靠性预计，根据预计结果的相对性进行方案比较，选择最优方案。

（3）综合设计参数及性能指标要求，以达到合理提高产品可靠性的目的。

（4）发现影响产品可靠性的主要因素，找出薄弱环节以采取必要的措施，降低产品的失效率，提高其可靠度。

（5）为可靠性增长试验、验证试验及费用核算等方面的研究提供依据。

（6）可靠性预计为可靠性分配基础。可靠性预计在方案论证、初步设计和详细设计阶段进行。为了避免因可靠性指标达不到要求，造成设计重新返工，应尽早在各个阶段实施可靠预计。可靠性预计同样包括基本可靠性预计和任务可靠性预计。

可靠性分配和可靠性预计是为了达到可靠性要求在产品设计阶段反复交替进行的。后面将会介绍可靠性分配的一些基本方法和可靠性预计的一般步骤和主要的方法。

2. 基本可靠性与任务可靠性

在进行可靠性设计分析时，需要综合考虑规定功能和减少用户费用两方面的需求，依此可以把可靠性分为基本可靠性与任务可靠性。

基本可靠性即产品在规定的条件下和规定的时间内无故障工作的能力。基本可靠性反映产品对维修资源的要求，是产品在没有后勤保障情况下工作能力的度量。确定基本可靠性值时，应统计产品的所有寿命单位和所有的关联故障（考虑所有需要维修保障的故障）。通常等于或低于任务可靠性时，采用冗余的方式提高产品的基本可靠性。

任务可靠性是产品在规定的任务剖面内完成规定功能的能力。任务可靠性是产品完成任务能力的度量。确定任务可靠性值时，仅考虑在任务期间内那些影响任务完成的故障（即灾难故障和严重故障）。通常高于基本可靠性，可通过冗余提高产品的任务可靠性。

可见，在实际产品的设计过程中，需要对产品的基本可靠性和任务可靠性进行综合权衡，不能片面地追求某一方面目标。

基本可靠性模型是用来估计产品及其组成单元故障引起的维修及保障要求的可靠性模型。系统中任一单元（包括储备单元）发生故障后，都需要维修或更换，都会产生维修及保障要求，因而可以把它看作度量使用费用的一种模型。基本可靠性模型是一个全串联模型，即使存在冗余单元，也都按串联处理。所以，储备单元越多，系统的基本可靠性越低。

任务可靠性模型是用来估计产品在执行任务过程中完成规定功能的概率、描述完成任务过程中产品各单元的预定作用以及度量工作有效性的一种可靠性模型。显然，系统中储备单元越多，其任务可靠性越高。

3. 固有可靠性与使用可靠性

固有可靠性（又称设计可靠性和合同可靠性）是在设计和制造过程中赋予产品，并在理想的使用和保障条件下所具有的可靠性。它是从产品承制方的角度来评价产品的可靠性水平的。

使用可靠性是产品在实际的环境中使用时所呈现的可靠性，它反映产品设计、制造、使用、维修、环境等因素的综合影响。它是从最终用户（产品使用方）的角度来评价产品的可靠性水平的。

4.1.2 可靠性参数指标

1. 可靠性参数

可靠性参数是描述系统（产品）可靠性的量。它直接与装备完好、任务成功、维修人力和保障资源需求等目标有关。根据应用场合的不同，又可分为使用可靠性或合同可靠性参数两类。前者是反映装备使用需求的参数，一般不直接用于合同，如确有需要且参数的所有限定条件均明确，也可用于合同，而合同参数则是在合同或研制任务书中用以表述订购方对装备可靠性要求的，并且是承制方在研制与生产过程中能够控制的参数。

2. 可靠性指标

可靠性指标是对可靠性参数要求的量值，如“MTBF≥1 000 h”即为可靠性指标。与使用、合同可靠性参数相对应，则有使用、合同可靠性指标。前者是在实际使用保障条件下达到的指标，而后者是按合同规定的理想使用保障条件下达到的要求。所以，一般情况下同一装备的使用可靠性指标低于同名的合同指标。有的标准将指标分为最低要求和希望达到的要求，即使用指标的最低要求值称为“门限值”，希望达到的值称为“目标值”；合同指标的最低要求值称为“最低可接受值”，希望达到的值称为“规定值”。某车辆可靠性参数与指标举例见表 4. 1. 1。

表 4. 1. 1 某车辆可靠性参数与指标举例

参数名称	使用指标		合同指标	
	目标值	门限值	规定值	最低可接受值
任务可靠度	0. 66	0. 61	—	—
致命性故障间任务里程（km）	1 200	1 000	1 500	1 250
平均故障间隔里程（km）	250	200	300	250

指标是人们期望事物在某一参数上达到的数值。可靠性参数及其指标可用于约束产品研制过程并为最终产品验收提供依据，如要求产品的可靠度达到 0. 99。

系统目标的具体化和量化，可以通过使用几个主要指标来体现，这几个指标形成指标体系。主要指标的选择是一件非常复杂和困难的工作，指标数越少，就越有综合性，将来分析与优化起来也容易一些，然而指标过于笼统或者过于集中又反映不了多方面的情况，因此，数目要选得适当。另外，哪些可以作为主要指标也不是很容易确定的，它不仅涉及行业领域的知识和经验，还涉及系统分析的要求，是一个主观性很强的问题。

对于产品的可靠性而言，可以用一些综合性参数指标，如可用度、效能等。在工程实际中，通常根据不同类型的产品、不同的故障特点、不同的用户需求（如产品承制方、使用方）等进行选取，有时还要同时选取多个参数指标，以便描述不同方面的目标、需求和期望。

3. 可靠性参数分类

可靠性参数通常可以分为基本可靠性参数与任务可靠性参数。常见的基本可靠性参数有 T_{BF}、T_{BM}、T_{BR} 等。常见的任务可靠性参数有任务可靠度、P_S、T_{BCF} 等。

可靠性参数依其反映目标的不同可以细分为 4 个方面，即装备完好性、任务成功性、维修人力费用和保障资源费用。可靠性参数反映目标的说明及示例见表 4. 1. 2。

表 4. 1. 2 可靠性参数反映目标的说明示例

反映目标	说　明	示　例
装备完好性	装备在平时和战时使用条件下，能随时开始执行预定任务的能力	如 $T_{BF}^{①}$、$T_{BM}^{②}$
任务成功性	装备在任务开始时处于可用状态下，在规定的任务剖面中的任一（随机）时刻，能够使用且能完成规定功能的能力。它取决于任务可靠性和任务维修性	如 $P_S^{③}$、$T_{BCF}^{④}$

续上表

反映目标	说　明	示　例
维修人力费用	系统需要维修人力的频度与费用的多少	如 T_{BF}、T_{BM}、T_{TR}⑤
保障资源费用	系统对备件、维修工具、维修设备等费用的要求	如 T_{BR}⑥

注：①T_{BF}——平均故障间隔时间（Mean Time Between Failures，MTBF）：可修复产品的一种基本可靠性参数，其度量方法为：在规定的条件下和规定的时间内，产品的寿命单位总数与故障总次数之比。

②T_{BM}——平均维修间隔时间（Mean Time Between Maintenance，MTBM）：考虑维修策略的一种基本可靠性参数，其度量方法为：在规定的条件下和规定的期间内，产品寿命单位总数与该产品计划维修和非计划维修事件总数之比。

③P_S——成功概率（Probability Of Success，POS）：产品在规定的条件下成功地完成规定功能的概率。它通常适用于一次性使用产品。

④T_{BCF}——平均严重故障间隔时间（Mean Time Between Critical Failures，MTBCF）：与任务有关的一种可靠性参数，其度量方法为：在规定的一系列任务剖面中，产品任务总时间与严重故障总数之比，原称为致命性故障间的任务时间。

⑤T_{TR}——平均修复时间（Mean Time To Repair，MTTR）：在规定的条件下和规定的时间内，产品在任一规定的维修级别上，修复性维修总时间与该级别上被修复产品的故障总数之比。

⑥T_{BR}——平均拆卸间隔时间（Mean Time Between Removals，MTBR）：在规定的时间内，系统寿命单位总数与从该系统上拆下的产品总次数之比。

可靠性参数还可以分为使用参数和合同参数。其中，使用可靠性参数及指标反映了系统及其保障因素在计划的使用和保障环境中的可靠性要求，它是从最终用户的角度来评价产品的可靠性水平的，如 POS、MTBM 等。合同可靠性参数及指标反映了合同中使用的用于设计与考核度量的可靠性要求，它更多的是从承制方的角度来评价产品的可靠性水平，如 MTBF、MTBCF 等。一般合同可靠性参数采用固有可靠值。

4. 常用可靠性参数

不同类型产品采用的可靠性参数是不同的。列车、卫星常用的可靠性参数见表 4.1.3。

表 4.1.3　列车、卫星常用的可靠性参数

产　品	基本可靠性参数	任务可靠性参数
列车	λ、MTBF、MTTR	列车运行可靠度
卫星	储存可靠性	任务可靠度、在轨工作可靠度、返回可靠度

5. 可靠性参数间的相关性

可以采用不同的参数对产品的可靠性特征进行刻画，在这些可靠性参数之间存在着相关性，而且在一些使用可靠性参数与合同可靠性参数之间还可以进行转换。

（1）平均故障间隔时间 T_{BF} 与平均故障间隔时间飞行小时 T_{FBF}

$$\frac{T_{BF}}{T_{FBF}} = \frac{产品工作时间}{飞行时间} = \frac{S}{F}\ （运行比） \tag{4.1.1}$$

利用式（4.1.1）可以把使用可靠性参数 T_{FBF} 转化为合同可靠性参数 T_{BF}。

（2）成功概率 P_S 与平均严重故障间隔时间 T_{BCF}

$$P_S = e^{-\frac{t}{T_{BCF}}} 或\ T_{BCF} = -\frac{t}{\ln P_S} \tag{4.1.2}$$

对于列车、卫星的发射可靠度、飞行可靠度、任务可靠度、在轨工作可靠度、返回可靠度等，只要把式（4.1.2）中的时间 t 置换成当前任务阶段的任务时间，也可以与对应阶段的 T_{BCF} 进行转换。

（3）平均故障间隔时间 T_{BF} 与故障率 λ

对于电子产品和大型复杂系统、设备，一般可以假设其寿命服从指数分布。因此存在下面的转换关系：

$$T_{BF} = \frac{1}{\lambda} \tag{4.1.3}$$

（4）平均维修时间间隔 T_{BM} 与平均故障间隔时间 T_{BF}

T_{BM} 是产品工作的寿命单位总数与维修事件总数之比，它使用可靠性参数，可以将其转换成合同可靠性参数 T_{BF}。建立它们之间的转换关系为

$$\text{使用参数} = K\,(T_{BF})^{\alpha} \tag{4.1.4}$$

式中，使用参数包括 T_{BM-1}（只考虑固有原因引起的故障）、T_{BM-T}（只考虑误报或无法复现的故障）、T_{BM-ND}（考虑所有的故障）；K 为环境系数；α 为复杂性系数。

环境系数 K 和复杂性系数 α 的取值随装备、系统和设备的变化而发生变化，由统计数据确定。例如，某设备的 K 和 α 的取值见表 4.1.4。

表 4.1.4　某设备 K 和 α 的取值

使用参数	K	α
T_{BM-1}	0.59	0.7
T_{BM-T}	2.39	0.66
T_{BM-ND}	0.47	0.8

（5）平均拆卸时间间隔 T_{BR} 与平均故障间隔时间 T_{BF}

T_{BR} 是产品工作的寿命单位总数与拆卸产品总数之比。一般地，拆卸产品总数指非计划拆卸产品总数，包括因故障、串件、要修理其他部件而引起的拆卸等。T_{BR} 使用可靠性参数，可以将其转换成合同可靠性参数 T_{BF}，即

$$\frac{T_{BF}}{T_{BR}} = K \quad (K\text{ 一般大于 1，由统计获得}) \tag{4.1.5}$$

6. 可靠性参数指标的特点

可靠性参数指标与性能参数指标相比，具有以下特点：

（1）可靠性参数的相关性（可转换性）

不同的可靠性参数能够按照一定的规律进行转换。此外，使用可靠性参数与合同可靠性参数之间也具有相关性。

（2）可靠性指标的不唯一性

为了便于工程管理，可靠性指标采用目标值与门限值两种形式，通过目标值与门限值，规范地明确了设计工作的可靠性目标和必须满足的可靠性门槛条件，而由目标值转换产生的规定值是产品可靠性设计的依据。由门限值转换产生的最低可接受值是研制阶段必须达到的考核验证指标，是能否转入下一研制阶段的判据之一。

（3）可靠性指标的阶段性

可靠性指标会随着产品研制阶段的推进而增加，其原因是在产品研制、生产和使用过程中会不断地暴露和发现问题，采取改进措施完善设计后，可使产品的可靠性不断地得到增长。为了有效地对产品可靠性指标增长这一特性进行控制，必须在各关键时间节点进行检查，因此提出了可靠性指标的阶段性问题。

4.1.3 可靠性要求

可靠性要求是产品使用方从可靠性角度向承制方（或生产方）提出的研制目标，是进行性可靠性设计分析、制造、试验和验收的依据，研制人员只有在透彻地了解这些要求后才能在产品的设计生产过程中充分考虑可靠性问题，并按要求有计划地实施有关组织、监督、控制及验证工作。

可靠性要求可分为定性要求和定量要求。定性要求是一种分量化的形式设计、评价、和保证产品的可靠性。定量要求是规定产品的可靠性参数、指标和相应的验证方法，用定量方法进行设计分析、可靠性验证，从而保证产品的可靠性。

1. 可靠性定性要求

在定量化设计分析缺乏大量数据支持的情况下，产品的可靠性要求难于规定的定量指标、验证方法时，提出定性的可靠性要求和验收准则就更为重要了。可靠性定性要求一般可分为定性设计要求和定性分析要求。

（1）可靠性定性设计要求

可靠性定性设计要求一般是在产品研制过程中要求采取的可靠性设计措施，以保证提高产品可靠性。这些要求都是概要性的设计措施，在具体实施时，需要根据产品的实际情况而细化。可靠性定性设计要求见表4.1.5。

表4.1.5 可靠性定性设计要求

序号	要求项目	目　的
1	制订和贯彻可靠性设计准则	将可靠性要求和使用中的边界条件转换为设计边界条件。给设计人员规定专门的技术要求和设计原则，以提高产品的可靠性
2	简化设计	减少产品的复杂性，提高其基本可靠性
3	冗余设计	用多于一种的途径完成规定的功能，以提高产品的任务可靠性和安全性
4	降额设计	降低元器件、零部件的故障率，提高产品的基本和任务可靠性和安全性
5	制订和实施元器件大纲	对元器件、零部件进行控制与管理，提高产品的可靠性、降低保障费用
6	确定关键和重要件	把有限的资源用于提高关键产品的可靠性
7	环境防护设计	选择能抵消环境作用或影响的方案和材料，或提出一些改变环境的方案，或把环境应力控制在可接受的极限范围内
8	热设计	通过元器件筛选、电路设计、结构设计、布局，来减少温度对产品可靠性的影响，使产品在较宽的温度范围内可靠的工作
9	软件可靠性设计	通过贯彻执行软件工程规范来提高软件的可靠性
10	包装、装卸、运输、储存等设计	通过对产品在包装、装卸、运输、存储期间性能变化的分析，确定应采取的保护措施，以提高其可靠性

续上表

序号	要求项目	目　　的
11	工程保证及生产质量保证	采用工程方法及生产质量保证方法来保证产品的可靠性
12	人机工程设计	使设计便于操作、维修，提高使用可靠性

（2）可靠性定性分析要求

可靠性定性分析要求一般是在产品研制过程中要采取的可靠性分析工作，以保证提高产品的可靠性。这些可靠性分析工作要在产品研制的各个阶段根据产品的实际情况和分析方法的特点，具体组织实施，其最终目的是发现设计中的薄弱环节，提出改进措施。可靠性定性分析要求见表4.1.6。

表4.1.6　可靠性定性分析要求

序号	分析项目名称	分析方法特点	目　　的
1	功能危险分析（FHA）	综合的、系统的演绎方法	检查系统功能故障，确定设计方案和可行性，发现设计中潜在的问题，提出改进措施
2	故障模式和影响分析（FMEA）	系统的、自下而上的归纳分析法	分析产品各组单元的故障模式及其对产品功能的影响，确定其严酷程度，发现设计中的薄弱环节，提出改进措施
3	故障树分析（FTA）	系统的、自上而下的演绎分析法	分析造成产品某种故障状态（或事件）的各种因素，确定故障原因或原因的组合，发现设计中的薄弱环节，提出改进措施

2. 可靠性定量要求

可靠性定量要求是确定产品的可靠性参数、指标以及验证时机和验证方法，以便在设计、生产、试验验证、使用过程中用量化的方法评价或验证产品的可靠性。

可靠性定量要求分为任务可靠性要求和基本可靠性要求。

任务可靠性要求，即产品完成其规定功能的能力。我们通常讲的产品可靠性一般指的是任务可靠性。在进行可靠性数据分析时，只统计影响产品功能的故障。

基本可靠性要求，即产品无故障工作的能力。采用冗余结构时，产品发生故障并没有影响产品功能的完成，但必须进行维修或更换，增加了维修的人力和备品备件的要求，在产品的实际应用中是必须考虑的。在进行可靠性数据分析时，不管是影响产品功能的故障，还是没有影响产品功能的故障，只要是故障都统计在内。

对于没有冗余结构的产品，其任务可靠性和基本可靠性的概念是相同的。

可靠性定量要求应包括以下内容：

（1）可靠性参数和指标。

（2）环境和使用条件。

（3）故障判据。

（4）验证方法。

可靠性参数依产品的不同可选择不同的可靠性参数，如平均故障间隔时间（MTBF）、可靠度$R(t)$等。

可靠性指标应根据产品的类型在论证时提出目标值和门限值，在制订合同和研制任务时提出规定值和最低可接受值，也可以只提出门限值和最低可接受值。在确定可靠性指标时，一个重要的因素是可靠性指标在实际需要的期限内是可以实现的，还要与当前的设计技术水平相适应。否则，该可靠性指标要么是无法实现，要么实现起来要耗费大量的时间和财力。

环境和使用条件会影响产品故障的概率，应以标准术语规定产品所处的使用条件。

故障判据是判断故障的依据，应根据设备或系统的功能和性能参数明确故障判据，这些参数还必须采用在验证测试时可以测量的术语表示，以避免故障定义的主观解释。

验证方法是可靠性定量要求的重要内容，如果不明确验证方法或无法验证，则失去了定量要求的意义。可靠性验证可采用试验验证和使用验证，应规定接收和拒收的判据。对于试验验证应规定试验条件、试验持续时间以及谁进行、何时进行、在哪进行试验等。

可靠性工程的目的是要尽可能防止可预知故障的发生，将不可预知的故障减少到最低的程度，使故障造成的损失最小，其实质就是同故障做“斗争”，就是发现故障、分析原因，进行改进，防止同样的故障发生。

可靠性数据即故障数据是可靠性工程的基础，没有可靠性数据，可靠性工程就成了“无源之水”。可靠性数据存在于可靠性试验、功能试验等之中，即试验中出现的故障及其分析；对于大量长期使用的产品而言，可靠性数据大量存在于使用现场，即产品在现场使用中的故障及其分析。可靠性数据的收集与分析要有计划、有组织的管理，这样才能保证数据收集的完整性、准确性和分析工作的有效性。

可靠性设计和分析的目的就是挖掘和确定产品潜在的故障隐患和薄弱环节，通过设计预防和设计改进，有效地消除隐患和薄弱环节。可靠性设计和分析工作同样需要有计划、有组织的管理，这样才能保证可靠性设计和分析的有效实施。

可以说可靠性工程中可靠性设计、可靠性试验、可靠性管理是最重要的工作。

4.2 可靠性分配方法

4.2.1 基本思想和原理

可靠性要求分配就是将使用方提出的、在产品研制任务书（或合同）中规定的总体可靠性指标，自顶向底，由上到下，从整体到局部，逐步分解，分配到各系统、分系统及设备，也就是上一级产品对其下一级产品的可靠性定量要求，并将其写入相应的研制任务书或合同中，是一个演绎分解的过程，应与产品的功能分配、技术性能指标分配等同步进行。

可靠性分配的目的就是使各级设计人员明确其可靠性设计要求，根据要求估计所需的人力、时间和资源，并研究实现这些要求的可能性及办法。如同性能指标一样，可靠性指标是设计人员在可靠性方面的一个设计目标。

可以从技术、人力、时间、资源各个方面分析可靠性分配中各部分指标实现的难易情况，该过程进一步论证了产品指标的合理性，暴露产品设计中的薄弱环节，为指标监控和改进措施的采取（包括可靠性方案和工程设计方案的改进）提供依据。

可靠性分配可以表示为两类问题：在资源有限下给出的最大可靠度和要求在给定的可靠性指标下消耗最少的资源，其过程包括求解下面这个基本不等式：

$$R_s(R_1,R_2,\cdots,R_i,\cdots,R_n)\geqslant R_s^* \tag{4.2.1}$$

$$\overrightarrow{g_s}(R_1,R_2,\cdots,R_i,\cdots,R_n) < \overrightarrow{g_s^*} \tag{4.2.2}$$

式中 R_s^*——产品的可靠性指标。

$\overrightarrow{g_s^*}$——对产品设计的综合约束条件，包括费用、质量、体积、功耗等因素，是一个向量函数关系。

R_i——第 i 个单元的可靠性指标。

式（4.2.1）表示了在资源给定条件下使系统可靠度最大的问题，式（4.2.2）表示了在给定的可靠性指标下使资源消耗最少的问题。对于一个简单的串联系统来说，不等式（4.2.1）可变为

$$R_1(t)R_2(t)\cdots R_i(t)\cdots R_n(t) \geqslant R_s^*(t) \tag{4.2.3}$$

如果对分配没有任何约束条件，式（4.2.3）可以有无数个解，即分配方案是无限多个。现在的问题是确定能够产生唯一解或有限数量解的方法，以便按照所得的解是可靠性得到一致的和合理的分配。为了提高分配结果的合理性和可行性，在进行可靠性分配时需要遵循以下几条准则：

（1）对于复杂度高的分系统、设备，应分配较低的可靠性指标。因为产品越复杂，其组成单元就越多，要达到高可靠性就越困难且费用更高。

（2）对于技术上不成熟的产品，应分配较低的可靠性指标。对这种产品提出高可靠性要求会延长研制时间，增加研制费用。

（3）对于处于会增加产品的故障率的恶劣环境条件下工作的产品，应分配较低的可靠性指标。

（4）对于需要长期工作的产品，应分配较低的可靠性指标。因为产品的可靠性随着工作时间的增加而降低。

（5）对重要度高的产品，应分配较高的可靠性指标。因为重要度高的产品的故障会影响人身安全或重要任务的完成。

可靠性分配需要多次、反复进行，使设计方案逐步趋于完善。可靠性分配是一个渐近的过程。给每个分系统分配的可靠性是用来衡量系统设计可行性的指标。如果在当前的技术水平下，给某一个分系统分配的可靠性指标是无法实现的，那么该系统设计必须修改，并重新对可靠性进行分配。这个过程是不断反复进行的，直到分配达到满足系统级要求及全部约束条件，并且在现有技术水平下设计分系统是可以实现的。

4.2.2 可靠性分配方法

1. 等分配法

当系统缺少确定的信息，并且系统由 n 个分系统串联构成，对每一个分系统均等分配可靠性是近似合理的。在这种情况下，系统可靠性要求的 n 次方根分配给 n 个分系统。

等分配法假设分系统串联，每个分系统分配到相等的可靠性指标。这种方法最大的缺点是分系统指标不是按照达到指标的难易程度进行分配。达到指标的难易程度是不同的。设系统由 n 个分系统串联构成，$R_i = R$，$i = 1$，2，…，n，则系统可靠度 R_s 为

$$R_s = \prod_{i=1}^{n} R_i = R^n \tag{4.2.4}$$

若系统可靠度指标为 R_s^*，则由式（4.2.4）可得到分配给各单元的可靠度指标 R_i^* 为

$$R_i^* = (R_s^*)^{1/n}$$

假设各单元寿命服从指数分布，则

$$\lambda_i^* = \lambda_s^*/n$$

式中 λ_i^*——分配给第 i 个分系统的故障率（1/h）；

λ_s^*——产品的故障率（1/h）。

【例】 设有一个计划中的通信系统，由 3 个分系统（发送机、接收机和编码装置）组成，每个分系统都必须工作，系统才能工作，每个分系统是分别研制的。假设每个分系统研制费用是相同的，试求为了满足 0.729 的系统可靠度要求，每个分系统分配的可靠性要求是多少？

解： 求出分配给每个分系统的可靠度要求：

$$R_T^* = R_R^* = R_C^* = (R_s^*)^{1/n} = (0.729)^{1/3} = 0.90$$

因此，分配给每个分系统的可靠度要求为 0.90。

2. 航空无线电公司分配法

这种方法假设串联的分系统具有恒定失效率。这样，任何分系统的故障都会导致系统故障。这种分配法要求用失效率形式表示系统的可靠性要求。

分配步骤如下：

（1）目标是按式（4.2.5）选择 λ_i：

$$\sum_{i=1}^{n} \lambda_i^* \leqslant \lambda^* \tag{4.2.5}$$

式中 λ_i^*——分配给每个分系统 i 的失效率。

λ^*——规定的系统失效率。

（2）根据以前的观察或估计确定分系统的失效率 λ_i。

（3）根据上一步骤确定的分系统失效率给每个分系统规定加权因子 ω_i 为

$$\omega_i = \frac{\lambda_i}{\sum_{i=1}^{n} \lambda_i} \tag{4.2.6}$$

（4）分配给分系统的失效率要求为

$$\lambda_i^* = \omega_i \lambda^* \tag{4.2.7}$$

下面举例说明该方法。

【例】 设有一个由 3 个分系统组成的系统，其预计的失效率分别为：$\lambda_1 = 0.003/\text{h}$，$\lambda_2 = 0.001/\text{h}$，$\lambda_3 = 0.004/\text{h}$，该系统任务时间是 20 h，要求可靠度是 0.9。试求分系统的可靠度要求。

解： 求出分配的失效率和可靠度指标：

$$R^*(20) = \exp[-\lambda^*(20)] = 0.90$$

则

$$\lambda^* = 0.005/\text{h}$$

由于 $\lambda_1 = 0.003/\text{h}$，$\lambda_2 = 0.001/\text{h}$，$\lambda_3 = 0.004/\text{h}$

则

$$\omega_1 = \frac{0.003}{0.003 + 0.001 + 0.004} = 0.375$$

$$\omega_2 = \frac{0.001}{0.003 + 0.001 + 0.004} = 0.125$$

$$\omega_3=\frac{0.004}{0.003+0.001+0.004}=0.5$$

进而求得

$$\lambda_1^*=0.375\times0.005=0.001\ 875/\text{h}$$

$$\lambda_2^*=0.125\times0.005=0.000\ 625/\text{h}$$

$$\lambda_3^*=0.5\times0.005=0.002\ 5/\text{h}$$

相应分系统分配的可靠性要求为

$$R_1^*(20)=\exp[-20(0.001\ 875)]=0.96$$

$$R_2^*(20)=\exp[-20(0.000\ 625)]=0.99$$

$$R_3^*(20)=\exp[-20(0.002\ 5)]=0.95$$

3. 最少工作量法

这种算法可以使为满足系统可靠性要求所花费的总的工作量最少。这种算法假设系统是由 n 个分系统串联组成的，某些假设是对工作量函数所做的。它还假设每一分系统的可靠度在当前研制阶段是可以测量或可估计的，对可靠性较低的分系统要求其可靠性做较大提高的方式进行可靠度分配。

设 R_1，R_2，…，R_n 代表分系统的可靠度，系统的可靠度由下式得到

$$R=\prod_{i=1}^{n}R_i \tag{4.2.8}$$

设 R^* 为要求的系统可靠度，这里 $R^*>R$，然后要求 R_i 中至少有一个值提高，提高到将满足系统可靠度 R^*。为了达到这样的要求，要花费一定的工作量。这个工作量是以某种方式在分系统中分摊的。工作量将是试验次数、应用于该项任务的工程人力资源总量等的函数。

这种算法假设每一个分系统已经和相同的工作量函数 $G(R_i,R_i^*)$ 联系起来，该函数量度第 i 个分系统的可靠度由 R_i 提高到 R_i^* 需要的工作量。然后，问题是确定 R_i，即

$$\sum_{i=1}^{n}G(R_i,R_i^*) \tag{4.2.9}$$

达到最小，而满足

$$\prod_{i=1}^{n}R_i^*=R^* \tag{4.2.10}$$

根据上述假设，可以证明问题的唯一解是：

$$R_i^*=\begin{cases}R_0^* & \text{如果 } i\leqslant k_0\\ R_i & \text{如果 } i>k_0\end{cases}$$

分系统的可靠度 R_1，R_2，…，R_n 是按照非递减顺序排列的，即

$$R_1\leqslant R_2\cdots\leqslant R_n$$

k_0 为按式（4.2.11）求出的 j 最大值，即

$$R_j<\left[\frac{R^*}{\prod_{i=j+1}^{n+1}R_i}\right]^{1/j}=r_j \tag{4.2.11}$$

式中，定义 $R_{n+1}=1$。

按式（4.2.12）确定 R_0^*

$$R_0^* = \left[\frac{R^*}{\prod_{j=k_0+1}^{n+1} R_j}\right]^{1/k_0} \tag{4.2.12}$$

很明显，系统可靠度应是 R^*。因为当关系式 R_0^* 被代替时，新可靠度是

$$R^* = (R_0^*)^{k_0}(R_{k_0+1})\cdots(R_{n+1}) = (R_0^*)^{k_0}\prod_{j=k_0+1}^{n+1} R_j \tag{4.2.13}$$

【例】 一个系统由3个分系统A、B、C组成，要使系统工作，所有分系统都必须工作而无故障，系统可靠性要求规定为0.70。我们已经预计各个分系统可靠度为 $R_A=0.90$、$R_B=0.80$、$R_C=0.85$。假设3个分系统的工作量函数相同，应该如何对系统进行可靠性分配，才能使总的工作量减到最少并且使系统满足可靠性要求呢？

解： 按下列步骤求最少工作工作量的分配指标：

（1）按照递增顺序排列分系统的可靠度值

$$R_1=R_B=0.80,\quad R_2=R_C=0.85,\quad R_3=R_A=0.90$$

（2）按下式确定 j 的最大值 k_0，即

$$R_j < \left[\frac{R^*}{\prod_{i=j+1}^{n+1} R_i}\right]^{1/j} = r_j$$

（3）当 $j=1$ 时，

$$R_1=0.80<r_1=\frac{0.7}{R_2R_3\times 1.0}=\frac{0.7}{0.85\times 0.9\times 1.0}=\frac{0.7}{0.765}\approx 0.915$$

（4）当 $j=2$ 时，

$$R_2=0.85<r_2=\left[\frac{0.7}{0.9\times 1.0}\right]^{1/2}=\left[\frac{0.7}{0.9}\right]^{1/2}\approx 0.882$$

（5）当 $j=3$ 时，

$$R_3=0.90>r_3=\left[\frac{0.7}{1.0}\right]^{1/3}=\left[\frac{0.7}{1.0}\right]^{1/3}\approx 0.888$$

（6）由于 $R_1<r_1$，$R_2<r_2$，$R_3>r_3$，则 $k_0=2$，因为2是最大的下标 j，$R_j<r_j$，因此：

$$R_0^* \approx \left[\frac{0.7}{0.9}\right]^{1/2}=0.882$$

这意味着，工作量的分配要使分系统B的可靠度从0.80提高到0.882，分系统C的可靠度从0.85提高到0.882，而分系统A的可靠度保持不变，仍为0.90。按要求所得到的总的系统可靠度为 $0.700\approx(0.882)^2\times 0.90$。这就意味着应该对分系统B、C做工作，分别将它们的可靠度提高到0.882，而不需要对分系统A进一步做工作。这样的方法将会使满足系统可靠性要求所付出总的工作量最少。但是这种最少工作量，是建立在最初的假设，即对分系统的可靠性提高的工作量函数相同的基础上的。

4.3 可靠性预计方法

4.3.1 可靠性预计概述

可靠性预计是指，在产品可靠性结构模型的基础上，根据同类产品在研制过程及使用中得到的失效数据和有关资料，预测产品及其单元在今后的实际使用中，能达到的可靠性水平，并预测产品在特定应用中符合规定功能的概率。

可靠性预计的目的在不同阶段起到不同的作用。如在确定任务和方案论证阶段，可靠性预计是论证使用方案所提出的可靠性指标是否合理、是否可以实现的重要手段，也是择优选定满足可靠性要求的总体设计方案的依据；在技术设计阶段，设计人员可以从可靠性观点出发，发现工程设计中的薄弱环节及存在的问题，及时采取改进措施，提高可靠性水平。

可靠性预计可以为可靠性增长试验、验证及费用核算等的研究提供依据。该过程还是可靠性分配的基础，可以避免可靠性设计的盲目性。

可靠性预计的步骤有：①定义产品；②确定产品的可靠性框图；③确定计算产品可靠性的数学模型；④产品元器件说明；⑤确定环境条件；⑥确定应力条件；⑦确定失效分布；⑧确定失效率；⑨计算产品可靠性。下边对这些步骤进行详细说明：

1. 定义产品

产品定义包括在预计时已知的性能要求和硬件构成。产品和可再细分部分的功能框图，该功能框图将变成可靠性框图的依据。一般来说，用于可行性分析阶段的最初产品定义缺少一些细节而需要一定程度的假设，比如环境条件、设计结构等。产品定义被规定并不断改进，以更多的信息支持初步设计的预计，进一步支持详细设计的预计。因而，随着产品说明的不断完善，就可以获得更为精确的预计结果。

2. 确定产品的可靠性框图

可靠性框图是用来表示每一产品故障与产品的所有单元（分系统、设备等）或功能模块之间的关系。可靠性框图用简单且直观的各种串并联方框组成。绘制可靠性框图需要完全理解产品的任务定义。

（1）可靠性框图标题。每个可靠性框图都有一个标题，包括产品的等级、寿命周期指定的任务等级或划分、为了进行预计用的工作方式的描述。

（2）可靠性框图条件说明。每个可靠性框图应该包括条件的说明，列出所有的约束条件，这些条件影响方框图的选择；影响分析中使用的可靠性参数或可靠性变量；影响制作框图所用假设或简化。

（3）可靠性框图方框。可靠性框图中的每一个方框表示产品包含的一个功能单元。所有的框图规定为串联、并联、备用或混联。

（4）方框标识。代码系统应当建立在相同的识别系统之上，可靠性框图方框标识与文件中定义的硬件（或功能）相对应。

（5）可靠性参数。每个方框是包含可靠度或平均寿命值的单元。

（6）方框图的假设。可靠性框图一般采用的假设如下：

①当估计可靠度时，可靠性框图代表所考虑的产品的单元或功能，每个方框有相应的可靠性数值。

②连线方框没有可靠性数值。连线仅给出方框的次序。导线和连接器单独放入一个方框或作为单元或功能块的一部分。

③产品的所有输入都在规定的限制内。

④框图中任何一个方框表示的单元或功能的故障都将导致整个产品的故障，有冗余的工作的方程式除外。例如，冗余单元或路径。

⑤框图中方框表示每一个单元或功能就故障概率来说，与其他所有的方框都是相对独立的。

(7) 软件可靠性和人为可靠性假设。在可靠性模型中，需要开始考虑软件和人为可靠性对产品造成的影响。

3. 确定计算产品可靠性的数学模型

基本可靠性预计估计产品所有组成部分对维修的要求，它考虑产品所有的故障。基本可靠性预计使用串联模型。

任务可靠性预计是估计产品完成功能的概率，它考虑产品各单元发生影响产品完成功能的故障。对于无冗余的系统，任务可靠性预计采用串联模型，这时任务可靠性预计模型和基本可靠性预计模型是一样的。对于有冗余的系统，任务可靠性预计可根据系统具体的冗余结构，采用并联模型、混联模型、k/n 模型、旁联模型，这时任务可靠性预计模型和基本可靠性预计模型是不一样的。对于可修复系统，任务可靠性的预计可采用马尔可夫过程模型。

4. 产品元器件说明

对于任何基于元器件失效率的预计，都需要提供元器件及应用的说明，包括根据原理图得出的所需要的元器件数量、使用的分类和元器件类型。

5. 确定环境条件

必须规定影响元器件的失效率环境数据。环境数据包括使用时特定的、自然的和引发的环境（标准的和严酷的情况）。

6. 确定应力条件

为了确定所承受使用应力，就要通过与预计分类和详细设计相当的每个元器件进行应力分析。可以通过分配使用应力影响因子来改变失效率。预计报告中所引用应力比应该是一个一个单独的、给出的。

7. 确定失效分布

在计算过程中将会用到失效分布，失效分布适用于电子、电气、电机和机械产品。产品失效分布不知道的情况下，可以假设为威布尔失效分布。在预计报告中应用的失效分布要求是被引用过的和任何假设都是被证明了的。

8. 确定失效率

对于所有的电子、电气、机电、机械产品，失效率都是需要的。所有失效率数据应该通过使用前获取行动来提供。大部分来自数据源的失效率都必须修正，根据度量产品具体应用的分配因子进行修正。预计报告中使用的因子应该是被引用过的和证明过的。

9. 计算产品可靠性

产品可靠性根据数学模型应用失效率数据就可以计算，得出的结果应与规定的可靠性要求比较。

由于可靠性预计过程实际上是一个相互配合的过程，所以可靠性建模和预计要根据设计所获得的阶段进行选择。随着设计的进展，硬件关系变得比较容易确定，这样，描绘基本可靠性和任务可靠性之间关系的系统模型会逐渐清晰。可靠性预计必须反复地进行，以提供与设计阶段相适应的可靠性预计。

可靠性预计要选择所使用的预计方法和它所适用的精度。对于相对简单的系统（如不包含冗余单元或降级使用模式的系统），基本可靠性模型和任务可靠性模型是同样的，一个可靠性预计就足够了。

对于不同阶段可靠性预计，在初步设计阶段，可靠性预计主要是建立在与相似设备比较的基础之上；在最初的设计阶段，使用简单的元器件计数方法；在设计的最后阶段，更详尽的设计信息变得有效，详细的应力可靠性预计方法被使用。

可靠性预计具有局限性。可靠性预计本身是根据已有的数据、资料，对产品可靠性的一种预测。可靠性预计值与用户测得的现场可靠值不能设想成相等。在数据的收集方面，元器件的失效率模型是根据有限数据进行的点估计，因此失效率模型仅在获得数据所适应的条件下适用。另一方面，在预计过程中通常数据积累的速度比技术发展的速度还要慢。

可靠性预计具有复杂性。若采用预计的方法过于简单，会忽略细微的差别，预计将不会准确；若预计的方法太细微，又可能使预计工作花费很长时间和很大的费用，甚至可能延误主要硬件的研制工作。解决这一矛盾，只有在不同的阶段，采用不同的预计方法。

4.3.2 单元可靠性预计

单元可靠性预计一般依据同类型、相似成熟产品的可靠性数据进行对应系统的可靠性估计。数据的来源可以是实验室的试验数据，也可以是现场统计的数据。

1. 相似产品预计法

相似产品预计法主要应用于尚未确定系统设计特性前的产品早期可靠性预计的方法中，最基本的是根据从功能相似产品使用中得来的经验，以 MTBF、失效率或相似的参数来对产品可靠性进行简单估计。

这些相似产品预计法一般包括以下步骤：

（1）根据通用设备类型（如应答器）、使用环境（如地面安装）及其他已知特征等来定义新产品。

（2）确定和新产品最相似的现有产品或设备种类。

（3）获取并分析现有设备使用期间获得的历史数据，以便尽可能地确定在规定的使用环境下产品的可靠性。

（4）对新产品可能具有的可靠性水平做出结论。这些结论假设相似的设备有相似的可靠性，并且假设可靠性获得值将按顺序地从一代设备到下一代设备不断提高。这些可靠性预计方法可以根据从功能相似的产品取得的经验很早地估计新产品的失效率。然而，估计值的精确度决定于历史数据的质量及现有设备和新设备的相似程度。如果新产品采用的是全新的技术，老设备的使用数据将与它无关，而应考虑其他的方法。

对按系列开发的产品，利用相似产品开发进行不间断应用是有意义的。预期的新设计不仅和老设计相似，而且其差别易于确定和评价。此外，在老设计中遇到的困难是新设计的改进目标。

相似产品之间的比较主要包括：产品的结构和性能比较；设计的相似性；制造的相似性；使用的相似性（工作的、环境的）；程序和计划的相似性；证实已达到的可靠性。

相似产品法的真实性依赖于产品之间的等效程度，而不仅仅在于描述产品的一般性术语。例如，尽管两个都是电源（通用型），但是，一个 10 W 电源所达到的可靠性数据一般不能用作研制一个 1 000 W 电源的预计，因为新研制的电源功率等级高得多，由于设计的差别和应力的关系使可能达到的可靠性低得多。如果有转换因子能把可靠性与产品参数如功率等级实际地联系起来，则可进行比较。

【例】 一台包括处理器、显示器、调制解调器和键盘的新的计算机产品要在 20 ℃的环境中工作。

表 4.3.1 的第二列给出了相似产品的平均故障间隔时间（MTBF）。这些相似数据是计算机在 30 ℃的环境中工作时得到的。如果可靠性提高因子的期望值为 30%（由于技术水平的提高），那么我们期望得到多大的 MTBF 呢？

表 4.3.1　相似产品的可靠性预计

产品	相似数据 MTBF（h）	温度因子*	提高因子	新产品 MTBF（h）
处理器	5 000	1.1	1.3	7 150
显示器	15 000	1.1	1.3	21 450
调制解调器	30 000	1.1	1.3	42 900
键盘	60 000	1.1	1.3	85 800
系统	3 158			4 516

注：* 为每种产品的 MTBF 可以用温度转换因子校正。

解：通过将温度从 30 ℃变换到 20 ℃，可以校正每种产品的 MTBF。其中也包含了技术提高因子，系统的 MTBF 可以用以下表达式计算：

$$\mathrm{MTBF_s} = \sum_i \frac{1}{\lambda_i}$$

式中，$\mathrm{MTBF_s}$ 为系统平均故障间隔时间；λ_i 为第 i 个部件的失效率，等于 $1/\mathrm{MTBF}_i$。

2. 元器件计数法

当人们大致知道设备或系统中将使用的各种等级或类型的元器件（实际或估计的）数目，但没有足够的数据说明在最终设计中各个元器件所承受的应力时，常使用这种方法。它包括计算每一等级或每一类型的元器件数目，将该数目乘以每一等级或每一类型元器件的通用失效率，再将这些乘积相加得出设备的失效率。这种方法把某一等级的元器件看作是某一给定功能的所有元器件（如电阻器、电容器、变压器）。元器件的类型用于进一步确定某一等级中的元器件（如固定复合电阻、固定线绕电阻）。

元器件计数法是在初步设计阶段所使用的预计方法。在这个阶段中，每种通用元器件（如电阻器、电容器）的数量已经基本确定，在以后的研制和生产阶段，整个设计的复杂程度预期不会有明显的变化。元器件计数法假设元器件的寿命是指数分布的（即失效率恒定）。

如果产品可靠性模型的所有单元是串联的，或者为取得近似值可以假设它们是串联的，则可以把元件失效率相加直接求得产品失效率。如果产品可靠性模型中有非串联单元（如冗余），则产品可靠性可用下述方法求得，即：或仅考虑模型的串联单元作为近似，或把各个单元的元件失效率相加并计算模型的非串联单元的等效失效率。

元器件计数法所需要的信息有：通用的元器件种类（包括微电子器件的复杂度）；元器件 + 数量；元器件质量等级（当已知或可以假设时）；产品工作环境。

元器件计数法中产品失效率的一般表达式为

$$\lambda_{产品} = \sum_{i=1}^{n} N_i(\lambda_{Gi}\pi_{Qi}) \tag{4.3.1}$$

式中　$\lambda_{产品}$——产品总失效率；

λ_{Gi}——第 i 类通用元器件通用失效率；

π_{Qi}——第 i 类通用元器件质量；

N_i——第 i 类通用元器件的数量；

n——不同通用元器件种类数目。

式（4.3.1）适用于在一种环境中工作的整个产品。如果产品包括几个单元，而它们工作在不同的环境中，式（4.3.1）应用于每一种环境下的产品组成单元，然后将这些不同“环境—产品”失效率相加，得出产品总失效率。

当具有质量等级信息或者这种信息可以合理地假设时，就可以将质量因子用于每一类元器件。微电子器件、分立半导体器件、有可靠性要求的电阻和电容是有多种质量等级的元器件。对于其他元件（如非电零件）来说，如果他们是按相应的规范生产的，则取 $\pi_Q=1$。

通用（平均）失效率（λ_G）和质量因子（π_Q）可以从相关手册数据中得到。表 4.3.2、表 4.3.3、表 4.3.4 分别是某手册中二极管和晶体管的通用失效率和质量因子的具体的例子。

【例】 用元器件计数法预计移动电子接收机的 MTBF。

解： 如表 4.3.2 所示，不同类型的元器件在地面移动环境条件下的元器件失效率为

$$\text{MTBF}_{\text{产品}}=1/\lambda_{\text{产品}}=1/\left(43.5\times10^{-6}\right)\approx22\,989$$

表 4.3.2 元器件计数法可靠性预计示例

元件类型	失效率（λ_G）（10^{-6}/h）	使用数量（N）	质量因子（π_Q）	总的失效率（10^{-6}/h）（$\lambda_G N\pi_Q$）
微电路				
线性	0.18	20	2	7.20
存储器	0.07	5	2	0.70
二极管				
通用	0.05	30	1	1.50
稳压	0.04	20	1	
晶体管				0.80
功率	0.07	20	1	1.40
场效应	0.16	5	1	0.80
电阻				
合成	0.05	80	0.3	1.20
可变	0.07	20	0.3	0.42
电容				
陶瓷	0.06	60	0.3	1.08
钽	0.04	40	0.3	0.48
开关				
拨动式	0.41	5	2	4.10
旋转式	2.00	5	2	20.00

续上表

元件类型	失效率（λ_G）（10^{-6}/h）	使用数量（N）	质量因子（π_Q）	总的失效率（10^{-6}/h）（$\lambda_G N\pi_Q$）
变压器				
电源	0.80	2	1	1.60
连接器				
面板	0.45	2	1	0.90
圆形	0.10	10	1	1.00
电路板				
双层	0.16	2	1	0.32
总计		326		43.50

3. 元器件应力分析法

前面介绍的方法是基于每种元器件的平均失效率。众所周知，元器件的失效率因为应力的不同而差别很大，有时大小相差几个数量级。例如，110 V 的灯泡在 220 V 的电压下使用不了多久。元器件的强度与元器件工作应力水平之间的相互作用决定着在给定条件下的元器件的失效率。因此，元器件处于不同的应力水平就会有不同的失效率。这是应力分析预计方法的原理。使用这种方法的前提条件是已知元器件要承受的应力，如温度、湿度、振动等级及这些应力对元器件失效率的影响。表 4.3.5 以一些元器件为例，给出了影响元器件可靠性的一些因素。

元器件应力分析法由于产品详细设计阶段的电子元器件失效率预计，在预计电子元器件失效率时，根据元器件的质量等级、应力水平、环境条件等因素。

下面是应力分析预计法的实例计算。

【例】 一个 60 000 门的双排 64 管脚的双极微电路，它将在一个固定的地面环境中使用。它的商业生产已进行有两年。

解： 用以确定这个微电路的失效率的公式为

$$\lambda_p = (C_1\pi_T + C_2\pi_E)\ \pi_Q\pi_L\lambda_b$$

式中 λ_p——工作失效率；

C_1——60 000 门微电路的复杂度因子；

π_T——基于接点温度的温度因子；

C_2——封装类型的复杂度因子；

π_E——使用环境因子；

π_Q——质量验收和测试因子；

π_L——基于生产年限的学习因子；

λ_b——双极微电路基本失效率，10^{-6}/h。

第一步：已知 60 000 门的双极微电路，64 管脚非密封双排列封装，使用在固定地面环境。已经进行生产 2 年，有良好的商业实践。期望的表面温度不超过 45 ℃，热阻因子为 11 ℃/W。微电路的最大耗散功率为 200 mW。

第二步：确定 C_1。从相关手册可知，对 60 000 门的数字微电路，复杂度因子为 0.08，见表 4.3.6。

表 4.3.3　分立半导体器件的通用失效率 λ_G (10^{-6}/h)

元器件类型	G_B 50	G_F 60	G_B 65	N_S 60	N_U 65	A_U 75	A_g 75	A_{IC} 80	A_{IF} 80	A_{UT} 75	S_F 50	M_S 65	M_L 75	C_L 60
二极管														
通用模拟	0.003 6	0.028	0.049	0.043	0.10	0.092	0.21	0.20	0.44	0.17	0.001 8	0.076	0.23	1.5
开关	0.000 94	0.007 5	0.013	0.011	0.027	0.024	0.054	0.054	0.12	0.045	0.000 47	0.20	0.060	0.40
快速恢复	0.065	0.052	0.089	0.78	1.9	1.7	3.7	3.7	8.0	3.1	0.032	1.4	4.1	0.28
功率、整流/肖特基	0.002 8	0.022	0.039	0.034	0.082	0.073	0.16	0.16	0.35	0.13	0.001 4	0.060	0.18	1.2
瞬态抑制器/压敏电阻	0.002 9	0.023	0.040	0.035	0.084	0.075	0.17	0.17	0.36	0.14	0.001 5	0.062	0.18	1.2
电压基准/稳压（雪崩和齐纳）	0.003 3	0.024	0.039	0.035	0.082	0.066	0.15	0.13	0.27	0.12	0.001 6	0.060	0.16	1.3
电流调整	0.005 6	0.040	0.066	0.060	0.14	0.11	0.25	0.22	0.46	0.21	0.002 8	0.10	0.28	2.1
硅，雪崩(f≤35 GHz)	0.86	2.8	8.9	5.6	20	11	14	36	62	0.44	0.43	16	67	350
甘氏/体效应 t	0.81	0.76	2.1	1.5	4.6	2.0	2.5	4.5	7.6	7.9	0.16	3.7	12	94
隧道	0.004	0.009 6	0.002 6	0.001 9	0.058	0.025	0.032	0.057	0.097	0.10	0.002	0.048	0.15	1.2
PIN	0.028	0.068	0.19	0.14	0.41	0.18	0.22	0.40	0.69	0.71	0.014	0.34	1.1	8.5
肖特基势垒和点接触(200 MHz≤f≤35 GHz)	0.047	0.11	0.31	0.23	0.68	0.30	0.37	0.67	1.1	1.2	0.23	0.56	1.8	14
变容	0.004 3	0.010	0.029	0.021	0.063	0.028	0.034	0.62	0.11	0.11	0.002 2	0.052	0.17	1.3
可控硅/SCR	0.002 5	0.020	0.034	0.030	0.072	0.064	0.14	14	0.31	0.12	0.001 2	0.053	0.16	1.1
晶体管														
NPN/PNP(f<200 MHz)	0.000 15	0.001 1	0.001 7	0.001 7	0.003 7	0.003 0	0.006 7	0.006 0	0.13	0.005 6	0.000 073	0.002 7	0.007 4	0.056
功率 NPN/PNP(f<200 MHz)	0.005 7	0.042	0.069	0.063	0.15	0.12	0.26	0.23	0.50	0.22	0.002 9	0.11	0.29	2.2
硅场效应管(f≤400 MHz)	0.014	0.099	0.16	0.15	0.34	0.28	0.62	0.53	1.1	0.51	0.006 9	0.25	0.68	5.3
单结型	0.016	0.12	0.20	0.18	0.42	0.36	0.80	0.74	1.6	0.66	0.007 9	0.31	0.88	6.4
射频、低噪声(f>200 MHz，P<1 W)	0.094	0.23	0.63	0.46	1.4	0.60	0.75	1.3	2.3	2.4	0.047	1.1	3.6	28

续上表

元器件类型	G_B 50	G_F 60	G_B 65	N_S 60	N_U 65	A_U 75	A_g 75	A_{IC} 80	A_{IF} 80	A_{UT} 75	S_F 50	M_S 65	M_L 75	C_L 60
射频、功率（$P \geq$、≤ 1 W）	0.074	0.15	0.37	0.29	0.81	0.29	0.37	0.52	0.88	0.037	0.33	0.66	1.8	18
砷化镓场效应管（$P<100$ mW）	0.17	0.51	1.5	1.0	3.4	1.8	2.3	5.4	9.2	7.2	0.083	2.8	11	63
砷化镓场效应管（$P \geq 100$ mW）	0.42	1.3	3.9	2.5	8.5	4.5	5.6	13	23	18	0.21	6.9	27	160
硅场效应管（$f>400$ MHz）	0.099	0.24	0.64	0.47	1.4	0.61	0.76	1.3	2.3	2.4	0.049	1.2	3.6	30

表 4.3.4 分离半导体器件质量因子 π_Q

器件类型	低档的	塑料的
非射频器件/光电子的	5.5	8.0
高频二极管	25	50
肖特基二极管	2.5	不适用
射频晶体管	5.0	不适用
激光二极管	π_Q =1.0 密封包封 π_Q =1.0 有膜非密封包装 π_Q =3.3 无膜非密封包装	

表 4.3.5 影响元器件可靠性的主要因素

元器件类型	影响因素	元器件类型	影响因素
集成电路	●温度 ●复杂度 ●电源电压	电阻	●温度 ●耗散功率 ●类型
半导体	●温度 ●耗散功率 ●击穿电压	感应器	●温度 ●电流 ●电压 ●绝缘
电容	●温度 ●电压 ●类型		

表 4.3.6 双极复杂度因子 C_1

数 字		线 性	
门电路数目	C_1	晶体管数目	C_1
1～100	0.002 5	1～100	0.01
101～1 000	0.005	101～300	0.02
1 001～3 000	0.010	301～1 000	0.04
3 001～10 000	0.020	1 001～10 000	0.06
10 001～30 000	0.040		
30 001～60 000	0.080		

第三步：确定结温。标准的结温可用以下关系计算：

$$T_j = T_c + \theta_{JC} P$$

式中 T_j——结温，℃；

T_c——表面温度，℃；

θ_{JC}——结到表面的热阻，℃/W；

P——耗散功率，W。

因子的数值已知，则

$$T_j = 45 + 11 \times 0.20 = 47.2\ (℃)$$

第四步：根据相关手册中的温度等式，确定温度加速因子 π_T。该等式为

$$\pi_T = 0.1\exp\left[-A\left(\frac{1}{T_j + 273} - \frac{1}{298}\right)\right]$$

式中 A——温度系数，取 4 642；

T_j——结温，℃。

$$\pi_T = 0.29$$

第五步：根据相关手册中的等式确定封装因子，已知 64 管脚的非密封双排封装。该等式为

$$C_2 = 3.6 \times 10^{-4} (N_p)^{1.08}$$

即

$$C_2 = 3.6 \times 10^{-4} \times 64^{1.08} = 0.032$$

第六步：根据相关手册，从表 4.3.7 中确定环境因子。对于固定地面，该值为 2.0。

表 4.3.7 环境因子（π_E）

环　　境	π_E
G_B（良好地面）	0.5
G_F（固定地面）	2.0
G_M（移动地面）	4.0

第七步：根据相关手册选择质量因子值。因为该产品为不知筛选水平的商业器件，按表 4.3.8，其质量因子为 10.0。

表 4.3.8 质量因子（π_Q）

等　　级	π_Q	等　　级	π_Q
S 级	0.25	B-1 级	2.00
B 级	1.00	商业级	10.00

第八步：根据相关手册使用中生产学习等式，即

$$\pi_L = 0.1\exp\ (5.35 - 0.354/Y)$$

这里，年限 $Y = 2$，则有

$$\pi_L = 0.1\exp\ (5.35 - 0.354/2) = 1.05，取整到 1$$

第九步：进行计算

$$\begin{aligned}\lambda_p &= (C_1\pi_T + C_2\pi_E)\ \pi_Q\pi_L\lambda_b \\ &= (0.08 \times 0.29 + 0.032 \times 2.0)\ \times 10 \times 1.0 \times 10^{-6} \\ &= 8.72 \times 10^{-6}/h\end{aligned}$$

在计算完每个元器件的失效率之后，都可用它预计设备的失效率。像这样的元器件应力分析预计法可以对设备或系统的可靠性做详尽的分析。然而，在确定应力比、温度、应用和环境数据时需要系统设计的细节，因此这种方法只适合于系统设计后期。由于现代系统的高度复杂性，这种方法很耗时。

总之，可靠性要求的预计和分配采取下列步骤：

（1）规定设备定义。

（2）规定失效定义。

（3）规定使用和维修条件。

（4）绘制可靠性框图。

（5）建立数学模型。

（6）编制设备、部件或元器件目录。

（7）运用相似产品、元器件计数、元器件应力分析、可靠性物理分析预计法。

（8）分配失效率和可靠度。

（9）综合失效率和可靠度。

（10）计算设备可靠度。

（11）分配失效率和可靠度。

（12）在冗余配置中分配。

（13）评价所分配的可靠性要求的可行性。

进行初步设计或中间的可靠性预计所采取的步骤与最后设计的可靠性预计有着基本相同步骤，其区别在于完成这些基本步骤的精确（及详细）程度。

对于任何阶段的可靠性预计，每一步都要进行到最大可能的程度，尽可能明确规定系统失效和使用、维修条件的定义。可靠性框图应绘制到可识别的最低一级功能，并且建立适当的系统可靠性公式。

4.3.3 系统可靠性预计

系统可靠性预计是以组成系统的各单元的预计值为基础，根据系统可靠性模型，对系统的基本可靠性和任务可靠性进行预计的。对于使用以前的系统或成品（不做设计任何改进/修改），以及购买的产品不再进行可靠性预计，直接用其以往的统计值或可靠性指标。

1. 基本可靠性预计一般方法

基本可靠性模型为串联模型，设系统组成单元之间相互独立，则有

$$R_s(t_s)=R_1(t_1)R_2(t_2)\cdots R_n(t_n)$$

$$T_{BF_s}=\int_0^{\infty}R_s(t_s)\,dt_s$$

$$\overline{\lambda_s}=1/T_{BF_s}$$

式中 $R_s(t_s)$——系统可靠度；

$R_i(t_i)$——第 i 个单元可靠度；

t_s——系统工作时间，h；

t_i——第 i 个单元工作时间，h；

T_{BF_s}——系统 MTBF，h；

$\overline{\lambda_s}$——系统平均故障率，1/h。

如果各单元寿命均服从指数分布，且取 $d_i=t_i/t_s$，则

$$R_s(t_s)=e^{-\lambda_1 t_1}e^{-\lambda_i t_i}\cdots e^{-\lambda_n t_n}=e^{-(\lambda_1 d_1+\lambda_2 d_2+\cdots+\lambda_n d_n)t_s}=e^{-\sum_{i=1}^{n}\lambda_i\cdot d_i t_s} \tag{4.3.2}$$

式中 λ_i——第 i 个单元故障率，1/h；

d_i——第 i 个单元工作时间与系统工作时间之比。

如果各单元均服从指数分布且为串联模型，则系统必然也服从指数分布，即

$$R_s(t_s) = e^{-\lambda_s t_s} = e^{-\sum_{i=1}^{n}\lambda_i \cdot d_i t_s}$$

由此可得

$$\lambda_s = \sum_{i=1}^{n} \lambda_i \cdot d_i \tag{4.3.3}$$

式中 λ_s——系统故障率，1/h；

λ_i——第 i 个单元的故障率，1/h。

严格地说，系统内各组成单元的工作时间并非一致。例如，一架飞机，其燃油，液压、电源等系统是随飞机同时工作的，而其应急动力、弹射救生等系统则仅是在应急状态下才工作，故其相应的工作时间远小于飞机（系统）工作时间。

在工程上，若各单元的故障率 λ_i 均是以系统工作时间为基准（称为时间基准），即 $d_i = t_i/t_s = 1.0$；或无法得知各单元故障率的时间基准，为简单起见，将系统内各单元工作时间视为相等，即

$$t_1 = t_2 = \cdots = t_n = t_s$$

则有

$$R_s(t_s) = e^{-\lambda_1 t_1} e^{-\lambda_i t_i} \cdots e^{-\lambda_n t_n} = e^{-(\lambda_1+\lambda_2+\cdots+\lambda_n)t_s} = e^{-\sum_{i=1}^{n}\lambda_i \cdot t_s} = e^{-\lambda_s t_s}$$

由此可得

$$\lambda_s = \sum_{i=1}^{n} \lambda_i \tag{4.3.4}$$

也就是说，对于串联模型，其系统的故障率等于各单元故障率之和。另外，若系统中有部分单元的工作时间少于系统工作时间，则根据式（4.3.4）预计的结果一定是偏保守的。

2. 任务可靠性预计

任务可靠性预计即对系统完成某项规定任务成功概率的估计。在任务期间系统可分为不可修系统和可修系统。因此，任务可靠性预计分为不可修系统的任务可靠性预计和可修系统的任务可靠性预计。同时，对于不同任务剖面，系统工作状态、工作时间及工作环境条件有所不同，其可靠性模型也不同。所以，任务可靠性预计是针对某一任务剖面进行的。

此外，在进行任务可靠性预计时，单元的可靠性数据应当是影响系统安全和任务完成的故障统计而得出的数据，如产品的任务故障率、平均致命故障间任务时间（MTBCF）等。但当缺乏单元任务可靠性数据时，也可用基本可靠性的预计值代替，但系统预计结果偏保守。

3. 基于行为仿真模型的系统可靠性预计

对于复杂的机电产品，通过单元可靠性及系统故障逻辑模型预测系统任务可靠性可能会有较大偏差。一方面由于单元和系统的功能/性能会存在降级状态（多态或连续态），采用“正常/故障”两态假设进行概率封装时，丢失了大量有用的信息；另一方面对可靠性的层次关系进行逻辑抽象，也割断了单元功能/性能变化对系统功能/性能变化影响的复杂联系。基于行为的仿真模型为系统任务可靠性预计提供了一种新途径，其利用性能仿真模型来准确

描述单元和系统的定量关系，同时通过故障建模、参数扰动建模和环境扰动建模等步骤，使性能仿真模型可以模拟系统故障行为，基于系统故障行为进行系统任务可靠性预计。主要步骤如下：

（1）建立性能仿真模型，描述系统与单元性能之间的定量关系。该步骤是本方法的前提，没有性能仿真模型就不能进行预计。模型通常由熟悉性能设计的人员建立，同时确定影响系统可靠性的关键性能指标，确定系统故障判据。

（2）分析影响系统关键性能及可靠性的因素，包括单元故障、参数扰动及环境扰动，并且确定其服从分布函数及特征值。利用基于行为的仿真模型进行故障建模、参数建模和环境建模，将 3 类因素注入性能仿真模型中。

（3）根据对各类影响因素的分布，利用蒙特卡罗方法进行随机抽样。将抽样值依次带入仿真模型中，根据仿真模型输出的性能指标判断该样本是否能满足任务要求。多次仿真，统计任务可靠性指标。

复习思考题

1. 可靠性分配的目的是什么？

2. 可靠性预计的目的和用途是什么？

3. 已知某应答器传输单元（BTM）由电源模块（A）、电磁发射模块（B）、接收模块（C）组成。在设计过程中，已知 3 个模块的可靠度分别为：$R_A=0.92$，$R_B=0.95$，$R_C=0.9$，现要求系统可靠度为$R_s^*=0.82$，试对 3 个分系统进行可靠度再分配。

4. 元器件应力分析预计法在应用过程中有哪些条件需要考虑？

5 产品故障分析与识别

5.1 概　　述

可靠性工程中建模、分配、预计等方法主要回答产品是否满足可靠性定量要求的问题，但这些方法不能直接指导产品设计，研制中开展可靠性设计还应以故障为核心，根据前述产品的功能与故障的定义，分析产品在使用过程可能发生的“故障”，并采取针对性的设计措施，从而提高产品的可靠性。这些可能发生故障的部位和模式被认为是产品的薄弱环节。

故障及薄弱环节分析工作的实质，相当于从可靠性的角度对已有的产品设计方案（不同的细致程度，从概念、初步到详细等设计阶段）进行评判。由于产品任一组成单元均可能发生故障，当产品组成单元数量较多时，产品整体可能发生的故障将不计其数，为了提高工作的有效性，相关工作应有重点，针对故障发生可能性比较高或后果比较严重的部分，必须在产品研制中给予处理，根据产品研制的特点和需求，部分在任务期内发生可能性极低、影响极小的故障模式可以适当地忽略。

由于“故障”是一个“意外”或“不期望发生”的事件，往往需要采用逆向设计思维才能准确地分析，故必须有系统化的支撑方法才能保证“故障分析”的充分性和完备性。一般而言，可以分别从“功能逻辑”和“故障物理”两个角度对故障或薄弱环节加以分析和识别，常用的方法及分类见表 5.1.1。

表 5.1.1　故障及薄弱环节分析与识别方法分类

功能逻辑角度	故障物理角度
故障模式影响及危害性分析（Failure Mode Effect and Criticality Analysis，FMECA）	荷—应力分析（如有限元）
潜在通路分析（Sneak Circuit Analysis，SCA）	可靠性薄弱环节仿真分析

其中，故障模式影响及危害性分析（FMECA）方法目前最为成熟，影响力也最大，其主要思想是确定系统各单元可能的故障模式，并自底向上分析其对系统最终的影响，从而进行针对性的处理。相较于 FMECA，潜在通路分析更关注单元间在特定条件下，如何构成了不期望的通路。这些通路的出现会引起功能异常或抑制正常功能的实现。FMECA 和潜在通路分析方法都是从产品的“功能实现”和“逻辑关系”角度分析和识别产品的潜在故障或薄弱环节。

实际上，产品发生故障往往与其寿命周期中承受的各种载荷（如热、振动、冲击等）有关，还可以从“故障物理”的角度分析和识别产品的潜在故障或薄弱环节。所谓可靠性薄弱环节仿真分析，是指在产品三维物理模型的基础上构建有限元分析（Finite Element Analysis，FEA）模型、计算流体动力学（Computational Fluid Dynamics，CFD）模型等，并结合产品寿命周期工作和环境条件确定仿真分析载荷剖面，进行热应力分析、振动应力分析以及故障物理分析，发现产品在设计、工艺以及使用等方面的薄弱环节或缺陷，进一步采取设计改进或使用补偿措施，以提高产品可靠性水平。

5.2 故障模式影响及危害性分析

5.2.1 基本思想和原理

故障模式影响及危害性分析（FMECA）的根本目的是发现产品的各种缺陷与薄弱环节，并采取有效的改进和补偿措施，以提高其可靠性水平。FMECA 是一种自底向上的归纳分析方法，其特点从原因（单元故障）向结果（整体故障）进行分析。它分析产品所有可能的故障模式、原因及其可能产生的影响，并按照故障发生可能性和后果严重程度进行分类，在此基础上给出针对性处理措施。FMECA 由故障模式影响分析（FMEA）、危害性分析（CA）两部分组成，也可单独开展 FMEA。

随着 FMECA 方法的不断发展，其适用对象从最初的航空、航天等领域、不断延伸至机械、汽车、医疗等领域，可以说各类产品乃至广义的人工系统都有 FMECA 的使用。根据产品寿命周期不同的需求，在产品研制过程中可采取不同形式的 FMECA，如功能、硬件、软件、过程等。本书中将采用功能/硬件 FMECA 来阐述 FMECA 的原理与过程，如图 5.2.1所示，用于其他分析目的的 FMECA 方法与功能/硬件 FMECA 方法在原理上基本是一致的。

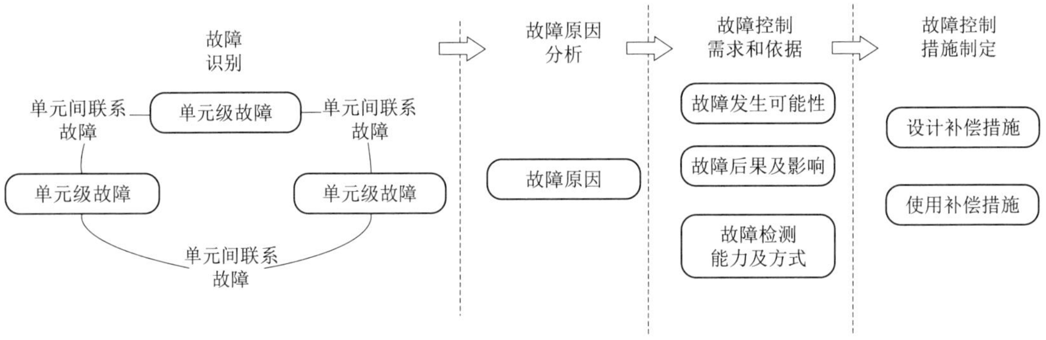

图 5.2.1 FMECA 的基本原理

FMECA 方法通常采取逐层分析的方式，即识别出单元级的故障或单元间联系故障后，逐层向上传递直至产品本身，对识别出的故障模式，需要分析其原因，然后，分析故障发生可能性和故障后果，通过定量/定性分析找出关键的故障模式。同时也需要分析故障检测能力及其方式，明确分析对象发生故障后被检测出的可能性。通过这些工作有助于确定采取何种措施控制这些可能故障。最终综合考虑故障原因、后果、检测方式等，分别从设计补偿措施和使用补偿措施两个角度制定故障消减控制措施。

FMECA 是一个反复迭代、逐渐完善的过程，在产品研制过程中需要进行多轮，直到所有关键故障模式都已经被消除或采取了相应的控制措施，其通用的步骤如图 5.2.2 所示。

FMECA 准备工作的主要目的是收集产品组成、功能、任务的基本信息，制定 FMECA 工作计划，选择 FMECA 方法和表格，制订功能或故障模式编码规则等，为后续的 FMECA 提供全面的支撑。

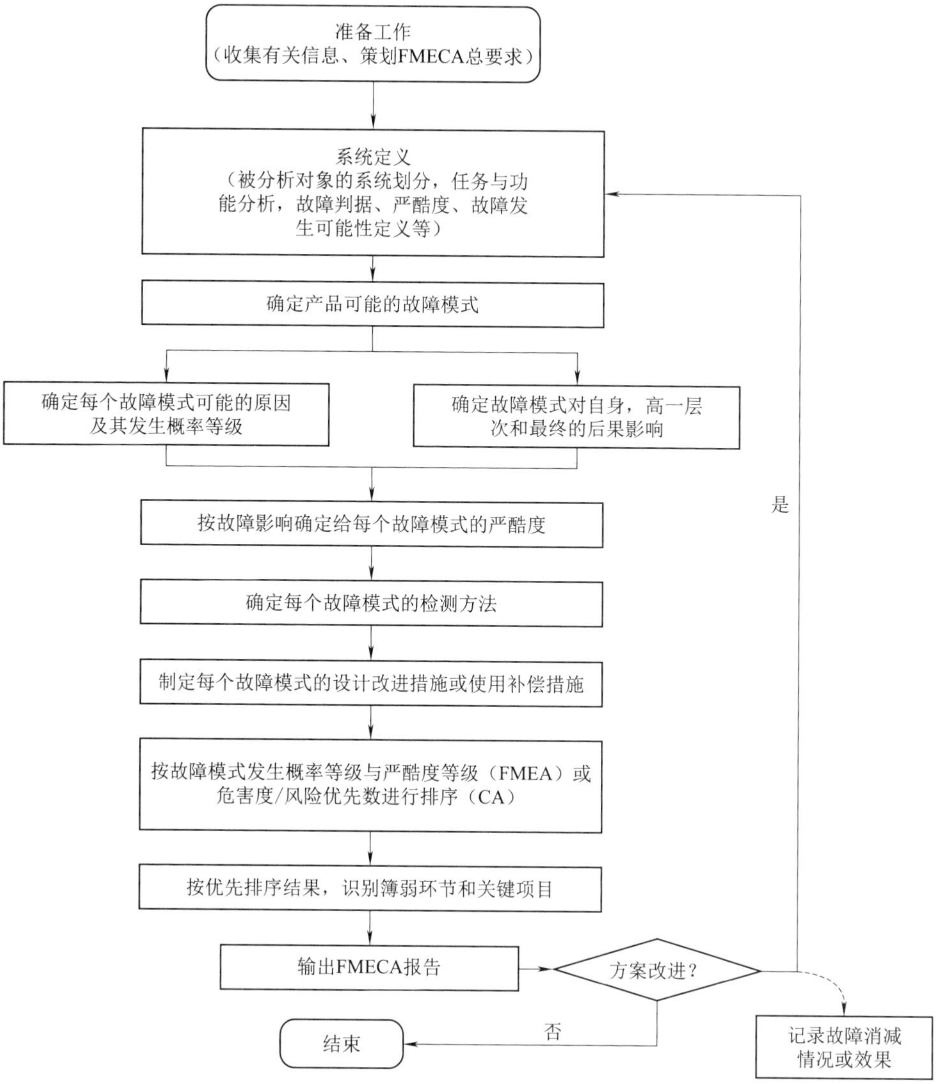

图 5.2.2　FMECA 分析步骤

FMECA 是产品可靠性分析的一个重要工作项目，同时也是维修性分析、安全性分析、测试性分析和保障性分析的基础。以 FMECA 为基础，按照故障的闭环消减控制思路可以建立可靠性、维修性、测试性、保障性和安全性工作之间的有机联系。

5.2.2　故障模式影响分析（FMEA）

1. 系统分析及定义

根据故障的概念，故障与产品的功能定义与运行环境密切相关，因此 FMEA 的第一项工作是进行系统分析和定义，明确分析对象及其主要任务、功能、工作方式等，从而辅助分析人员有针对性地分析产品在给定任务下所有可能的故障模式、原因和影响，主要工作包括开展系统划分，进行任务、功能及可靠性分析，给出故障判据和严酷度定义，等等。其中，故障判据和严酷度定义的说明，将结合具体工作在后面的“故障模式/原因/影响分析”中进行详细说明。

（1）系统划分

开展 FMEA 前应明确分析对象，一般可按照层次结构对产品进行功能或硬件分解，同时应按照事先定义的编码规则对功能或硬件进行编码，注意保证编码的唯一性。在此基础上，可建立功能与硬件之间的映射关系，称为功能和硬件层次对应图，需要注意功能与硬件通常不是一一对应的，往往是多对多的关系，即可能一个功能对应着多个硬件，也可能一个硬件对应着多个功能，另外一项需要注意的就是应注意区分功能和功能结构，避免出现功能是“发射”，硬件是“发射装置”，或者功能是“发动机子系统”，硬件是“发动机”等结果。有时根据 FMECA 分析的需要，也可单独进行功能或硬件分解。

在产品层次化分解的基础上，应明确 FMEA 分析的范围，即从哪个产品层次开始，到哪个产品层次结束。这种规定的 FMEA 层次称为约定层次，若选择硬件 FMEA 方法，则按硬件层次进行划分；若进行功能 FMEA，则按功能层次进行划分（注：由于分析角度不同，一般应独立于功能硬件分解图，绘制单独的约定层次划分图）。

FMEA 中常用约定层次的定义如下：

①初始约定层次——要进行 FMEA 总的、完整的产品所在的约定层次中的最高层次，它是 FMEA 最终影响的对象。

②约定层次——根据 FMEA 的需要，按产品的功能关系或组成特点进行 FMEA 的产品所在的功能层次或结构层次。一般是从复杂到简单依次进行划分，当约定层次有多层次时，也可用序号进行标识（如第二、第三、第四等），表明约定层次间的有序排列。

③最低约定层次——约定层次中最底层的产品所在的层次，它决定了 FMECA 工作深入、细致的程度。

FMEA 约定层次划分决定了分析的细致程度与工作量，根据 FMEA 的目的、侧重点以及进度费用等方面的要求，可以相对灵活地划分约定层次。总体来说，成熟的产品的约定层次可以划分较粗，新研产品则必须多而细。一般来说，产品的初始约定层次为产品本身，而最低约定层次则可划分到零部件或元器件，使用 FMEA 表记录 FMEA 分析结果时，除最低约定层次外，所有约定层次应单独列表（最低约定层次所包含的对象是对其上一约定层次 FMEA 分析时表内的分析对象）。

（2）产品任务和功能分析

复杂产品往往具有多个任务，在不同的任务中，需执行产品的部分功能或全部功能。因此首先应明确产品的任务剖面，并对产品在不同任务剖面下的主要功能、工作方式（如连续工作、间歇工作或不工作等）、工作阶段、工作时间、工作模式等进行描述和分析。当功能差异较大时（如电台在正常飞行时可能仅执行收发信号功能，但在其他仪表失灵的应急飞行模式下，可能要执行定位、导航等功能），应根据不同的任务剖面单独展开 FMEA 分析。

为了更进一步分析，还可采用功能框图用来描述系统各组成部分所承担的任务或功能间的相互关系，以及产品每个约定层次间的功能逻辑顺序。功能框图不同于产品的原理图、结构图、信号流图，而是表示产品各组成部分所承担的任务或功能间的相互关系（输入输出/控制等），以及产品每个约定层次间的功能逻辑顺序、数据（信息）流、接口的一种功能模型，当功能数量或层次较多时，可列出功能列表进一步描述。如必要，还可采用表格方式描述功能模块之间的输入与输出关系，作为补充说明。

2. 故障模式分析/故障原因分析/故障影响分析

（1）故障模式分析

故障模式是故障的表现形式，通常按照产品发生故障时的现象进行描述，如短路、开路、断裂、过度耗损等。在对具体的系统进行故障分析时，必须首先明确系统故障（在规定的条件下丧失规定的功能）的判断标准，即系统的故障判据。

通常来讲，故障的定义具有主观性。也就是说，同样的产品，由于用户目的不同，对故障的判断标准也不同（即故障判据不同）。故障判据定义时应尽可能量化，根据故障的定义，通常可按照产品规定的性能指标及其允许基线来定义故障判据，如组件无输出、组件输出超差5%、燃油泵的供油能力不足10 L/min等。此外，定义故障判据时，还应考虑任务和使用环境需求，如某台发动机的润滑油消耗量偏大，对于短程飞机或中程飞机来说，可能不算故障，但对于远程飞机来说，同样的滑油消耗率就会把滑油耗光，此条件下就是故障。从另一个角度讲，在运用故障判据判断某种故障模式是否存在时，还应注意考虑产品的规定使用时间和规定条件，举例来说，如果在规定的使用时间内确定不会发生，则可认为该故障模式不存在。

产品一般具有多种功能，且每一个功能可能包含多种故障模式，故障模式分析的目的是找出所有可能的故障模式，其两个基本需求是：①完备性，故障模式尽可能全；②唯一性，识别出的故障模式是明确的且彼此间具有互斥性，不能存在交叉的部分，为此，要求故障判据必须具备足够的分辨尺度，不能过于宽泛，同时故障模式的说明也必须清晰，不可含糊。此外，为保证故障模式具有唯一性和可追溯性。

产品的故障模式可以通过分析、预测、试验和统计等方法获取。其中，新研产品一般需通过试验或分析的方法获取其故障模式，而其他产品则主要通过经验获取故障模式。特别是对于产品中新材料、新结构、新器件等往往需要开展针对性试验。在分析过程中，一些可参考的故障模式分类见表5.2.2，其中第1类故障模式功能结构损坏通常用于分析元器件级/零部件等底层的产品单元，其发生后可能会导致后6类故障模式，其余前6类则更多用于分析更高层次的产品单元，如组件、分系统、系统等。

表5.2.2 故障模式分类

序号	故障模式分类	说　明	示　例
1	功能结构损坏	可直接检查检测到的功能结构坏现象，包括变形、局部破坏或完全破坏等	开路、短路、结构故障（破损）、捆结或卡死、泄漏、裂纹、折断、变形
2	规定功能丧失	完全无法执行规定功能	无输出、打不开、关不上、无法开机、无法关机、不能切换
3	功能不连续	能执行部分功能，但时序上有缺陷	间歇性工作
4	功能不完整	能执行部分功能，但完整性上有缺陷	输出数据有缺项，功能执行一部分后停滞
5	性能偏差	功能可执行，但距离预期性能有偏差，包括超出性能基线或完全错误两大类	输出值增大、输出值下降、输出值错误、超出允许误差、参数漂移、流动不畅、动作不到位、动作过位、不匹配
6	功能时刻偏差	提前或滞后启动功能	提前运行、滞后运行、信号延误
7	不期望功能	执行预定功能时，出现了其他不期望的功能行为	共振、大噪声、错误动作

对于其他产品，如现有产品、具有相似产品的产品、货架产品等，则可依据如下原则进行故障模式分析：

①对于现有产品，可根据外场统计数据或试验数据不断丰富产品的故障模式，特别是使用环境条件发生变化时，应注意根据环境的变化进行分析修正。

②对于具有相似产品的，以相似功能或相似结构使用中发生的故障模式作为参考，分析其故障模式。

③对于国内外的货架产品，应向供应商索取其故障模式，若无法提供，则可参考相似产品。

④对常用的元器件、零组件，可从国内外某些标准、手册中确定其故障模式。

此外，产品在同一剖面下的不同任务阶段中也可能具有不同的工作模式。因此，在进行故障模式分析时，还要说明产品的故障模式是在哪一个任务阶段的什么工作模式下发生的。

（2）故障原因分析

故障模式分析仅能完成故障识别，为了提高产品的可靠性，还需要通过故障原因分析找出每个故障模式产生的原因，进而采取针对性的有效改进措施，消减故障发生的可能性或控制故障影响。

故障原因分析可以从两个维度出发，即成因机理和成因阶段。成因机理包括直接原因和间接原因，直接原因是指导致产品故障的产品自身的物理、化学或生物变化过程；间接原因是指产品某个故障来源于产品其他部分的故障或者环境扰动和人为因素等。举例来说，某组件的故障模式“无显示”，其故障原因可能是由前端输入组件提供的信号错误（间接故障原因）。另一个分析维度是成因阶段，包括设计阶段、制造阶段和使用阶段等，这一维度的分析有助于采取针对性的故障消减措施，如发现故障原因来源于制造阶段，则应制定相应的工艺改进措施，详见后面的“设计改进与使用补偿措施分析”内容。

（3）故障影响分析

故障影响系指产品的每一个故障模式对产品自身或其他产品的使用、功能和状态的影响。故障影响分析的目的是找出产品的每个可能的故障模式所产生的影响，并对其严重程度进行分析。考虑到故障影响的传播特征，当分析某故障模式的故障影响时，通常按预先定义的约定层次结构进行。既要分析故障模式对产品自身及所在相同层次的其他产品造成的影响，还要分析该故障模式对该产品所在层次的更高层次产品的影响，按照约定层次的划分，分别被称为局部影响、高（上）一层次影响和最终影响，其定义见表 5. 2. 3。

表 5. 2. 3 故障影响定义

名 称	定 义
局部影响	某产品的模式对该产品自身及所在约定层次产品的使用功能或状态的影响
高一层次影响	某产品的故障模式对该产品所在约定层次的紧邻上一层次产品的使用、功能或状态的影响
最终影响	某产品的故障模式对初始约定层次产品的使用、动能或状态的影响

为了更细致地评价故障影响，可通过故障模式的严酷度类别（或等级）进行评判。故障模式严酷度是根据故障模式的最终影响（即在初始约定层次可能导致的人员伤亡、任务失败、产品损坏、经济损失和环境损害等方面的影响）程度进行定义，该部分工作可以在系统分析与定义阶段完成。

产品严酷度类别的定义与初始约定层次执行的任务或功能密切相关，如果初始约定层次是产品本身，则需要重点考虑对系统、对使用者以及对外部环境等的影响。铁路设备和汽车产品严酷度分别见表 5.2.4 和表 5.2.5。在 FMEA 中应分析每一个故障模式产生的局部影响、高一层次影响和最终影响，并依据最终影响给出其严酷度。

表 5.2.4 铁路设备严酷度定义示意

严酷度类别	严重程度定义
Ⅰ类（灾难的）	这是一种会引起人员死亡或系统重大损失的故障
Ⅱ类（致命的）	这是一种会引起人员的严重伤害、重大经济损失的系统严重故障
Ⅲ类（临界的）	这种故障会引起人员的轻度伤害、一定的经济损失或导致系统的轻度损坏
Ⅳ类（轻度的）	这是一种不足以导致人员伤害、一定的经济损失或系统损坏的故障，但它会导致非计划性维护修理或者列车停运

表 5.2.5 汽车产品故障严酷度定义示意

严酷度类别	严重程度定义
Ⅰ类（灾难的）	危及人身安全，引起主要总成报废，造成重大经济损失，对周围环境造成严重危害
Ⅱ类（致命的）	引起主要零部件、总成严重损坏或影响行车安全，不能用易损备件和随车工具在短时间修复
Ⅲ类（临界的）	不影响行车安全，非主要零部件故障，可用易损备件和随车工具在短时间内修复
Ⅳ类（轻度的）	对汽车正常运行无影响，不需要更换零件，可用随车工具在短时间内（5 min）轻易排除

如果初始约定层次非产品本身，而是产品的一部分，则重点考虑功能无法执行的严重程度。以某数据采集模块为例，其严酷度类别定义见表 5.2.6。

表 5.2.6 数据采集模块严酷度类别定义示意

严酷度类别	严重程度定义
Ⅰ类（灾难的）	引起数据采集模块加电后，不工作的故障
Ⅱ类（致命的）	引起数据采集模块加电后，数据采集不完整、不连续、不稳定或数据错误的故障
Ⅲ类（临界的）	引起数据采集模块加电后，数据采集值出现偏差（0% ~5%）的故障
Ⅳ类（轻度的）	对数据采集模块使用几乎无影响，但可能导致非计划的维修或者保障

应注意，在进行最终影响分析时，当所分析的产品在系统设计中已采用了余度设计、备用工作方式设计或故障检测与保护设计，暂不考虑这些设计措施，即分析该产品的某一故障模式可能造成的最坏的故障影响，根据这种最终影响确定该故障模式的严酷度等级。在设计改进措施中，填入这些措施，同时备注该措施已应用。

（4）故障模式/原因/影响的层次及传递关系

产品的故障模式、原因、影响具有比较密切的关系，一般来说，故障模式和影响都是对某种可观测的故障现象的描述，故障原因则描述导致故障发生的机理，既可以是直接的物理/化学等机理，也可能是其他间接原因（下级产品或同级产品的故障），在填写 FMEA 报告时，应注意区分几者之间的关系。例如，“电阻开路”是一个可观测的故障模式，其故障原因可能是“内部出现裂纹”。产品故障发生具有传播特征，即产品中产生某一故障点后，其影响会沿着逻辑上或物理上关联的单元进行传播（包括同级或向上级），最终表现为产品某种故障现象，在 FMEA 中，这过程体现为故障模式/原因/影响的传递上，即单元级产品故障的高一层次影响可以作为上级产品（系统级产品）的故障模式，相应的单元级的故障模式则是对应系统级这一故障模式的故障原因。另一方面，单元级故障模式可能是同层次其他产品的故障模式的故障原因，其局部影响是同层次其他产品的故障模式。

以某飞机燃油系统为例，该系统包含中央油箱及左、右两个主油箱共 3 个油箱。中央油箱通向左、右油箱的燃油管路中装有单向活门，保证燃油不会倒流。单向活门由活门体、转轴叶片、扭簧等组成，FMEA 中故障分析的层次性与传递性如图 5. 2. 3 所示。

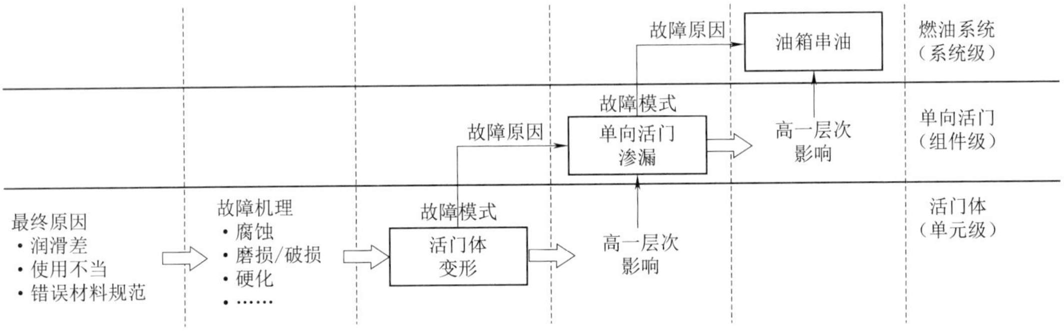

图 5. 2. 3　故障分析的层次性与传递性

活门体的故障模式“变形”，其高一层次影响是单向活门的“渗漏”，这是单向活门的一种故障现象，可以作为单向活门的故障模式，相应的活门体“变形”是其故障原因。同理，单向活门“渗漏”的高一层次影响使燃油系统发生“油箱串油”，相应的“油箱串油”的故障原因是单向活门“渗漏”。

另外，在活门体“变形”这一故障模式识别后，也可以向下分析，其机理可能是腐蚀、磨损等，最终的故障原因可能是润滑差等。也就是所谓的根原因分析，有助于进行设计改进措施或使用补偿措施。

基于此，在进行产品 FMEA 过程中，可运用如下一些技巧：

①归并原则。在填写单元级高一层次故障影响时，比对其后果差异，加强归并，以便快速形成系统级的故障模式，同时相应的单元级故障模式归并后可作为系统级的故障原因，从而完成故障的传递分析，减少重复。

②逆向原则。当单元级故障高一层次影响不明确时，也可先按照表 5. 2. 7 进行系统级故障模式的分析，并逆向填写单元级的高一层次故障影响。表格的填写见后述“5. FMEA 表格与实施”。

3. 故障检测方法分析

针对每一个故障模式，需确定其故障检测方法，故障检测能力会在一定程度影响到是采取设计补偿措施还是使用补偿措施，同时还可为系统的测试性、维修性设计以及系统的维修工作提供依据。故障检测方法一般包括目视检查、离机检测、原位测试等，采用的手段包括 BIT（机内测试）、自动传感装置、传感仪器、音响报警装置、显示报警装置等。故障检测一般分为事前检测与事后检测两类，对于具有退化特征的故障模式，应尽可能设计事前检测方法。

表 5.2.7　功能及硬件故障模式影响分析表

初始约定层次产品　　任务　　审核　　第　页　共　页

约定层次产品　　分析人员　　批准　　填表日期

代码	产品或功能标志	功能	故障模式	故障原因	任务阶段与工作方式	故障影响			严酷度类别	故障检测方法	设计改进措施	使用补偿措施	备注
						局部影响	高一层次影响	最终影响					
1	2	3	4	5	6	7	8	9	10	11	12	13	14
对每个产品采用一种编码体系进行标识	记录被分析产品或功能的名称与标志	简要描述产品所具有的主要功能	根据故障模式分析的结果，简要描述每一产品的所有故障模式	根据故障原因分析结果，简要描述每一故障模式的所有故障原因	根据任务剖面，依次填写发生故障时的任务阶段与该阶段内产品的工作方式	根据故障影响分析的结果，简要描述每一个模式的局部、高一层次和最终影响并分别填入第7~9栏			根据最终影响分析的结果按每个故障模式分析其严酷度类别	根据产品故障模式原因、影响等分析结果，依次填写故障检测方法	根据故障影响、故障检测等分析结果，依次填写设计改进与使用补偿措施		简要记录对其他栏的注释和补充说明

4. 设计改进与使用补偿措施分析

在分析完每一个故障模式的原因、影响后，应根据故障的可能性及后果，确定必须消减的故障模式，并给出相应的故障消减措施。这是提升产品可靠性的重要环节，按照应用措施的时机，可分为设计改进措施与使用补偿措施。

（1）设计改进措施

设计改进措施需在产品研制过程中采用，相当于对产品进行了再设计，因此当采用设计改进措施后，需要开展新一轮的 FMEA，特别是注意应用设计改进措施后是否会对产品其他部分带来新的影响。根据产品划分，设计改进措施同样具有层次性，单元级的设计改进措施通常是为了防止故障点的发生，而系统级则更多是为了消减控制故障影响和后果或者整体的环境防护设计，一些常见的设计改进措施思路如下：

①产品发生故障时，应考虑是否具备能够继续工作的冗余设备。

②提供安全或保险装置（例如监控及报警装置）。

③可替换的工作方式（例如备用或辅助设备）。

④可以消除或减轻故障影响的设计改进（例如优选元器件、热设计、降额设计等）。

（2）使用补偿措施

使用补偿措施则是故障模式的影响无法通过设计改进措施完全消除的情况下，在产品使用中通过开展预防性的维护工作以避免故障发生。使用补偿措施主要应用于非元器件/零部件层次（元器件/零部件层次一般更倾向采用设计改进措施），与故障检测能力、维修能力和修理级别等因素均有较大联系。常见的使用补偿措施思路如下：

①为了尽量避免或预防故障的发生，对人员使用和操作产品提出的规定要求。

②产品使用和维护过程中需要采用的预防性维护措施。

③一旦出现某故障后，操作人员应采取最恰当的补救措施等。

5. FMEA 表格与实施

FMEA 的实施一般通过填写 FMEA 表格进行，一种常用的功能/硬件 FMEA 表格形式见表 5.2.7。根据各种不同的分析要求，可设计不同风格的 FMEA 表格形式。“初始约定层次产品”处填写处于初始约定层次中的产品名称，“约定层次产品”处填写 FMEA 表中正在被分析的产品紧邻的上一层次产品。FMEA 是一个逐层的分析过程，高一层次分析以低层次的分析为基础。当约定层次的级数较多（一般大于 3 级）时，应自底向上按约定层次的级别不断分析，直至约定层次为初始约定层次时，才构成一套完整的 FMEA 表格。表 5.2.7 中的“任务”处填写“初始约定层次产品”所需完成的任务，若初始约定层次具有不同的任务，则应分开填写 FMEA 表。

5.2.3 危害性分析

危害性分析（CA）是 FMEA 的补充，其目的是对故障模式严重程度及发生可能性进行综合评定，确定故障的影响，从而对系统中的产品重要程度进行分类并加以控制。只有在进行 FMEA 的基础上才能进行 CA。

CA 常用的方法有两种：危害性矩阵法与风险优先数（Risk Priority Number，RPN）法，前者用于航空、航天等领域，后者则用于汽车等民用工业领域，其基本思想都是综合考虑故障发生可能性及严重程度的影响，对故障模式进行排序，找出更重要的故障模式，以便给出针对性处理措施。

1. 危害性矩阵法

危害性矩阵法又分为两种方法：定性分析法和定量分析法。一般而言，在不能获得准确的产品故障定量数据（如故障率 A）时，应选择定性的分析方法；在可以获得产品的较为准确的故障数据时，则应选择定量的分析方法。

（1）定性分析方法

定性分析方法将每一个故障模式的发生可能性分成离散的级别，然后分析人员再综合故障模式严酷度进行综合评定，在有的标准中将故障概率等级分为5级，但其给出的判定依据是该故障模式发生概率占产品总故障概率的比率，由于产品总概率有时未知，所以很难判断，一般不推荐采用。比较好的修正方式是采用直接数量级进行分类，见表5.2.8，该部分工作也可在系统定义阶段完成。

表5.2.8 故障发生可能性等级划分

等　级	定　义	故障模式发生概率的特征	故障模式发生概率 P_m（在产品使用时间内）
A	经常发生	高概率	$P_m > 1\times10^{-3}$
B	有时发生	中等概率	$1\times10^{-4} < P_m \leqslant 1\times10^{-3}$
C	偶然发生	不常发生	$1\times10^{-5} < P_m \leqslant 1\times10^{-4}$
D	很少发生	不大可能发生	$1\times10^{-6} < P_m \leqslant 1\times10^{-5}$
E	极少发生	几乎为零	$P_m \leqslant 1\times10^{-6}$

（2）定量分析方法

定量分析法主要是计算故障模式的危害度 C_m = 和产品的危害度 C，在介绍计算公式之前，先介绍两个基本概念：故障模式频数比 α 和故障影响概率 β。

①故障模式频数比

故障模式频数比 α 是产品的某个故障模式占产品所有故障模式的比率。如果考虑某产品所有可能的故障模式，则其故障模式频数比之和将为1。故障模式频数比一般通过统计得出，在缺少统计数据时也可分析评估得出。

例如，双极型晶体管的故障模式及其频数比见表5.2.9。表中的模式故障率 λ_m 是指产品总故障率 λ_P 与某故障模式频数比 α 的乘积。利用 λ_P 即可计算产品以某种故障模式发生故障的概率。如果假设双极型晶体管的故障率 $\lambda_P = 0.123\ 45\times10^{-6}/h$，则该晶体管的模式故障率计算结果见表5.2.9。

表5.2.9 双极型晶体管故障模式、频数比及其模式故障率

元器件故障模式	故障模式频数比 α	产品故障率 $\lambda_P/(10^{-6}\cdot h^{-1})$	模式故障率 $\lambda_P/(10^{-6}\cdot h^{-1})$
集电极到发射极击穿电压过低	34%		0.041 97
发射极到基极泄漏电流过大	57%	0.123 45	0.070 36
集电极到发射极开路	9%		0.011 11
总计	1.0		0.123 45

②故障影响概率

最终影响是在不考虑冗余或替换操作模式下，某故障模式发生后所能导致的最坏影响，此外导致最终影响的因素有时较多（甚至还包含环境扰动或人为操作），使得当某个故障模式发生时，其对应的最终影响未必发生。为此，可采用故障影响概率 β 来描述这种情况。β 是产品在某故障模式发生的条件下，其最终影响导致“初始约定层次”出现某严酷度等级的条件概率，取值范围为 0 ~ 1，通常 β 值的确定是按经验进行定量估计的，代表了分析人员对产品本身及故障模式、原因和影响等掌握的程度。表 5.2.10 给出 3 种推荐的 β 值量化标准。

表 5.2.10　故障影响概率 β 的推荐值

序号	1		2		3	
β 规定值	实际丧失	1	一定丧失		肯定损伤	1
	很可能丧失	0.1 ~ 1	很可能丧失	0.5 ~ 0.99	可能损伤	0.5
	有可能丧失	0 ~ 0.1	可能丧失	0.1 ~ 0.49	很少可能	0.1
	无影响	0	可忽略	0.01 ~ 0.09	无影响	0
			无影响	0		

此外，某一故障模式有时会产生多种最终影响，分析人员应针对该模式所有最终影响分别定义 β。单一故障模式多个故障影响的 β 值之和应小于或等于 1，如果 β 值之和小于 1，则意味着 $1-\sum\beta$ 的概率是“无影响”，相当于隐藏了“无影响”这个故障影响后果。

以列车制动系统为例进行说明。假设其故障模式为“卡死”，分析其可能的故障影响，大多数分析人员可能只考虑到最严重的故障影响。

列车脱轨，而忽视了其他可能的影响。其实在这种情况下，最可能的影响是列车滑轨并高速驶入一个火车站。因此，该例中 β 的正确使用见表 5.2.11。

表 5.2.11　列车制动系统“卡死”的故障影响示例

产品名称	故障模式	故障模式频数比 α	故障影响	严酷度	故障影响概率 β
制动系统	卡死	0.5	列车滑轨并驶入火车站	Ⅱ	0.9
			列车脱轨	Ⅰ	0.1
	效率降低	0.5	列车不能有效制动	Ⅱ	0.8
			列车不能有效制动且发生安全事故	Ⅰ	0.2

③故障模式危害度与产品危害度

为了按单一的故障模式评价其危害性，应计算每一故障模式的危害度 $C_{\mathrm{m}}=(j)$ 为

$$C_{\mathrm{m}}(j)=\alpha\beta\lambda_{\mathrm{P}}t,\quad j=\text{Ⅰ、Ⅱ、Ⅲ、Ⅳ}$$

式中　λ_{P}——被分析产品在其任务阶段内的故障率，1/h；

t——产品任务阶段的工作时间，h；

$C_{\mathrm{m}}=(j)$——产品在工作时间 t，以某一故障模式发生引起第 j 类严酷度类别的影响故障。

为了评价某一产品的危害性，应计算该产品的危害度 C_{r}，即

$$C_{\mathrm{r}}(j)=\sum_{i}^{n}C_{\mathrm{m}}(j)$$

式中　i——1，2，…，n；

n——该产品在第 j 类严酷度类别下的故障模式总数；

j——Ⅰ、Ⅱ、Ⅲ、Ⅳ，为严酷度类别；

$C_r(j)$——某一产品在工作时间 t 内产生的第 j 类严酷度类别的故障次数。

根据表 5.2.11，假设列车制动系统的故障率 $\lambda_P=0.01\times10^{-6}/h$，工作时间 $t=20$ h，则第一个故障模式“制动系统卡死”的模式危害度 C_{m1} 为

$$C_{m1}(\text{Ⅱ})=\alpha_1\beta_{11}\lambda_P t=0.5\times0.9\times0.01\times10^{-6}\times20=9\times10^{-8}$$

$$C_{m1}(\text{Ⅰ})=\alpha_1\beta_{12}\lambda_P t=0.5\times0.1\times0.01\times10^{-6}\times20=1\times10^{-8}$$

第二个故障模式“制动效率降低”的模式危害度 C_{m2} 为

$$C_{m2}(\text{Ⅱ})=\alpha_2\beta_{21}\lambda_P t=0.5\times0.8\times0.01\times10^{-6}\times20=8\times10^{-8}$$

$$C_{m2}(\text{Ⅰ})=\alpha_2\beta_{22}\lambda_P t=0.5\times0.2\times0.01\times10^{-6}\times20=2\times10^{-8}$$

按照制动系统的产品危害度公式 $C_r(j)$ 分别为

$$\begin{aligned}C_r(j)&=C_{m1}(\text{Ⅰ})+C_{m2}(\text{Ⅰ})\\&=\alpha_1\beta_{12}\lambda_P t+\alpha_2\beta_{22}\lambda_P t\\&=0.5\times0.1\times0.01\times10^{-6}\times20+0.5\times0.2\times0.01\times10^{-6}\times20\\&=3.0\times10^{-8}\end{aligned}$$

$$\begin{aligned}C_r(j)&=C_{m1}(\text{Ⅱ})+C_{m2}(\text{Ⅱ})\\&=\alpha_1\beta_{11}\lambda_P t+\alpha_2\beta_{21}\lambda_P t\\&=0.5\times0.9\times0.01\times10^{-6}\times20+0.5\times0.8\times0.01\times10^{-6}\times20\\&=1.7\times10^{-7}\end{aligned}$$

2. 风险优先数法（RPN）

某一故障模式的风险优先数法 RPN 由故障模式发生概率等级（Occurrence Probability Ranking，OPR）和影响严酷度等级（Effect Severity Ranking，ESR）的乘积计算得出，即

$$\text{RPN}=\text{OPR}\times\text{ESR}$$

故障模式的 RPN 数越高，则其越重要。在对影响 RPN 的两项因素进行评分之前，应首先根据所分析系统的具体特点对这两项因素制定评分准则。

发生概率等级 OPR 用于评定某个故障模式实际发生的可能性。表 5.2.12 给出了 OPR 的评分准则，表中“故障模式发生概率 P_m 参考范围”是对应各评分等级给出的预计该故障模式在产品的寿命周期内发生的概率，该值在具体应用中可以视情况定义。

表 5.2.12 故障模式发生概率等级 OPR 的评分准则

OPR 评分等级	故障模式发生的可能性	故障模式发生概率 P_m 参考范围
1	极低	$P_m\leq1\times10^{-6}$
2、3	较低	$1\times10^{-6}<P_m\leq1\times10^{-4}$
4、5、6	中等	$1\times10^{-4}<P_m\leq1\times10^{-2}$
7、8	高	$1\times10^{-2}<P_m\leq1\times10^{-1}$
9、10	非常高	$P_m>1\times10^{-1}$

严酷度等级 ESR 用于评定所分析的故障模式的最终影响的程度。表 5.2.13 给出了 ESR 的评分准则。在分析中，该评分准则应综合所分析产品的实际情况尽可能地详细规定。

表 5.2.13 影响严酷度等级 ESR 的评分准则

ESR 评分等级	严酷度等级	故障影响的严重程度
1、2、3	轻度的	不足以导致人员伤害、产品轻度的损坏，轻度的财产损失及轻度环境损坏，但它会导致非计划性维护或修理
4、5、6	中等的	导致人员中等程度伤害、产品中等程度损坏，任务延误或降级，中等程度财产损坏及中等程度环境损害
7、8	致命的	导致人员严重伤害、产品严重损坏、任务失败、严重财产损坏及严重环境损害
9、10	灾难的	导致人员死亡、产品（如列车、船舶等）毁坏，重大财产损失和重大环境损害

有时根据 FMEA 的类型，还可增加特定的评定因素，如在工艺 FMEA（或过程 FMEA），需要增加检测难度等级（Detection Difficulty Ranking，DDR），相当于风险优先数法公式中需要继续增加一个因素。

对于危害性高的故障模式，应从降低故障发生可能性和故障严重程度等方面提出改进措施，当所提出的各种改进措施在系统设计或保障方案中落实后，应重新对各故障模式进行评定，并计算新的 RPN 值，按改进后的 RPN 值对故障模式进行排队，直到 RPN 值降到一个可接受的水平。值得指出的是，当因素较多时，评分乘积的差异性会较小，不易区分到底哪些情况需要采取措施，此时，可制订一个 RPN 的门限值，超过此门限值的故障模式均应采取改进措施。

3. 危害性分析的实施

危害性分析的实施与 FMEA 的实施一样，均采用填写表格的方式进行。一种典型的危害性分析见表 5.2.14。

表 5.2.14 危害性分析表

初始约定层次　　产品任务　　审核　　第　页　共　页

约定层次产品　　分析人员　　批准　　填表日期

代码	产品或功能标志	功能	故障模式	故障原因	任务阶段与工作方式	严酷度类别	故障概率等级或故障数据源	故障率 λ_p/ $(10^{-6}\cdot h^{-1})$	故障模式频数比 α	故障影响概率 β	工作时间 t	故障模式危害度 $C_m(j)$	产品危害度 $C_i(j)$	备注
1	2	3	4	5	6	7	8	9	10	11	12	13	14	15

5.2.4 FMECA 结果与工作要求

1. FMECA 报告

FMECA 的结果以 FMECA 报告的形式提供。在 FMECA 报告中应包括系统的原理图、功能方框图、可靠性方框图、FMEA、CA 表格、RPN 评分准则、危害性矩阵等。

FMECA 报告中还应包括排除或降低故障影响已经采取的措施，对无法消除的单点故障和Ⅰ、Ⅱ类故障的说明，建议其他可能的补偿措施（如设计、工艺、检验、操作、维修等），以及预计采取所有措施后能取得效果的说明，为了更清楚地表述 FMECA 的结果，一般将 FMECA 结果汇总成各类故障清单，这些清单主要有以下几种：

（1）可靠性关键产品清单

可靠性关键产品是指其风险系数（Risk Priority Number，RPN）值大于某一规定值或危害性矩阵图中落在某一规定区域之内的产品，根据 RPN 值或危害性矩阵图提供一份可靠性关键产品清单，以便在设计、生产使用中进行控制。

（2）严重故障模式清单

故障影响严重的故障模式是指严酷度为Ⅰ、Ⅱ类或故障影响严重程度被评为 9～10 分的故障模式，这些故障模式有些可能已在可靠性关键产品清单中体现，但由于其故障后果的严重性，需要再单独列出并加以控制。

（3）单点故障模式清单

单点故障是指系统中某一产品的某一故障模式发生后将直接导致系统发生故障的故障，如果系统已进行了定量的危害性分析，则那些故障影响概率 $\beta=1$ 的故障模式即为单点故障模式，所提供的单点故障清单需要同时注明故障影响的严重程度，对于既属于严重故障清单中又属于单点故障清单中的故障模式尤其应加以控制。

2. 工作要求

在实施 FMECA 的过程中，应注意以下问题：

（1）FMECA 工作应与产品的设计同步进行，尤其应在设计的早期阶段就开始进行 FMECA，这将有助于及时发现设计中的薄弱环节并为安排改进措施的先后顺序提供依据。

（2）应按照产品研制阶段的不同，进行不同程度、不同层次的 FMECA，即 FMECA 应及时反映设计、工艺上的变化，并随着研制阶段的展开而不断补充、完善和反复迭代。

（3）FMECA 工作应由产品设计人员完成，即贯彻“谁设计、谁分析”的原则，这是因为设计人员对自己设计的产品最为了解。

（4）FMECA 分析中应加强规范化工作，以保证产品 FMECA 的分析结果具有可比性，复杂系统的分析开始前，应统一制定 FMECA 的规范要求，结合系统特点，对 FMECA 中的分析约定层次、故障判据、严酷度与危害度定义、分析表格、故障率数据源和分析报告要求等均应做统一规定及必要说明。

（5）应对 FMECA 的结果进行跟踪与分析，以验证其正确性和改进措施的有效性，这种跟踪分析的过程，也是逐步积累 FMECA 工程经验的过程，一套完整的 FMECA 资料，是各方面经验的总结，是宝贵的工程财富，应不断积累并归档，以备查考。

（6）FMECA 虽然是有效的可靠性分析方法，但并非万能。它们不能代替其他可靠性分析工作。特别应注意，FMECA 一般是静态的单一因素分析方法，在多因素分析和动态分析方面还不完善，若对系统实施全面的分析，还应与其他分析方法相结合。

（7）有数据表明，大多数的现场故障发生在接口或系统集成上，因此在 FMECA 框图和分析过程中应该包括集成和接口的故障模式。

（8）FMECA 应与现场数据（经验教训）建立联系，这些数据是定义故障模式的重要依据。

（9）FMECA 表应该按规定完整的填写，包括设计改进措施、使用补偿措施及最终的风险评估，而不应该有任何缺漏。

5.2.5 应答器车载设备案例分析

应答器车载设备是应答器系统中的重要组成部分，它安装在列车上，负责激活应答器并接收处理应答器数据，同时将数据发送给列控车载设备，实现在地面设备和列车之间传输行车安全相关信息的功能。传输数据的正确性及准确性直接影响着列车的运行控制安全，因此，应答器设备在保障列车安全运行中起着至关重要的作用。应答器系统构成及接口如图5.2.4所示。

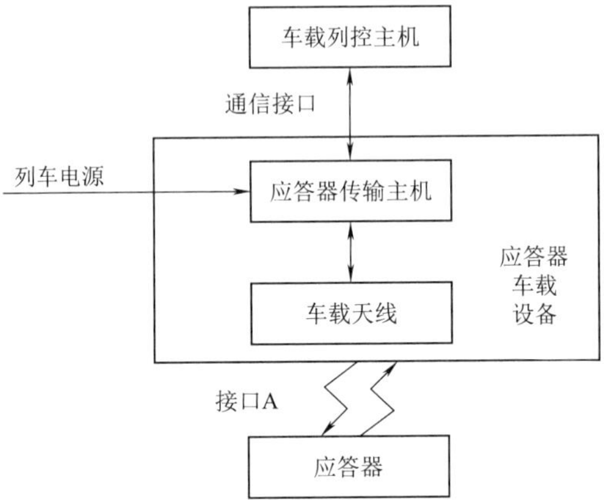

图5.2.4 应答器系统构成及接口示意

应答器车载设备安装在列车上，主要由应答器传输主机和应答器车载天线构成，通过车载天线向应答器发送功率波，并接收应答器信号，经过解调、解码处理后发送给列控车载设备，实现在地面设备和列车之间传输行车安全相关信息的功能。应答器车载设备的主要功能有：产生并发射功率波；探测应答器；上行信号解调、解码；物理性的串扰防护；应答器位置和经过应答器的时间计算；外部通信；系统故障自检。

在应答器车载设备系统初步设计工作结束后，根据设计方案的内容，对其进行潜在失效模式FMECA分析（表5.2.15），FMCEA方法是通过一系列的分析评价活动，来明确产品中的潜在失效模式以及该失效模式产生的后果，从而保证设计过程满足安全设计要求。采用FMECA分析方法可以保障应答器车载设备中与安全相关的功能的故障不会造成不期望的风险等级的发生。

表5.2.15 应答器车载设备设计的FMECA（部分安全相关功能）

安全相关功能	故障模式	失效原因	影响后果	故障发生频率	影响严重等级	风险等级	减轻措施
功率波产生	功率波产生失效	1. 阻抗匹配故障； 2. 谐波故障； 3. 功放控制故障； 4. 功率检测故障； 5. 功率波输出接口故障	无法检测应答器	C	2	R2	通过设计自检电路实时检测功率波

续上表

安全相关功能	故障模式	失效原因	影响后果	故障发生频率	影响严重等级	风险等级	减轻措施
解调功能	解调通道A/B失效	1. 鉴频器电路故障; 2. CDA/CDB 信号比较故障; 3. CDA/ CDB 到 CPLD 接口故障; 4. CDA/CDB 缓冲输出故障	无法检测应答器	C	1	R1	通过设计双CD信号比较
串扰防护	串扰防护失效	1. 功放管能够输出高功率且匹配电路参数漂移; 2. 带通滤波对上行信号的衰减减小; 3. 功率分配偏差	报文信息发生串扰	C	1	R1	1. 选用功放管最大输出功率不满足增强5 dB要求; 2. 选用精度高、温漂小的电容、电感

5.3 潜在通路分析

5.3.1 基本思想和原理

系统的功能由系统的单元、单元间联系和环境共同决定。系统发生故障时，既有可能是单元发生硬件故障，也可能是单元间联系出现故障。其中一种重要情况是，系统各组成单元均正常，但是系统中单元间联系构成了“潜在通路”，从而引起功能异常或抑制正常功能的实现。

潜在通路往往是设计者无意中设计进系统的一种潜在状态，是无预期的。潜在通路通常在系统所处的特定条件下出现，表现为意外路径或意外逻辑流，这种路径或逻辑流可能是由硬件、软件、操作员的动作或者这些因素组合造成的。潜在通路的出现可能会给系统设备乃至人身造成巨大的危害。

潜在通路分析（Sneak Circuit Analysis，SCA）技术是目前规范、系统地识别大型复杂系统的全部潜在通路的唯一有效方法，潜在通路产生的根本原因是设计人员的有限能力无法充分应对现代工程系统的复杂性，由于在产品设计过程中对潜在的激励条件或激励响应间的复杂因果关系认识不足，导致设计者容易主观上忽略了这种状态。随着产品复杂性的增加，这种矛盾会呈级数增长，此外，需要注意潜在通路本身虽与元器件/零部件的故障无关，但一旦发生元器件/零部件故障，则可能激活更多的潜在通路状态。

导致潜在通路的一些常见的直接原因包括以下几方面：

（1）分系统设计人员对产品整体设计缺乏全面深入的认识，对如何适当地连接分系统缺乏全面的考虑。

（2）对设计评审后所做的更改将会给产品带来的影响未进行充分的审查。

（3）操作人员差错。

潜在通路的主要表现形式如下：

（1）潜在路径——引起电路、逻辑流或控制信号沿着意外的路径或意外的方向流动的路径，它导致出现非期望功能或屏蔽预期功能。

（2）潜在时序——在非期望的时刻导致出现非期望功能或屏蔽预期功能。也可以说，它是具有时序性的潜在通路。

（3）潜在指示——引起对系统工作状态指示不明确或错误的理解。它可以导致操作员不正确的操作。

（4）潜在标志——引起系统功能错误的或不准确的理解的标志。它可以导致操作员向系统施加错误的激励。

5.3.2 分析的基本过程

潜在通路分析包括两个基本原理：一是划分原理，目的是化整为零，减少单次分析规模；二是结构功能相似原理，目的是举一反三，降低单次分析的工作量。

（1）划分原理

潜在通路产生的根本原因是人的认知能力与产品的庞大规模和复杂性的差距。系统划分的目的是将一个需要全面认识和深入分析时的大系统分割成较小部分以便分析，因此对解决潜在通路问题具有重大意义。系统可以视为由单元和通路组成的网络，即各个单元均由通路（某种实体的接口或逻辑通道代表单元间联系）连接。系统划分需要将网络逐级划分为功能和结构相对简单的模式，直至人们易于识别的拓扑形式。划分原理的唯一前提是不可丢失可能的通路模式。

以电路系统为例，采取的做法是将电网络图中各级供电母线、各级返回母线作为划分点将系统分成许多单独的、相互不连通的小块电路，这些小块电路之间可以通过划分点重新恢复原系统。在 SCA 技术中将这样的小块电路称为“网络树”，每棵网络树都是电气上相互连通的最小功能电路。如果按“电源供电点画在页面的上方，供电返回画在页面的下方”这样的绘图规则将网络树绘制出来，则它就是简明地表达系统功能和各部件相互连接关系的且易于进行拓扑识别的电路图。

掌握这些网络树的所有功能特性是容易且可行的。一个复杂的系统，就变为首先分析单棵网络树所具有的功能特性，然后将与之有关的其他网络树进行组合分析，进而掌握整个系统所有可能的功能行为。

（2）结构功能相似原理

结构功能相似原理是划分原理的重要补充，即系统划分到什么程度是合适的。如果进行任意的分解，则会得到很多不同类型的网络树，依然无法有效地展开分析。实践表明，在系统中存在相似原理，即结构类似的产品表现出类似的行为（功能）。因此，可以定义最低层次的基本网络树，只要识别这些基本网络树可能的功能行为（含潜在行为）后，就有助于识别出复杂系统的所有功能行为，进而得到潜在通路。以电路系统为例，所有的电路都可归纳为 5 种基本的拓扑模式（也称为拓扑树），这 5 种电路拓扑模式如图 5.3.1 所示，它们分别是直线型、电源拱型、接地拱型、组合拱型及“H”形。

针对这些基本拓扑结构，大部分的分析工作就是回答有关是否发生非期望行为或抑制期望行为的提示性问题，这些问题构成了潜在电路分析的线索表，可为分析人员提供一把理解复杂系统电路行为的“钥匙”，扩展他们对电路行为理解的深度和全面性，提高他们对潜在问题的敏感程度。这些线索一般来自对设计准则、设计经验及潜在电路案例的提炼。

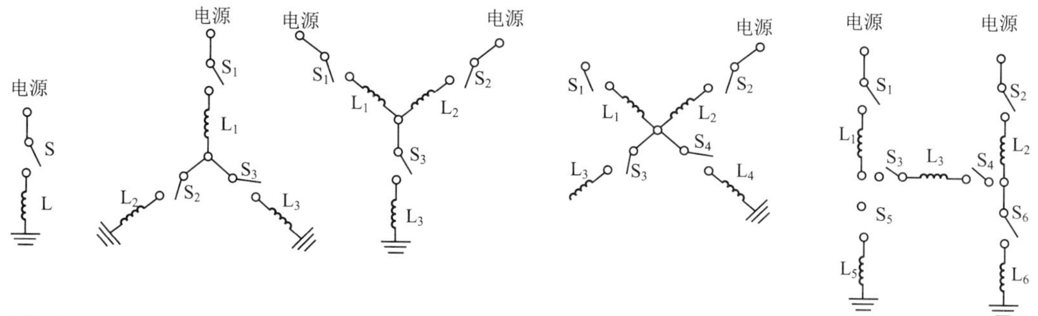

（a）直线型 （b）电源拱型 （c）接地拱型 （d）组合拱型 （e）“H”形

图 5.3.1 5 种基本拓扑模式

5 种基本拓扑树都有各自对应的线索表，最简单的直线型拓扑的线索见表 5.3.1，其他型拓扑的线索表比这复杂得多，特别是“H”形拓扑。“H”形拓扑的网络树可能存在 100 条以上的通路，目前所辨识出来的潜在通路中，有一半以上是由“H”形拓扑网络产生的。各个线索表也将随着技术的发展而不断地增加和完善。

表 5.3.1 直线型拓扑的线索表

序号	线 索
1	需要负载 L_1 时，开关 S_1 断开
2	不需要负载 L_1 时，开关 S_1 闭合
3	L_1 和 S_1 的标志不能正确地反映它们的功能
4	L_1 是一个不正确的指示，如 L_1 可能指示“S1 断开”
5	需要负载 L_1 时，电路连接错误
6	需要负载 L_1 时，电源连接错误
7	负载 L_1 没有任何作用
8	开关 S_1 无用
9	负载 L_1 控制开关 S_1（L_1 是继电器绕组，而 S_1 是继电器触点）
10	负载 L_1 在电路中发挥了两次作用，而设计只要求一次

潜在通路分析方法有两种：基于网络树生成和拓扑模式识别的分析方法以及基于功能节点识别和路径追踪的分析方法。下面将以电路系统为例进行说明。

（1）基于网络树生成和拓扑模式识别的分析方法

此方法的基本分析过程是：首先对系统进行适当的划分以及结构上的简化，生成网络树，然后识别网络树中所有的拓扑模式构成。最后，结合线索表对网络树进行分析，识别出系统中存在的所有潜在状态。

此分析方法是传统的分析方法，可以满足对系统进行全面、彻底分析的要求，但它对分析人员在专业知识和设计经验方面的要求较高，同时分析工作量大，因而它更适用于对可靠性与安全性要求很高的关键系统。

（2）基于功能节点识别和路径追踪的分析方法

潜在通路分析也可以在对复杂系统进行划分和简化的基础上，通过关键功能节点的识别和功能节点间因果路径的追踪，结合线索表进行分析。系统中的功能节点可划分为源和目标两类。功能路径是指为完成系统的某项特定功能，系统内电流或逻辑信号在功能节点间的传输路径。对于功能路径的识别是针对特定的源和目标进行的。

此方法的基本分析过程是：首先对复杂系统进行划分和简化，然后识别出系统中的功能节点，追踪出功能路径，最后结合线索表进行路径分析。

此方法本质上也是基于拓扑模式识别，它对“基于网络树生成的拓扑模式识别分析方法”的实施过程进行了简化，即通过只分析指定源和目标之间路径，以及这些路径间的组合，来达到识别潜在路径的目的。此方法的局限性是：一方面，在于单条路径很难揭示出它在系统中的实际作用，而对于规模稍大的产品，其路径组合太多，对分析人员来说，很难承受其分析的工作量；另一方面，由于此方法只关注路径，因而不具有揭示所有潜在问题的能力，不能满足对系统进行全面、彻底分析的要求。但由于以该方法为思想开发的辅助软件能通过路径追踪自动识别出产品中的“H”形拓扑结构，因而在实际工程中也得到了一定程度的应用。

复习思考题

1. 故障模式频数比的物理意义是什么？
2. 什么是潜在通路？其特点是什么？

6　故障预防与可靠性设计

6.1　概　　述

故障是产品不能执行规定功能的状态。当分析确定产品可能发生故障的薄弱环节后，需要根据产品故障发生的规律采取针对性的设计措施进行故障预防控制。系统的故障由其元素、结构、环境共同决定。由于在产品研制过程中，产品可以划分为“系统级”与“单元级”两层，因此可将导致产品“故障”发生的3个要素映射为单元元间的相互联系（即结构）以及环境。

故障预防与控制的方法可以分为3类，即单元级的故障预防、系统级的故障预防以及环境影响最小化，目前，能够提高产品可靠性的故障预防控制方法较多，本书将介绍工程中常用且效果显著的方法。在单元级的故障预防方面，可靠性设计的核心是防止故障点的发生，依据对故障规律的掌握程度，可以开展两类故障预防技术：单元裕度的加强设计和针对故障的局部优化设计。针对尚未完全掌握规律的故障或者缺乏预防技术的故障，可采用单元裕度加强设计，主要方式是降低单元工作时的实际应力（如电子产品的降额设计、机械产品的裕度设计等）或者提高单元的品质（如元器件、零部件、原材料的优选与控制）。对于已完全掌握的故障规律（且没有技术障碍），则可针对其关键影响因素，对已有设计方案进行局部优化设计。

在系统级的故障预防方面，首先剖析其故障的原因，分为两类：系统的组成单元故障造成系统故障；系统的组成单元正常，但是单元间的相互影响造成了系统的故障。复杂产品不同层次单元间的联系更加复杂，很难完全认知其故障规律。由于对其规律认识不够，很多故障表现出随机性或模糊性，无法开展有针对性的故障预防设计。系统级的故障预防的核心是研究系统故障与单元状态之间的关系，然后根据不同的规律采取相应的措施。针对由单元故障所导致的系统故障，其规律相对清晰，主要是防止单元故障传播而造成系统故障，常采用的技术包括冗余设计、容错设计等，而针对那些单元间的相互影响所造成的系统故障，主要是预防一个或多个单元可接受的变化在一定条件下经单元间联系转化为系统不可接受的改变，从而造成系统的故障。目前对该类累积型故障，部分产品可以采用稳健性设计来防止单元参数偏差引起系统故障，但对大多数产品来说，更主要的是贯彻可靠性设计思想或准则预防系统级的故障。这些准则来源于长期的可靠性工作实践，主要通过两种方式应用这些可靠性准则，即正向的可靠性准则选用贯彻以及逆向的可靠性准则检查，后者可以确定可靠性准则的应用情况，并进一步改进设计中存在的问题。

在环境影响最小化方面，在对产品进行层次化划分后，与某一系统级对象具有紧密联系的周围事物构成该系统级对象具有实际意义的环境。这里的环境通常具有相对性，如产品预期使用的外界环境构成产品整机的环境，而产品内部的环境往往局限在产品整机的内部。环境影响是系统发生故障的外因，通过研究环境载荷和从外至内的传播规律以及它们对故障的影响，即可开展相应的环境影响最小化设计，从而降低故障发生的概率。主要应用的技术手段包括环境载荷确定与分析以及耐环境影响设计。

故障的发生是由单元、单元间联系以及环境 3 个因素交互作用造成的，因此从这 3 个要素出发的故障防控方法也存在一定的交叉性，在选用时要注意方法间的协同效应。

6.2 降额和裕度设计

6.2.1 基本思想和原理

当产品工作应力超过额定应力时，很可能引起故障，导致可靠性水平不高。通过提高产品的额定应力或者降低其工作应力，使产品的工作应力与额定应力之间存在一定的安全裕度，从而提高其可靠性水平。

对于电子产品，影响元器件可靠性的主要因素为电应力和温度应力等，通过降额设计可以使元器件电流、电压或温度等关键参数以一定的比例（降额因子）低于其额定值。对于机械产品，基于应力强度干涉理论，采用裕度设计方法可以有效地保证其许用强度以一定的比例（安全系数）大于内部应力。本节将重点介绍降额设计与裕度设计方法。这类设计方法还可以推广到其他领域，需要根据本领域的特点来选择相应的工作应力。

6.2.2 降额设计

降额等级的划分见表 6.2.1。

表 6.2.1 降额等级的划分

情况	降额等级		
	Ⅰ级	Ⅱ级	Ⅲ级
降额程度	最大	中等	最小
使用可靠性改善	最大	适中	较小
适用情况	设备故障导致人员伤亡或装备与保障设备的严重损坏	设备故障引起装备与保障设备损坏	设备故障不会造成人员伤亡和设备的破坏
	对设备有高可靠性要求	对设备有高可靠性求	
	采用新技术、新工艺设计	采用某些专门设计	采用成熟的标准设计
	故障设备无法或不宜维修	故障设备的维修费用较高	故障设备可迅速、经济地进行修复
	设备内部结构紧凑、散热差		
降额设计的实现	较难	一般	容易
降额增加费用	略高	中等	较低

电子产品的故障对其电应力和温度应力比较敏感，所以电子产品的降额设计就是使元器件或设备所承受的电应力和温度应力适当地低于其额定值，从而达到降低基本故障率、提高使用可靠性的目的。电子产品降额设计的主要步骤如下：

（1）确定降额准则

降额准则是降额设计的依据。由于国内元器件质量与国外元器件有一定的差距，因此对于国产电子元器件一般采用国内推荐标准进行降额设计，国外元器件的降额建议采用国外推荐的降额指南进行。

（2）确定降额等级

降额等级表示元器件的降额程度。通常元器件有一个最佳的降额范围，在此范围内，元器件工作应力的降额对其故障率的下降有显著的改善，易于实现且不会增加太多成本。国内推荐标准中在最佳降额范围内推荐使用 3 个降额等级。推荐的降额等级及其适用情况见表 6. 2. 1。

（3）确定降额参数

降额参数是指对降低元器件故障率有关的元器件参数（电压、电流、功率等）和环境应力（温度）参数。降额参数是由元器件的工作故障率模型确定的，各种元器件的降额参数并不都一样，通常为 3 ~7 项。表 6. 2. 2 给出了部分国产元器件降额参数及降额因子。一般要求元器件的降额应满足某降额等级下各项降额参数的降额量值的要求，在不能同时满足时，应尽量保证对故障率下降起关键影响的元器件参数的降额量值。

表 6. 2. 2　部分国产元器件降额参数及降额因子

<table>
<tr><th colspan="3" rowspan="2">元器件种类</th><th rowspan="2">降额参数</th><th colspan="3">降额等级</th></tr>
<tr><th>Ⅰ</th><th>Ⅱ</th><th>Ⅲ</th></tr>
<tr><td rowspan="21">集成电路</td><td rowspan="20">模拟电路</td><td rowspan="5">放大器</td><td>电源电压（V）</td><td>0. 70</td><td>0. 80</td><td>0. 80</td></tr>
<tr><td>输入电压（V）</td><td>0. 60</td><td>0. 70</td><td>0. 70</td></tr>
<tr><td>输出电流（A）</td><td>0. 70</td><td>0. 80</td><td>0. 80</td></tr>
<tr><td>功率（W）</td><td>0. 70</td><td>0. 75</td><td>0. 80</td></tr>
<tr><td>最高结温（℃）</td><td>80</td><td>95</td><td>105</td></tr>
<tr><td rowspan="5">比较器</td><td>电源电压（V）</td><td>0. 70</td><td>0. 80</td><td>0. 80</td></tr>
<tr><td>输入电压（V）</td><td>0. 70</td><td>0. 80</td><td>0. 80</td></tr>
<tr><td>输出电流（A）</td><td>0. 70</td><td>0. 80</td><td>0. 80</td></tr>
<tr><td>功率（W）</td><td>0. 70</td><td>0. 75</td><td>0. 80</td></tr>
<tr><td>最高结温（℃）</td><td>80</td><td>95</td><td>105</td></tr>
<tr><td rowspan="6">电压调整器</td><td>电源电压（V）</td><td>0. 70</td><td>0. 80</td><td>0. 80</td></tr>
<tr><td>输入电压（V）</td><td>0. 70</td><td>0. 80</td><td>0. 80</td></tr>
<tr><td>输入输出电压差（V）</td><td>0. 70</td><td>0. 80</td><td>0. 85</td></tr>
<tr><td>输出电流（A）</td><td>0. 70</td><td>0. 75</td><td>0. 80</td></tr>
<tr><td>功率（W）</td><td>0. 70</td><td>0. 75</td><td>0. 80</td></tr>
<tr><td>最高结温（℃）</td><td>80</td><td>95</td><td>100</td></tr>
<tr><td rowspan="5">模拟开关</td><td>电源电压（V）</td><td>0. 70</td><td>0. 80</td><td>0. 85</td></tr>
<tr><td>输入电压（V）</td><td>0. 80</td><td>0. 85</td><td>0. 90</td></tr>
<tr><td>输出电流（A）</td><td>0. 75</td><td>0. 80</td><td>0. 85</td></tr>
<tr><td>功率（W）</td><td>0. 70</td><td>0. 75</td><td>0. 80</td></tr>
<tr><td>数字电路</td><td>最高结温（℃）</td><td>80</td><td>95</td><td>105</td></tr>
</table>

续上表

元器件种类			降额参数		降额等级 I	降额等级 Ⅱ	降额等级 Ⅲ
集成电路	数字电路	双极型电路	频率（Hz）		0.80	0.90	0.90
			输出电流（A）		0.80	0.90	0.90
			最高结温（℃）		85	100	115
		MOS 型电路	电源电压（V）		0.70	0.80	0.80
			输出电流（A）		0.80	0.90	0.90
			功率（W）		0.80	0.80	0.90
			最高结温（℃）		85	100	115
	混合集成电路		厚膜功率密度/（$W\cdot cm^{-2}$）		7.5		
			薄膜功率密度/（$W\cdot cm^{-2}$）		6.0		
			最高结温（℃）		85	100	115
	大规模集成电路		最高结温（℃）		改进散热方式以降低结温		
分立半导体器件	晶体管		反向电压（V）	一般晶体管	0.60	0.70	0.80
				功率 MOSFET 的提源电压	0.50	0.60	0.70
			电流（A）		0.60	0.70	0.80
			功率（W）		0.50	0.65	0.75
			功率管安全工作区	集电极－发射极电压（V）	0.70	0.80	0.90
				集电极最大允许电流（A）	0.60	0.70	0.80
			最高结温 T_{jm}（℃）	200	115	140	160
				175	100	125	145
				≤150	$T_{jm}-65$	$T_{jm}-40$	$T_{jm}-20$
	微波二极管		最高结温（℃）		同二极管		
	基准二极管						
	晶闸管		电压（V）		0.60	0.70	0.80
			电流（A）		0.50	0.65	0.80
			最高结温 T_{jm}（℃）	200	115	140	160
				175	100	125	145
				≤150	$T_{jm}-60$	$T_{jm}-40$	$T_{jm}-20$
	半导体充电器件		电压（V）		0.60	0.70	0.80
			电流（A）		0.50	0.65	0.80
	半导体充电器件		最高结温 T_{jm}（℃）	200	115	140	160
				175	100	125	145
				≤150	$T_{jm}-60$	$T_{jm}-40$	$T_{jm}-20$
固定电阻器	合成型电阻器		电压（V）		0.75	0.75	0.75
			功率（W）		0.50	0.60	0.70
			环境温度（℃）		按元件负荷特性曲线降额		

续上表

<table>
<tr><th colspan="2" rowspan="2">元器件种类</th><th colspan="2" rowspan="2">降额参数</th><th colspan="3">降额等级</th></tr>
<tr><th>Ⅰ</th><th>Ⅱ</th><th>Ⅲ</th></tr>
<tr><td rowspan="10">固定电阻器</td><td rowspan="3">薄膜型电阻器</td><td colspan="2">电压（V）</td><td>0.75</td><td>0.75</td><td>0.75</td></tr>
<tr><td colspan="2">功率（W）</td><td>0.50</td><td>0.60</td><td>0.70</td></tr>
<tr><td colspan="2">环境温度（℃）</td><td colspan="3">按元件负荷特性曲线降额</td></tr>
<tr><td rowspan="3">电阻网络</td><td colspan="2">电压（V）</td><td>0.75</td><td>0.75</td><td>0.75</td></tr>
<tr><td colspan="2">功率（W）</td><td>0.50</td><td>0.60</td><td>0.70</td></tr>
<tr><td colspan="2">环境温度（℃）</td><td colspan="3">按元件负荷特性曲线降额</td></tr>
<tr><td rowspan="4">线绕电阻</td><td colspan="2">电压（V）</td><td>0.75</td><td>0.75</td><td>0.75</td></tr>
<tr><td rowspan="2">功率（W）</td><td>精密型</td><td>0.25</td><td>0.45</td><td>0.60</td></tr>
<tr><td>功率型</td><td>0.50</td><td>0.60</td><td>0.70</td></tr>
<tr><td colspan="2">环境温度（℃）</td><td colspan="3">按元件负荷特性曲线降额</td></tr>
</table>

（4）确定降额因子

降额因子是指元器件工作应力与额定应力之比。降额因子一般小于1，若等于1，则没有降额。降额因子的选取有一个最佳范围，一般应力比为0.5～0.9。在这个范围内，基本故障率下降很多，一旦超出这个范围，元器件故障率的下降很小。表6.1.2给出了部分国产元器件的针对3类降额等级的降额因子。

（5）进行降额分析与计算

进行降额分析与计算的步骤如下：

①根据设备应用的范围确定所选用元器件的降额等级。

②按照型号规定的降额等级，明确元器件的降额参数和降额量值。

③利用电/热应力分析计算或测试来获得温度值和电应力值。

④按有关规范或元器件手册的数据，获得元器件的额定值，再考虑降额系数，获得元器件降额后的允许值。

⑤将上述第③、④步中两值进行比较，就可知每项元器件是否达到降额要求。

若未达到元器件降额的要求，则应更改设计，采用额定值更大的元器件或设法降低元器件的使用应力值。

因受条件限制，降额后仍未达到降额要求的个别元器件，经分析研究和履行有关审批手续后，方可允许暂时保留使用。

6.2.3 裕度设计

在机械可靠性设计领域，为保证结构的安全可靠，在设计中引入一个大于1的安全系数，以试图保障机械零件不发生故障，这种设计方法就是裕度设计方法，通常也被称为安全系数法。安全系数法直观、易懂，使用方便，所以至今仍被广泛采用。本书介绍两种常用的安全系数法：中心安全系数法和可靠性安全系数法。

1. 中心安全系数法

中心安全系数n_m定义为：结构材料强度极限的样本均值与危险截面应力样本均值的比值，即

$$n_m = \frac{\mu_r}{\mu_s}$$

式中 μ_r——结构材料强度极限的样本均值，MPa；

μ_s——危险截面应力样本均值，MPa。

中心安全系数 n_m 没有定量地考虑应力与强度的分散性。当应力与强度的分散性较强时，中心安全系数就不能反映客观的情况，即使 n_m 足够大，其可靠度也可能较低。

2. 可靠性安全系数法

可靠性安全系数 n_R 定义为：指定可靠度 R_r 对应的构件材料强度下限值 r_{min} 与可靠度为 R_s 下应力的上限值 s_{max} 的比值，即

$$n_R = \frac{r_{min}}{s_{max}}$$

对于静强度下的结构，考虑参数的随机不确定性，假设应力和强度服从正态分布，则有

$$n_R = \frac{1 - \Phi^{-1}(R_r)C_r}{1 + \Phi^{-1}(R_s)C_s} n_m$$

$$C_r = \frac{\sigma_r}{\mu_r}$$

$$C_s = \frac{\sigma_s}{\mu_s}$$

式中 C_r——强度变异系数；

σ_r——结构材料强度极限的样本方差，MPa；

μ_r——结构材料强度极限的样本均值，MPa；

C_s——应力变异系数；

σ_s——危险截面应力样本方差，MPa；

μ_s——危险截面应力样本均值，MPa；

$\Phi(X)$——标准正态分布的分布函数。

R_s、R_r 的选取，可根据设计要求、零件的服役状况、材料质量的优劣和经济性等来决定，如材料的质量好些或构件的尺寸控制放宽些，强度的可靠度 R_r 就可取得小些，相应的 n_R 会增大。

通常一般机械结构设计规范取 $R_s = 0.99$，$R_r = 0.95$，相应有

$$n_R = \frac{1 - 1.645C_r}{1 + 2.326C_s} n_m$$

可靠性安全系数法同时考虑了材料强度与载荷（应力）的分布特性，将 R_s、R_r 的选取与对应材料的强度试验和实测载荷的要求联系起来。与常规安全系数法相比，更能接近实际情况地保证结构的安全，并且同样具有工程应用简单实用的优点。

6.3 环境防护设计

6.3.1 基本思想和原理

产品故障是由单元、单元间联系以及环境共同决定的。这里的环境是指在产品之外，对产品执行功能具有影响的一切外部要素的总和。提及产品环境，最直接的理解是指自

然环境，但产品使用产生影响的环境要素还有很多，如电磁环境、机械环境、生物环境、辐射环境等。根据统计表明，由于环境问题所导致的产品故障的比例很高，而且其后果非常严重。

环境对产品的影响主要通过各类环境载荷的形式发生作用，如温度、湿度、盐雾、振动、电磁场等。产品从生产包装、运输、装卸、储存直至现场的使用与保障阶段，所经历的各类环境载荷的集合，称为环境条件。其中，对产品可靠性与寿命影响最大的环境载荷一般来源于使用与保障阶段。

环境防护设计的目的是识别相应的环境载荷及其特性，开展针对性设计，以确保产品在预期的使用环境中执行预定的功能且不被破坏。由于各类产品部署的地域、使用条件差异巨大，其所经受的外部环境千差万别，敏感环境因素也不相同。因此，环境防护设计所采取的措施也会因产品的对象不同而有所差异。

环境防护设计可从 3 个方面加以考虑，即认识环境、控制环境和适应环境。认识环境是指准确识别产品寿命周期经历的环境载荷；控制环境是指在条件允许时，可以为产品创造良好的工作环境条件（对于单元级产品来讲就是其局部工作环境）；适应环境是指当无法对环境条件控制时，则提高产品自身耐环境的能力。现阶段大部分环境防护设计仍以经验类为主，依据面向不同环境载荷的设计准则进行。

此外，为使环境防护设计更具针对性，开展环境防护设计前应进行环境影响因素试验，以确定设备敏感的环境因素，包括单一环境影响因素作用下的性能稳定性试验和综合环境因素作用下的综合性试验。

环境防护设计的基本步骤如下：

（1）根据产品的寿命剖面确定从生产制造直到退役报废所经历的环境（重点是产品的工作环境），并定义产品在各环境条件的敏感应力。

（2）评估这种环境条件下产品的零部件、元器件及材料的性能，如果这种能力不能满足产品的可靠性要求或处于临界状态，则采取环境防护措施。

（3）根据敏感载荷应力选取环境防护准则及措施。

（4）分析该措施对产品其他部分及整体是否具有不良影响。

主要环境载荷的影响及其典型的故障模式和复合环境载荷的相互作用分别见表 6. 3. 1 和表 6. 3. 2。

表 6. 3. 1　主要环境载荷的影响及其典型的故障模式

环境载荷	主要影响	典型故障模式
高温	热老化	绝缘失效
	金属氧化	触点接触电流增大，金属材料表面电阻增大
	结构变化	橡胶、塑料裂纹和膨胀
	设备过热	元器件损坏，着火，低熔点焊锡缝开裂，焊点脱开
	黏度下降、蒸发	丧失润滑能力
低温	增大黏度和浓度	增大黏度和浓度
	结冰	电气机械性能变化
	脆化	结构强度减弱，电缆损坏，蜡变硬，橡胶变脆

续上表

环境载荷	主要影响	典型故障模式
低温	物理收缩	结构失效，增大活动件的磨损，衬垫、密封垫弹性消失，引起泄漏
	元器件性能改变	铝电解电容器损坏。石英晶体不振荡，电池容量降低
高湿度	吸收湿气	物理性能下降，电强度降低，电介常数增大
	碘化反应	机械强度下降
	锈蚀/电解	影响功能，电气性能下降，增大地缘体的导电性
干燥	干裂	机械强度下降
	脆化	结构失效
	粒化	电气性能变化
低气压	膨胀	容器破裂，爆裂膨胀
	漏气	电气性能变化，机械强度下降
	空气绝缘强度下降	绝缘击穿，跳弧
	散热不良	设备温度增高
沙尘	沙尘	增大磨损，机城卡死，轴承损坏
	堵塞	过滤器阻塞，影响功能，电气性能变化
	静电荷增大	产生电噪声
	吸附水分	降低材料的绝缘性能
盐雾	化学反应	增大磨损，机械强度下降，电气性能变化
	锈蚀和腐蚀	绝缘材料腐蚀
	电解	产生电化腐蚀，结构强度减弱
霉菌	霉菌吞噬和繁殖	有机材料强度降低、部分受阻塞
	吸附水分	导致其他形式的腐蚀，如电化腐蚀
	分泌腐蚀液体	光学透镜表面薄膜受蚀，金属腐蚀和氧化
风	力作用	结构失效，机械强度下降
	材料沉积	机械影响和堵塞，加速磨损
	热量损失（低速风）	加强低温影响
	热量增大（高速风）	加速高温影响
雨	物理应力	结构失效，头锥、整流罩淋雨侵蚀
	浸渍	增大失热量，电气失效，结构强度下降
	锈蚀	破坏表面镀层，结构强度下降，表面特性下降
	腐蚀	加速化学反应
温度冲击	机械应力	结构失效和强度下降，密封破坏，元器件封装损坏
臭氧	化学反应	加速氧化
	破裂、裂纹	电气或机械性能发生变化
	脆化	机械强度下降
	粒化	影响功能

续上表

环境载荷	主要影响	典型故障模式
臭氧	空气绝缘强度下降	绝缘性下降，发生跳弧现象
振动	机械应力、疲劳	晶体管外引线、金属构件破裂、变形，结构失效
	电路中产生噪声	连接器、继电器、开关的瞬间断开，电子插件性能下降，陀螺漂移增大，甚至出现故障，加速度表精度降低，输出脉冲数超过预定要求，黏层、键合点脱开，电路瞬间短路、断路
冲击	机械应力	结构失效，机件断裂或折断，电子设备瞬间短路
噪声	低频影响与振动相同，高频影响设备元器件的谐振	电子管、波导管、调速管、磁控管、压电元件、薄壁上的继电器、传感器活门、开关、扁平的旋转天线等均受影响，结构可能失效
真空	有机材料分解、蜕变、放气、蒸发、冷焊	放气、蒸发污染光学玻璃，轴承、齿轮等活动金属部件磨损加快，两种金属表面黏合在一起，形成冷焊
加速度	机械应力	结构变形和载荷
	液压增加	漏液
高压	机械应力	结构失效，密封破裂
爆破环境	严重机械应力	破裂，结构损坏
离能粒子辐射	电离损伤、位移损伤、单粒子翻转	电离损伤导致的半导体器件失效，位移损伤会破坏材料特性，使材料基本物理参数发生变化，直至失效，单粒子翻转可能导致电路状态发生翻转，导致逻辑功能错乱
电路脉冲	产生瞬变的高电压	电路功能故障或烧毁电路
静电放电	介质击穿、大电流或局部过热	MOS 结构短路，参数退化，半导体器件反向电流增加，击穿电压降低，薄膜电阻器发生电阻漂移，场效应结构工作性能退化

表 6.3.2 复合环境载荷的相互作用

高温和湿度： 高温将提高湿气浸透速度，高温提高湿度的锈蚀影响	高温和低压： 当压力降低时，材料的放气现象增强，温度升高，放气速度增大。因此，这两种因素起相互强化的作用	高温和盐雾： 高温将加快盐雾所造成的锈蚀的速度
高温和太阳辐射： 增大对有机材料的影响	高温和霉化： 使霉化，微生物生长需要一定的高温、但温度在 71 ℃以上，霉化和微生物不能发展	高温和沙尘： 沙尘的磨蚀作用由于高温而加速
高温和臭氧： 温度从约 150 ℃开始，臭氧减少，在约 270 ℃以上，通常压力下，臭氧不能存在	高温和冲击振动： 这两种因素互相强化对方的影响，塑料和聚合物要比金属更加易受这种综合条件的影响	高温和爆炸空气： 温度对爆炸空气的点燃影响较小，但作为一种重要的因素，对空气-水蒸气比则有影响

续上表

低温和低压： 会加速密封等的漏气	低温和太阳辐射： 低温将减少太阳辐射的影响。反之亦然	低温和盐雾： 低温可以减少盐雾的侵蚀速度
低温和湿度： 湿度随温度的降低面减少。但低温会造成湿气冷凝，如果温度更低，还会出现霜冻和结冰现象	低温和沙尘： 低温可以增大砂粒的浸透性	低温和霉化： 低温可以减少霉化作用。在 0 ℃下，霉化现象呈不活动状态
低温和臭氧： 在较低温度下，臭氧影响减少，但随着温度的降低，臭氧的浓度增大	低温和冲击振动： 低温会强化冲击和振动影响，但是，这只是在非常低温度下的一种考虑	低温和爆炸空气： 低温对爆炸空气的影响极小，但是它对作为一种重要因素的空气-水蒸气比则有影响
湿度和霉化： 湿度有助于霉化和微生物的生长，但对他们的影响是促进作用	湿度和低压： 湿度可以增大低压影响，特别对电子或电气设备更是如此，影响的程度取决于温度	湿度和盐雾： 高湿度可以冲淡盐雾浓度，但它对盐的侵蚀作用没有影响
湿度和振动： 将加速电气材料的分解速度	湿度和沙尘： 沙尘对水具有自然的耐着性，因而这种综合可增大腐蚀作用	湿度和太阳辐射： 湿度可以增大太阳辐射对有机材料的侵蚀影响
低压和振动： 对所有的设备都会强化影响的作用，电子和电气设备的影响最为明显	低压和加速度： 在高温环境，这种综合才会显示出重要影响，增加机械应力，导致结构变形	盐雾和沙尘： 这种综合可增大磨蚀作用
盐雾和振动： 这将加速电气材料的分解速度	沙尘和振动： 振动有可能增大沙尘的磨损效应	加速度和振动： 在高温和低气压下，这种综合会增大各种影响

6.3.2 典型环境防护设计方法

1. 防潮湿/盐雾/霉菌设计

在海洋、近海或其他湿热环境使用的各类产品，往往会出现比较严重的腐蚀现象，其主要原因是自然环境中包括的几类环境载荷的综合作用，如潮湿、盐雾、霉菌等。为此，需开展针对性的环境防护设计，即防潮湿、防盐雾、防霉菌设计。由于三类环境载荷通常彼此依存且造成的后果类似，有时还可采取一些综合性措施共同预防（如选用某些三防漆），因此常被一起提及，称为三防设计。面对潮湿、盐雾、霉菌等环境载荷，既可对每类载荷单独采取防护措施（包括措施的综合应用），也可采取综合性的三防设计措施。

（1）潮湿/盐雾/霉菌等单类载荷防护措施

①防潮湿措施

a. 采取具有防水、防霉、防锈蚀的材料，并采用圆形边缘，以使保护涂层均匀。

b. 提供排水疏流系统或除湿装置，消除湿气聚集物。

c. 采取干燥装置吸收湿气。

d. 采用密封垫等密封器件。

e. 应用保护涂层以防锈蚀。

f. 憎水处理，以降低产品的吸水性或改变其亲水性能。

g. 浸渍，用高强度和绝缘性能好的涂料来填充某些绝缘材料。

h. 灌注和灌封，用环氧树脂、蜡类、沥青、不饱和聚酯树脂、硅橡胶等，加热熔化后注入元器件本身或元器件与外壳的空间、引线孔的孔隙，冷却后自行固化封闭。

②防盐雾措施

a. 采用非金属材料等耐盐雾材料（如塑料）。

b. 如有可能，在接触处采用相同金属材料。

c. 采用在金属表面与液体表面之间涂油漆、防腐之类的阻挡层，减少阳、阴极电位差，以及采用不同金属之间绝缘等手段防止电化学腐蚀。

d. 在“允许电偶”内选择金属，防止出现电偶腐蚀。

e. 采用退火或用喷丸强化的方法，降低金属或合金对于应力腐蚀裂纹或残余应力的敏感性，防止应力腐蚀。

f. 采用在金属表面上涂覆防护层、在重叠区（如紧固件周围）加密封材料等手段防止晶间腐蚀。

③防霉菌措施

a. 选择不长霉的材料。

b. 采用防霉剂处理零部件或设备。

c. 设备、部件密封，并且放进干燥剂，保持内部空气干燥。

d. 在密封前，材料用足够强度的紫外线辐照，防止和抑杀霉菌。

（2）三防设计

综合性的三防设计主要用于暴露在自然环境中的产品壳体或结构件上。当由于产品上总是存在有缝隙或自然环境比较恶劣时，产品内的某些局部也应采取“三防”设计（主要通过三防漆，详见下文）。三防设计中，一般需先建立环境类型并给出针对性的防护等级标准，从而明确三防设计需求。一个推荐的环境类型及防护等级分类说明见表6.3.3。

表6.3.3 环境类型及防护等级分类

环境类型	环境类型说明	防护等级	
		民用	非民用
A类	温湿度受控的室内或被密封的有限空间内	A	二级
B类	不受控的环境，偶尔会R.H100%，如仓库、地下室、户外简单遮蔽等	B	一级
C类	恶劣环境，如海上舰船、岛屿或距离海岸，盐碱地3.7 km；冶炼，化工，皮革厂1~3 km受有害物质（酸、碱、盐、SO_2、H_2S等）侵蚀	C	一级

确定了产品的三防设计需求后，首先应根据结构件表面类型划分结构件类别，确定三防

设计范围。产品的结构件类型一般分为两类：Ⅰ类结构件是指产品处于工作或行进状态时，其表面直接暴露在自然环境中或能受自然环境因素直接作用；Ⅱ类结构件是指产品处于工作状态时，表面未直接暴露在自然环境中，不会受到自然环境因素直接作用，如机舱的内表面。

通常只有Ⅰ类结构件需要采取三防措施。当产品整体处于B类环境时，除外壳属于Ⅰ类结构件外，其他产品结构可视为Ⅱ类结构件，如产品处于C类环境外壳及附件，乃至天线系统等都应视为Ⅰ类结构件。此外，如果某部件采取过密封措施，则无论外部环境如何，其内部均应视为Ⅱ类结构件。

对于C类环境下的Ⅰ类结构件，主要的防护措施包括合理设计结构、正确选择材料、构建连续模或者涂（镀）层、涂料涂装等。其中，合理设计结构的出发点是减少产品与腐蚀环境的接触面积或便于相应的工艺处理，而后几个的出发点都是确保产品表面具有较高的耐腐蚀性，设计制造Ⅰ类结构件时，可遵循原则如下：

①避免气密性设计，应有通气孔或加有防水透气阀，使腔体内外压力平衡，否则易导致腔内积水。

②对有密封要求的模块，密封圈应选用高抗撕硅橡胶制成的“O”形或“D”形圈。不允许密封圈有接缝或采用橡胶板裁剪成衬垫。

③安装件的折弯半径应是板厚的1倍以上，以避免应力太大而产生应力腐蚀。

④要避免凸出的棱角和尖锐的切边（应打磨成圆角），便于进行进一步的防护处理。

⑤避免缝隙腐蚀；采用连续焊，在焊接部位须喷二道底漆及二道面漆（尽量减少针孔率）。

Ⅰ类结构件可选材料包括金属类的不锈钢（包括马氏体、铁素体和奥氏体），铝及铝合金镁及镁合金，钛合金等，以及高分子材料等非金属类。根据结构的用途、强度需求等方面合理选择材料。

限于强度或成本等问题，结构件主要的防护措施还是在表面进行工艺处理，以形成一层保护层，包括构建连续模或者涂（镀）层、涂料涂装，有时也会同时运用，即构建模层后再涂装。构建连续模，可以采用化学或电化学方式，在结构件表面形成稳定的化合物膜层，称为表面转化膜，如磷酸铁膜、铬酸盐钝化膜等，也可在结构件表面通过工艺涂镀惰性的金属膜，如镀锌层等。

涂料涂装技术由于工艺相对简单，效果明显，被广泛使用，它是指通过相应的涂装工艺将涂料涂覆在物体表面，形成具有保护作用的不透明或者透明的固态连续膜层的技术，其形成膜层厚度可以从几微米到几百微米。主要分为三类：有机涂料涂装、无机涂层、无机和有机复合。

其中应用最广泛的是有机涂料（习惯上被称为油漆）。装备涂装时用漆一般分为底漆、中涂漆和面漆。底漆的目的是涂覆在基体上打底用，具有增强面漆与基体间的附着和防锈两大功能。常见的底漆包括磷化底漆、电泳底漆和富锌底漆。中涂漆是处于底漆和面漆的过渡性涂漆，要求与底漆、面漆具有良好的黏结性，且应具备防紫外线、冲击、耐水等能力。如果防护要求低，则可以略去该层。中涂漆的主要材料是树脂（醇酸树脂、环氧树脂、聚酯树脂）。面漆是涂装的重要的屏障，是涂层体系性能的关键。面漆在三防的基础上，还必须具有长久保持表面光泽、保色、抗光氧化、耐水解和其他化学、机械力的能力。我国常用的面漆是 S04-101H（脂肪族丙烯酸聚氨酯磁漆）、TS70-1（脂肪族丙烯酸聚氨酯无光磁漆）和 TS96-71（氟聚氨酯无光磁漆），正确地选择底漆、中涂漆和面漆很重要，某些底漆、面漆虽然各自性能均较好，但错误的搭配，会使其构成的涂层体系的耐候性较差，使用寿命会大幅降低。

2. 热环境/力学环境防护

热载荷与力学载荷是各类产品使用中经受最普遍的环境应力载荷，产品所经历的热/力学环境既会受到外部环境影响，也会受到自身产生热量或力的影响；既有来源于外部的热/力环境，也有产品自身带来的热/力的影响，而且两者还有复杂的综合作用，如温度循环和振动所导致的产品疲劳。

（1）热环境防护

热环境防护设计的主要方法包括 4 种：

①传导散热设计，如：选用导热系数大的材料；加大与导热零件的接触面积；尽量缩短热传导的路径；在传导路径中不应有绝热或隔热件等。

②对流散热设计，如：加大温差，即降低周围对流介质的温度；加大流体与固体间的接触面积；加大周围介质的流动速度；使它带走更多的热量等。

③辐射散热设计，如：在发热体表面涂上散热的涂层以增加黑度系数；加大辐射体的表面面积等。

④耐热设计，如：接近高温区的所有操纵组件、电线、线束和其他附件均应采取防护措施并用耐高温材料制成；导线间应有足够的间隙，在特定高温源附近的导线要使用耐高温绝缘材料。

一些常用热设计准则包括以下内容：

①保证热流通道尽可能短，横截面要尽量大。

②尽量利用金属机箱或底盘散热。

③力求使所有的接触面都能传热，必要时，加一层导热硅胶提高传热性能。尽量加大热传导面积和传导零件之间的接触面积，提高接触表面的加工精度、加大接触压力或垫入可展性导热材料。

④器件的方向及安装方式应保证最大热对流。

⑤将热敏部件装在热源下面，或将其隔离，或加上光滑的热屏蔽涂层。

⑥安装零件时，应充分考虑到周围零件辐射出的热量，以使每一器件的温度都不超过其最大工作温度。

⑦尽量确保热源具有较好的散热性能。

⑧玻璃环氧树脂线路板是不良散热器，不能全靠自然冷却，若它不能充分散发所产生的热量，则应考虑加设散热网络和金属印制电路板。

⑨选用导热系数大的材料制造热传导零件，例如银、紫铜、铜、氧化铍陶瓷及铝等。

⑩尽可能不将通风孔及排气孔开在机箱顶部或面板上。

⑪尽量减低气流噪声与振动，包括风机与设备箱间的共振。

⑫尽量选用以无刷交流电动机驱动的风扇、风机和泵，或者适当屏蔽的直流电动机。

（2）力学环境防护

力学环境防护主要考虑振动、冲击等机械力的作用。力学环境防护应遵循以下原则：

①提高设备的耐振和抗冲击能力，控制振源，减小振动。如进行运动部件的静平衡和动平衡实验，达到最大限度的平衡。

②隔离振源，改善工作环境。当设备本身是振源时，通过积极隔振，减小传到支撑结构上的振动力，降低对周围设备的影响。当设备本身不是振源时，可以通过消极隔振，减小从支撑结构上传来的振动力的影响。

③避免共振，减小系统响应。如对电子设备进行刚性化安装，提高系统的刚度和质量，改变系统的干扰频率，提高设备抗震性。

对于振动与冲击，具体的防护措施包括以下内容：

①消除相关振源

消除相关振源设计是设备振动与冲击防护的主要措施，即消除或减弱设备内外的相关振源（如冲击源、振源、声源），使它们的烈度下降到工程设计可以接受的程度。发动机、振子等应进行单独的隔振，对旋转部件应进行静、动平衡试验，以尽量减少或消除振源。常用的隔振材料有金属弹簧、空气弹簧、泡沫乳胶、减振器等。

②提高结构刚度，防护低频激振

设备的振动特性由其质量、刚度和阻尼特性确定，当激振频率较低时，在不增加质量和改变阻尼特性的情况下，通过提高结构的刚度来提高设备及元器件的固有频率与激振频率的比以达到防振的目的。元器件低频振动防护措施见表 6.3.4。

表 6.3.4 元器件低频振动防护措施

元器件类型	防 护 措 施
阻容、电感元件	剪短引脚并留有应力环，进行焊接
电缆导线	选择安装方向
继电器、可变电容器	辫扎在一起，分段线夹固定
快卸元部件（如插接件）	特殊装置予以固定
变压器	使用压板固定磁芯体
印制电路板组装件	使用加强条、约束阻尼

③采用隔离措施，防护高频激振

当激振频率较高时，通过提高结构的刚度等措施来改变设备的振动特性是不可取的，这时可在设备和传递振动的基础结构之间采取隔离措施（如安装减振器）。当设备的固有频率低于激振频率时，要求减振器具有低的固有频率；当设备的固有频率高于激振频率时，要求减振器具有高的固有频率；当按照组装要求难以采用弹性材料等隔离件时，可用三防胶灌在元件与底板之间以起到减振作用。脆性元件（如陶瓷元件）与金属零件的连接处应加上弹性材料，以防止产生严重的局部应力和磨损。

④采用去耦措施，优化固有频率

在振动过程中，印制电路板及其上装配的元器件之间会出现相互振动耦合，从而使设备的固有频率分布很宽，容易与外界激振产生共振。这时可以采用硅橡胶封装整个印制电路板组件，使之成为一个整体，消除元器件与印制电路板之间的相互振动耦合，使设备的固有频率分布变窄，达到不易共振的目的。

3. 电磁环境防护

随着现代无线电通信技术、电力电子技术、计算机技术等高速发展及运用，产品的使用面临着日益复杂的电磁环境。电磁环境泛指产品使用场所周围各类电磁现象的总和，包括时间、空间和频谱等要素，由密集、重叠、无序的电磁波构成。要用电磁防护确保产品能够正常使用。

电磁防护中比较成熟的技术是电磁兼容性。所谓电磁兼容性，是指系统、分系统、设备在共同的电磁环境中能协调地完成各自功能的共存状态，即设备不会由于处于同一电磁环境中的其他设备的电磁干扰而导致性能降低或故障，也不会由于自身的电磁干扰使处于同一电磁环境中的其他设备产生不允许的性能降低或故障。电磁兼容性是设备在电磁环境下工作的一个基本要求，包括系统间和系统内的电磁兼容两个方面。开展电磁兼容设计必须对电磁干扰源进行分析，并研究电磁干扰的各种传播途径，以便于采取措施，消除或抑制电磁干扰源，减轻电磁干扰的影响。

（1）电磁干扰源

电磁干扰源按其来源可分为人为干扰源和自然干扰源；按其传播途径可分为传导干扰源和辐射干扰源；按其频带分布可分为窄频带干扰源和宽频带干扰源。人为干扰源又可分为由有用信号所产生的功能干扰源和无用信号所产生的非功能干扰源。主要的电磁干扰源及其特性见表 6.3.5。

表 6.3.5 主要的电磁干扰源及其特性表

电磁干扰源	类别			说明
	来源	传播途径	频带分布	
广播、通信、导航，雷达发射设备	人为	辐射	窄频带	发射功率大，干扰严重
工业、科学，医疗设备	人为	辐射	宽频带	功率大，屏蔽不好，干扰大
架空电力线、电力牵引来自高压电线系统	人为	辐射	窄频带	干扰来自高压电线（100 kV）产生的电晕，绝缘子断裂，捆绑松脱导致接触不良面产生的电弧，受污染导线表面产生的电火花
汽车、内燃机的点火系统	人为	辐射	宽频带	干扰来自点火系统、发电机、风扇、发动机等
日光灯照明设备	人为	辐射、传导	窄频带	通过电源线注入公用电源，构成传导干扰在 VHF、UHF 频段高频辐射明显
电磁脉冲（如雷电爆炸）	自然、人为	辐射	宽频带	未加保护时，可能导致电路的动能故障或烧毁电路
静电放电	自然、人为	辐射	宽频带	静电放电与周围环境湿度有关，在干燥多风的环境下，静电放电特别严重
公用电源	人为	辐射	窄频带	对于计算机系统，危害最大的是尖峰脉冲信号和衰减振荡信号的干扰，可能导致程序错误、存储丢失甚至系统的损坏

电磁干扰的传播途径分为传导和辐射两种，传导干扰是指通过导线进行传播的干扰，主要有共阻耦合、电感耦合、电容耦合三种形式。辐射干扰是干扰源通过向空间辐射电磁能量而形成的干扰，主要有感应场耦合和辐射场耦合两种形式。

（2）抗电磁干扰的措施

按电磁兼容性要求，处在电磁环境中的设备既要有一定的抗电磁干扰的能力，同时也不能产生超过允许的电磁干扰。基本设计原则如下：

①分析并找出系统所有的人为干扰源和自然干扰源。

②尽可能消除或抑制干扰源。

③采用屏蔽、滤波等手段，从各种传播途径上抑制干扰耦合。

④采用接地和搭接技术。

在对电磁干扰源进行控制的基础上，主要的抗电磁干扰的措施有接地、搭接、屏蔽、滤波。

①接地

接地就是两点之间建立导电通道，其中一点通常是系统的电气元件，另一点则是参考点。一个良好的参考点或接地板是设备可靠地抗干扰运行的基础，理想的接地板应是零电位、零阻抗的。对有关电路的所有信号而言，它均可用作参考基准，而且任何不需要的信号均可在此传输而不产生压降。然而，由于接地材料的特性所限，不存在理想的接地板，因而系统中的接地点之间总是存在一定的电位差。

接地的有效性取决于接地系统的电位差和地电流的大小。接地不好的系统往往会使杂散寄生的电压、电流耦合到电路、设备中去，从而使设备的屏蔽有效度下降，并在一定的程度上抵消了滤波的作用。

接地有 3 种形式：浮地、单点接地和多点接地

a. 浮地，通常用于浮地测量的仪表中，优点是可消除地线环流，但存在静电放电的危险，故有时应采用高阻值泄放电阻。

b. 单点接地，适用于低频系统（<1 MHz），可消除共模阻抗耦合，避免产生接地回路。

c. 多点接地，即就近接地，优点是线路结构比较简单，可以消除高频的驻波效应，缺点是存在接地回路，甚至对低频也会产生不好的影响。

②搭接

搭接就是指在两金属表面之间建立低阻通道。搭接的目的是在结构上设法使射频电流的通路均匀，避免在金属件之间出现电位差从而造成干扰。

搭接有两种形式：直接搭接（如焊接、铆接、螺栓连接等）和间接搭接（如跳线等）。无论是直接搭接还是间接搭接，均要求裸面的金属与金属接触。为实现满意的搭接，应去除金属面上的保护涂层，使金属表面紧密贴合。另外，还应注意接触金属的电化学性能差异，做好防潮、防腐蚀处理。

③屏蔽

屏蔽的机理是吸收、反射电磁波，以阻断辐射干扰。通过屏蔽可以实现干扰源与敏感设备之间的隔离，在电路设计中，可以从以下 3 个方面采取屏蔽措施：

a. 机箱屏蔽

（a）整体机箱应是一个良导体，并良好地接地，可以成为良好的屏蔽层。

（b）机箱内部可用金属板隔出“单间”置放有强干扰源的电路板，如开关式稳压电源板、装有继电器的单板等。

b. 局部屏蔽

（a）单板上灵敏度较高的局部电路，可局部加屏蔽罩，并良好地接地。

（b）印制电路板上设置大面积“地”也是一种屏蔽手段。

c. 电缆屏蔽

对于灵敏度较高的信号电缆、较强干扰源用的电缆，通常采用屏蔽线。低频时，屏蔽层在信号输出端单点接地；高频时，屏蔽层应多点接地。

采用各种屏蔽措施时应注意：如果屏蔽层接地不良，则相当于一个大电容，对电路来说更容易接受干扰，不如不加；如果屏蔽层是铁质的，则对电磁干扰均有屏蔽作用，否则只对电场干扰有屏蔽作用。

④滤波

滤波的机理是通过吸收或反射，可使直流或某些频率的传导干扰大为减弱。滤波是弥补设计上的不足而采取的一种补救措施，不如屏蔽、接地、搭接可靠且费用较高。

常用的滤波措施如下：

a. 二次电源单板输出端一般已加滤波电路，但如果采用的是不放入电路板机箱内的开关故障预防与控制式稳压电源，而且引线较长，或者向灵敏度较高的电路供电，则电源进入电路板机箱前先要加滤波器（如磁环扼流圈）抑制尖峰干扰。

b. 每块单板均设置电源去耦电路，以防止互相干扰。常用的 RC 滤波电路如图 6. 3. 1 所示。

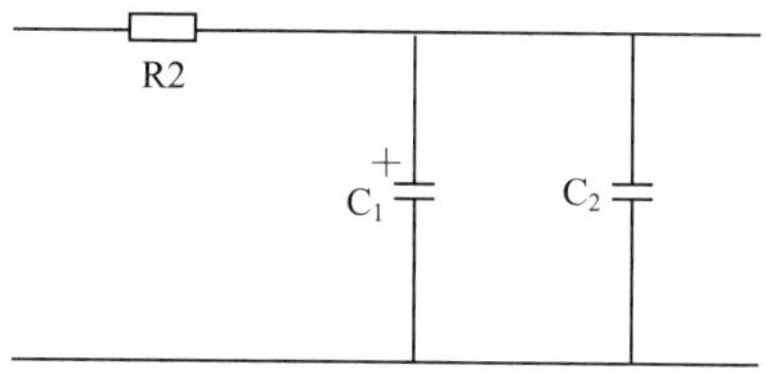

图 6. 3. 1　RC 滤波电容的接法

c. 每个器件的电源端、地端间通常就近加 0. 05 ~ 0. 1 μF 的滤波电容，为防止滤波电容短路使整个电路板不能工作，可采用双电容串联的形式，为避免电容数量太多，可以采用两块器件加一对串联滤波电容的形式，如图 6. 3. 2 所示。

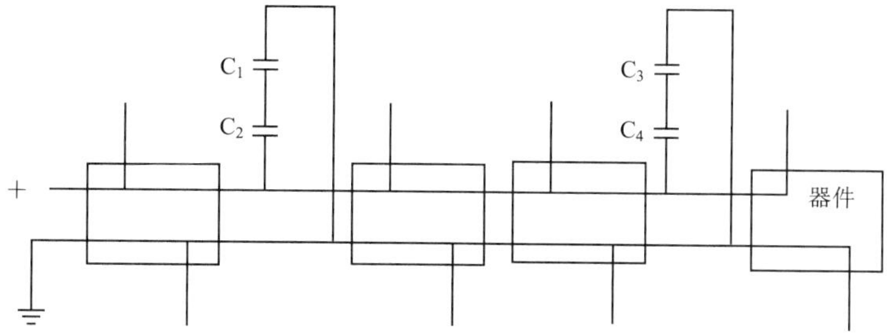

图 6. 3. 2　串联滤波电容的接法

6.4 余度（冗余）设计

6.4.1 基本思想和原理

余度设计是获得高任务可靠性的设计方法之一。采用余度设计的产品中通常具有一套以上能够完成规定功能的单元，只有当几套单元都发生故障时整个产品才会丧失功能，进而达到提高产品任务可靠性的目的。其基本思想是：通过采用两个或两个以上的同样部件或单元，正确、协调地完成同一功能/任务，即以可靠性较低的基础元器件或零部件来构造具有较高任务可靠性的产品/系统。余度设计采用增加多余的资源，以获得较高的任务可靠性，通常又称为冗余设计。下面几个例子将对不同余度结构形式对产品可靠性的影响进行分析，从而进一步说明余度设计的原理及基本原则。

6.4.2 常见形式及分类

余度形式有多种，可以从不同的角度进行分类。

1. 按余度资源分类

（1）硬件余度：采用硬件（如元器件、零部件、设备或分系统等）作为余度设计的资源。

（2）软件余度：通常用于计算机系统，即将用于故障检测和诊断的软件，执行余度管理和系统恢复的软件及其他关键的软件编制多份存于存储器中。

（3）时间余度：通过重复执行某段程序或整个程序的方法来产生余度。

（4）信息余度：也称为功能余度或解析余度，它利用各种传感器信号或各种信息之间存在的函数关系来产生余度信息。

2. 按系统运行方式分类

（1）工作储备：在余度布局中，没有工作部分与冗余部分之分，均接入系统并处于工作状态。当有工作通道发生故障时，不需要其他装置来完成故障检测和通道转换的余度结构。

（2）非工作储备：冗余部分不工作，处于储备或等待状态，当工作通道发生故障时，需要有其他装置来完成故障检测和单元转换的余度结构。

按参与工作前几个部分所处的状态又可以分为：

①热储备：冗余部分处于工作状态但不接入系统，一旦工作通道产生故障，则立即接替工作。

②冷储备：冗余部分在储备或者等待过程中完全不工作，仅当工作通道产生故障时，才启动并接入工作。

③温储备：处于热储备和冷储备之间，如电子管，在等待过程中一直处于加热状态，以便保证一旦工作通道故障能立即进入工作。

3. 按结构形式

（1）无表决无转换的余度结构，这种结构中任一部件出现故障时，不需要外部部件来完成故障的检测、判断和转换功能，如简单并联、双重并联、混合并联等。

（2）有表决无转换的余度结构，这种结构中有一个通道出现故障时，需要一个外部元器件检测和做出判断（即表决），但不需要切换通道，如多数表决、n 中取 r 等。

（3）有转换的余度结构，这种结构若出现故障，则需要转换到另一个工作通道中去，如上述的非工作储备就采用这种余度结构。

按余度系统的运行方式和余度结构形式进行分类的总体情况如图 6.4.1 所示。

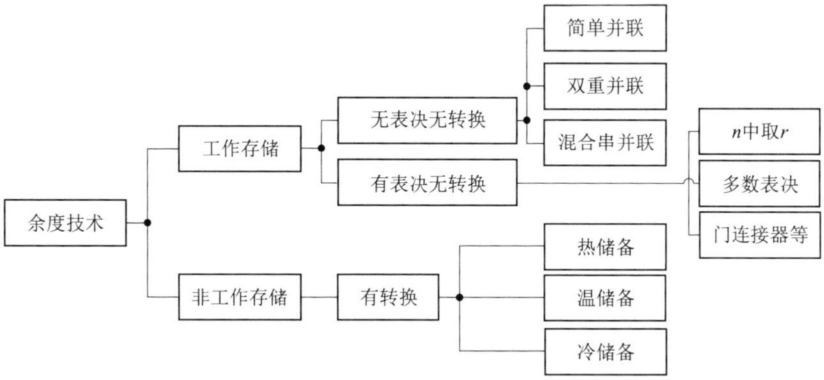

图 6.4.1　按余度系统运行方式和余度结构分类的情况

6.4.3　基本过程

余度设计是产品设计过程的一个组成部分，其基本实施过程如图 6.4.2 所示。

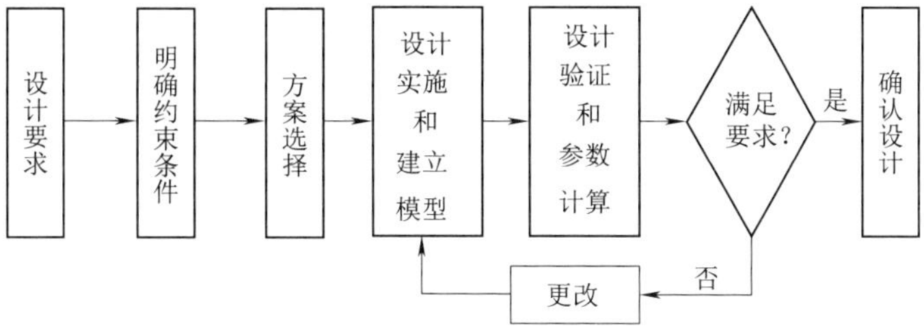

图 6.4.2　余度设计基本实施过程

①首先应明确设计任务要求、可靠性要求以及质量、能耗、体积、费用等约束条件。

②针对设计要求和约束条件，通过权衡，选择冗余方式和设计方案。

③根据选择的设计方案开展设计，并建立产品可靠性模型。

④进行设计验证，并计算系统可靠性以及质量、能耗、体积等参数。

⑤将设计及计算结果与设计要求进行比较，以判定是否满足要求。

⑥根据设计满足要求的情况进行决策，确认或更改设计方案。有些情况下，有可能需要调整设计要求。

在上述实施过程中，主要有 3 个方面余度设计内容需要明确，即确定余度等级、确定余度配置方案和确定余度管理方案。下面分别进行说明。

（1）确定余度等级

余度等级又可定义为容错能力准则，即允许系统或部件存在多少故障尚能维持系统或部件工作、安全（抗故障工作）的能力。如允许余度系统或部件有双故障—工作的能力，则容错能力准则表示为故障工作/故障工作，简称为 FO/FO。

在进行余度设计之前，应先确定容错能力准则，而容错能力准则是以满足任务可靠性和安全性定量指标为目标，以最少的余度和复杂性为约束条件来确定的。过高的容错能力将降低基本可靠性，使维修任务和寿命周期费用增加。

在系统余度等级确定后，余度设计的任务就是确定子系统及部件的余度等级和形式、余度配置方案和余度管理方式。

（2）确定余度配置方案

余度配置方案主要涉及余度数的选择、表决/监控面的设置和信号传递方式的选择等问题。

①余度数的选择

目前余度数（部件级或系统级）大多采用双余度、三余度及四余度，少数也有采用五余度或双一三余度。余度系统中各级单元的余度数不一定相同。

不是余度数越多可靠性越高。余度数增多，相应的检测、判断隔离和转换装置必然会增多，由于它们的串联可靠性的影响，将使系统可靠性降低。

②表决/监控面的设置

余度系统有时是采用多级多重余度部件组成的，存在着在哪一级或哪几级设置表决/监控面更合理的问题。一般设置原则如下：

a. 满足系统可靠性指标要求。

b. 满足部件级（可更换故障单元级）故障—工作的容错能力的要求，有的余度系统，特别是数字式系统，要求部件也具有双故障—工作的容错能力，并需要进行部件级间的信号选择（表决）和故障监控。数字式系统采用软件表决、监控，实现起来较模拟式容易且经济。

c. 满足信号的一致性要求，例如输入至控制系统执行机构的信号，如果信号之间的差值很大，将会造成机构的混乱，因此需要一级表决/监控面，进行信号选择满足多模态控制的要求。

d. 满足减少故障扩散和故障瞬态影响的要求。

③信号传递方式的选择

余度配置中，信号传递是靠部件间及通道间的信息交换与传输来进行的，这与表决/监控面的设置密切相关。

一般信号传递方式有以下几种：

a. 直接传递式。在直接传递式信号通道中，如果有一个工作单元（如一个传感器、一个电子线路）故障，则该通道即宣告失效，因此对可靠性不利。

b. 交叉传递式。信号交叉传递是提高余度系统可靠性的有力手段，如图 6.4.3 所示。

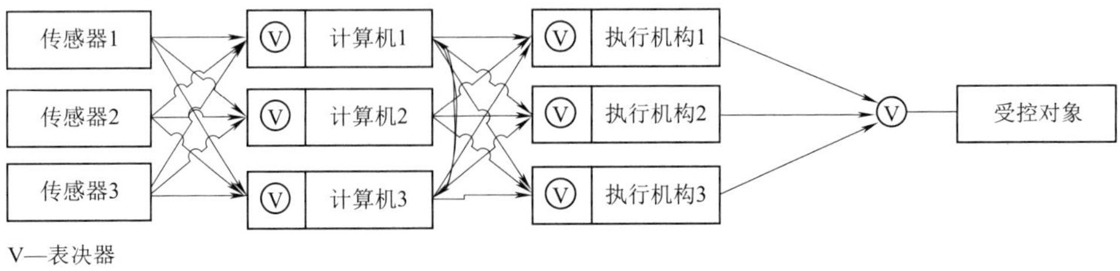

图 6.4.3　信号交叉传递方式示例

交叉传输可通过线路连接实现，其可靠性较高但会增加系统的复杂性和质量，各种机载计算机则更多地采用内部交叉传输和软件表决方法。此外，计算机系统还采用输入/输出接口（I/O）传递信息的方式，即使某台中央处理机发生故障，有关信息也不会丢失。

（3）确定余度管理方案

余度管理方案主要是处理信号选择（表决）和监控技术等问题。

①信号选择

信号选择由表决器按规定的表决形式来完成，在数字式系统中通常用软件来完成，在模拟式系统中只能用硬件来完成。通过信号选择提高各通道信号的一致性，并与交叉传输配合使用提高了系统的可靠性。多数表决器只能用于数字电路，模拟电路多采用平均值或中值选择器。

②监控技术

任何多余度方案都需要采取一定的故障监控措施。系统感受各通道工作状况，进而检测并隔离故障的方法称为监控或检测技术。

监控主要分为两种：比较监控和自监控。但是，无论是模拟式系统还是数字式系统，大多数采用比较监控。因为比较监控的优点是直观、简单、覆盖率高，但缺点是必须有两个以上相似的通道才能进行比较，剩下一个通道就无法比较了。自监控比较复杂，覆盖率较低，而且许多自监控方法也基于比较技术。

a. 比较监控

交叉通道比较监控（输入/输入比较）。如图 6.4.4 所示，把所有通道的输入都进行两两比较，取其差值输入到触发电路，当其差值超过规定的监控门限值时，即有信号送入“与”门电路。

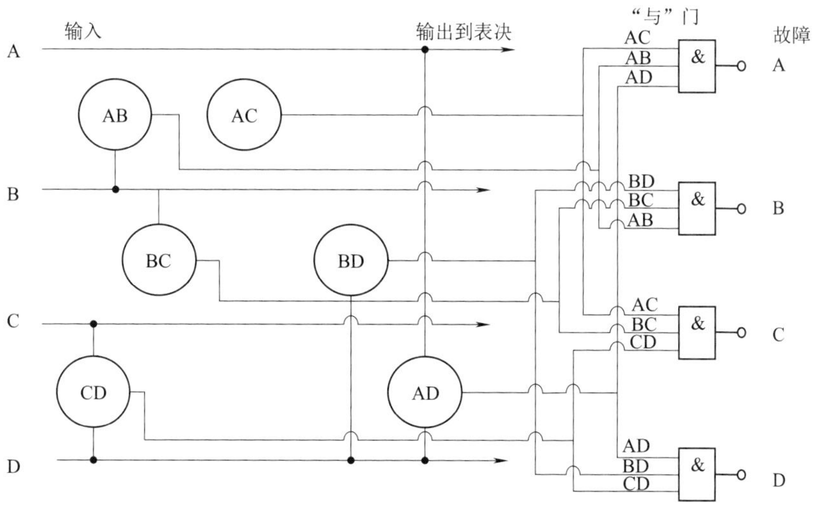

图 6.4.4　交叉通道比较原理图

跨表决器比较监控（输入/输出比较）。该类监控原理如图 6.4.4 所示。输入信号 A、B、C 和 D 经信号表决器后选择正确的信号 O 输出。然后将信号输入分别与输出 O 进行比较，当不一致并达到或超过规定的门限值时，相应的触发线路就会给出该通道的故障隔离信号，并给出故障指示。

②自监控技术

自监控不需要以外部相似的数据作基准，而是在被监控对象本身建立基准，完全依靠自身的手段监控自身故障。有几种提法不容易严格区分，如自检测、自监控和在线监控。

自检测。被检测的对象利用对象自身或自带的机内检测（BIT）等检测电路或设备，检测自身的故障，可分为工作前检测、工作检测、事后维修检测等。例如计算机的 BIT 属于此类。

自监控。被检测的对象利用对象自身或自带的 BIT 等检测电路或设备，检测自身的故障，并对检测到的故障进行处理，对自身的工作/任务进行控制，一般用于在线监控。自监控与自检测的主要差异在于要进行故障处理，例如速率陀螺内部的发动机转速监控器、力矩器等。

在线监控。被监控对象在自身的工作过程中，采取自检测或自监控手段监控自身的故障。

属于此类的有差动线圈在线监控、伺服电动器在线监控等。

6.4.4 工作要求和原则

在进行冗余设计时，应注意以下工作要求和原则：

（1）必须全面考虑系统多重工作模式需要，适当地选择冗余级别

可以证明，系统冗余的可靠性小于单元冗余的可靠性，即在系统中较低层次单元采用冗余的效果比层次高的地方好，因此在工程许可的条件下，单元冗余方式应用较多。

（2）应考虑共因故障对冗余系统的影响

共因故障是指不同的产品由于相同的原因所引起的故障。对于为提高可靠度而采取较高冗余度的系统，共因故障是导致可靠度降低的关键环节。如在某系统中，共因故障导致的系统故障概率，比由于单元独立故障而导致的系统故障概率要大 2 个数量级，因此，针对高冗余系统建立系统可靠性模型来计算其可靠度时，必须考虑共因故障的影响。

（3）余度设计综合权衡的原则

余度设计增加了产品的复杂性，产品设计是否采用余度技术，需要从任务可靠性、安全性指标要求的高低，基础元器件和零部件的可靠性水平，非余度和余度方案的技术可行性，研制周期和费用，使用、维护和保障条件，质量、体积和功耗的限制等多方面考虑，进行综合权衡分析后确定，并遵循以下原则：

①通常在确认简化设计、降额设计及选用高可靠性的零部件、元器件仍然不能满足任务可靠性要求时，才采用余度设计。

②余度设计提高任务可靠性或安全性的效果并不与余度数目成正比。对于简单并联余度系统来说，随着余度数的增加，任务可靠性或安全性的提高速度将越来越慢。

③选择合理可行的冗余结构，在满足要求的条件下，产品的余度结构应尽量简单。

④影响任务成功的关键部件如果具有单点故障模式，则应考虑采用余度设计技术。

⑤硬件的余度设计一般在较低层次（设备、部件）使用，功能余度设计一般在较高层次（系统、分系统）进行。

⑥采用非工作储备的余度设计中应重视转换装置的设计，必须考虑转换器的故障概率对系统的影响，尽量选择高可靠的转换器，进行完善的可检测性设计。

⑦应考虑共模/共因故障对余度设计的影响，进行全面的故障控制设计。

6.4.5 案例分析——铁路信号安全计算机 SIMIS

SIMIS 是基于 INTEL 8080 程序开发，能够实现 3 取 2 冗余结构的计算机系统。

SIMIS 3116 的 3 取 2 结构如图 6.4.5 所示。每个计算机都配备了两个比较器，一个左比较器和一个右比较器。左比较器对来自自身的数据和来自左邻计算机进行比较。右比较器对来自自身的数据和来自右邻计算机进行比较。两个比较器的输出构成“与（AND）”逻辑，如果两个比较器的结果为“不相等”，“与（AND）”逻辑将产生关断（OFF）信号来关闭计算机，并在进一步的表决中将其排除。系统通过这种方式来防止已出现失效与下一失效同时发生于相邻计算机的危险。

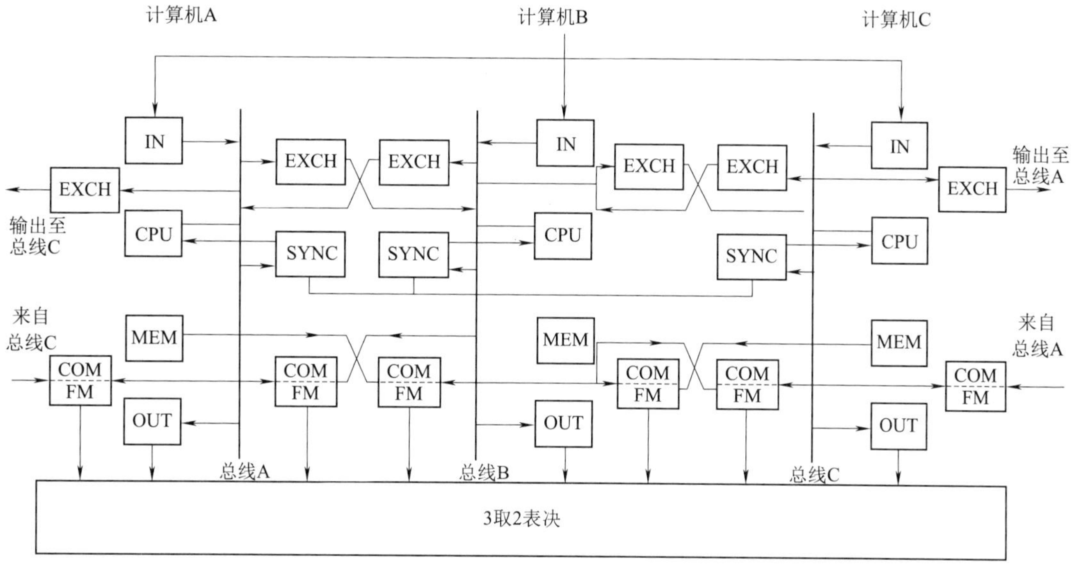

图 6.4.5 SIMIS 3116 的 3 取 2 结构

图 6.4.6 为通过继电器实现的 3 取 2 表决器，包含可以用于关闭故障计算机的 OFF 信号。

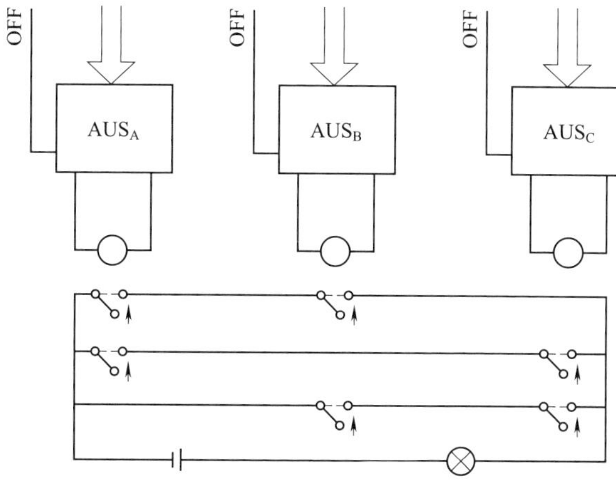

图 6.4.6 3 取 2 表决器的实现

SIMIS 3116 和 SIMIS 3216 属于同一代的 SIMIS。SIMIS 3216 是专为地面固定应用而设计的。与 SIMIS 3216 不同的是，SIMIS 3116 是专为车载应用而设计的。这两个版本最主要的区别在于电路板和环境数据的大小有差异。SIMIS 3216 的电路板双倍于 SIMIS 3116 的电路板尺寸。对 SIMIS 3116 来说，容许温度范围是 -40 ℃ ~ +85 ℃；对 SIMIS 3216 来说，容许温度范围是 0 ℃ ~ 70 ℃。SIMIS 3116 装备了英特尔 80186 处理器，频率可达到 20 MHz；SIMIS 3216 可以装备 80186 或者 80486 的 CPU，对 80186 而言相应的频率是 10 MHz，而对 80486 而言相应的频率可以达到 50 MHz。就架构而言，SIMIS 3116 和 SIMIS 3216 是没有区别的，这两套 SIMIS 的每一个单元都构成了一个 2×2 取 2 或者 3 取 2 的系统。

6.5 容错设计

6.5.1 容错的基本概念

容错（Fault Tolerance）是指对于任意一个系统，在内部出错的情况下，系统的功能仍能保持正常。因此容错是一个具有广泛意义的概念。对于我们而言，容错主要是指计算机容错。

容错计算机即指一台容错计算机，在计算机系统中出现故障的情况下，能正确地执行它的全部程序组。计算机的“正确运行”是指一组程序的正确执行，而不是指系统的一套元器件的连续工作。

只要满足下列 4 个条件，即构成“正确执行一组程序”的定义，或者说正确的执行程序用下面 4 个标准来判断：

（1）程序及其数据不为故障所改变或中止。

（2）运算的结果不包含由故障所带来的差错。

（3）每个程序的执行时间不超过某一规定的限界。

（4）每个程序可利用的存储容量保持在某一规定的最小值之上。

程序组和数据、所需运算的定义、程序执行的时间限制和存储容量的要求，由系统的总体设计人员和用户共同提出。设计人员的目标是在程序执行期间可能发生故障的条件下，把系统的可靠性提高到可接受的高数值。

为了提高计算机系统的可靠性，主要发展使用两种不同的技术：避错技术和容错技术。

避错技术的目标就是尽量减小系统发生故障的概率，也就是从尽量减小系统失效率入手，达到提高系统可靠性的目的，它是提高计算机系统可靠性的必不可少的常规方法。避错技术主要包括质量控制技术和环境防护技术两大部分。质量控制技术着眼于元器件，对系统的可靠性有着决定性的影响。环境防护技术，如热设计技术、机械应力防护技术、化学防护技术、电磁兼容性设计技术等，也能提高系统的可靠性。

但是避错技术并不能完全解决计算机系统的可靠性问题。首先避错技术的目标是尽量减小系统发生故障的概率。这种减小是有一定的限度的，超过这个限度再进一步降低就要付出巨大的投资，有时甚至是很困难的。其次避错技术只能使故障率减小，但不可能使硬件、软件的故障率减为零，所以系统的故障发生是不可避免的，系统的失效也避免不了。

避错技术在提高系统可靠性上是有局限性的。要进一步提高计算机系统的可靠性还必须采用容错技术。容错技术是以承认故障的不可避免性为前提的，也就是在容忍故障存在的条件下提高系统可靠性的措施。

“容错”强调了技术实施的最终效果，而“冗余”强调完成规定功能所采用的不同方式和途径。严格地说，冗余属于容错设计范畴。从原理上讲，冗余作为容错设计的重要手段，其实施流程和原则也同样适用于其他容错设计活动。尽管容错技术可以实现系统的高可靠性，但并不能用容错技术完全代替避错技术。容错技术应看作是避错技术的重要补充。

在设计系统时，应该首先采用避错技术，使其具有较高的可靠性。在此基础上，再综合使用各种容错技术，使系统的可靠性在较低的费用下达到设计的目标。

如果原始系统本来就是可靠性不高，此时采用容错技术所能起的作用就很小，在设计不当的时候，甚至效果更坏。

6.5.2 容错技术原理

容错技术是因设计高可靠性计算机系统的要求而迅速发展起来的。一些高可靠性、高稳定性的系统，如列车运行控制系统、银行计算机网络系统、原子能发电控制系统、航空航天计算机控制系统、医院疾病诊断系统等，如果故障会造成巨大的经济损失，甚至人员的伤亡，因此都非常重视应用容错技术。

根据故障的不同情况，一个容错系统的容错可能经历10个阶段：故障限制、故障检测、故障屏蔽、重试、诊断、重组、恢复、重启动、修复及重构。

（1）故障限制

当故障出现时，把故障的传播限制到一定范围。利用故障检测功能，执行一个操作前的一致性效验等均能达到此目的，可用硬件或软件实现。

（2）故障检测

大多数故障最终导致产生逻辑错误。奇偶校验、一致性校验、BIT等都可用来检测故障。故障检测技术可分为：离线检测和在线检测。

（3）故障屏蔽

故障屏蔽把故障效应掩盖起来，即余度信息掩盖了错误信息。纯粹的故障屏蔽不进行检测，如多数表决。

（4）重试

在许多场合，对一个操作的二次或多次试验可能是成功的，特别是不引起物理破坏的瞬间故障尤其是这样。

（5）诊断

如果故障检测技术没有提供有关确切的故障位置和/或性质信息时，就需要一个诊断步骤。

（6）重组

当检测出一个故障并判明它是一个永久型故障时，就可重组系统的器件，取代故障器件并隔离它，也可用备用器件取代故障的器件或简单切除故障器件，但系统能力将降低，称为缓慢降级。

（7）恢复

检测和重组之后必须消除故障影响。通常系统的操作回到故障检测前处理过程的某一点，并从这一点重新开始操作，称为卷回。

（8）重启动

如果故障太严重，系统又没有恢复功能，需重新启动。

（9）修复

所谓修复，即把被诊断为故障的部件替换下来，进行原位或离位修复。原位修复可以不中断系统的工作。

（10）重构

重构，即把故障部件从系统中切除或用备用件替换，还可用系统中正常的部件重新组成新的系统。

复习思考题

1. 什么是降额设计？什么是裕度设计？
2. 如何确定降额因子？
3. 环境荷载带来的典型的故障模式有哪些？
4. 什么是冗余设计？有哪些工作要求和原则？

7 事故致因理论

7.1 事件链事故致因模型

为了保证铁路信号安全，我们需要采用一定的手段或方法知道铁路信号事故是如何产生的。这里所说的手段或方法是多种多样的，它们不是凭空产生的，而是来源于一些事故致因理论或事故致因模型。严格讲，各种各样的事故致因理论都是基于大量的事故统计数据或经验而提炼出来的，能够描述事故形成过程的原理框架，为事故分析及事故预防提供决策依据。

为了方便理解和传播，事故致因理论通常以事故致因模型的形式呈现，即将事故相关的因素及它们之间的关系以模型的方式呈现。也就是说，每一种事故致因理论的出现都会伴随有相应的事故致因模型。事故致因模型是一种特殊的模型，是安全工程中所有工作的基础。

事故致因模型为以下 3 方面工作提供了基础：（1）调查和分析事故的原因；（2）影响设计以防止未来的损失；（3）评估系统或产品的相关风险。事故致因模型解释了事故为什么会发生，也确定了防止事故发生需要采取的方法。事故致因理论和事故致因模型没有本质区别，只是同一种事物的不同称呼方式。因此，在本书中我们对事故致因理论和事故致因模型不做区分。

本章介绍 3 种经典的事故致因理论及相关方法。我们首先从简单的事件链事故致因理念入手，对相关的事件链事故致因模型及典型分析方法进行介绍，掌握链式的事故发生和演变规律。然后，对基于传染病学原理的事故致因模型及相关方法进行介绍，从传染病治病机理的角度理解事故的发生过程。最后，针对当前复杂社会技术系统的背景下事故发生的特点及规律，介绍系统论思维的事故致因模型及典型方法。

7.1.1 事件链事故致因理论

20 世纪的初期，科学技术水平进入了一个萌芽的新时期，实际的生产技术系统的结构简单，其可以实现的功能也相对单一。事故引发的缘故可能是某一零件的损坏或者作业人员操作失误。基于这样的生产技术系统，当时的事故分析思路具有事件线性演绎的特征，致因单一，描述这类事故致因理论称之为事件链致因理论，相对应的模型称之为事件链事故致因模型。

事件链事故致因模型采用线性因果关系来描述事故的发生过程，是最简单且基础的一种事故致因模型，如图 7.1.1 所示。应用事件链事故致因模型分析事故的核心是找出事件链因果关系路径，明确其中的致因事件和事件之间对应的因果关系。在此模型中，致因事件往往是按照一定的顺序发生，从而引起事故。为了预防事故的发生，我们可以在相关事件发生之前采取预防措施，阻碍其发生，或者在该事件发生之时及时切断会引发其他不安全事件的路径。

著名的工程安全领域的第一公理是事件链事故致因模型的基础：作业人员的不安全行为或者机械因素直接或间接导致事故，事故的发生通常来源于一个完整的引发因素的组合序列，其中的末端事件就是事故本身。事件链事故致因模型不仅可以包含某一条单一的事件因果路径，也可以同时包含多条事件因果链，但是需注意以下几点。

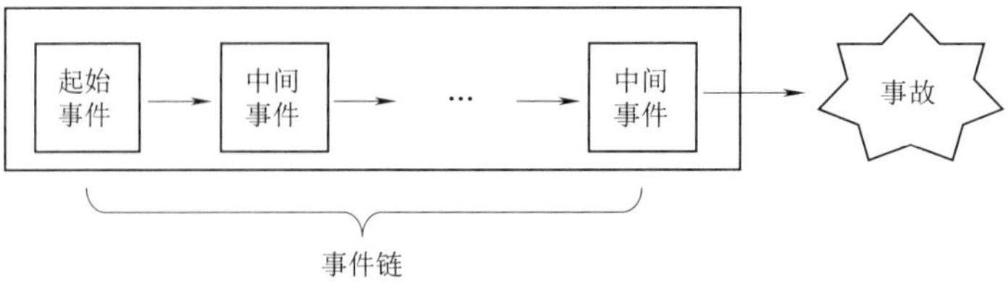

图 7.1.1　事件链事故致因模型示意图

（1）起始事件即事件链的初始点，又叫作根原因（Root Cause）。每条事件链中的起始事件唯一存在。

（2）事件的影响通过链路路径逐一传播，每个事件之间具有清晰的因果关系。

（3）事故分析最终就是要找出因果路径，溯其本源，根据已经发生的事故推理出引发的原因。

基于事件链的事故分析方法研究致因事件之间以及事件与事故之间的线性因果关系，典型的代表方法有：多米诺骨牌效应方法（Domino Effect）、事件序列分析方法（Event Sequence Analysis）、事件树分析方法（Event Tree Analysis）、事故树分析方法（Accident Tree Analysis）等。我们将在本章后续对详细的方法进行介绍。

7.1.2　典型分析方法

1. 海因里希事故致因模型

本节将详细介绍多米诺骨牌效应，它通常用于推理致因事件与事故之间的关系。

多米诺骨牌效应模型一开始由海因里希提出，是最早的事件链模型。海因里希多米诺骨牌效应模型指出，伤亡事故的发生是一系列原因事件按照一定顺序发生的结果，即伤害与各原因相互之间具有连锁关系，并不是一个个孤立的事件。该模型（图 7.1.2）提出按照因果顺序，致因因素有 5 个类别，分别是：社会环境和遗传（A1）；人为失误（A2）；人的不安全行为或物的不安全状态（A3）；意外事件或未遂事故（A4）和相应产生的人员伤亡事件（A5）。事故通常就是这 5 类因素顺序发生的结果。每一个多米诺骨牌的倒塌都会导致后面骨牌的倒塌，造成连锁反应。

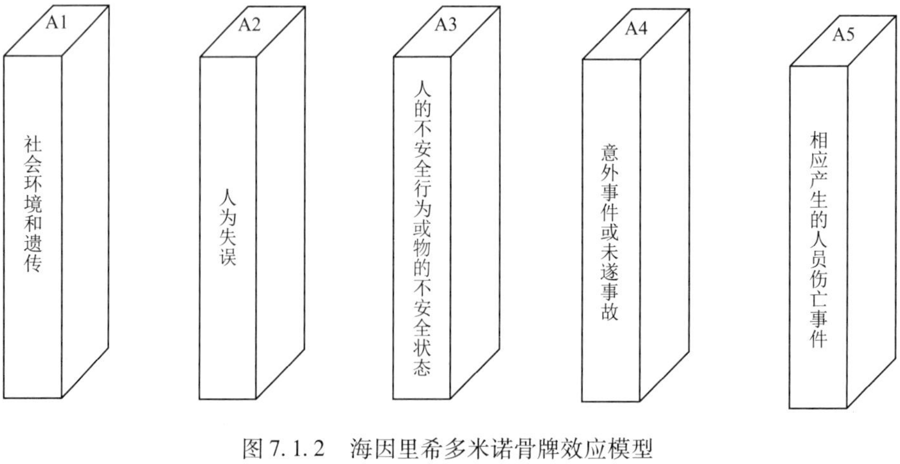

图 7.1.2　海因里希多米诺骨牌效应模型

下面，我们详细讨论一下上述5种致因因素的含义：

（1）社会环境和遗传。遗传和社会环境塑造了一个人的做事方式，是造成人的过失的原因。遗传因素可能会促使人逐渐形成鲁莽、粗心的性格。这对于安全来说可能会造成过失因素，不良的社会环境可能阻碍人的安全素质培养，令人缺乏安全防患意识，进一步助长过失因素的发展。这类因素是海因希里因果链上最基本的因素，也是根本原因。

（2）人为失误。遗传和社会环境会塑造人的性格，也会造成一些性格的缺点，影响人的做事风格。人的缺点会导致人的不安全行为和物的不安全状态。这些缺点包括做事的细心程度，面对紧急情况的临时反应能力，安全生产的思想意识等。

（3）人的不安全行为或物的不安全状态。人的不安全行为或物的不安全状态通常指曾经引起过事故发生或者可能会导致事故发生的潜在因素。在因果关系的路径上，人的不安全行为是造成事故的主要原因，在采取防御措施时，是事故防控的重点监控对象。

（4）意外事件或未遂。事故是由于人、物、环境等的作用或反作用，造成人员意外伤亡、设备损坏、财产损失、环境破坏或者其他严重损失的一个或者一系列的意外事件。

（5）相应产生的人员伤亡事件，即由事故发生而引起的人员意外伤亡、设备损坏、财产损失、环境破坏。

由于该模型的事件基于一定时间顺序发生，其积极意义在于只要去除其中某一块骨牌就能达到有效防止事故发生的积极效果，如图7.1.3所示。事故预防措施主要关注如何去除人的不安全行为或物的不安全状态，即针对A3实施安全防护措施。海因里希模型在事故致因研究中起着里程碑的历史地位，但它最明显的不足就是对事故的发生过程刻画的过于简单和绝对，没有考虑到事故的发生是多种因素交织的结果。

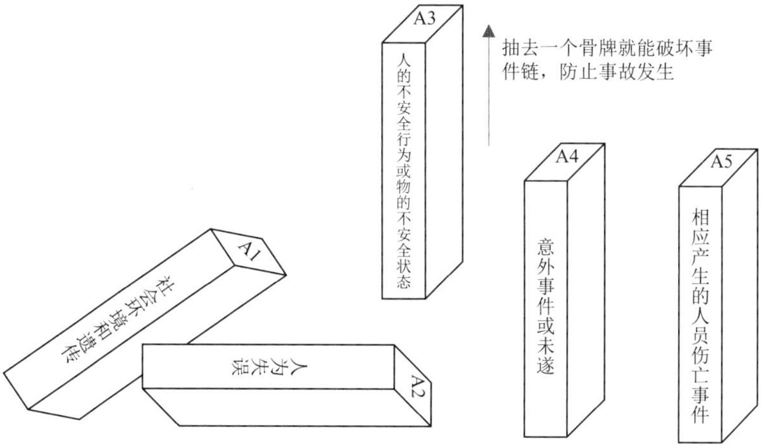

图7.1.3　多米诺骨牌效应的破坏

2. 博德的多米诺骨牌模型

社会环境和遗传被视为海因里希的事故因果链路中事故的根本原因，但这具有时代的局限性。虽然遗传和社会环境因素对人员的行为有着一定程度的影响，但却不是影响行为的关键因素。在一个体系中，人力、物力和财力通常由管理者来调配。管理者制定合理有效的管理方式，这样的管理方式能够充分发挥生产体系的能动性，可以有效预防事故的发生。因此，博德在此基础上通过引入管理方面的因素，将海因里希模型进行了完善，从而体现现代安全的观念，如图7.1.4所示。

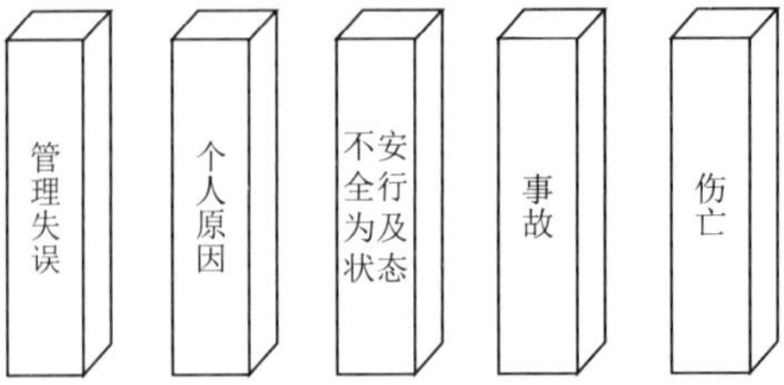

图 7.1.4 博德的多米诺骨牌模型

事故的发生是由于个人的原因，包括：缺乏知识和技能；工作态度不端正；身体状况欠佳；应急能力不及时和精神状态不佳方面的问题等。个人原因从根本上是由管理失误引起的，是管理制度的不健全所决定的，也就是说存在对人和物的管理方面的缺陷。与海因里希模型最主要的区别之处就是将管理失误作为事故发生的最根本原因。

7.2 传染病事故致因模型

7.2.1 传染病事故致因理论

到 20 世纪 80 年代，随着社会生产力水平的不断提高，技术系统的复杂程度越来越高。同时，随之而来的事故发生和演变过程也越来越复杂，其发生过程是多种因素相互影响的结果。在这种情况下，事件链事故致因模型的局限性逐渐的突显出来。为解决这个问题，一种新型的事故致因模型，即传染病事故致因模型开始得到人们的关注。该模型的基本观点是：事故的发生、演变与疾病的出现及传播相似，都是相互作用的各种因素在同一时间和空间内聚集出现所造成的。

同事件链事故致因模型相比较而言，传染病事故致因模型中多了环境条件（Enviromental Conditions）、潜在/潜伏因素、行为偏差（Performance Deviation）、防御屏障（Defense Barriers）等多种新型元素。如图 7.2.1 所示，在传染病事故致因模型中，“环境条件”被视为溯因推理的终点。换言之，当有些特定的环境条件出现时，系统中就会产生某些性能上的偏差或者行为上的偏差。如果此时系统中的防御能力较弱，这些偏差与系统中早已潜伏的危险因素共同作用，就会最终导致事故的出现。

传染病事故致因模型和事件链事故致因模型相比，具备以下几方面的特征：

（1）事故是由相互作用的多个因素共同导致的。事件链事故致因模型是由具有线性因果作用关系的事故和致因构成的，也就是说，事故的出现必然是由致因造成的，这样的理念也就意味着其他非致因的因素无法考虑在内。而传染病事故致因模型与之不同的最大的特征在于不局限于致因和事故的线性因果作用关系，也将其他非线性的因素考虑在内。

（2）“行为偏差”取代了原来的“非安全行为（Unsafe Action）”。在以往的事件链事故致因模型中，非安全行为往往意味着人为的错误，即其被实施的主体是人员。而在传染病事故致因模型中，“非安全行为”被“行为偏差”所替代，行为偏差的主体既可以是人，也可能是技术系统，所包含的对象更加广泛全面，从一定程度上减少了误解情况的出现。

（3）流行病学模型分析的终点是“环境条件”。这和事件链事故致因模型只存在唯一根本原因不同，传染病事故致因模型将“环境条件”作为分析的最终节点，这样能够促使分析人员考虑更多的因素。

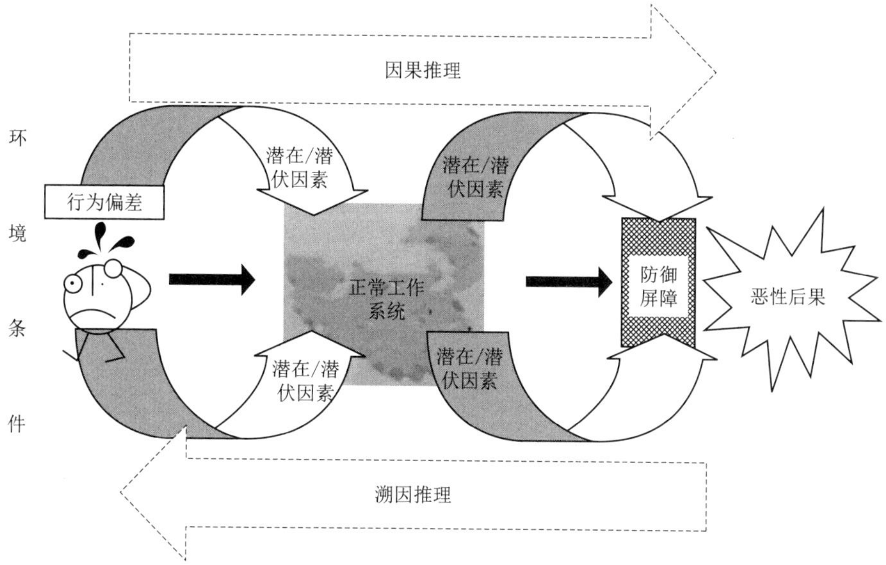

图 7.2.1 传染病事故致因模型示意图

（4）在传染病事故致因模型中，新增了“防御屏障”的概念。该概念意味着传染病事故致因模型重视在事故演化传播过程中出现的各类防护措施。需要说明的是，这里的防御屏障不单单指最终的防护屏障，也包括在传播演化过程中各个环节中存在的防护措施。

（5）新增了“潜在/潜伏因素”因素。该因素与显性的因素相对应，通常是指早已存在于系统中的因素。事件链事故致因模型一般无法识别潜在因素，因为潜在/潜伏因素通常不会直接的造成事故发生。实际上，当某些看似无害的行为偏差出现时，会促使潜在/潜伏因素转变成活性的或者显性的失效，从而进一步使得防御屏障的防护能力弱化，最终造成事故出现。潜在/潜伏因素有多种分类，包括存在问题的组织管理决策、在设计维护过程中出现的失误或缺陷、系统某些功能的退化、维护资源的减少，等等。传染病事故致因模型将事故视为多种因素共同相互作用的结果。特别的，当出现下面几类情况时，潜在/潜伏因素就会同显性因素共同作用从而一起造成事故出现：

（1）缺少某些相应的防御措施。

（2）资源匮乏使得系统对某些事件或突发情况的免疫能力低下。

（3）系统的某一环节处于不稳定状态，此时即使是某个微小的显性因素，也能带来雪崩效应，在隐性因素的共同作用下使得事故发生。

7.2.2 典型分析方法

1. 瑞士奶酪模型

20 世纪 90 年代出现的瑞士奶酪模型分析方法是最经典的基于传染病事故致因模型的事故分析方法。该方法将事故的发生概括为 4 方面内容：组织影响，不安全的监督，不安全行为的前提条件以及不安全的操作。组织影响指的是高层的管理决策问题，比如减少不该减少的安全培训预算经费等。不安全监督是指和系统运行过程直接紧密相关的决策过程，比如当出现已知的恶劣环境时，仍然派出经验不足的人员去执行相关的任务。不安全行为的前提条件是指超过正常负荷的工作、人员之间无效的沟通等。如图 7.2.2 所示，以上 4 个方面的问题会分别存在于 4 类防御层中，这里的防御层可以看作是一些防御屏障也即图中的奶酪片。渐渐地，在这些奶酪片上就会出现一些漏洞（即由前面所提的 4 类问题造成的缺陷），而且这些漏洞的大小和位置会不断变动。当所有奶酪片上的漏洞同时出现在一条直线上时，初始的某个很小的危险事件（如故障）就会径直通过排列成直线的漏洞，从而直接演变成事故。

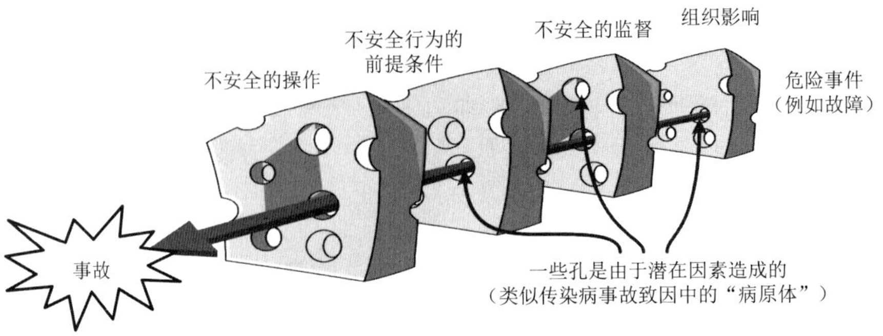

图 7.2.2　瑞士奶酪模型示意

瑞士奶酪模型将上述漏洞或者孔洞视为两类，即潜在失效和显性失效。此处，潜在失效相当于寄居在生物体内的病原体，它们与事故并没有紧密的直接关系，一般情况下只会在事故出现之后才会被人们发现；显性失效是指和事故有紧密直接关系的不安全的行为。通常情况下，潜在失效会存在于 4 层御屏障中的前 3 层中，当不安全的行为（即显性失效）作用于最后一层时，潜在和显性失效则共同导致事故的出现。

2. 领结模型（Bow-tie 模型）

领结模型是由预防措施和安全防护屏障构成的一种安全分析模型，它建立的前提是对不安全因素的分析和辨识。该模型所反映的核心思想是：多层安全防护屏障会逐渐减少不安全因素发生并且还能减弱已发生的不安全因素所带来的影响。领结模型作为一种可视化程度高且易于操作使用的模型，其基础构成是防护屏障。如图 7.2.3 所示，像一个领结一样，领结模型由左、右两部分组成。左边部分由一层层的防护屏障构成，当这些屏障被破坏时，微小的危险因素就会演变成一个严重的意外事件，而右边部分也由一些防护屏障构成，这些屏障代表针对意外事件所采取的补救措施，它们的作用是消除或减弱意外事件带来的影响，从而减少或降低最终事故的严重程度。领结模型通过这种由左至右的层层屏障设置方式，清楚地将危险因素、防护措施以及事故后果之间的关系刻画出来，很容易被人理解并使用到实际情况中去。

领结模型中所说的意外事件通常是指有可能产生人员伤亡、设备毁坏的某些危险的状态或者活动，而模型中的层层防御屏障就相当于奶酪模型中一层一层的奶酪片。根据左、右两部分中屏障的不同作用，左边起主动防御作用的屏障可称之为主动屏障，它们可以阻挡细小的危险因素演变成严重的意外事件；右边起被动防御作用的屏障可称之为被动屏障，它们可以减少或减弱意外事件带来的影响程度。与前述奶酪模型类似，一般情况下，这些主动屏障和被动屏障能够减少或减弱事故发生所带来的后果。但是，与奶酪片一样，在这些防御屏障上同样会存在一些由潜在因素造成的孔洞。当各类屏障上的孔洞呈一条直线排列时，最初的细小危险因素就会径直通过这些防御屏障，从而先造成意外事件的出现再逐步演变成事故。

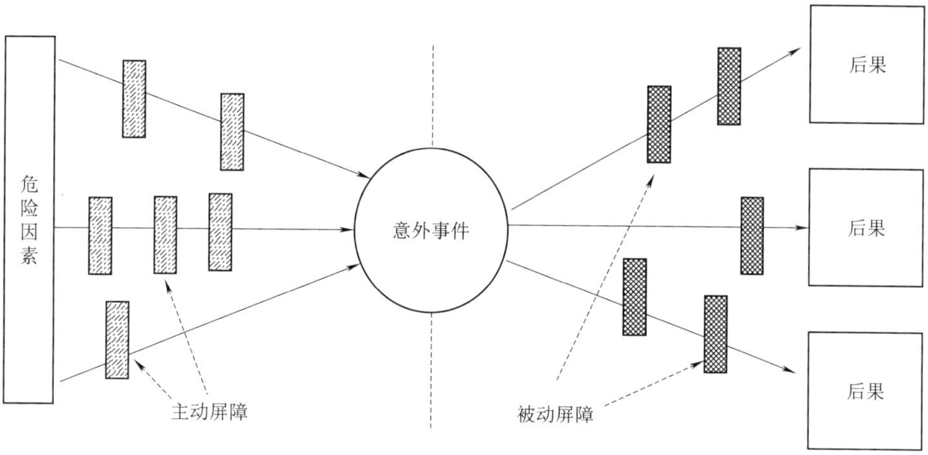

图 7.2.3 领结模型示意图

7.3 系统论事故致因模型

7.3.1 系统论事故致因理念

铁路信号系统是保证我国铁路提速线路和高速铁路列车运行安全、提高列车运行效率的重要系统。它以有效可靠的技术手段对列车运行速度、追踪间隔距离进行实时监控和超速防护，同时能够减轻司机劳动强度、改善工作条件，提高旅客舒适度。

从系统的技术构成层面来讲，我国铁路信号系统采用了以计算机技术、通信技术和控制技术为核心的先进技术与装备。铁路信号系统不再是各种信号设备的简单组合，而是一个包含安全防护、速度控制、信息反馈等功能完善、层次分明的分布式系统。铁路信号系统由调度系统、列车运行控制系统等构成，其中，列车运行控制系统又分为车载子系统和地面子系统等。铁路信号系统中软件密集，其核心功能依赖软件实现，各种嵌入式软件运行在同一个分布式自治系统中，分布式系统通过系统总线和通信网络进行互联。由于通信网络允许各子系统之间进行双向、大容量、实时数据交换，因此与传统计算机系统不同，铁路信号系统将信息逻辑判断、数值计算等功能分散在几个嵌入式子系统中，通过各个子系统协同工作完成系统功能。这种分布式结构可以显著提高系统的处理能力和效率，当然同时也带来了系统之间频繁、复杂的交互和协作。

从人员与系统的交互层面来讲，我国铁路信号系统是一个人—机—环的控制系统，调度员和司机仍然是列车运行安全保障的关键环节。信号系统对人为操作的监督，随着信号系统软硬件设备及其配套设施的自动化、可靠性水平不断提高。系统中人的角色由过去以简单操作为主变为监视—决策—控制，设备功能、性能不断增强也使系统操作和维护人员大大减少。当然，信号系统功能、性能增强，在改善安全性、提高系统效率的同时，一方面使得系统呈现智能化、网络化特征，系统控制更加集中，仅由少数人就能实现对系统的监控，这令大量的潜在危险集中在少数人员身上。另一方面为了保证行车安全，采用了多重、多样的检测装置和完善的自动防护措施，增强了调度员、司机等对信号系统的依赖性，降低了其对信号系统安全风险的警觉性。当然，列车运行控制系统中的调度员、司机等关键岗位人员的作用并未随着自动化水平提高而减弱，智能化系统也仅只是局部替代最终决策的前期功能，即使是在智能化程度最高的全自动运营等级下，调度员和司机依然以系统危险检测和处理的角色存在，即在应急状态下以系统最终的保护和恢复机制出现，如果行为不当易直接导致事故或造成事故结果的恶化。

综上在技术系统、人员因素、组织管理等层面所述的内容，铁路信号系统是由社会系统和技术系统相互作用而形成的，即包括技术系统、人员、组织管理等多种因素的复合系统。系统中人员、设备、环境和管理等要素耦合复杂，共同实现列车运行过程的安全防护控制，是一个复杂的社会—技术系统。

铁路信号系统作为一类典型的社会技术系统，由于引进了大量的新技术，使得其安全分析活动呈现新的特点，具体有：（1）新技术的引进大大改变了当前系统组成部分的特性和系统的构成方式，也带来了新型的危险形式。（2）伴随新技术的引入，系统的复杂程度和各因素耦合关系的不断增加，相应的安全活动需要考虑的因素呈喷涌式出现。然而，随着技术进步速度的越来越快，依赖以往那些以经验积累为主的安全活动能够借鉴的经验越来越少，而且以往经验的时效性越来越短，造成了安全活动的效果越来越差。（3）系统规模增大、复杂性提高后，一旦发生事故，造成的严重程度要远远大于传统事故，系统对单个事故的承受能力大大降低。同时，由于系统内部复杂的耦合关系，致使系统功能优先级别的划分和系统安全活动做出折中妥协也越来越困难。（4）系统的自动化程度随着新技术的引入不断提高，导致人与自动化系统分享越来越多的系统控制权，也使人的因素在系统中呈现出新的分布特点，从而导致了人与系统更为复杂的关系。（5）系统规模的增加和复杂程度的加深，致使系统安全活动从个人向整个组织结构转移，使安全活动从技术性活动转变成为一个社会性的活动。

在 20 世纪末至 21 世纪初的相关研究中，产生了一种基于系统理论（System Theory）的法则、模型或方法的事故致因模型，也就是系统论事故模型。该方法认为在系统的某些特性上，只有在考虑到社会和技术相关的所有方面的前提下才可以被合适地处理。这些系统性能指标来源于系统内不同部分之间的结构关联：相关各部分怎样在机理上相互联系并结合为一体，而不是简单的一个因果关系或者流行病传播模式。系统论模型并不是把整个系统的结构化分解成组件，再了解它的功能并推出事故发生的可能性，而是更关注于整个系统的设计与分析，进而把事故解释为一种“涌现现象”。所谓“涌现”指的是系统不同组成部分在相应条件下由相互作用出现的现象或系统属性。换言之，事故来源于系统不同部分之间的相互作用，而不能简单地归结为单个变量或因素。从某种程度上讲，这些涌现现象也是系统自身的自然行为。如图 7.3.1 所示，在系统论事故致因模型的思想中，要把事故致因的相关传播路径视为一个整体，而不能独立的分析每一个环节。虽然模型里的各事件依然存在因果次序，但每个事件可能会有不同的前驱事件和后继事件，这也就形成了网络。因为事件和事件之间已不能用简单线性的因果关系来描述，系统论事故模型中已没有因果推理方向，只有由事故出发的溯因推理方向。事件和事件之间也不是线性因果关系，而是由路径末端事件的影响在传播路径中被逐渐放大最后导致事故发生。也就是说，结果不再是输入的按比例输出，是由多个因素相互作用产生的后果，与各影响因素之间呈非线性关系。

在系统论事故致因模型中，传染病事故致因模型的环境条件和行为偏差被简化成“前端（Sharp End）”和“末端（Blunt End）”，以便于描述故障的产生过程。这里的前端和末端的概念和传染病事故致因模型中的潜在因素类似。“前端”表示与实际事故中的危险过程直接相关的人，在事故发生时出现在事故现场的人，如列车司机、调度员、维修人员的这类操作人员。“末端”指的是影响前端人员相关的资源和约束的人，换言之，前端的资源和约束的影响并不存在突发性，而是由此前其他地点的人员的相关决策所决定。

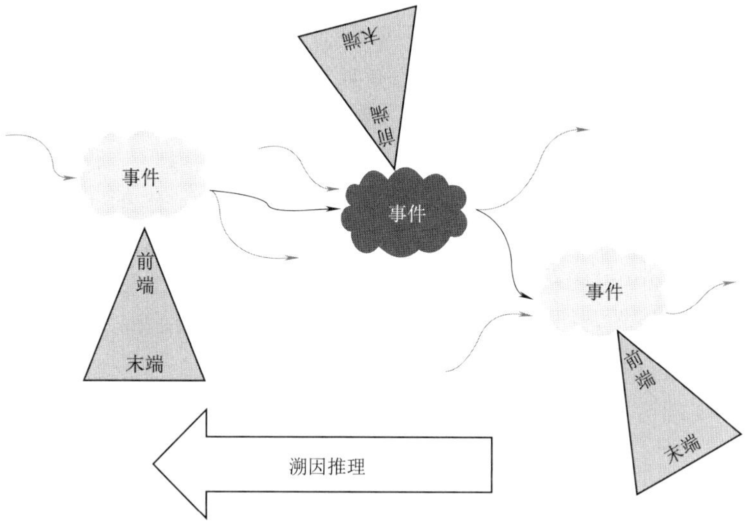

图 7. 3. 1　系统论事故致因模型思想示意图

系统论事故模型认为末端因素导致了前端的故障或错误，也就是说，溯因推理不但要寻找一个简单的因果关系链，还要找到末端因素网络。为了找出前端错误“不安全行为”的原因，需要分析现场的作业环境，而现场的作业环境又由现场相关部门的管理行为和手段所决定。依此类推，找到了国家和社会因素对前端错误“不安全行为”的影响，如安全文化、安全原则、安全法规的拟定，还有相关的管理措施和资源配置。当然，推理的程度由负责分析的工作人员主观意愿和有关信息客观条件所把控，也不是所有的推理都要蔓延到社会或国家层面。

7. 3. 2　功能共振事故模型

功能共振事故模型（Functional Resonance Accident Model，FRAM）是由随机共振理论（Stochastic Resonance）衍生而成的。这种理论原应用在刻画随机噪声信号叠加到弱信号时所导致的增敏现象。在 FRAM 模型中，系统由管理组织、人员、技术设备等不同的因素组成，其中，各个因素的状态并不是一直稳定的，而是一直存在随机的不同性能波动的可能。当这些性能波动都存在于一个可控的范围时，系统会正常运行（即处于安全状态）。除以上因素外，环境因素也是对系统安全有影响的一个重要因素，而且其他因素的性能波动会一起影响其性能波动程度。反之，环境因素的性能波动也能够影响到系统内部的因素，当环境因素的波动影响某一或者某些因素时，会出现和信号增敏现象相似的性能共振情况，如果该因素的波动超出了可控范围，那么系统事故就很有可能发生。因此，FRAM 模型认为系统事故发生的原因是管理组织、人员、技术设备等因素的性能波动出现了共振现象，而对事故致因的分析就是对不同因素间的性能波动情况以及这些因素的相互关联情况进行辨识和解析。

基于 FRAM 模型的事故原因分析和以往的事故分析不同，它是在系统整体的角度辨识事故原因，避免了传统的事故分析把系统事故当成各种事件顺序发生或简单叠加的情况。

FRAM 模型将系统的运行过程分成了一些同时运行的工作单元。其中，工作单元是指系统内部一个或几个因素（如系统构件、操作人员等）的运行过程，它以某项工作的执行结束作为划分标准，并不是简单地把组件单元或单一功能当成单元划分标准。FRAM 模型通常将某一个工作单元用六边形表示，如图 7.3.2 所示。其中，六个角有着不同的含义，分别是：工作单元的输入（Input，I）、作用在工作单元上的控制（Control，C）、工作单元的输出（Output，O）、工作单元运行需要的时间（Time，T）、工作单元需要的资源（Resource，R）和确保工作单元能够正确运行的前提条件（Precondition，P）。按照系统的整体工作过程，连接不同工作单元中存在相互关联的角，这就形成一个工作单元网络，也就是 FRAM 模型。在 FRAM 模型的基础上，依照工作单元的性能波动评价标准，评价每个不同工作单元的性能波动程度，可以找到负面的波动。最后，根据 FRAM 模型中不同单元之间的关联关系，分析不同的负面波动对其他因素造成的影响以及它在工作单元网络中的传播路径，可以找到引发系统事故的致因。

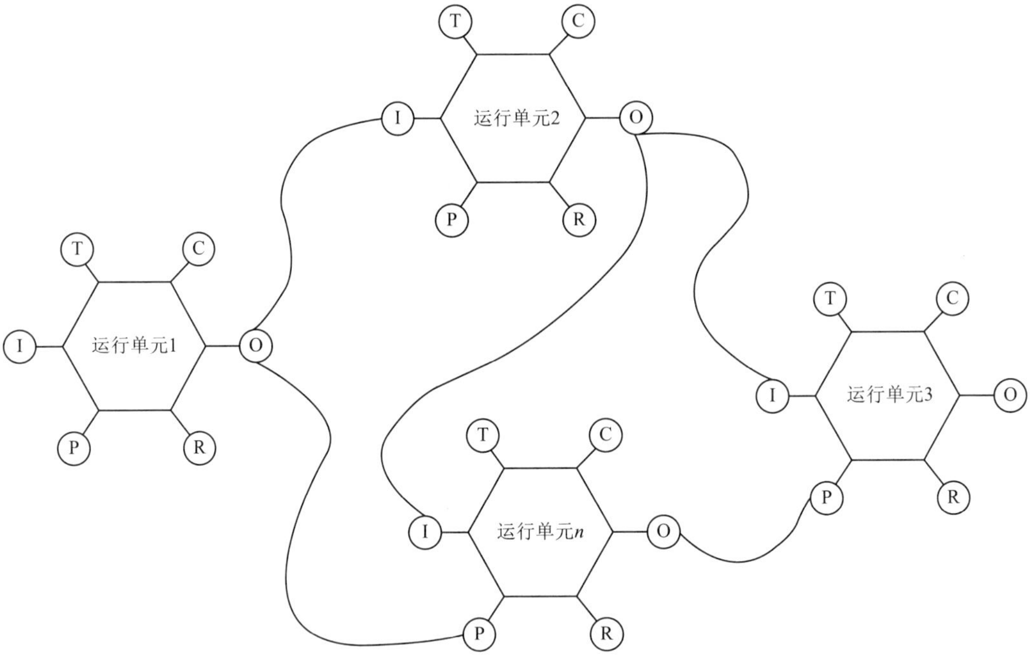

图 7.3.2　功能共振模型示意

7.3.3　系统理论事故模型及过程

系统理论事故模型及过程（Systems-Theoretic Accident Model and Process，STAMP），是一种基于系统理论，把系统视为一个有机的整体，通过其各部分之间的相互作用共同决定其安全性。我们把像这样由内部元素间的相互作用最终显出的系统整体特性叫作涌现性。换句话说，STAMP 就是把系统的安全性当作系统整体的涌现性。

我们可以在系统论中了解到，约束系统中单一元素的行为和各不同元素之间的联系，可以实现对系统涌现性的控制。由此可知，STAMP 实际上把系统的安全问题变成了对系统的控制问题，控制目标即保证上述约束（称之为安全约束）都能满足实现，来保障系统的安全性。使用 STAMP 理论对系统事故进行分析的关键在于找到系统生命周期每个阶段存在的安全约束缺陷。

STAMP 模型包含 3 个基本概念，分别是约束、分层控制结构以及过程模型。

（1）约束

安全约束是 STAMP 中最核心的概念。正是因为安全约束没有得到严密的保障与控制，系统才发生了事故。举例来说，“列车在运行过程中不能超过限制速度和限制距离”是针对列车行为的一条安全约束，这则约束的实现需要保证车载设备能够对列车实行有效控制。当车载设备没有妥善的监督控制时，这一安全约束就没办法实现，从而可能导致一系列相关的危险事件发生，如追尾、脱轨等。因此，我们需要分析对这些安全约束的控制是否稳妥，如果这些控制行为存在问题，那就要在系统设计中施行相关的改进措施，来保证安全约束的实现，从而提高系统的安全性。

（2）分层控制结构

在系统论中，我们可以使用分层的控制结构（Hierarchical Control Structure）来描述复杂的系统。这样的分层结构把系统分为不同层次的控制过程，即上一层的组织或结构通过控制手段约束下一层的组织或结构，同时下一层还会将安全约束的执行情况反馈给上一层。其中，相关安全约束的执行由控制手段来具体实现，当过程中存在不合适的控制行为，并且下一层组织或结构存在违反安全约束的情况时，就会发生系统事故。导致系统存在不恰当控制的主要原因有：相关安全约束的缺失（没有指定安全责任）、安全控制命令存在不足、充分的安全控制执行出现问题、低层向高层的状态信息反馈过程有缺陷等。STAMP 正是通过上述的分层控制结构对复杂系统中不同层次的控制过程进行解析，进而深入探索系统中可能存在的不充分控制。此外，我们还可以通过分层控制结构中的控制与反馈过程，了解到系统中不同组件之间的交互关系和相关状态。由此可见，分层控制结构对于故障事故的致因研究和预防事故发生都有着不可或缺的作用。社会技术分层控制结构的一般形式如图 7.3.3 所示。

在如今这些现代化的系统中，除了在系统技术层面上，不同组件元素间存在交互关系，参与系统设计、研发以及运营维护等过程的各种团队、组织之间也存在着交互关系。现在的社会技术系统正是由这样互相关联的不同组织、团队、技术元素等组合而成。对于这种社会技术系统，可以采用分层控制结构来刻画系统开发阶段中的政府部门、监管部门、公司管理、过程管理等组织或过程之间的不同层次的控制过程，也可以对系统运行阶段中的不同层次的控制过程进行描述。当然，系统各阶段的分层控制过程并不是相互独立的，它们之间还存在一定的沟通与联系。我们以一个普通的社会技术系统开发阶段和运行阶段为例，如图 7.3.4所示。图中描绘了社会技术分层控制结构的一般形式，向我们展示了上述分层控制结构的主体思想。值得一提的是，该结构主要描述了一般情况下社会技术系统的开发和运行中的分层控制情况，然而，落实到具体的安全分析对象，需要创建的分层控制结构是不一样的。

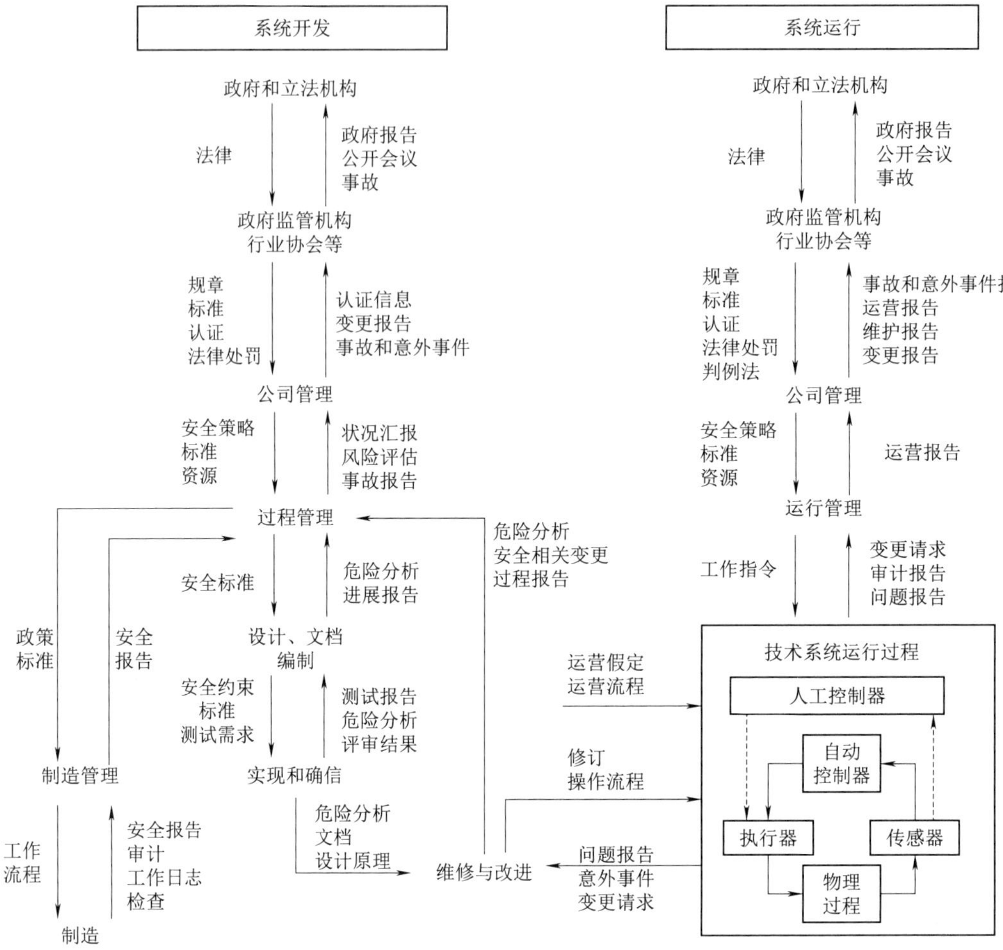

图 7.3.3　社会技术分层控制结构的一般形式

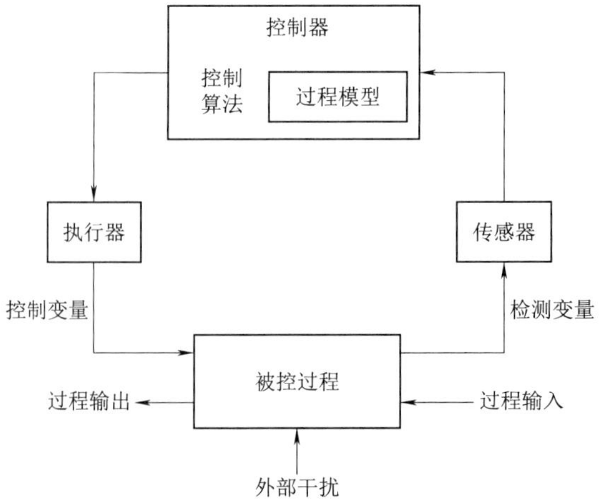

图 7.3.4　分层控制结构中的控制环路及过程模型

（3）过程模型

系统控制结构中的另一个重要部分就是过程模型。过程模型代表控制器对于被控过程的理解和认知。导致不安全控制的原因分类如图 7.3.5 所示，图中是分层控制结构的其中一个控制环路和它对应的过程模型。过程模型由过程模型变量（包括被控对象的系统变量以及与危险相关的环境变量）的当前取值、变量之间所需的关系，以及如何调整当前的系统状态这些部分组成。过程模型的概念是比较抽象的，它既可以出现在控制器中，也可以体现在控制人员的大脑里。它不断更新反馈过程，将相关信息提供给控制者，便于其制订一系列控制行为。显然，在过程模型与被控过程不匹配时，即被控过程没有被过程模型所真实反映，不恰当的控制行为就会发生，这也是导致系统事故发生的原因。

采用 STAMP 模型对系统事故进行致因分析，就是利用系统的分层控制结构来找出导致事故的不安全控制行为，并进一步利用一些引导指示词语（图 7.3.5）对导致不安全控制行为的原因进行分析。一般情况下，我们把不安全的控制分成以下几类：①控制器没有提供相关的控制行为或者提供了控制行为，但实施方面做得不好。②控制器提供的控制行为是不安全的或错误的。③正确的控制行为开始得过早或过晚。④正确的控制行为结束的过早或过完。这些分类为我们之后基于 STAMP 模型进行事故分析指出了溯因的方向。

1. 控制行为没有充分遵守约束
   1.1 存在未辨识的危险
   1.2 对于已辨识的危险：控制行为不恰当、无效或者缺失
      1.2.1 控制器中的算法没有遵守约束
         —算法的创建过程存在缺陷
         —被控过程发生改变，而算法没有相应变化
         —对算法进行错误的修改
      1.2.2 过程模型不一致、不完整或者不正确
         —过程模型的创建过程存在缺陷
         —过程模型的更新过程存在缺陷
         —没有将时间延迟或者测量误差计算在内
      1.2.3 不同控制器之间不够协调
2. 控制行为的实施不恰当
   2.1 通信缺陷
   2.2 不恰当的执行器操作
   2.3 时间滞后
3. 反馈过程不恰当或者缺失
   3.1 没有设计反馈
   3.2 通信缺陷
   3.3 时间滞后
   3.4 不恰当的传感器操作（反馈不正确或者没有反馈）

图 7.3.5　导致不安全控制的原因分类

STAMP 模型将系统安全重点由防止失效转到实施行为的安全约束，事故致因观念扩展到了包含组件交互事故，安全问题转换为控制问题而不是可靠性问题。Nancy 提出“事故发生是因为违反了系统安全约束”的思想，从崭新的角度解释了事故发生的原因。在 STAMP 模型基础上，Nancy 教授提出基于 STAMP 的因果分析——CAST 方法。CAST 方法将事故分析视为一种“为什么”的分析方法，而不是一种“追究、责备”的分析方法，即 CAST 方法会完整的分析事故发生的根本原因（Root Cause），而不是在找到事故责任人（通常是操作人员）或事故的近因事件链（Proximal Event Chain）或相关原因时就停止。

CAST 方法的分析步骤如下所示：(1) 识别与损失相关的系统和危险。(2) 识别与危险相关的系统安全约束和系统需求。(3) 描述既有控制危险并实施安全约束的安全控制结构，包括每个组件的作用和责任、所提供或产生的执行各自安全责任的控制以及提供给它们辅助控制实施的相关反馈。(4) 确定导致损失的近因事件链。(5) 分析物理系统层的损失。确定下列每类事件的影响：物理的和人为操作控制、物理失效、不正常交互、沟通和协调缺陷以及未处理的干扰。确定既有物理的控制没能有效防控危险的原因。(6) 逐步移向安全控制结构的高层，确定每个高层怎样和为什么会放任或促使当前层出现不恰当控制。(7) 检查所有协调和沟通对事故的影响。(8) 确定与事故相关安全控制结构的动态和变化以及安全控制结构随时间的衰退。(9) 形成建议。

复习思考题

1. 列举至少 3 种铁路运输列车运行事故类型。
2. 比较事件链、传染病和系统论事故致因模型的不同之处。
3. 试用事件链事故致因模型分析埃舍德高铁事故。

8 基于风险的安全管理方法

8.1 基于规则的安全管理方法

工业革命之后，蒸汽机在制造业中得到了广泛应用，与之俱来的是层出不穷的各种事故。政府为了规范蒸汽机的设计和应用，将设计者的经验教训进行收集整理，推出了以技术指标、设计方案为主要内容的第一代工业标准。核对系统设计是否符合标准、测试系统是否达到技术指标是当时安全评价的主要工作。在机械控制和电气化信号系统时代，信号设备的失效机理相对简单、失效模式可穷举，基于技术指标的安全评价方法得到了广泛的认可。例如，我国铁路行业就对轨道电路、道岔转辙机等专用设备制定了详细的技术条件标准，并规范这些指标测试方法。相应地，这些专用设备的安全评估主要检查设备的技术参数，以及参数测试方法、过程是否满足国家标准要求。由于几乎所有安全相关验收项都可给出类似“对”“错”“是”“否”等的确定答案，而且系统安全被认为等同于验收项达标。

随着电子时代的到来，新技术层出不穷，产品的设计开发周期明显缩短，产品的更新换代也日趋频繁。技术更新不仅发生在产品的使用过程中，甚至产品投入使用前其技术就已经过时了。标准修订往往要严重滞后于技术更新，其一，新技术可能没有足够的统计数据来形成指标；其二，新技术越来越复杂，特别是计算机这种通用设备的出现，使得测试结果已经无法全面表征其安全性。因此，指标驱动的安全评价的应用范围受到了限制。

列车追尾等事故引发了对于传统工业系统安全评价方法的反思，以具体技术指标为基础的安全评价方式忽略了影响系统安全的人为因素，无法覆盖以计算机等新技术为主导的先进技术系统的所有安全属性。据此，HSWA 法案提出采用以安全目标为核心的安全认证制度，即安全认证由规定具体测量指标转为制定安全目标。该制度的三个基本原则是：

（1）风险制造者必须负责控制风险。风险控制不再是政府的责任，而是更合理地由危险的制造者承担。产品供应方和运营方直接负责产品的设计、制造和操作，更加熟悉危险致因，也能更加便利地控制风险。他们需要对系统安全直接负责，有义务提供安全证据并说明系统的安全性。

（2）以安全目标为基础的安全管理模式。安全控制以设置安全目标进而实现安全目标的方式进行，而不是仅仅遵照具体的指标数据。

（3）所有风险必须降低到并保持在可接受的范围。这是目前世界范围内各个工业领域所公认的基本安全原则，也是最根本的安全目标。

这 3 个基本原则明确了设备供应方和运营方有责任提供安全设备并使设备达到要求的事故率或死亡率，同时有责任提供相关证据说明其安全性，仍然是当今安全评估体系的基础。

HSWA 法案促使设备供应方和运营方更加主动地提升并验证安全性。信号系统进入自动化时代后，由于计算机技术的应用使得系统输出从具有连续特性的模拟量变为离散的数字量，无法再通过有限次测试结果推知系统所有行为；同时，计算机强大的处理能力和软件的灵活性也使得系统复杂性显著提高，也不可能仅通过原理证明、系统分析评价系统安全性。为了解决自动化信号系统的安全评价，人们逐步在产品测试的基础上增加证明、分析、记录等多类型证据，专家综合各方面证据给出个人对系统安全性的判断，“安全评估”（Risk Assessment）的概念逐步形成。

8.2 基于风险的安全管理方法

计算机系统较机械、电气等最大的不同之处在于计算机是在通用设备的基础上直接以软件形式“书写”设计思想，而不需要每次都针对特定应用需求从零开始通过一个个机械或电气组件逐步搭建。软件是“无形”的，不存在外在物理表征，也不存在自然老化问题。但软件易实现、易修改和逻辑复杂、规模庞大，需求规格书、设计、生产、安装、操作以及维护等系统全寿命过程中由于人为错误引起系统性失效（Systematic Failures）是引发系统危险的重要致因。与随机故障不同，系统性失效是由于始终存在的人为错误引起的，而不是随机发生的，简单地增加备份系统难以发现或规避系统性失效。系统性失效的根源也不在于失效本身，早期系统安全分析技术往往以危险故障模式作为目标，很难对系统性失效提出有效措施。而且，计算机系统状态空间过于庞大，传统的测试手段不可能穷举所有软件路径，研发后期测试很难发现所有系统性失效。

由于计算机事故致因机理及信号系统复杂性提高，铁路行业的安全理念也发生转变，“危险（Hazard）①”取代“故障”成为系统安全理论的核心。很多国际标准都给出了危险的定义，其中MIL-STD-882E中给出的定义更为完整。危险被定义为系统运行过程中“真实存在或可能出现的条件（Condition），这种条件下可能引发某个或一系列意外事件，导致人员伤亡、设备/财产损失、环境破坏，职业疾病的恶劣后果”。首先，危险并不是系统的静态状态，而是系统行为与运行环境的耦合作用，即系统在某种环境或前因后果下的特定输出或无输出。描述危险不能仅包括系统行为，还应明确对应的运行环境。其次，这种不安全的条件可能是系统设计错误（即所谓的“真实存在”），也可能是未预料到的系统运行条件或运行条件的改变使原有设计不再安全（即所谓的“可能出现”）。列控设备的安全与否与设备工作环境、子系统间接口、线路参数等息息相关。正确理解危险的概念，对设备运用维护、安全管理也具有很强的指导意义。

系统安全保障的主线就是在全生命周期对系统危险进行跟踪、控制，如图8.2.1所示。为了表现系统的“相对安全”特性，引入风险（Risk）的概念以度量危险的大小。安全风险（简称风险）定义为危险发生概率（Likelihood of Hazard Occuring）与危险严重程度（Hazard Severity）的结合，体现了危险（Hazard）的两方面属性。找出可能导致事故的危险，并把这种危险发生的可能性具体化为一个数量指标，计算由其导致的事故发生的概率和严重程度，划分风险等级，制定安全标准和对策措施，并对其进行综合比较和评估，从中选择最佳的方案，预防事故的发生。也就是说，安全不再是一个“是”与“否”的问题，需要根据评估员的个人经验和主观判断决定。

---

① 作者认为“Hazard”一词很难找到准确的中文词汇与之对应。本书中依据《可靠性维修性保障性术语集》将其称为危险。

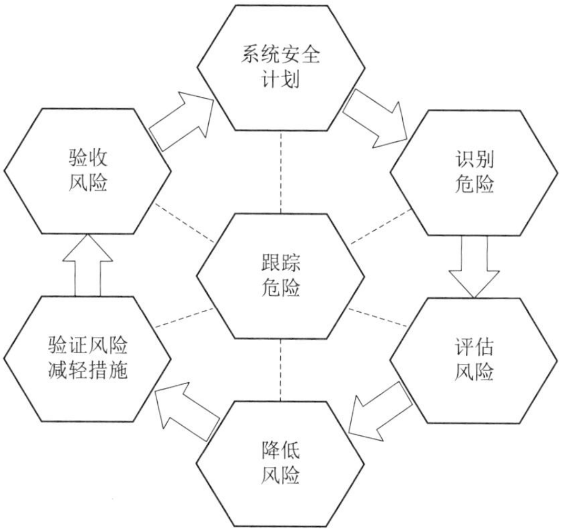

图 8.2.1　系统安全保障核心过程

8.3　风险接受准则

由于联锁、安全继电器电路等本质安全设备逐渐被计算机技术所取代，“相对安全”取代了“故障—安全”“绝对安全”的概念成为安全相关工业的共识。

为了降低安全风险，就需要在系统的设计、制造、安装、使用等整个生命周期的各个阶段采用各种技术手段和管理措施实现更加严苛的安全约束，随之而来的是高昂的成本和运行效率的牺牲。因此，即便安全被作为所有安全相关工业的首要目标，人们也不可能不计成本地降低风险、提升安全。对于可能威胁公众安全的行业，决策者必须认真和深入地思考公共健康与公共其他利益（如经济成本、人工成本、运载能力等）之间的权衡。

在铁路行业，欧洲 CENELEC 的系列标准提出了风险接受原则（Risk Acceptance Criteria），也称为风险容忍原则（Risk Tolerance Principle）或安全原则（Safety Principle），从而对安全与其他利益之间的权衡决策提供依据。标准推荐 3 种较为成熟、合理的风险接受原则：法国的 GAMAB 原则、德国的 MEM 原则和英国的 ALARP 原则（表 8.3.1）。

表 8.3.1　GAMAB、MEM、ALARP 对比

	GAMAB	MEM	ALARP
主要特点	比较两个系统。新系统应该整体上和既有系统一样安全	根据一般人群的最低死亡率来计算可接受的风险	规定铁路安全责任单位应采取任何安全措施将风险降低到 ALARP 水平。如果安全措施成本与风险降低收益相匹配且已经考虑了风险评价中的任何不确定性，则可认为该安全措施是必须的
假设条件	与新系统类似的系统已经存在且已对既有系统进行分析	假设风险可以分配给子系统和组件	假设不同类型和严重程度的伤亡造成的损失具有确定的相对权重和数值

续上表

	GAMAB	MEM	ALARP
参考对象	参考系统	个人正常死亡风险	不同选择或安全措施相关的整体风险的变化
接受原则	新系统的风险低于或等于既有（旧）系统	系统导致的个人死亡率低于 MEM 推导出的可容忍风险	如果安全措施成本与风险降低收益不匹配且已经考虑了风险评价中的任何不确定性，则可认为该安全措施是非必需的

（1）GAMAB（Globalement Au Moins Aussi Bon）原则是法国的风险接受原则，其要求对于所有新系统必须提供最好的安全性能，至少也要和现有的同类系统的安全性能相当。

（2）MEM（Minimum Endogenous Mortality）原则的字面意思是新系统的应用不能增加人们伤亡的概率。德国在应用 MEM 原则时规定铁路系统造成的人员伤亡低于国家的最低自然死亡率。因此，铁路系统一般将其安全目标规定在 $RM = 10^{-5}$灾难性危险/人 × 年。

（3）ALARP（As Low As Reasonably Practicable）原则起源于英国，是目前应用最为广泛的风险接受原则。ALARP 原则的含义是在成本允许的情况下，采用合理、可行的方法尽可能降低风险。它把风险划分为 3 个等级，如图 8.3.1 所示。最上面是完全不可接受的区域，处于该区域的风险要不惜任何代价予以降低。最下面是可以忽略的区域，即风险几乎不可能对人、环境或财产带来损失，处于该区域的风险需要进行监控保证他们一直处于该区域。中间是 ALARP 区域。处于该区域的风险不容忽视，需要采取在技术可行、成本允许的措施进行处理，将风险降到最低程度。

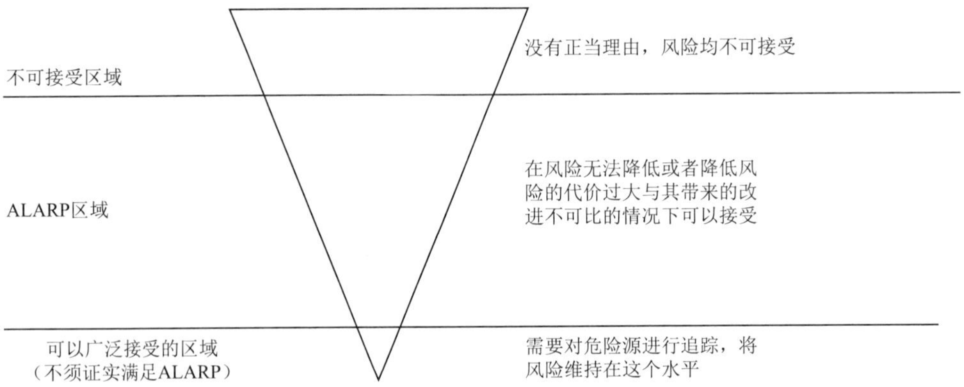

图 8.3.1　ALARP 风险区域划分

在进行信号系统设计之前，首先需要选择所参照的风险接受原则。风险接受原则的选择会受到政治、法律、经济、科技等多方面因素的影响。如当先进科技给人类生活带来较大便利时，人们也会倾向于接受其给安全性带来的隐患。因此，一般情况下，国家应从行业角度给出相关规定。

从形式上看，GAMAB 原则和 MEM 原则均定义了一个门限来判断系统的安全性是否可以接受，便于执行。而且，门限的选择均具有很强的普适性，比较客观。另一方面，GAM-

AB 原则和 MEM 原则风险接受门限的参照物选取为“现有同类系统”和“最小国家人口自然死亡率”。这样的门限不仅仅使风险接受原则更加客观，而且是从结果方面清晰地划分系统安全界限。

GAMAB 原则和 MEM 原则的主要差异是风险接受门限参照物选取不同。GAMAB 原则采用同类系统为参照物，较好地体现了社会因素方面的考虑。MEM 原则门限太过一般，没有考虑人的风险认知心理、系统具体情况等诸多复杂因素。比如人对于铁路风险的接受程度与民航、公路等交通工具的应当有所区别。

ALARP 原则并没有明确规定一个界限，而是定义了一个区域。鼓励最大限度地降低风险提高安全性，同时又兼顾了成本因素，在一定程度上推动了风险降低技术的研究和应用。与法、德两国的风险接受原则相比，ALARP 原则的要求更加严格，设计过程中需要对多种风险降低措施进行分析，选择出最合理的方案，而且风险可接受的论证工作也非常烦琐。

但是，ALARP 原则在 ALARP 区域风险的处理也会带有较多的主观因素，减弱了其可操作性。由于 ALARP 原则没有约束安全门限的形式，同时更加强调企业的安全责任，因此该原则已经被美国、澳大利亚、加拿大等大多数国家所接受，广泛应用在铁路、化工以及民航等多种安全苛求工业。我国高速铁路领域绝大多数企业都选择使用 ALARP 原则。

ALARP 原则还有很多“变种”，有些行业对 ALARP 进行了简单修改以体现其自身的特殊安全要求。ALARP 原则主要面向民用安全相关系统，通常规模庞大、数量众多、服役周期长而成本有限，不可能不惜建设和维护成本、无止境地提升安全，因此安全性的首要限制因素是成本。而在航天领域，单次任务的圆满完成是其追求的终极目标，安全是完成任务的必要条件，因此 ASARP（As Safe as Reasonably Practicable）原则要求在全生命周期的每一个阶段系统安全都具有比工作效率、工程时间和成本更高的优先级，即不允许因为系统工作效率、工程时间和成本原因而牺牲安全性。同时，安全并不是完成任务的充分条件，因此当安全与系统其他性能相矛盾，而进一步提高安全会导致该性能显著下降而威胁到任务完成时，安全就必须做出适当让步。因此，风险接受原则的选择还需要充分考虑行业特征和需求，简单的比较风险接受原则之间的优劣是毫无意义的。

风险接受原则应由需方，即铁路运营单位指定。风险接受原则决定了风险接受标准，是产品安全验收的重要依据。因此，需方通常会指定招标产品应遵守的风险接受原则，以便划定验收指标和验收方式。另外，铁路运营单位是铁路生产的执行环节，统一需要确定运营管理的风险接受原则。风险接受原则决定了企业的安全度量方式。如果使用系统的安全度量方式与企业管理方式不符，则很难对该系统的安全性能进行统计和追踪，进而影响到系统维护和使用的管理。因此，从自身便利角度，需要也会要求供应商使用相同的风险接受原则。

风险接受原则是供、需双方进行技术协商的基础。与项目交付物、基本性能需求，工期等一样，安全目标和需求作为项目目标的一部分也是供需两方商讨的结果。需要注意，所有协商结论都要与指定的风险接受原则相一致。

8.4 风险控制方法

英国铁路安全管理手册（Railway Safety Management Handbook）为风险控制提供了统一的框架，该框架包括危险识别（Hazard Identification）、致因分析（Causal Analysis）、结果分析（Consequence Analysis）、损失分析（Loss Analysis）、风险降低措施分析（Options Analysis）、影响分析

(Impact Analysis) 和符合性论证 (Demonstration of Acceptability) 7 个步骤，因此铁路行业将其简称为“七步法”，如图 8.4.1 所示。

在这个框架中，我们应对不同的风险采用不同深度的分析。一般来说，定性风险分析适用于风险较低的情况，而定量风险分析适用于风险较高的情况，也可以采用混合的方法分析风险。我们也在定性和定量的方法中实施对风险进行保守的估计，即这些保守估计不会低估风险。七步法是风险分析中的一种关键的方法和技术，它不仅在铁路系统中得到应用，更广泛地应用于化学等其他领域。

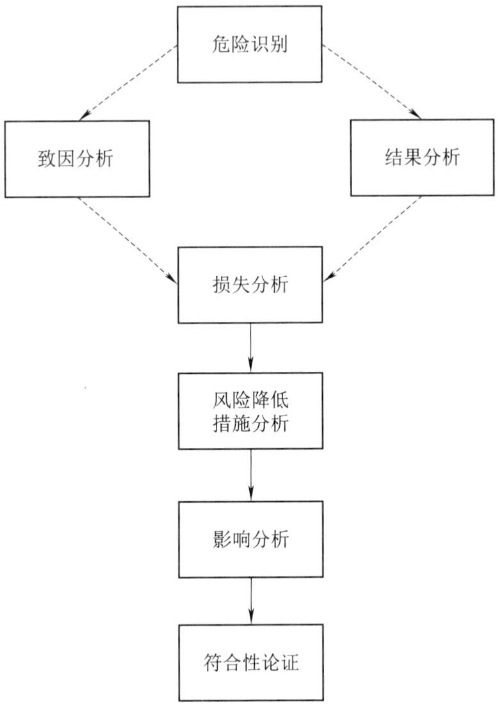

图 8.4.1 风险分析的七步法

所谓的七步法是指在风险分析过程中的七个步骤：

(1) 危险识别：对危险的识别和排序。

(2) 原因分析：引起危险提升的主要原因因素的分析，包括对每一个危险发生的可能性的估算。

(3) 结果分析：由危险引起的最终结果和演变过程的分析，包括危险引发事故的可能性的估算。

注：原因分析和结果分析可以同时进行。

(4) 损失分析：每个危险引起的结果都与一系列的损失（包括对人的伤害、对环境的破坏和经济损失）有关。在做出降低风险的选择之前，损失分析需要估计安全损失的等级。

(5) 风险降低措施分析：风险的降低和控制需要每个危险潜在风险的降低方法的理由。风险降低措施分析包括风险分析方法的确立和所实施的工作进行评估的花费。

(6) 影响分析：包括对比风险的降低，对实施每种降低风险的方法带来的利润进行评估。这要通过综合考虑该方法带来的影响。

(7) 符合性论证：包括决定哪些降低风险的方法应该被执行，确定仍存在风险的可接受度。符合性论证是通过选择符合关于可接受的风险的法律规定或安全目标的措施来实现的。

对系统进行风险分析的七步法过程可简单的描述为图 8.4.1 所示。

定性风险分析大多依赖于业内专家的判断和以前积累的经验。它涉及在主观和粗略的方式中的任务风险。定性分析中并不是完全没有定量分析，一般在定性分析中使用数量级的估算。它的优势在于不需要详细的定量计算、数据收集以及分析工作，过程相对简单，比定量风险评估的花费少。它的劣势在于需要对系统的相关条件和状态进行十分详细、完整的假设。核心风险评估仅仅使用定性分析是不够的，这些风险包括高发的低损失故障风险和低发的高损失故障风险，就要采用定量分析的风险方法。

定量风险分析需要严密的分析过程。与定性风险评估基于相同的基本原理，定量风险分析基本上需要建模，使用目标和有效的数据，还有对输入数据不确定性的恰当处理，对与风险有关的重要元素之间依赖条件的正确处理。它的优势是相对于定性风险评估更加精确，能够帮助确定系统中隐藏的假设，可以对危险的潜在原因和结果有更好的认识。它的劣势在于过程非常复杂，需要专门的技术，需要大量的客观数据，对系统故障难以定量，相对于定性风险评估花费昂贵，需要极大的计算资源。

对于绝大多数的风险仅仅使用定性风险分析就足够了。但是，对于会导致潜在灾难性后果的危险，就需要定量风险评估了。对于一个新系统，在没有足够的经验进行定性风险评估时，也应该使用定量风险评估方式。

1. 危险识别

危险识别是风险评估的基础。如果没有系统而全面的系统识别过程，将会对风险评估过程带来致命的危险。最糟糕的情况是，这还能树立安全的假象和盲目的自信。

在进行危险识别之前，需要弄清楚相关系统的边界以及它与周围环境的相互作用。危险识别的时候，应该时刻注意没有被识别到的接口，以及对危险有潜在影响的因素。

危险辨识的时候不能仅仅局限于不变的运行阶段，而且应该考虑到全面的生命周期，包括从在铁路上第一次安装一直到最后的退役，还有维护和升级过程。

危险的系统辨识需要经验也不能缺少创造，因此通常将危险辨识方法分为两类：经验性的危险辨识和创造性的危险辨识。

经验性的危险辨识基本依赖于以前识别潜在危险的经验和知识，对于常规的工作这样已经足够，但是对一些新颖和修正的事业就需要具有更加创造性的危险识别方法。经验性危险识别方法包括：检查表、故障模式和影响分析（FMEA）、人机界面的任务分析等。这些方法可以辨识出特定的可能导致危险环境的组件故障或人员失误。因此这些方法的确需要一个关乎组件和子系统的故障模式的详细的了解，这些故障模式也包括人类行动和可能错误。

创造性的危险辨识方法提供了系统性技术来鼓励有想象力和横向的思维。理想的情况是使用团队为基础的方法来开发一些多变且能够补充的个别背景。创造性的危险辨识方法包括：头脑风暴、危险和可操作性研究（HAZOP）等。

经验性和创新性的危险辨识方法互相补充，增强了能够确认出所有重要危险的信心。错误的辨识需要一个具有丰富行业经验和熟悉设备技术的多学科的团队。

一旦确定，危险就得列成清单。危险记录通常保存在危险日志中。通常情况下，一个危险有几个诱因。如果已经完成了对大量危险辨识，就应该检查没有分隔识别危险的多重诱因。为了能够将风险评估的主要精力放在最重要的危险上，危险需要分类。风险评估的后阶段工作应该应用在此基础上，并且从最危险的事件开始。每一个危险的相关序列应该用于指导进一步分析的宽度的深度。

2. 原因分析

一旦对危险进行了识别和排列，就应该确定对危险的出现起关键作用的因素，这样就使得：

（1）能够准确估计每一个危险出现的可能性。

（2）帮助确定减少其发生可能性的措施。

原因分析需要关于系统或者设备专业领域内的知识。原因分析一般假设设计材料是按照功能层次安排的，这样的层次结构能显示如何将整个系统分解为较小的部件。

在因果关系完成之前，分析人员应该看到一个完整的设计材料，通常包括如下但是不仅限于此。

（1）系统的物理图纸。

（2）元件清单。

（3）操作和维护方法介绍。

分析过程中需要考虑到的最重要因素是：

（1）一般诱因引起的故障的识别和建模。

（2）错误和故障之间的相互关系。

（3）修正的逻辑关系。

大多数原因分析技术需要使用产生危险的错误和故障的图表。这能够帮助理解和交流危险诱因之间的关系，因此是推荐的做法。

原因分析可以是定性的也可以是定量的。定性原因分析应该充分深入使得对危害可能性的实际主观估计可行。做到这一点不必对系统的基本元件的故障细节深入研究。定量分析对危险的定量原因分析应该持续到所有的基本因素都确定，或者再也没有足够的可靠性数据来分析。基本因素包括基本部件故障和人为错误。

因果模型的精确定量分析需要对基本因果元素出现的可能性和频率的客观估计。依照概率运算的原则结合所有的诱因因素估计危险发生的可能性。

开展量化的原因分析需要关注以下因素：

（1）获取可靠而准确的数据。

（2）不确定数据的适当处理。

（3）灵敏度分析。

（4）确定不同的原因因素适当结合以产生一致的结果（例如：确保两个频率不会相乘而造成时间的平方的单位）。

不确定数据的处理深度应根据评估的危险性质的不同而不同。举例说明，通过其可能产生的潜在的严重后果分析危险。假设确定了某个诱因因素，而这个因素的产生直接导致危险产生的概率显著提高。诱因因素频率估计的大量不确定性可能导致决定危险的频率的大量不确定性（或许，会导致对潜在威胁的低估）。在这样的情况下，必须对因果因素的可能频率进行进一步的分析。

定量分析就是尽可能地减小不可能性的程度。所有的不确定性的属性和影响必须详细记录下来。当诱因因素频率被指定在它们的置信区间时，关于危险发生频率的分布和均值准确估算需要应用统计仿真技术。

定量的诱因分析技术一般是基于正式的数学原理并由计算机工具执行。因此，它们不能处理随着时间的推移产生的变化的诱因频率计算。

因为原因模型通常是由独立的专家协助完成的，所以应该受到同行评审以加强结论的完整性和正确性。

如果某个特殊的危险经常发生，并且根据其发生的概率获得的可靠性统计数据是有效的，那么详细的定量原因分析就没有必要了，但是定量的原因分析在确定危险的原因时和帮助确定潜在危险的防护措施上还是很有用的。

3. 结果分析

与原因分析相比较，原因分析是为确定导致危险发生的因素，而结果分析是为了确定每一个危险会产生的影响。结果分析的结果应该提供每一个尾随危险产生的事件发生概率的估计以便：

（1）提供与危险相关的可能损失的准确评估；

（2）帮助确定对危险的控制措施。

就像原因分析，结果分析基本上也是经验性的，需要系统环境的专业领域知识。结果分析通常通过自底向上的方式应用于每一个危险，直到潜在的结果都已经确定。这就导致几种中间状态和结果的确定。

关键问题有：

（1）对危险有清醒的认识。

（2）为危险的升级确定物理、程序和环境的障碍。

大多数的结果分析技术需要图表表示原因和结果的线性关系，这种做法是值得鼓励的。结果分析可以是定性的，也可以是定量的。

定性分析需要达到足够的程度以确保事故或事件的发生概率的实际主观的估计。作为一个普遍的原则，分析应该持续进行直至来自危险的所有潜在事故或事件都被确定。

注意：所有危险升级的障碍的识别通常只需要提供每一事件产生的方式即可。没有必要量化所有单一障碍的成功概率，以估计每一事件发生的可能性。在对所获得的结果模型理解的基础上对每一个事件的可能性做出简单的保守估计。

定量分析技术通常使用逻辑树结构表示分析的结果。通过事件树分析获得预测事件或者事故发生频率的可能性的评估。事件树分析和原因结果图表都是这样的技术。

结果树的定量分析需要对危险升级的每个障碍成功的可能性的一个客观的估算（这是对障碍强度的估计）。这样的估计是基于历史数据、详细的原因分析结果或者在无法获得客观数据的方面采纳专家意见。

关键问题有：

（1）为障碍强度的估计提供必要的可靠而客观的数据源。

（2）数据源中对不确定数据的适当处理。

（3）障碍强度的灵敏度分析。

数据源不确定性的处理深度需要根据评估中的危险的属性而有所不同。例如，如果考虑一个高频率的危险时，应考虑其潜在的重大危险（大的事件或者意外）。对障碍强度估计的不确定性可以导致一个大的事件发生的可能性的不确定性。在这样的例子中，进一步对障碍强度的分析是必需的。

危险升级障碍上执行的灵敏度分析，能够确定这些事件发生可能性的最大影响的障碍。这样的障碍强度的估算所带来的不确定性应在可能的地方减少。任何不可能性的性质和影响都应该确切记录下来。

当障碍强度被指定在置信区间中，对不利事件发生频率的分布和可能均值的准确估算需要应用统计仿真技术。

为了达到上述要求，定量结果分析技术通常是基于正式的数学原理，同时需要有一套计算机工具作为辅导。

这种技术的典型劣势在于：

（1）一般这些技术不能寻址随时间变化的数据，而只有当障碍强度在时间上保持恒定才能使用。

（2）一般无法找出障碍之间的相互依赖关系。

因为结果模型通常是由独立的专家协助完成的，所以他们应该受到同行的评审以加强结论的完整性和正确性。

在结果分析中考虑结果的完整的范围是很重要的，不能因为故障称为“安全侧故障”就假设其完整范围。通常的，就算是安全侧故障也会导致工作的选择性和临时方法，而这些就有可能增加风险。

4. 损失分析

损失分析包含关于安全损失的系统调查，这些安全损失与结果分析后的所有的事件和事故识别有关。在考虑风险降低措施之前，损失分析包括对任务中危险损失的估算，它将降低措施的影响分析列在下一步中。系统的损失应该是所有系统危险的总和。不同小组判断的安全损失应该分别汇总（比如来自旅客的和铁路工人的损失判断）。

安全损失通常通过每年的潜在等效死亡人数来估算。换言之，所有的安全损失都要转换成每年的等效死亡人数。转换如下：

1 死亡人数 =10 大伤害事件

1 大伤害事件 =20 小型事件

例如，如果估算一个危险得到一个大的伤害事件，那么它就等于 0.1 个潜在等效死亡人数。

为了将安全损失转换成货币价值，如果将风险降低一个死亡人数是必须的，那么关于支出的表示也是很有必要的。这样的数字通常被称为预防一个死亡产生的花费（VPF）。VPF 只作为衡量风险是否控制到一个可接受水平的参数。VPF 不是从这样的死亡事件中得出的商业损失的估计，因此不能用于类似设定保险范围这样的用途中。

许多危险既有人为因素也有技术的因素。人为错误的表现需要和安全分析的其他方面结合起来。为了建立一个危险诱因的模型，就需要考虑到两部分，还有它们相互影响的方式。用于表述原因和效果的标准表现方法，比如事件树和故障树，能够用于表述事件的顺序，这些事件导致或者来自危险。人为因素事件能够综合到这些描述中。通过在整体模型错误中表现的人为错误，就有可能评估一个错误发生的可能性以及导致危险和事故的可能性。为了达到这个目的，就需要评估不正确的人为活动的可能性。人为错误的可能性可以用定量和定性方法表示。有许多的方法可以用于将人为故障概率分配到人为工作中。大部分的方法都是使用混合数据，这些数据包括数据库中记录的错误概率、专家评估，以及错误的原因、错误的人为活动仿真和错误的可能性。专家和数据的采样是存在误差的，现有的技术尝试减少这种误差。

重要的是应该明白人类活动之间的相互关系。一个人为过失会提高其他事故产生的可能性。知道正确数据值的人可能会错误地给一个单一系统输入了不正确的值。由于这个错误，他们可能会向复合系统中输出同样的错误的值。相似的，一个操作员的错误会导致非常严重的事故，因此就给他们带来了极大的压力，那么削弱了他们的思考的过程，使得下一步的过失产生的可能性更大。对人类活动的依赖关系不全面的了解就会使得他们低估风险。

5. 选项分析

措施分析确定了在减少损失的选项，这些损失是在损失分析中确定的。这些选项可以分成：

（1）旨在减小危险发生的概率的选项。

（2）旨在限制危险一旦发生所带来的后果。

对每一种措施而言，与执行相关的花费需要记录和估算。但是，只有直接与执行相关的花费需要估算，应该包括由选项实现的潜在的收益的影响（可能在下一阶段确定）。

对可接受风险符合法律标准的证明，就像 ALARP 原理，需要识别和考虑所有的潜在风险的减少措施。除非全面的选项分析已经执行，否则，就不能确定风险已经被控制到一个可接受的水平。

执行选项分析最好包括以下措施：

（1）在行动中使用经验性和创新性方式（比如检查表和头脑风暴）类似于在危险识别中用到的方法。值得注意的是，彻底的危险识别也可能发现一些潜在的选项。

（2）通过原因和结果分析的结果的分析指导潜在选项的识别。

前面提到了，人为过失经常是危险诱因中最大的，但是人同样是系统中灵活的一部分。在减少系统风险上，对程序小的改变可能会比一个复杂的技术解决方式更加有效（并且更快、更合算）。然而，即使能够证明风险平衡能够作为改变程序的支持，但这样的方法不能用作未执行的技术改变的一般理由。

一般说来，有 3 个补充的策略来减少人为过失发生的概率：

（1）改善任务和设备的设计来避免操作者过失。

（2）改善工作环境，例如，改善程序、减少干扰、专注于引起麻烦的因素。

（3）提高个人的能力，例如，专注于训练、能力、健康、动机和安全文化。

在减小人对于风险的影响的同时，也可以改善他们在自己的错误或者他人错误中的缓解措施中的作用。

人为过失被认为其他系统故障的内容的时候，就有可能使用灵敏性分析的标准方法，比如用于识别这些在危险可能性上影响最大的事件的故障树割集，确定如何才能最有效地降低风险。

就像其他的系统故障一样，例如，机械失灵，人为过失时受环境、物理和组织等因素影响产生的。已知的人为可靠性技术允许对影响人为失误可能性的因素的效果建模。通过改善环境或者组织因素降低事件链中几个阶段中过失发生的概率是非常可能的，因此也减小了风险。已知的人类可靠性工具允许对这些影响建模，这样就能确定对过失的可能性产生最大影响的因素。

在影响人为过失的因素确定之后，就非常可能确定减少这些过失的措施。选项分析能用作衡量可能的错误减少方法，并考虑采取的措施的花费以及措施在差错率上的影响。

一个好的安全过程应该包括贯穿于项目的系统用户，向他们调查应该如何改进系统，或者帮助他们避免错误，或者缓解其他的系统错误。

6. 影响分析

影响分析确定在损失的选项分析中每一个措施的影响。影响分析重复之前的步骤，这时就是考虑到措施的影响。对每一个确定的措施，需要应用下面的方法：

（1）确定每一个措施对危险的产生和增大的影响。

（2）在修订的原因和结果分析的基础上，假设执行了相关的措施，再次对相关危险进行损失分析，以确定现实中的损失。

（3）计算采取和不采取措施的安全损失。这是改变的安全价值。

在某些情况中，一个措施可能会缓解其他铁路系统的危险。在这种情况下，作为采取措施后的结果，可以通过与其他系统相关的损失的减少提高安全价值的值。

安全价值由每一个受影响的人决定，与损失分析中是相同的方法。如果识别出不止一个的风险降低措施，就应该注意确保措施之间的关系正常。如果前面的阶段都是定性分析，那么再次应用也应该是定性的。定量同样如此。使用定量分析的地方，通过对原因和结果模型的合适分析为每一项措施获得灵敏度参数。这就能为损失的降低提供最有效的措施。

7. 可接受性证明

这一部分的指导假设在 ALARP 准则下工作。这个准则适用于部分但不是全部的铁路，在使用这些指南之前，应该确定是否它们适用于当前的工作。

证明是否与 ALARP 原则一致需要证明一下两个独立因素：

（1）所有的风险都在可忍受区域，也就是说，在可忍受区域的上限以下。

（2）应用 ALARP 降低风险。

这个阶段分成两部分，每一部分证明上述的其中的一个因素。

可容忍区域的上限不只为一类人群设置的。例如，对已经进入铁路沿线工作的员工，他们懂得什么是危险的，因此就比一般旅客的界限要高。

注意，完成服从可忍受区域的上限证明并不意味着这就完成降低风险到 ALARP 准则的程度了，仍然需要执行下一步——证明 ALARP 准则。

证明符合可容忍上限的定性的论据可以根据数量级获得，通过表现改变后的铁路比未改变之前有更少的风险，只要满足如下要求：

（1）在改变之前，风险低于可忍受区域的上限。

（2）在有大的诱因作用下上界并没有降低。

（3）在铁路系统中并没有明显的安全目标的调整装置。

应该给出上述条件都满足的理由。

一般来说，形式的定性分析可以由系统供应商单独提供，使用已出版的铁路的安全性能和政策信息。或者，如果为此应用构造一个可能性——严重程度矩阵，那么可忍受上限的服从的定性论据可以通过以下方式表现：

（1）任何危险的风险都落入可忍受和可接收区域中。

（2）遵守和矩阵相关的指导。

（3）应用于问题的有关矩阵的假设。

8. 遵守准则的证明（定量）

证明符合可忍受区域上限的定量方式需要经过 3 步：

（1）在列车系统中间分配可忍受区域上界。

（2）为正在考虑的系统获得可忍受危险侧故障率。

（3）表明实际系统的危险侧故障率小于上界。

第 3 步直接将定量原因分析的结果与可忍受区域上界做比较。

如果有官方公布的系统可忍受危险概率，那么前两步就可以省略了，否则就按如下方法执行：

（1）大致估计系统引起的安全损失的全年风险系数。

（2）将它乘以可容忍上限。

如果可容忍上限是为不同人群设置的，那么这些计算将会由不同小组执行，就需要对每一个群体做如下操作：

（1）如果所有的危险的风险都低于可容忍水平，那么将平均死亡人数求和（F）。

（2）估计暴露在风险下的人数（n）。

（3）估算暴露于风险中人员的个人风险（F/n），并且说明这个数值小于可容忍区域的上限。

为了说明风险已经尽可能地降低了，就必须确认所有可执行的合理措施都得到了执行。

依据专家对于选项分析结果的评审给出定性的证明。这个结果中，所有的被拒绝的措施都是不合理的。判断的原因需要表达清楚，详细记录。

如果进行了定量分析，那么影响分析需要参考权威机构给出的 VPF 和安全价值，这是改善安全性的货币价值。措施分析将会估算到执行措施的净成本。如果安全价值不合理不现实地小于成本，那么这个措施将被否定。

注意：如果两者之间的区别大于总体的不确定性，那么这个结论是粗略估计的结果。

9. 平交道口案例分析

以道口控制器为分析对象，进一步举例阐述风险分析一般方法和步骤。道口接近区域是道口公路使用者可以瞭望到的范围。传感区域的轨道电路可以检测出列车到来，列车离开传感器可以检测出列车离开。防护装置包括警报灯和护栏。假设道口公路使用者及铁路列车皆为单向行驶。道口控制器包括控制单元、轨道电路和防护装置，可以自动防止行人在列车靠近时进入道口（图 8.4.2 所示的平交道口的物理交通环境）。列车存在 4 种状态，分别是接近路口、趋近于路口、进入路口和离开路口。路口的护栏有打开和关闭两种状态，是通过计算机控制的。如果当列车经过路口时，护栏是打开的，则此时系统处于危险状态。这时如有行人或车辆穿过路口，则将发生灾难性事故。

图 8.4.2 平交道口的物理交通环境

（1）危险辨识

平交道口的控制系统并不是一个全新的系统，因此危险就可以很好地通过检查表识别。表 8.4.1 和表 8.4.2 以分类阐述的方法估计了可能的频率和每个风险的严重性。

表 8.4.1　对估计的风险的频率加以分类

频率种类	定义
1	小于 100 年
2	10 年到 100 年
3	1 年到 10 年
4	每月到每年
5	每日到每月

表 8.4.2　对估计的风险的严重性加以分类

严重性种类	定义
1	轻伤
2	重伤
3	多个重伤
4	1 个死亡
5	多个死亡

对于每个风险，它的估计频率和严重性都要乘以危险等级。表 8.4.3 提供了风险证明和等级的结果。

表 8.4.3　风险鉴定的结果

序号	危险描述	估计频率	估计严重性	风险等级	注　释
1	没有经过批准的工作道口	—	—	—	这种道口不是工作道口。因此，本例不存在这种危险
2	道口未能保护公众免受列车碰撞	2	4	8	
3	道口区域存在列车之外的障碍物	3	4	12	原因主要是道口范围内有较大的障碍物，导致道口不可使用
4	道路车辆滥用道口	4	2	8	这类意外很有可能是由于道路车辆突然转向临近的障碍物导致的。有可能损毁基础设施，导致司机重伤
5	超过设计限制条件使用道口	—	—	—	本例不存在这种危险
6	列车冒进信号	1	4	4	道路行人和车辆获得路权的情况下，列车闯入道口
7	道口区域的可视性不好	5	4	20	道口的弱可视性的风险每次都发生在道口有车时道路车辆经过道口

（2）致因分析

根据平交道口事故发生的原因，构建简单的故障树分析如图 8.4.3 所示。

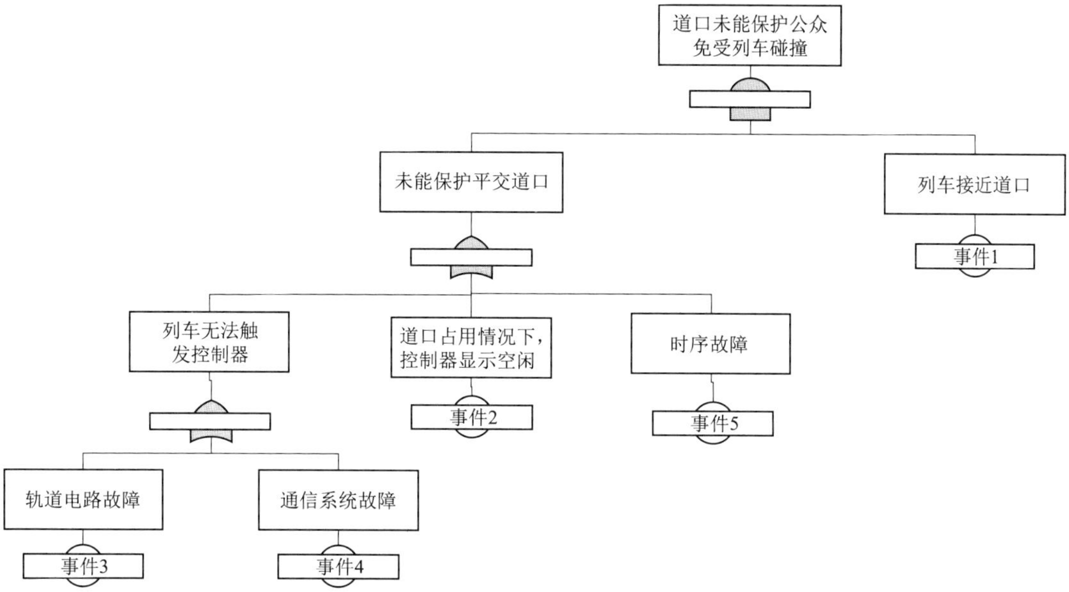

图 8.4.3 “列车撞伤公众”故障树分析

故障树已经在以下分析的基础上量化：

①从列车时刻表可以了解到每小时有 4 列列车经过道口。每列车经过时道口保护时间大约为 90 s。因此，任何时候，事件“列车接近道口”的可能性为

$$可能性=\frac{90\times 4}{3\ 600}=0.1$$

②基于该道口的维修记录，事件“道口占用时，显示未占用”的发生频率为每个控制器 5.0×10^{-3}/年。

③使用轨道电路检查列车接近过程也有很多使用经验。维修记录表明，事件“轨道电路出错”的频率为 2.5×10^{-3}/年。

④根据铁路员工对与道口控制器联系失效的报告表明，事件“通信系统失效”的频率为 1.5×10^{-3}/年。

⑤事件“时序错误”包含了当防护栅栏落下时行人或车辆经过道口的情况。道口运行记录表明，在这个道口上行人通过道口的速度过于缓慢使得列车迫停的事件每年发生一到两次。因此，事件“时序错误”发生的频率为 2 次/年。

对故障树的每一个事件应用上述评价，该风险的发生频率如下：

$$频率=(2.5\times10^{-3}+1.5\times10^{-3}+5.0\times10^{-3}+2.0)\times0.1\approx0.2$$

注意：可以看到风险的频率主要是由事件“时序错误”的频率所决定的。

（3）结果分析

危险结果分析的方法是“原因结果分析（CCA）”模型。当危险放置在决策树的最底层时，这是一个分析归纳的方法，其结果能够清晰地表明事件从安全的情况转到灾难事件的整个过程。

该案例的原因结果分析模型如图 8.4.4 所示。行人和车辆分为两种情况分析。

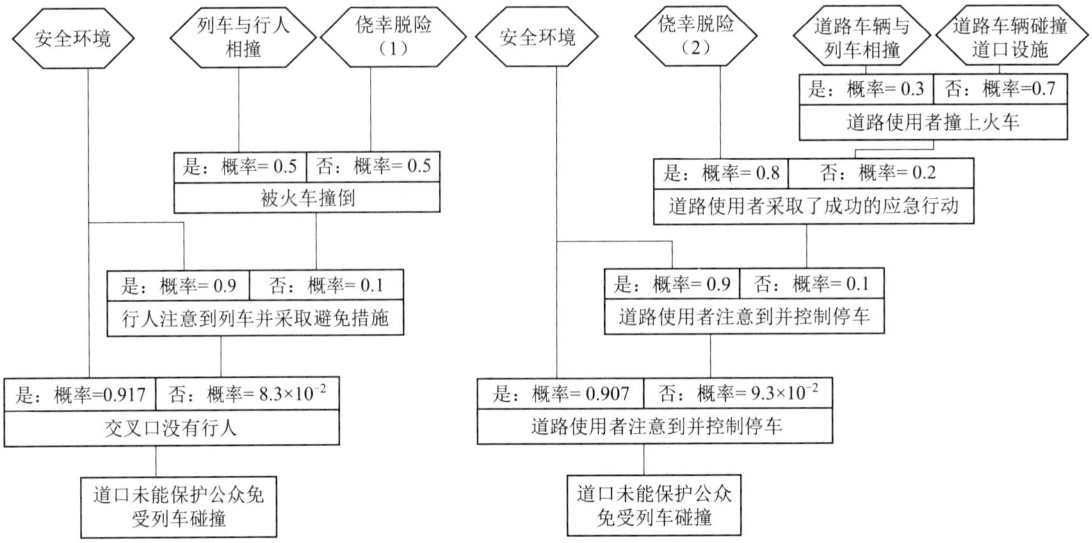

图 8.4.4　原因结果分析模型

假设，每天有 500 人使用道口，他们平均花 9 s 经过道口。在这条线上的列车每天运行 15 个小时。因此，当列车通过时行人经过道口的可能性为

$$可能性=\frac{500\times 9}{3\ 600\times 15}\approx 8.3\times 10^{-2}$$

同样地，道路车辆通过道口的可能性估计为，每天有 1 000 个车辆使用道口，平均 5 s 通过道口。

从分析中可以看出，由于一些系统外的缓解因素，例如行人的警惕性以及其他的一些环境因素（比如事故发生时道口是空着的），危险大概率不导致事故。

（4）损失分析

以“道口故障未能保护公众不受列车伤害”为例。表 8.4.4 提供了损失模型的具体细节。事件（结果）已经在之前提出的原因结果图表中给出。下面是识别的后果：

①安全环境。

②侥幸脱险。

③列车与行人相撞。

④道路车辆与列车相撞。

⑤道路车辆碰撞道口设施。

假定在“安全环境”没有损失。“侥幸脱险”不会导致安全损失，但可能导致明显的列车晚点和交通堵塞。剩下的后果都导致了安全的隐患。

下面的事故统计数据的分析，与所研究的道口环境类似，假定如下：

①事件“列车与行人相撞”没有导致旅客受伤，但是对公众来说是一个灾难。

②事件“道路车辆与列车相撞”导致了 2 名旅客轻伤和一个公众的重伤。

③事件“道路车辆碰撞道口设施”导致了 1 名旅客的轻伤和一个公众的重伤。

使用以下的转换，将每一个与事件有关的受伤情况转化为潜在等价死亡率（PEF）：

①一个死亡 = 10 个重伤。

②一个重伤 = 20 个轻伤。

表 8.4.4　该风险的过错分析结果

事件	频率（每年）	每个事件的安全损失		每年的安全损失	
		乘客	公众	乘客	公众
列车与行人相撞	8.4×10^{-4}	—	1	—	8.4×10^{-4}
侥幸脱险 1	8.4×10^{-4}	—	—	—	—
侥幸脱险 2	1.5×10^{-3}	—	—	—	—
道路车辆与列车相撞	1.1×10^{-4}	10^{-2}	0.1	1.1×10^{-6}	1.1×10^{-5}
道路车辆碰撞道口设施	2.6×10^{-4}	5×10^{-3}	0.1	1.3×10^{-6}	2.6×10^{-5}
每年的总数				2.4×10^{-6}	8.4×10^{-4}

（5）风险降低措施和影响分析

在风险评估的早期，对每一个识别的潜在风险缓解措施做进一步的分析，以获得它们作用在与操作和道口使用时产生的相关影响。风险降低措施分析的结果见表 8.4.5。

表 8.4.5　风险降低措施分析的结果

序号	危险描述	风险等级	选　　项	成本
1	道口未能保护公众免受列车碰撞	8	1. 使用更有效的控制器。 2. 更改道口的时序，延长通过时间。 3. 更换控制器的通信线路	750 750 1 000
2	道口区域存在列车之外的障碍物	12	4. 加装摄像头防止道口滥用	2 500
3	道路车辆滥用道口	8	5. 在接近道口的地方提供报警信号	300
4	列车冒进信号	4	6. 提供列车自动保护系统	20 000
5	道口区域的可视性不好	20	7. 提供指示信号，提示道路车辆前面路的情况。 8. 重建道路	2 000 50 000

在这些例子中，仅仅是现有危险降低措施分析的结果。更改道口的执行顺序，使之拥有更大的道口时间，用增加道口时间对选项进行更深入地分析，事件“时间顺序失效”的可能性被极大降低。

在先前的危险致因分析中，应用这个修正过的失效可能性导致每年危险发生概率降低了 2.1×10^{-2}，原先执行的分析也被修正了，结果见表 8.4.6。

表 8.4.6　根据时间上道口顺序的改良后修正的过错分析

事件	频率（每年）	每个事件的安全过错		每年的安全过错	
		乘客	公众	乘客	公众
列车撞行人	8.8×10^{-5}	—	1	—	8.8×10^{-5}
临近过失 1	8.8×10^{-5}	—	—	—	—
临近过失 2	1.6×10^{-4}	—	—	—	—

续上表

事件	频率（每年）	每个事件的安全过错		每年的安全过错	
		旅客	公众	旅客	公众
道路车辆撞列车	1.2×10^{-5}	10^{-2}	0.1	1.2×10^{-7}	1.2×10^{-6}
道路车辆撞道口	2.7×10^{-5}	5×10^{-3}	0.1	1.4×10^{-7}	2.7×10^{-6}
每年的总数（减轻过的）				2.6×10^{-7}	9.2×10^{-5}
每年的总数（没减轻过的）				2.4×10^{-6}	8.8×10^{-4}
上两个数的差				2.1×10^{-6}	7.9×10^{-4}

（6）符合性论证

实际运行中有3类人员会面临风险：铁路员工、旅客和公众。

表8.4.7描述了ALARP标准的例子。每个值表示每个量每年的平均灾难风险。

表8.4.7　ALARP标准

类	不可接受	可以广泛接收
铁路员工	10^{-3}	10^{-6}
旅客	10^{-4}	10^{-6}
公众	10^{-4}	10^{-6}

调查表明，单侧自动栏木道口系统上述3类人员的风险比例系数大致为：平交道口相关的道路交通参与者，即铁路员工1、乘坐火车的旅客为2、公众的风险系数为5。

假设某铁路网络中，平交道口有300个，虽然其中一些道口比其他的道口明显有更高的风险，但大多数道口对3类人员的影响相似。因此，可以假定安全道口单侧自动栏木风险分配如下：

①对单个道口的铁路员工安全风险的系数 $=3.3\times10^{-4}$。

②对单个道口的旅客安全风险的系数 $=6.7\times10^{-4}$。

③对单个道口的公众安全风险的系数 $=1.7\times10^{-3}$。

在考虑的道口等级分配ALARP标准应该把上面提到的系数乘到表8.4.7中给出的标准，修正的结果见表8.4.8。

表8.4.8　修正的ALARP标准

组	不可接受	可以广泛接收
铁路员工	3.3×10^{-7}	3.3×10^{-10}
旅客	6.7×10^{-8}	6.7×10^{-10}
公众	1.7×10^{-7}	1.7×10^{-9}

为了确定在应用风险降低措施之前的相关安全损失的总和，对不同人群将其相关的全部损失相加，见表8.4.9。

表 8.4.9　年安全损失总数

人群	年安全损失总数
铁路员工	0
旅客	5.2×10^{-7}
公众	8.0×10^{-4}

据估计，平均每年约有 10 000 个不同的个人都使用这个道口。这些个人的相关平均风险，在表 8.4.10 中列举。除了这 10 000 个道口日常使用者，其他使用道口的个体比较罕见，因此不需要考虑在风险分配中。

表 8.4.10　个人年安全损失总数

人群	个人年安全损失总数
铁路员工	0
旅客	5.2×10^{-11}
公众	8.0×10^{-8}

平均个人风险与 ALARP 分配和基准标准的比较，显示了铁路员工和旅客的风险低于广泛分配的可接受范围。但是，公众的平均风险属于容忍性区域内（在广泛可接受范围之上，在不可接受上限之下）。因此，为了将风险降低到 ALARP，必须给出风险降低措施。

以下练习中，假设 1 500 000 元等价一个 VPF。

表 8.4.11 列出了每个风险降低选项和它们所带来的年度安全损失减小数值。表格使用了上述 VPF 的取值。

表 8.4.11　潜在风险降低选项的费用效益分析

风险减轻选项	直接费用（元/年）	每年减少安全损失（PEF）	减少损失的货币价值（元/年）
1	750	3.9×10^{-5}	59
2	750	7.9×10^{-5}	1 200
3	1 000	9.1×10^{-5}	136
4	2 500	6.3×10^{-5}	94
5	300	2.3×10^{-5}	34
6	20 000	7.1×10^{-5}	106
7	2 000	5.6×10^{-5}	84
8	50 000	6.3×10^{-5}	94

可以看出，只有选项 2 可以合理地执行。因此，通过选项 2，相关风险被减轻到 ALARP，而且不需要进一步的措施。

在执行选项 2 之后的残留风险如下：

$$残留风险 = 8.0\times10^{-4} - 7.9\times10^{-4} = 1.0\times10^{-5}/年$$

因此，对 10 000 个使用道口的日常用户来说，平均的残留风险是 1.0×10^{-9} 每年，低于风险门限。

8.5 轨道交通安全标准

IEC 61508 是国际电子电工委员会（IEC）制定的《电气/电子/可编程电子安全相关系统的功能安全》国际标准，是进行轨道交通安全保障和评估的重要参考标准。在铁路运输领域里，人们对安全相关系统的研究主要集中于铁路信号控制系统。

以 IEC 61508 国际标准为基础，欧洲电气化标准委员会（CEBELEC）下属的 SC9XA 委员会，制定了以计算机控制的信号系统作为对象的轨道交通信号系统系列标准。该套标准具有较强的针对性和更好的实用性，在很多国家得到推广，并先后被 IEC 委员会采用为国际标准，该套标准包括 IEC 62278、IEC 62279、IEC 62280 以及 IEC 62425 四个部分，如图 8.5.1 所示。

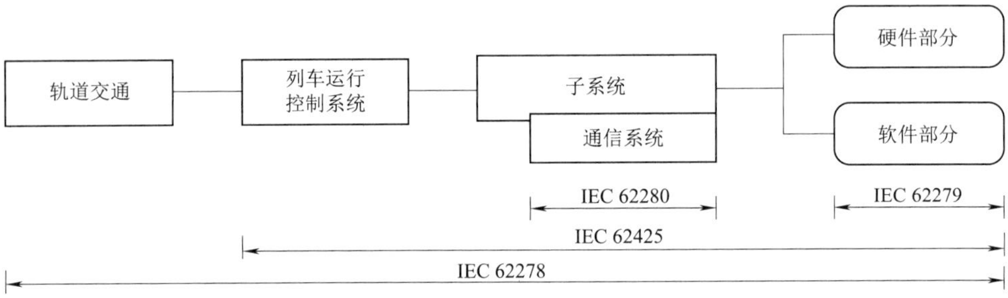

图 8.5.1　轨道交通可信性国际标准

IEC 62278（EN 50126）明确了轨道交通信号系统的可靠性、可用性、可维修性和安全性（Reliability，Availability，Maintainability and Safety，RAMS）的概念以及相互关系，并且规范了可信性系统的生命周期框架，以及在每一个生命周期阶段为了保障系统的 RAM 和安全性所需要完成的工作。

IEC 62425（EN 50129）针对列控系统的安全案例、安全完善度等级等方面对 IEC 62278 进行了补充。

IEC 62279（EN 50128）是列控系统安全相关软件设计标准，在 IEC 62278 的框架下补充了软件工程内容，规定了不同安全程度的软件设计需要使用的技术和实施的管理。

IEC 62280（EN 50159）是轨道交通通信系统安全标准，将通信系统分为封闭通信系统和开放通信系统两类。标准从系统安全性的角度看待信息安全问题，将信息安全技术作为提高系统安全性的措施，使二者在系统设计中实现统一。

8.5.1 IEC 61508

IEC 61508 考虑了所有相关的整体、电气/电子/可编程电子安全相关系统和软件生存周期阶段，为电气/电子/可编程电子安全相关系统实现必要的功能安全提供一个发展安全需求规范的方法，用安全完善度等级来说明安全相关系统的安全目标。它的主要目标是预测安全相关系统运行时的故障概率。

IEC 61508 的主要目标：

（1）对所有的包括软、硬件在内的安全相关系统的元器件生命周期范围，提供一个安全监督的系统方法。

（2）提供一个确定安全相关系统安全功能要求的方法。

(3) 建立一个基础标准，使其可直接应用于所有工业领域，同时，亦可指导其他领域的标准，使这些标准的起草具有一致性（如基本概念、技术术语、对规定安全功能的要求等）。

(4) 让使用者和维护者放心使用以计算机为基础的技术。

(5) 建立一个概念统一、协调一致的标准。

IEC 61508 国际标准规范了电气/电子/可编程电子安全相关系统软、硬件生存周期的各个阶段的任务和目标，提供了一个制定安全需求规范的方法。它由 7 个部分组成：

第 1 部分　总的要求。

第 2 部分　电气/电子/可编程电子系统的需求。

第 3 部分　软件需求。

第 4 部分　定义和缩略语。

第 5 部分　决定安全完善度级别的方法实例。

第 6 部分　应用 IEC 61508-2 和 IEC 61508-3 指南。

第 7 部分　技术和方法总论。

IEC 61508 的特点是把风险作为度量危险的指标，定义了 4 种风险指标，分别介绍如下：

(1) 被控装置的风险，指被控装置或被控装置与被控装置控制系统相互作用而产生的风险。

(2) 可容忍的风险，指在以现行社会标准为基础的给定情景下可被接受的风险。

(3) 残余的风险，指在采取了防护措施后仍然保留的风险。

(4) 必需的风险降低，指通过电气/电子/可编程电子安全相关系统、其他技术的安全相关系统和外部风险降低设备实现的风险降低，以确保不超过可容忍的风险。

8.5.2 IEC 62278

IEC 62278（EN 50126）标准定义了轨道交通信号系统的 RAMS，并且规定了安全生命周期内各个阶段对 RAMS 的管理和要求。RAMS 作为系统服务质量衡量的一个重要特征，是在整个系统安全生命周期内的各个阶段通过设计理念、技术方法而得到的。为了达到规定的 RAMS，必须针对前面的 RAMS 影响因素，在整个系统的生命周期内有效控制这些影响因素，即系统的随机故障和系统故障。表 8.5.1 给出了 IEC 62278 要求在整个安全生命周期进行 RAMS 管理，针对每个阶段应完成的 RAMS 任务，同时给出相关的具体文档和要求。但是，在该标准中，未定义 RAMS 的具体定量目标。

表 8.5.1　生命周期各阶段的任务

生命周期阶段	一般任务	RAM 任务	安全任务
1. 系统概念	◆建立系统的范围和目的 ◆定义系统概念 ◆资金分析和可行性研究 ◆建立管理体系	◆预期 RAM 的性能 ◆认定系统的 RAM 含义	◆制定安全政策 ◆制定安全目标
2. 系统定义和应用条件	◆建立系统任务框架 ◆准备系统描述 ◆确定运行和维护策略 ◆确定运行条件 ◆确定维护条件 ◆确定已存在系统对其的影响	◆为 RAM 评估以前的经验数据 ◆初步 RAM 分析 ◆设定 RAM 政策 ◆确定长期运行和维护的条件 ◆确定已存在系统对 RAM 的影响	◆评估过去的经验数据 ◆初步危险分析 ◆安全计划概述 ◆定义 THR 标准 ◆识别既有设施对安全的影响

续上表

生命周期阶段	一般任务	RAM 任务	安全任务
3. 风险分析	◆进行相关的风险分析	无	◆系统危险和安全风险分析 ◆建立危险日志 ◆风险评估
4. 系统功能和要求	◆系统要求分析 ◆指定系统整体要求 ◆指定环境 ◆定义系统标准 ◆建立验证计划 ◆实施安全交接程序	◆指定系统整体 RAM 要求 ◆定义 RAM 可接收标准 ◆建立 RAM 程序 ◆建立 RAM 管理	◆系统安全需求概述 ◆定义系统安全接受标准 ◆定义安全功能 ◆建立安全管理
5. 系统要求和功能分配	◆系统要求的分配 ◆指定子系统和设备要求 ◆定义子系统和设备要求	◆系统 RAM 的分配 ◆指定和定义子系统和设备的 RAM	◆分配系统安全目标和要求 ◆升级系统安全计划
6. 设计和实施	◆履行计划 ◆进行设计和开发 ◆进行设计分析和测试 ◆履行设计验证 ◆实施和评估	◆通过分析、测试和数据评估实施 RAM 程序 ◆可靠性和可用性 ◆最佳维护体系 ◆后勤支持 ◆实施程序控制 ◆ RAM 的程序管理 ◆子合同和供应商的控制	◆通过阅览、分析、测试和数据评估来实施安全计划
7. 加工制造	◆执行产品计划 ◆加工制造 ◆测试 ◆准备文档 ◆建立培训	◆ RAM 测试	◆实施安全计划 ◆使用危险日志
8. 安装	◆集成系统 ◆安装系统	◆开始维护培训	◆建立安装程序 ◆实施安装程序
9. 系统验证（安全接收、委托）	◆安全委托 ◆履行运行试用期 ◆进行培训	◆进行 RAM 分析说明	◆建立委托程序 ◆实施委托程序 ◆准备安全案例
10. 系统接收	◆按照系统定义标准进行系统接收 ◆提供可接收的证明 ◆进入质保期 ◆连续试用（如需要）	◆评估 RAM	◆评估安全案例
11. 运行和维护	◆长时间的运行考核 ◆维护、培训	无	◆安全维护培训

续上表

生命周期阶段	一般任务	RAM 任务	安全任务
12. 监督和检测	◆系统运行情况统计 ◆咨询、分析和评估	◆ RAM 统计、分析	◆安全统计、分析
13. 修改或升级	◆制订修改和升级计划 ◆实施系统修改和升级	◆为修改或升级后的系统确定 RAM	◆修改或升级后的安全分析
14. 系统退役	◆制订系统退役计划 ◆实施系统退役	无	无

8.5.3 IEC 62279

信号系统中采用计算机（包括处理器、单片机）越来越广泛，由软件来承担安全性需求的比重越来越大，因此软件安全性问题变得更加突出。为此，IEC 62279（EN 50128）针对软件的安全保证提出了相关的规范和设计标准。在该标准中，对铁路控制和防护系统的软件进行了安全完善度等级的划分，针对不同的安全需求制定了相应的标准，按不同等级对整个软件开发、检查、评估、检测过程（包括对软件需求规格书、测试规格书、软件结构、软件设计开发、软件检验和测试、软硬件集成、软件确认评估、质量保证、生命周期、文档等）提出相应的程序与规范的要求。

8.5.4 IEC 62425

IEC 62425（EN 50129）主要讨论怎样利用安全技术和分析方法降低系统/子系统/设备安全相关系统的硬件故障概率，通过定义系统生命周期各个阶段的安全性目标和必须达到的要求对系统开发应用的每一个环节严格把关，实现整个系统的安全。

IEC 62425 标准适用于信号系统的规范、设计、建造、安装、验收、运行、维修和扩展系统等项目，也适用于系统中独立的子系统和设备。在铁路信号应用中首要应用在系统/子系统/设备的规范设计和制造以及对现有系统的改造和扩展。

IEC 62425 中借鉴 IEC 61508 的安全完善度等级的概念，来说明安全相关系统的安全目标。同样，用随机安全完善度和系统安全完善度来表示安全完善度的定性和定量两方面属性。并且，根据轨道交通信号系统的具体情况，明确了安全完善度等级分级标准和随机安全完善度的定量目标，而对于系统故障完整性标准中是用质量管理、安全管理和技术安全等定性指标作为目标。

8.5.5 IEC 62280

IEC 62280（EN 50159）是欧洲铁路信号系统标准体系中针对铁路通信系统的标准，它秉承了欧洲铁路信号标准体系的风险控制的思路，为构建适合铁路的通信系统提供了很好的指导。与其他通信系统标准相比，IEC 62280 的最大特点是立足于系统的安全性。IEC 62280 虽然是一个通信系统的标准，但是它的对象是应用在安全苛求系统中的通信系统，所以保障系统的安全才是它的目标。IEC 62280 并没有对通信的基本层次做任何定义或要求，它实际上是在基本通信协议之上添加了一个安全层。在这一安全层中，IEC 62280 通过采用定量的安全代码（如 CRC 校验码）和定性的安全工序（如时间戳、消息源确认）来实现系统安全性对通信系统的要求。也正因为如此，IEC 62280 可以应对铁路系统中种类繁多的通信网络，不论是现场总线、局域网，还是无线网络都可以依照同样的方法进行分析设计。

IEC 62280 将通信系统分为封闭通信系统和开放（或不可信）通信网络。所谓封闭网络是指满足以下条件的网络：

（1）只接受通过认证的访问。

（2）可以连接在网络上的设备的最大数量确定并已知。

（3）传输介质确定并已知。

满足这 3 个条件的网络不存在非法访问的问题，而且网络状况比较稳定、不确定因素较少，对于系统安全性来说是比较理想的网络。目前铁路上广泛使用的现场总线，如 Profibus 和 MVB（多功能车辆总线），都属于封闭网络。

IEC 62280 标准的通信子系统层次结构模型（图 8.5.2）把通信子系统分为 3 层。第一层安全/非安全处理过程相当于通信用户，它本身是与通信无关的，而这里间接完成了消息的分类过程。安全处理过程产生或使用的数据称之为安全相关信息，这些信息通常是关系到列车行车安全的，所以我们要对其进行安全传输处理；非安全处理过程产生或使用的数据一般与行车安全无关，称为非安全相关信息，不需要额外加工可以直接传送。这样分类一方面减

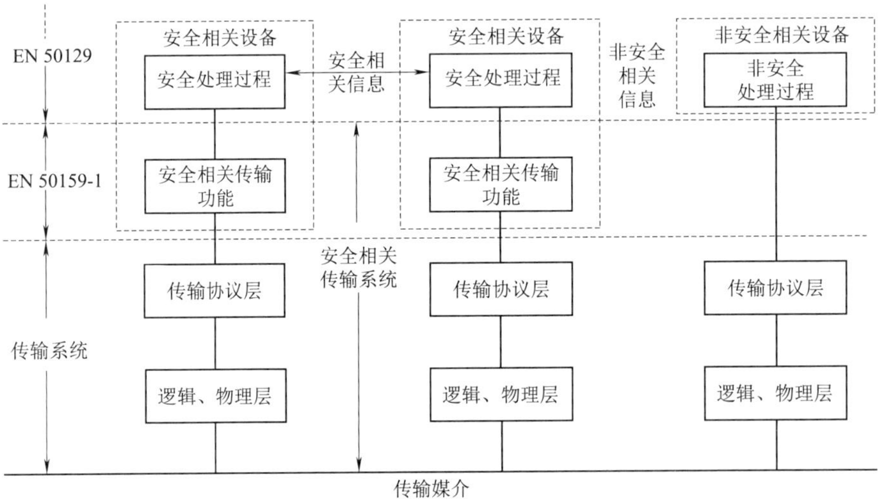

（a）IEC 62280-1的通信系统层次模型

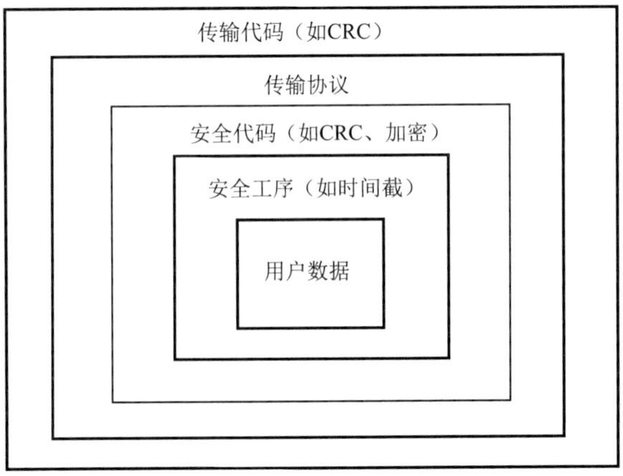

（b）IEC 62280-1的安全信息模型

图 8.5.2　IEC 62280-1

少了我们的工作量，另一方面也减少了非安全信息对安全信息的干扰。例如我们可以采取措施优先传送安全信息。第二层是标准 IEC 62280 建立的安全层，完成安全相关传输功能。这一层中采取安全代码和安全工序降低各种风险，使安全相关消息的安全性提高到系统要求的级别。第三层就是基本的传输系统，与所有普通传输系统一样按照不同的协议给消息逐步打包，最终将其放入传输媒质。安全相关的用户数据经过安全层的封装和传输系统的封装，最终形成安全相关消息。

IEC 62280 把安全层又分为两个子层：定性的安全工序和定量的安全代码。对于安全代码我们需要对其进行定量地分析，从而确定它的残余错误率低于 SIL 要求。标准给出了一个计算安全代码残余错误率的保守公式：

$$P_{US}=2^{-C}$$

式中，P_{US}为安全代码的残余错误率；C 为安全代码的比特数。

IEC 62280 定义的开放传输系统是与“封闭”相对而言的。开放的传输系统存在非法访问问题，不确定因素较多，所以网络状况不稳定也更容易受到“黑客”攻击。但是开放传输系统一般比较廉价，世界各国在开发新的铁路系统时都努力尝试采用这种网络。

与封闭传输系统不同的是开放传输系统多了一种故障模式：认证错误。为了克服开放传输系统的缺点，在安全层中增加了安全相关访问保护子层，消息结构也做了相应的改变。

IEC 62280 明确了通信系统的 7 种故障模式：消息重复、消息删除、消息插入、消息乱序、消息恶化、消息延时、消息伪装。同时推荐了 8 种防御策略：顺序号、时间戳、超时机制、消息源和目的地标识、反馈消息、身份认证、安全代码、加密技术。这些防御策略与故障模式之间的关系并不是一对一的，而是多对多的。一种防御策略可能会有多种故障模式都起作用，而各种故障模式的作用也有所重叠。为了方便使用，IEC 62280 给出了防御策略和故障模式之间的对照表，见表 8.5.2。

表 8.5.2　IEC 62280-2 的故障模式——防御策略表格

故障模式	防御策略							
	顺序号	时间戳	超时机制	消息源/目的地标识	反馈消息	身份认证	安全代码	加密技术
重复	×	×						
删除	×							
插入	×			×	×	×		
乱序	×	×						
恶化							×	×
延时		×	×					
伪装					×	×		×

复习思考题

1. 简述基于风险的安全管理方法的先进性。

2. 简述风险接受准则的作用，并列举 ALARP、MEM 和 GAMAB 3 种典型风险接受原则的优缺点。

3. 简述轨道交通安全标准的应用范围和相互之间的关系。

4. 简述开放传输系统和封闭传输系统的定义，并指出他们的安全防护有何差异。

9 系统危害的识别与风险评估

9.1 危害识别的目的

为了减少甚至避免事故的发生，我们必须明确是哪些因素导致了事故，并且在这些因素中，哪些因素是可以在系统设计或运行的过程中采取一定的控制措施而避免的。为此，我们在系统安全中引入了危害这一概念。

通常情况下，我们将危害分成两类，一种由内因导致，另一种由外因导致。由系统内部的因素导致的事故或者设备本身出现的问题，我们称作由内因导致的危害，比如在系统设计阶段存在的缺陷，系统运行阶段出现的错误，等等。外因更侧重于外界环境、系统附近的氛围对系统带来的不良影响，如雷暴、暴雨、雾气等。

危害的严重程度和危害发生的概率是危害的两个关键的属性。危害的严重程度的定义是：在最困难的条件下，危害对周围环境造成的损害的最大程度。危害发生的可能性就是危害发生的概率，对发生可能性的描述既可以是定性的，也可以是定量的。

了解和辨识危害是为了对系统事故的发生做出预警。因此，我们需要弄清楚危害和事故之间关系。危害、触发因素和触发条件是导致事故发生的3个要素。其中，危害的存在是事故发生的先决条件，也是出现事故的必然原因。触发因素指危害所处的周围环境状态，它是危害触发导致事故的外界必备条件。触发因素虽然不属于危害的自身属性，但它是将危害变为事故的外因，而且每一种的危害都存在相对应的敏感触发因素，如易燃、易爆物质、热能等。触发条件是系统由危害状态到事故发生的直接导火索，如易燃易爆物品的爆炸，危害品是事故，也就是爆炸发生的危害要素，附近环境中的高温是事故的触发因素，由机械摩擦而出现的火星就是事故发生的触发条件，只有这3个因素同时出现时，才会导致系统事故。因此，所有的危害都与对应的触发因素关联。在触发因素的影响下，危害转化为危害状态，进而在触发条件的作用下再变为事故。因此我们可以用图9.1.1来表述事故与危害之间的关系。

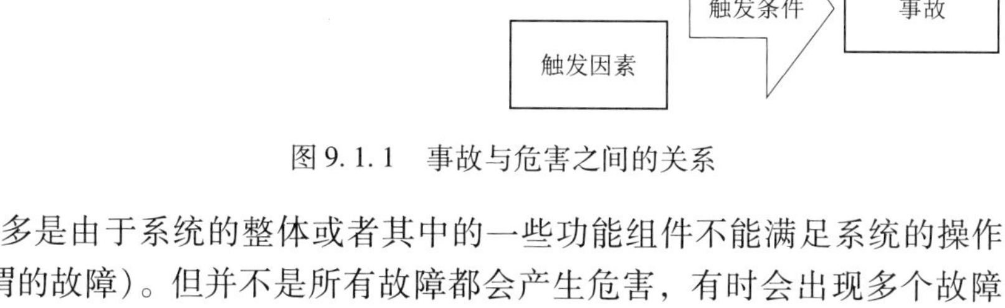

图9.1.1 事故与危害之间的关系

危害大多是由于系统的整体或者其中的一些功能组件不能满足系统的操作要求导致的（也就是所谓的故障）。但并不是所有故障都会产生危害，有时会出现多个故障同时发生才导致危害的情况。类似地，危害也并不一定致使事故发生，危害导致事故是需要一定的触发因素和触发条件的，假如我们采取恰当的措施控制和减少危害的产生，或者控制危害的触发因素和触发条件，可以有效地阻止事故的发生。

使系统出现危害的故障也可以分成两类，分别是随机故障（Random Fault）和系统故障（System Fault）。随机故障指由材料、制作过程、对环境的适应能力等随机变化因素导致的故障。我们可以预知这类故障发生的概率，但是不能预知故障的出现时间（即随机出现），如灯泡的损坏就是一个典型的随机故障。系统故障是由某一固有因素引起、以待定形式出现的故障，比如软件错误（Bug）。它只能通过对设计、制作手法、操作程序或者其他关联因素的改动来消除。如今，我们可以用一些有效的技术来对由随机故障导致的危害进行评估和控制。在工程领域中，大量由系统故障导致的危害也可以采用细致规范的安全管理措施进行控制。由两者共同导致的故障也可以用由相关标准、规范规定的手段和业内公认效果显著的方法来有效控制。对于软件而言，出现的故障都是系统性的。在软件和一些其他设计过程十分复杂的领域中，比如电子设计，用安全完整度等级（SIL）来控制系统故障是效果最明显的方式。

9.2 危害辨识

9.2.1 ETBA

能量追踪和屏障分析（Energy Trace/Barrier Analysis，ETBA）是一种识别危害和确定用于降低该危害带来风险的屏障的有效性的定性分析方法。ETBA 追踪系统中从能量源到可能受能量源影响的资产/财产的路径。ETBA 目的包括：

（1）识别系统中所有（危害的）能量源。

（2）识别与系统中每一个能量源有关的屏障。

（3）评估每个屏障防止危害从一个能量源流向（脆弱）资产（人、设备和环境）的能力。

ETBA 分析流程如图 9.2.1 所示，主要包括 4 个主要环节，分别包括：

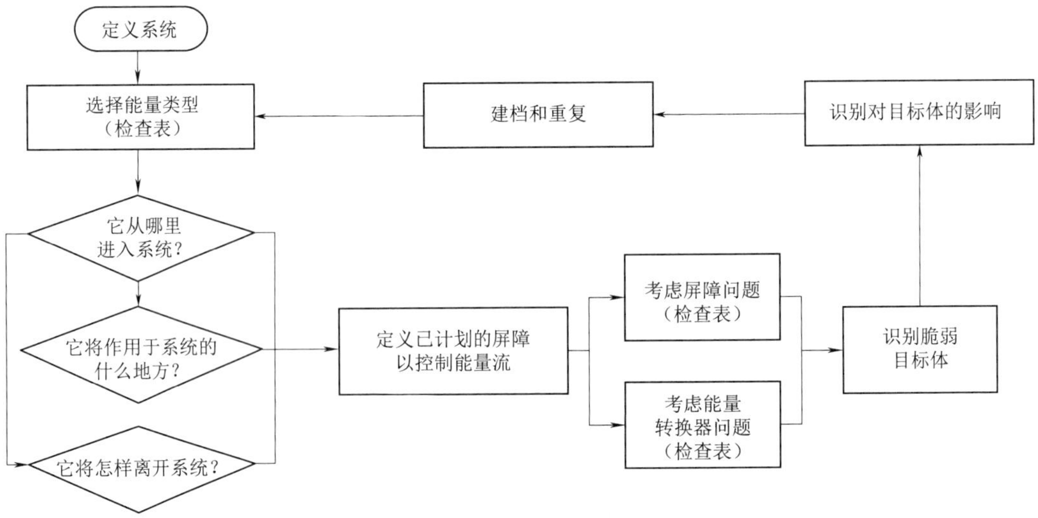

图 9.2.1 ETBA 分析流程示意

（1）参考能量类别检查表（表 9.2.1），明确系统中存在的能量类别。

表 9.2.1 能量源检查表举例

电能	势能（质量/重力/高度）	（旋转）动能
●直流/交流电 ●存储电能/放电 ●电磁辐射 ●感应电压/电流 ●控制电压/电流 ●……	●倾斜和绊倒 ●跌落物 ●悬挂物 ●……	●旋转机器/齿轮/轮子 ●……

（2）确定每种能量在系统中的作用机制，包括能量如何进入系统、能量作用于系统的哪些环节，以及能量如何离开系统。

（3）分析相关屏障的潜在问题，包括利用屏障检查（表 9.2.2）确定屏障的问题、利用能量转换检查表（表 9.2.3）确定能量转换过程中的问题。

表 9.2.2 屏障检查表举例

屏障可能出现的问题
●太强/太弱 ●没有效果/设计不正确 ●实施太早/太晚 ●降级/完全失效 ●妨碍/提升能量转换/流动 ●类型选择错误 ●……

表 9.2.3 能量转换检查表举例

能量流/转换
●不期望的能量流/转换 ●太多/太少/没有 ●太早/太晚 ●太快/太慢 ●阻滞/累积/释放 ●错误的形式/类别 ●能量释放的传递效应 ●……

（4）针对上一环节中的潜在问题，识别能量对于脆弱目标体的影响。

9.2.2 HAZOP

危害与可操作性分析（Hazard And Operability Analysis，HAZOP）作为一种综合型定性安全分析方法，从系统中任意参数的可能偏差出发，既“向前”推演原因，又“向后”总结影响，对系统信息和相关历史数据都没有过多要求，在系统生命周期的任意阶段都可以对各类系统进行分析，是一种在危害分析前对可能出现危害进行辨识了解的一种方法，在各种领域都应用广泛。HAZOP 具有以下优点：

（1）能对系统各个组件进行全面的分析研究和检查。

（2）可以对人为的操作错误和导致的后果进行分析研究，并预测相关的严重后果，以提出针对性的措施来确保系统和系统组件的安全。

（3）针对可能发生的危害进行分析研究，可以及时发现潜在危害或隐患，并提前采取有效措施进行防护和消除。

（4）通过 HAZOP 的分析检查，可以排除软件系统及其应用环境在设计和操作中可能发生的严重后果，进而提高生产效率和经济效益。

（5）通过 HAZOP 的分析研究，使设计和操作人员更加周密详尽地了解软件和系统的机能，即使系统的设计更加完备，又能丰富操作规范，提高操作人员的培训质量。

但是，HAZOP 方法的分析过程相对繁杂，其分析结果对于专业知识和经验的依赖性也更多，而结果又不够准确。因此，HAZOP 方法大多应用在系统信息相对缺乏的研发初期。

HAZOP 是一种团队工作流程，其核心概念由“HAZOP 参数或流”和“引导词”组成。“HAZOP 参数或流”是 HAZOP 分析的研究对象，“引导词”则是研究对象可能存在的偏差种类，常用引导词见表 9.2.4。HAZOP 的研究过程就是集结系统各方面的有关专家，讨论系统的各个工序流程中“HAZOP 参数或流”是否可能出现“引导词”所表示的偏差和那些偏差的后果和防护措施，其具体流程如图 9.2.2 所示。因此，确定“HAZOP 参数或流”和“引导词”是采用 HAZOP 进行分析研究的前提。

表 9.2.4 HAZOP 引导词举例

引导词	意　义
没有	目标/意图完全没有实现
过多	量的增加（率或总量）
过少	量的减少（率或总量）
不只是或此外	目标/意图完全实现，此外还伴随有其他事情发生
部分	只实现了部分目标/意图（质的减少）
其他	得到了与目标/意图不同的其他结果
相反	与目标/意图完全相反

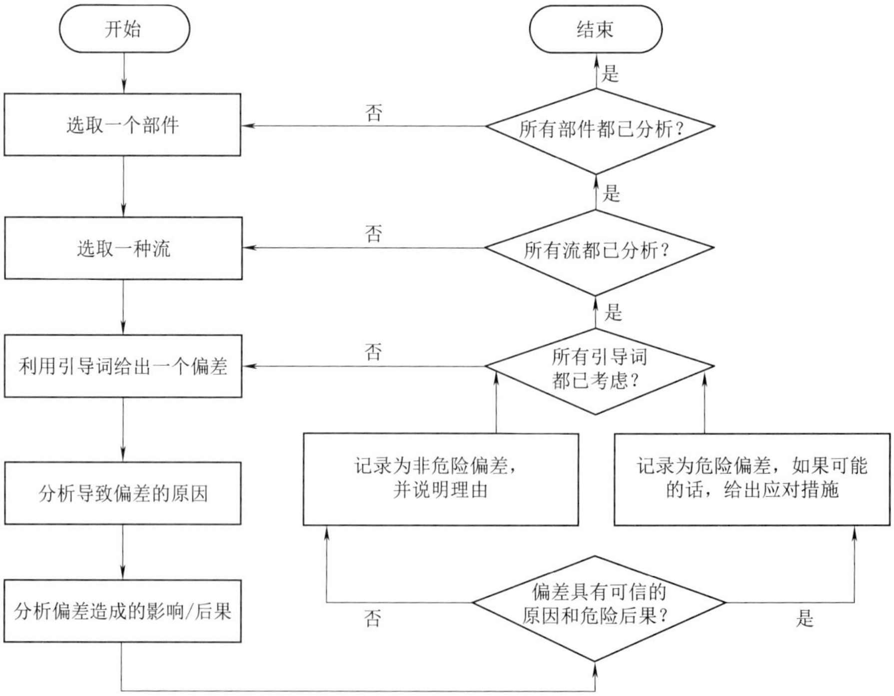

图 9.2.2 HAZOP 分析流程示意

HAZOP 分析团队的构成需要涵盖所需领域的各个专业，要对整个系统有足够认识。比如，检查一个信号系统，可能需要一个了解安全方面的专家、一个硬件工程师、一个软件工程师、一个了解信号系统的专家以及潜在的使用者和维护者。专家小组首先要整理系统设计的相关文件，要涵盖完整的功能划分规范。随后要检查系统的所有组成部分，包括系统接口，以提出并找到系统中可能存在的问题。

因此 HAZOP 还有一个显著的优势是它综合考虑了来自不同领域专家的意见，可以促进不同领域的交叉学习，与系统中相对独立的各个负责团队相比，它可以辨识出这些工作人员容易忽视的交叉领域中配合出现的危害。下面进行 HAZOP 的分析示例。

我国列车运行控制系统 3 级（CTCS-3）的安全运行非常重要，特别是对中国高速铁路运行速度的提高和铁路网络的扩展更是具有重要意义。危害和可操作性（HAZOP）研究已被认为是一种有效的系统检查，可识别各种工业过程或操作中存在的任何潜在问题。应用 HAZOP 研究来识别 CTCS-3 车载系统的危害过程，该过程由两个主要部分组成：系统模型和考试过程中的危害识别。为了更好地反映 CTCS-3 车载系统的结构和功能，开发了以下模型，即参考模型、功能层次模型、状态图和序列图。为了证明 HAZOP 研究的有效性，考虑并采用基于 CTCS-3 车载系统功能和临时限速场景的危险识别。结果表明，可以快速挖掘现有危害，从而提出并实施相关措施，以防止危害在整个 CTCS-3 车载系统中广泛传播。

建立了不同层次的模型，有助于描述系统设计意图，并使列车人员了解 CTCS-3 车载系统的内部结构和运行情况。为了更好地反映系统的结构和功能，建立了参考模型和功能层次模型以方便危险识别过程。

参考模型如图 9.2.3 所示，反映了 CTCS-3 车载系统的基本结构，并描述了 CTCS-3 车载系统的所有组件/模块以及它们之间的接口。

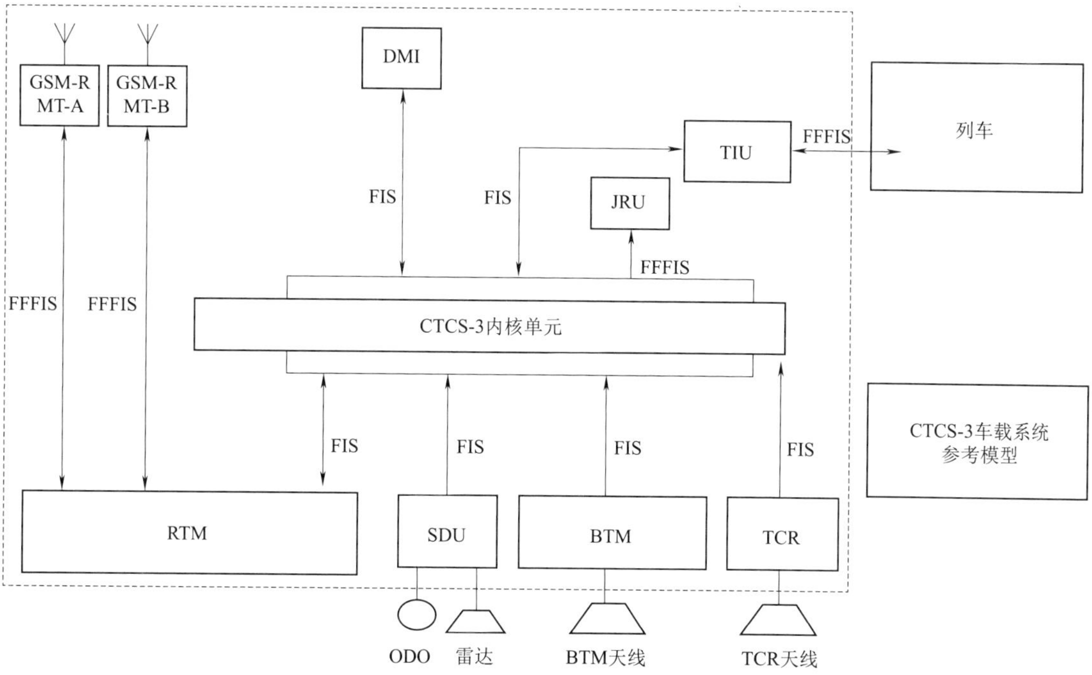

图 9.2.3　CTCS-3 车载系统参考模型

车载系统组件的主要功能的简要说明如下：

（1）CTCS-3 内核单元，可防止列车超速或超过 3 级安全距离。

（2）驾驶员—机器接口（DMI），向驾驶员显示信息并允许驾驶员输入数据和命令。

（3）司法记录器单元（JRU），记录列车数据并允许下载记录的数据，以便在危险情况后用于法律目的。

（4）列车接口单元（TIU），在列车和车载系统之间正确传输信息。

（5）速度和距离单元，将速度、距离和方向信息发送到内核单元。

（6）应答器传输模块（BTM），接收应答器电报并将它们发送到内核单元。

（7）轨道电路阅读器（TCR），接收并分析来自轨道电路的信号，并将它们发送到内核单元。

无线电传输模块（RTM）和移动终端（MT）通过全球铁路移动通信系统（GSM-R）在车载系统和轨道旁之间传输无线电报。

该参考模型主要实现的功能如下：

（1）列车定位功能。准确的列车定位是保证列车运行安全必不可少的条件。CTCS-3 内核单元包含计算列车位置安全范围的功能，生成最小安全后端和最大安全前端的列车位置数据。

（2）安全控制、保护和监督功能。该功能包括 6 个子功能，即安全速度监督功能、意外移动保护功能、安全运行保护功能、故障恢复功能、制动命令输出功能，安全定位保护功能。

其中，安全速度监督功能描述了内核单元如何生成速度曲线来监督列车速度。该功能可分为速度曲线计算功能和速度比较功能两部分。

①速度曲线计算。CTCS-3 内核单元计算移动授权区域内的限制速度值，然后根据线路和列车信息生成限制最大的速度剖面和动态速度剖面。

②速度比较功能。CTCS-3 内核单元将实际列车速度与限制速度进行比较，判断列车是否超过安全速度。

下面以 CTCS-3 级列车运行控制系统办理临时限速为例进行 HAZOP 示例。TSR 命令应由 CTC 中的 TSR 服务器（TSRS）设置、命令和撤销。TSR 序列图如图 9. 2. 4所示，显示了在完成系统功能或完成系统行为时不同组件之间的信息交互，序列图可以作为危险识别的依据。

全线计划 TSR 订单由工作人员通过 TSR 终端设置。一旦被 CTC 确认，TSR 命令将由 TSRS 存储，并在工作人员激活后可实施时传输给 RBC 和 TCC。然后，RBC 在与列车进行准确且持续的无线电通信的情况下，将 TSR 命令发送给相应的列车。一旦列车收到 TSR 命令，车载系统将执行该命令并将列车制动至限制速度，直到列车通过 TSR 区或 TSR 命令已被地面系统撤销。车载系统处理 TSR 订单的流程可以描述如下：

（1）MT 接收 RBC 无线发送的 M24/M3 信息和 P65 中包含的 TSR 命令，并将其传输到 RTM。

（2）RTM 将 TSR 信息传输到 CTCS-3 内核。

（3）CTCS-3 内核单元负责 TSR 订单处理。应通过 RTM 和 MT 向 RBC 发送确认消息，通知 RBC 列车已收到 TSR 指令。然后，CTCS-3 内核单元会将列车的当前速度与限制速度值进行比较。由于列车速度通常高于限制速度，CTCS-3 内核单元将输出制动命令以使列车减速。

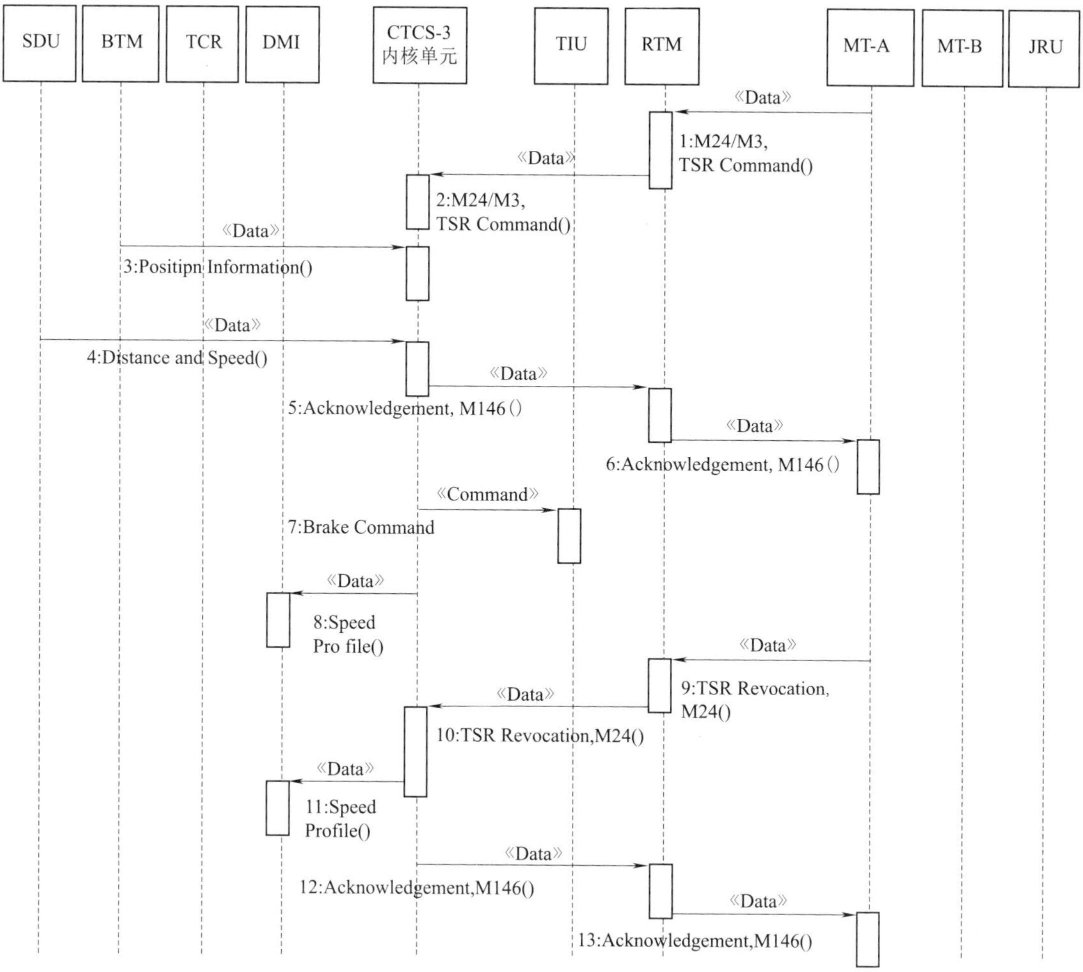

图 9. 2. 4　TSR 的序列图

注：TSR Command—设置临时限速命令；Position Information—定位信息；Distance and Speed—距离和速度；Acknowledgement—确认；Brake Command—刹车命令；Speed Profile—速度曲线；TSR Revocation—取消临时限速。

（4）列车执行刹车指令，在限速下通过 TSR 区。

类似地，撤销 TSR 订单的过程可以描述如下：

（1）MT 接收 RBC 通过无线电发送的 M24 和 P66 中包含的 TSR 撤销命令，并将其传输给 RTM。

（2）RTM 将 TSR 撤销信息发送到 CTCS-3 内核单元。

（3）CTCS-3 内核单元对订单进行处理，并通过 RTM 和 MT 向 RBC 发送确认消息，通知 RBC 列车已收到 TSR 撤销命令。

有了对于 CTCS-3 级列控系统设置临时限速功能的了解之后，可以开展 HAZOP 活动，首先，负责人通过选择一个元素开始，例如功能层次模型中最低级别的一个组件功能或序列图中的一个交互行为，以及解释了这部分的设计意图。然后，HAZOP 分析组长应选择适合该元素的引导词。对于每个引导词，应检查元素与车载系统的设计意图之间是否存在偏差。此外，还需要详细检查偏差的原因和后果，并提出一些减轻后果的相关行动。接下来，对另一个具有不同引导词的交互行为重复该过程，直到分析完所有元素。最后，总结记录的结果，并生成危害列表。HAZOP 研究的输出应包括已识别危害和操作问题的详细信息、对特定方面的任何进一步研究的建议、缓解问题的建议、需要在操作和维护程序中解决的注意事项，以及参与每个环节的团队成员名单。TSR 的危害见表 9.2.5。

表 9.2.5　TSR 的危害

子系统参考	危害描述	原因	后果	引导词	风险等级
TSR-D01、TSR-D02	TSR 命令传输错误	RTM 与 MT 或是 MT 与 C3K 直接的传输通道有故障	列车高速通过限速区域导致脱轨	No—没有 Later—晚	4
TSR-D05、TSR-D06	车载系统没有给 RBC 回复信息或是回复错误信息	1. RTM 与 MT 或是 MT 与 CTCS-3 内核单元直接的传输通道有故障。 2. M146 确认信息的时间戳不准备，导致 RBC 无法判断那个信息是重复的	1. RBC 不能确认哪个信息是正确的，从而导致超速脱轨。 2. RBC 重复发送临时限速信息，导致通信拥塞，触发列车紧急制动	No—没有 Later—晚	9
TSR-D07	CTCS-3 内核单元没有进行制动或是启动制动过晚	1. TIU 和 CTCS-3 内核单元之间的传输通道错误。 2. 列车接收几个制动命令后才能启动制动	列车高速通过限速区域导致脱轨	No—没有 Later—晚	4
TSR-D08	DMI 没有显示或是更新速度曲线	1. CTCS-3 内核单元软件有缺陷。 2. DMI 故障	没有危害	No—没有 Later—晚	0

9.3　危害的原因分析

识别出危害之后，需要进一步分析潜在的导致危害发生的原因，即进行危害原因分析。可以利用故障树分析（FTA）技术和失效模式影响分析（FMEA）技术来实施该项活动。

FTA 是一种逻辑推导方法，其图形描述由事件符号（基本事件、中间事件、未展开事件、条件事件）和逻辑连接符号（与门、或门、异或门、优先与门、禁止门）组成。利用该方法分析危害发生的原因就是将某个确定的不希望发生事件（危害事件）作为“顶事件”，根据分析者的经验寻找引发该事件的直接原因，并使用逻辑连接符号表述原因事件的组合关系，与顶事件关联。而后，再分析每一个直接原因事件的产生原因，直到推导出“基本事件”。FTA 的目的就是推演出所有可能引发危害事件的基本事件组合，并根据实际需要进一步根据基本事件的发生概率数据计算出危害事件的发生概率。

FTA 方法定义灵活，并不限制事件的类型，不论是系统内部的逻辑错误、硬件故障还是外部环境的温度、湿度、振动等因素，均可纳入同一个模型中，因此该方法适用领域非常广。而且 FTA 可以基于系统的各个层次，对系统、子系统、模块、程序、工作环境等都可采用这种方法，基本涵盖了系统生命周期从概念阶段到维护等各个阶段。在分析结果方面，该方法既能得出危害事件发生原因的最小割集，使得系统安全设计有的放矢，也能进行定量分析，根据各个基本事件的发生概率估计出危害事件的发生概率。

需要注意的是，该方法虽然简便易行，但是要求使用者对于分析对象认识全面、经验丰富。而且，系统一旦改动需要重新进行分析，不同阶段的分析结果之间的重用性较差，对于大规模复杂系统来说，时间成本和人力成本都比较大。

作为可用于分析危害原因的另一重要手段，FMEA 是通过系统、子系统、单元、元器件的故障模式来辨识系统危害，并在此基础上评估故障模式对系统影响的一种归纳型安全分析方法。FMEA 从单元故障模式入手，考虑每一种故障模式对于子系统、系统的影响，从而检查其是否能够满足系统安全需求。最终分析结果中哪些会导致系统危害的具体故障模式，即为危害的潜在原因。

同样需要注意的是，FMEA 方法对每个元件的每一种故障模式及其影响一一进行分析，可以得到比其他基于事件的安全分析方法更加精确、细致的定性和定量结果。但也正是因为如此，这种方法的工作量巨大，对大规模复杂系统进行整体 FMEA 分析是不可想象的。要对这些故障模式的影响进行准确估计，仍然要求使用者对于系统有足够的了解。FMEA 方法的另一个显著缺陷是忽略了各个单元、模块之间的相互影响，无法分析组合故障模式对系统的影响。

9.4 危害的后果分析

后果分析是知悉出现危害后将会导致何种状况，以及各状况发生概率的过程，包括两个阶段，分别是建模和对模型进行量化。危害发生后可能会导致一系列潜在的相关后果，在这之中大多数后果都没有影响或者仅有很小影响，只有小部分影响有灾难性。从危害到出现衍生后果通常会经历多次屏障选择。

事件树分析（Event Tree Analysis，ETA），可以视为从初始事件出发探究因此引发的不同相关事件。一件事件的发生，可能是许多事件按时间顺序相继出现的结果，有些事件的发生是以其他事件先发生为条件。在事故发展过程中出现的事件大多有两种状态，即事件发生或不发生。这样，每一事件的发展演化都有两条可能的途径，并且事件的出现与否是随机的，概率是不相等的。如果事件发展过程中含有很多个相继发生的事件，则系统通常会存在多条可能发展途径，即最终结果有多个。ETA 就是在明确一个初始事件的条件下，依据时间先后分析这个初始事件之后可能存在的各种事件序列和相应的后果，如图 9.4.1 所示。

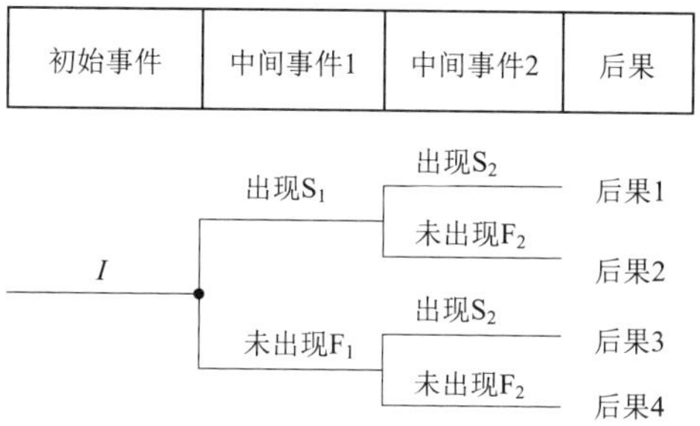

图 9.4.1 ETA 结构示意

利用 ETA 分析危害的后果，主要步骤如下：

（1）确定系统分析的最初原因事件。该事件可以是系统故障、设备失效、人员误操作或过程异常等。一般是选择分析人员最感兴趣的危害事件作为初始事件。

（2）构建可能的事故场景并进行分解，即找出出现在初始事件之后的一系列可能造成事故后果的其他原因事件。

（3）分析各事件的因果关系及其发生与否的两种状态。

（4）构造事件树。也就是根据因果关系及状态，从初始事件开始由左向右展开，中间事件发生与不发生产生两条分支。

（5）说明分析结果。在事件树最后写明由初始事件引起的各种事故结果或后果。

（6）进行定量计算，即找出发生事故的途径和类型，计算每种结果出现的概率。

【例】 假设某列车超速的频次为 1×10^{-2} 次/年，超速之后脱轨的概率为 1×10^{-3}，然后侵入邻线的概率为 1×10^{-3}，最后发生碰撞事故的概率为 1×10^{-2}。构造该列车超速后果的事件树，并计算相应后果的出现可能性。

解： 根据事件树结构及相关后果事件的发生可能性，构造相应的事件树，如图 9.4.2 所示。

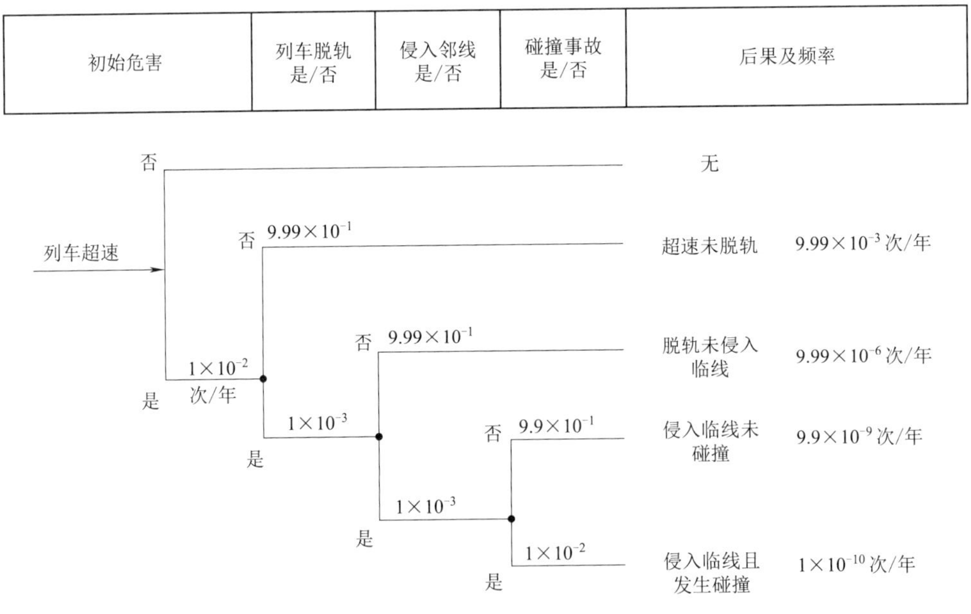

图 9.4.2 某列车超速后果的事件树

一般情况下，用事件树来分析这些已经被鉴识出来的危害衍生的不同结果，依照事故发生的顺序来分析各子系统的功能和故障。在这个基础上，可以将事件树分析运用于铁路系统中去研究会演变为不同后果的初始危害事件。事件树分析的重点在于挖掘导致事故发生的初始危害及其对后果的影响，它的所有独立的序列都会以分支的形式被表达出来，可以清晰明了地界定各安全功能之间的关系。事件树分析法有如下的作用：

（1）可以用于判断事故是否发生，以便采取相应的措施来应对。

（2）可以得出消除和解决事故的根本手段，使系统安全性有所提高。

（3）从全局角度分析系统在不同条件下可能发生的事故，分析这些事故发生的规律。

（4）可以找出系统在指定情况下最坏的事故后果，便于明确故障树的顶层事件。

获知系统的危害也就是抓住了影响系统安全性的主要矛盾。危害不仅代表了从系统内部爆发的失效行为能够最终演变成为系统输出危害侧行为的状态模式，更体现为设计与保障系统安全性的主要抓手。试想，如果一个轨道交通系统被辨识出潜在的危害数以千计，那么是不是值得对所有的危害都“一视同仁”，不惜任何代价把所有危害的风险都降低呢？这显然是不合实际，更不合逻辑的方案，因为任何生产活动都需要考量成本效率。

问题的关键就在于，如何评价管理危害的有效性，要有的放矢抓重点。使用风险来评价危害就是这样的初衷。风险包括了发生概率（Frequency）和后果程度（Consequence）两个维度的信息，这两种信息如何确定就成了量化危害对应风险的关键问题，涉及风险评估技术，包括分析与评价两部分内容：风险分析是对已识别的危害事件发生概率的大小和危害发生后可能导致事故的严重度大小的估计；风险评价是根据风险接受原则，判断风险分析步骤中估计出的风险到底可不可以接受，其结果将作为风险控制的依据。因此，风险评估的合理性，直接决定了整个风险管理的实际效果。

风险评估可以划分为定性和定量两种类型。定性风险评估指通过考虑危害发生的概率，危害发生后对系统安全的影响和其他因素，对已识别危害的风险进行评估，它主要依赖于业内专家的评判和历史经验。定性风险评估通常是为风险控制确立优先级的一种经济、有效和快捷的方法，并为定量风险评估奠定基础。定性风险评估也会将风险大小进行量化，只不过这种量化主要依赖于主观判断，具有很大的不确定性。定性风险评估的优点：不需要详细的量化、数据收集或分析工作，过程相对简单，相对于定量风险评估来说，定性风险评估需要的资源非常少，成本低，易于实现。定性风险评估的缺点：过于依赖假设，所有主观且粗糙的假设需要完善的文档支持。对风险很大的危害只进行定性评估过于简单，是不够的，危害的风险很大也可能是危害的后果不严重但是发生频率很高，或发生频率很低但后果很严重引起的。

定量风险评估是一个严谨的分析过程，这一过程采用大量的数学模型、统计原理、概率论等现代技术和手段，对危害发生的概率和造成的后果进行分析和评估。通过量化分析和评估，可以找出最需要关注的风险，尽早地消除或降低。定量风险评估的优点就是能够对重大风险进行更准确的分析，而且有助于加深对危害的潜在原因和后果的理解。定量风险评估的缺点：很复杂，不适合小风险的评估，需要风险分析专家，并需要对客观数据进行准确的量化，需要大量资源和计算，成本高，对定性就已经足够的风险是不合适的，缺乏可用的、健壮的、综合的计算机辅助工具，不推荐使用其绝对值，最好是在同一个项目中做对比使用。

在进行风险评估时，不是说只能用定性或只能用定量的方法，实际使用时，对一个系统或一个项目的大部分危害用定性评估的方法，而只有小部分可能导致重大或灾难性后果的危害需要进行定量风险评估。因此，对于这两种方法推荐这样合理使用：在风险评估开始时，首先对所有危害进行纯粹的定性评估，然后根据这个定性评估的结果，决定是否需要做进一步的定量风险评估，该决定的原则是：（1）项目或系统的整体风险水平接近可容忍风险水平线；（2）是否存在可能导致重大或灾难性后果的危害；（3）是否存在发生频率很高的，累计损失非常大的危害。

轨道交通系统的后果通常是指对人员、财产和环境造成了损失，因此风险可以分为生命风险、经济风险和环境风险等。

后果分析是一个确定危害发生后将会导致哪些状况，以及各状况发生概率的过程，包括建模和对模型量化这两个阶段。危害发生后可能会导致一系列潜在的后果，其中大多后果没有影响或者仅不理想，只有小部分具有灾难性。危害一般不会直接导致灾难性的后果，中间一般会经过多次屏障进行选择。

进行原因—后果分析有 6 个步骤：

（1）选择评价的事件。选择原因—后果分析的事件可以从两个方面提出的顶事件和初发事件。进行原因—后果分析的事件即为故障树的顶事件，即危害事件的发生，危害事件的发生频率通过故障树分析求解，而危害事件可能导致的各种不同后果通过原因—后果分析图进行，这样就实现危害事件的风险分析过程。所考虑的事件是故障事件或设备事件时，用故障树和事件树分析法确定安全功能，并提出事故路径，这步与事件树分析法相同，按照成功和失败的先后次序构筑不同的事故路径。事件树和原因—后果分析的不同之处主要是树图中使用的符号不一致。

（2）确定影响事故进程的安全功能系统、作业人员的行动等。

（3）提出事故扩展的路径事件树分析。

（4）找出起始事件和安全功能失败事件，并确定基本原因故障树分析。在这一步骤中，当需要在原因—后果分析图的事件树部分表述初始事件和安全功能失败事件时，分析人员应准确使用故障树分析法，将每一个故障按故障树顶事件进行处理。在原因—后果分析图格式中，分析人员应描述出每一序列的结果。

（5）确定事故序列的最小割集。

（6）排列或评价分析结果。

不管采用哪种模型进行后果分析，首先要对该系统可能造成后果的各状态进行准确的定义，其次要对遏制事故方案扩展的物理的、环境的和程序的屏障，以及各屏障阻止事故发展的力度有详细的了解。这些都是保证模型准确的根本，也是模型建立后量化的基础。

①危害后果的不确定性

危害的后果取决于危险状况出现以后，对可预见后果的防御能力，而受限于防御能力的高低、防御水平的高低，就会造成危险的后果出现不确定性。通常，轨道交通系统在投入运营之后，都会针对特定的危害设置一系列针对的防护措施，这些防护措施通常从两个角度进行考虑：

a. 后果的影响范围。这个是受到危害发生的场景所引导的，比如轨道交通系统所输送的对象，包括多少旅客，或者何种类型、多少规模的货物，抑或是事故发生的时间和地点，是否是早晚通勤高峰时段，是否在人员密集的区域，等等。

b. 后果演变的过程。这个是和事故发生的过程中所涉及的能量转化方式直接相关的。例如：因为超速而造成的脱轨事故，必然是输送对象按照动能转为其他形式能量的方式进行的，而这种能量的释放过程是需要时间的，根据时间的长短，决定了防御措施的性能需求。

②确定后果的影响因素，估计其发生概率

对于危害的发生频率的估计需要结合可能造成的后果，按照发生的场景来分析其影响因素，这其中包括：

a. 危害事件本身的发生概率。

b. 危险环境的区域、遭受危害的对象在危险环境中的暴露时间。

c. 可能规避危害的概率。

d. 当危害事件发生时，本应该发挥作用的安全防护措施没有起效的概率，这个称为意外发生概率。

由此，也引出了以下 4 个相应的参数：

（a）危害事件的后果 C。

（b）危害区域的暴露频率 F。

（c）未能阻止危害事件发生的可能性 P。

（d）意外发生的可能性 W。

利用风险图预计风险后果如图 9.4.3 所示，不同的后果参数 C、F 和 P 可以推导出一系列风险等级，X_1、X_2、$X_3 \cdots X_n$，可以根据特定的场景来确定准确风险等级。在图 9.4.3 中，这些风险等级匹配到了 W_1、W_2 和 W_3 三个权重等级，每个级别代表了需要采取了安全措施的程度，而每一种安全措施代表了一个一种风险降低措施的能力。例如，W_3 可以表示通过提高其他安全措施的成功概率，即降低意外事件的发生概率。风险图的输出（也就是 X_1、X_2、$X_3 \cdots X_n$）和特定的权重级别（也就是 W_1、W_2 和 W_3）相结合就可以体现为安全功能的安全完善度，这样，风险降低措施就和以降低风险为目的的安全功能建立的对应机制，针对特定的后果场景形成对应的风险等级。当然，图中所提出的这些参数和权重，都需要针对特定场景，与可比较的行业进行参数校正，才能确定为行业里能够被广泛接受的参数标准。

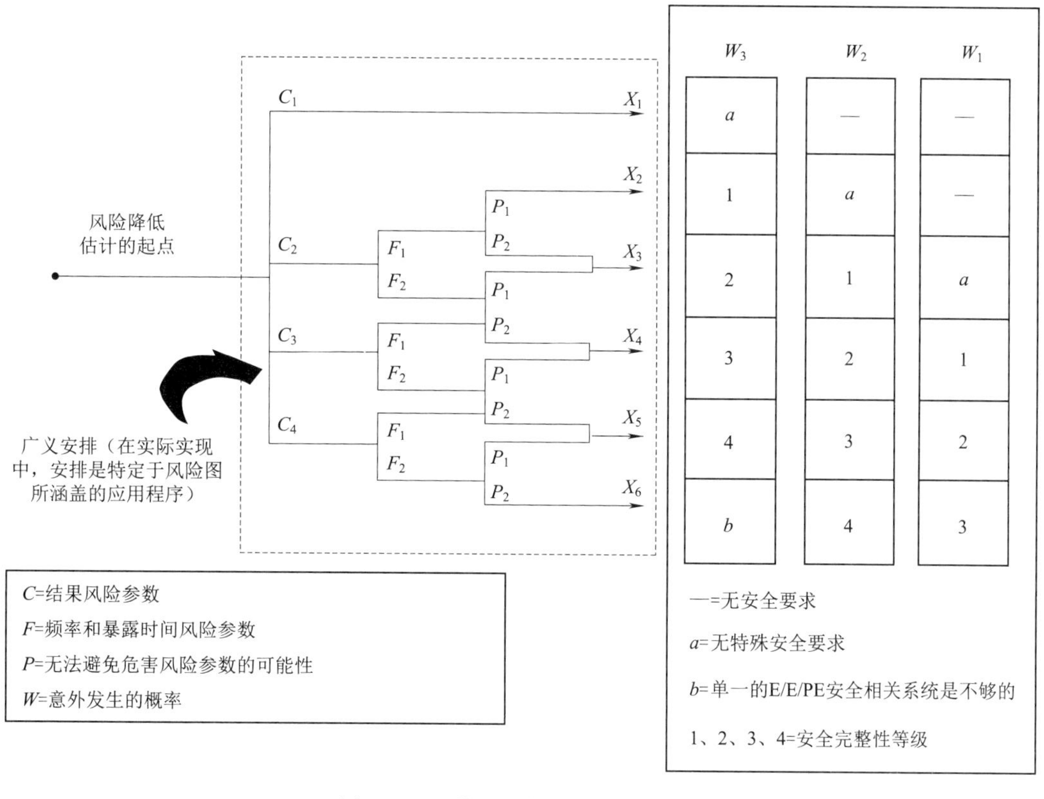

图 9.4.3　利用风险图预计风险后果

③区分危害发生概率和影响因素发生概率

对于后果参数的预计，需要区分参数的等级。表 9.4.1 给出了 C、F 和 P 的基本量化等级。

表 9.4.1　风险图中的风险参数

风险参数	等　　级		参数说明
后果（C）	C_1	较少伤害	（1）此项分类主要用于区分人员伤亡。其他分类方式可以依据环境与物质损失制定。 （2）对于后果的解释需要考量事故后果和恢复正常的代价
	C_2	严重的永久性伤害，或者造成 1 人死亡	
	C_3	造成数人死亡	
	C_4	大量人员死亡	
暴露在危险区的频率（F）	F_1	极低概率暴露在危险区	
	F_2	频繁暴露在危险区	
规避危险事件的可能性（P）	P_1	在某些情况下有可能	此项参数需考虑到： （1）规避流程的执行（也就是是否有人监督，执行人员的资质）。 （2）危害事件的发展速度（例如突然、迅速、还是缓慢）。 （3）对危害的认知方式（例如立刻看到、是否通过技术措施检测）。 （4）对危害的规避方式（例如在特定条件下是否可能从路线逃走）。 （5）实际安全经验（例如使用同等或类似安全功能的经验）
	P_2	几乎不可能	
意外发生可能性（W）	W_1	意外事件发生的概率极低，或者只有极少数意外事件会发生	（1）此参数的目的就是估计在没有额外的安全措施之下意外发生的频率。 （2）如果对既有的安全措施不熟悉，需要对参数 W 进行最坏条件的预测
	W_2	意外事件发生的概率较低	
	W_3	意外事件发生的概率频发	

对上述参数需要配置具体数值的过程称为参数标定。标定的过程体现出对危害的安全防护措施和风险评估的关系。每个参数可以按照一定的幅值范围表示，这样可以形成阶梯式的风险评估结果，以此对安全防护措施形成半定性半定量的可信赖度。如果需要将致死率降低至某个水平，就不能假设通过一个安全防护措施实现对所有危害的防护。因此需要考量一个人所处环境的危害数量，以及对每个危害暴露时间之和。

9.5　风险矩阵

安全风险矩阵主要用于衡量风险水平可接受水平，是一种国际通用的安全评价、评估方法。优点是能够快速将风险按照不同的重要级别进行排列，但是安全风险矩阵对发生频率、后果、风险等级 3 个因素的赋值和划分，需要满足一定的科学性和合理性，基本要求是：

（1）风险矩阵中频率、后果和风险等级的划分的粗细程度应当适中。等级划分越细评估结果越精确，但需要大量的资料数据作为支撑，并需要大量的计算和判断，而等级划分过粗则导致对差异较大的安全事件的分析和评价结果难以区分。

（2）应选择主要的后果作为考量标准。虽然考虑的因素越多对造成后果的描述越全面、准确，但无疑会增加使用的复杂性，一些间接损失往往又难以统计和估量。

（3）对于风险等级可接受程度的划分要考虑时间成本和经济效益，尺度过于严格，会导致评价出的不可接受风险过多，需要付出较高昂的经济和时间成本；尺度过于宽松，导致无法找出安全管理中的对整体安全水平影响较大的关键因素，不能采取相应的控制措施。

风险矩阵有多种形式，根据国情、法律、运营组织、线路等级等具体情况的不同，以及对安全风险管理的要求差异，各国铁路结合自身实际情况建立各具特色的风险矩阵，铁路行业欧洲标准 EN 50126 典型的 6×4 风险矩阵等。

在介绍风险接受原则时提到的 ALARP 作为定性风险评价原则时，一般可以与风险矩阵法结合使用。根据风险矩阵中危害事件发生频率的划分及危害发生后导致后果的严重度，将风险分为 4 个等级，即不可接受的（Unacceptable）：必须采取强制性降低措施；不理想的（Undesirable）：当风险降低不可行时，在铁路组织的同意下接受此风险；可容忍的（Tolerable）：在合理的控制下，并在铁路组织的同意下接受此风险；可接受的（Acceptable）：不需经过任何同意即可接受此风险。如果系统所有的危害经评价后其风险都是可容忍的，则系统总的风险落入可容忍区，如果系统所有的危害经评价后都是不广泛可接受的，则系统总的风险落入不可接受区域。作为定量风险评价原则时，应确定风险接受标准，即可容忍线和可忽略风险水平线。风险接受标准的确定是一个很复杂的社会、经济和技术等多方面的问题。

由于铁路运营情况非常复杂，安全事故相对稀少，大部分运营单位很难积累足够的事故数据进行 THR 的定量计算。而且，安全目标最终是用于风险控制，任何单位都不可能针对每一个风险数值制订风险控制策略和技术，因此在实际工程中，通常采用定性量的风险矩阵的方式来进行风险等级划分。假设所有概率事件是相互独立的，就可以通过乘法运算得到所有概率事件的组合，而概率和严重程度的组合则采用风险矩阵（Risk Matrix）的方法表达。IEC 62278 提供的铁路信号系统风险矩阵示例（图 9.5.1），事故发生的概率分为频繁的、经常的、偶尔的、罕见的、不可能的、难以置信的六个等级，事故损失的严重度定性分为数十人死亡、数人死亡、数人重伤、重伤、轻伤、轻微伤六个等级，采用“发生概率—严重程度”矩阵的形式将概率和严重程度组合起来，从而得到风险的分级表达形式。但是，需要注意该风险矩阵示例通常不能直接使用，不论是风险矩阵的规模，还是发生概率和严重程度分级的级数和级差都应该根据运营单位的具体情况进行修改。

需要考虑的因素包括：

（1）事故发生概率统计。

（2）事故后果统计。

（3）运营单位的安全指标。

（4）公众/法律/政府对不同后果的接受程度。

危害事件发生频率	风险等级			
频繁的	不理想的	不可接受的	不可接受的	不可接受的
经常的	可容忍的	不理想的	不可接受的	不可接受的
偶尔的	可容忍的	不理想的	不理想的	不可接受的
罕见的	可接受的	可容忍的	不理想的	不理想的
不可能的	可接受的	可接受的	可容忍的	可容忍的
难以置信的	可接受的	可接受的	可接受的	可接受的
	轻微的	次要的	重大的	灾难性的
	危害结果的严重度水平			

图 9.5.1　典型的风险评价矩阵

在确定了危害事件发生概率和严重程度的等级后，风险等级的确定也可以根据需要进行划分。在 IEC 62278 标准的示例风险矩阵中，风险等级是发生概率等级和严重程度等级的乘积，这也是铁路行业的常见做法。但是，这种做法可能导致风险分级的不精确、不合理。例如，如果危害事件 HE-AA 的发生概率是 4 级、严重程度是 2 级，危害事件 HE-BB 的发生概率是 3 级、严重程度是 3 级，危害事件 HE-CC 的发生概率是 2 级、严重程度是 4 级。以乘积为风险等级时，HE-AA 和 HE-CC 的风险等级为 8，而 HE-BB 的风险等级为 9。而且，HE-AA 的严重程度降低 1 级（为 3 级），则风险降低 2 级（为 6 级），而 HE-CC 的严重程度降低 1 级（为 1 级），则风险降低 4 级（为 4 级）。但是，实际上当严重程度等级较高时，降低严重程度理应有相同甚至更大的风险改善。因此，当发生概率和严重程度的级差相同时，工程中也常用发生概率等级与严重程度等级的和定义风险等级，如图 9.5.2 所示。该例中，发生概率与严重程度相邻级别都是 5 倍级差。采用求和方式定义风险等级时，HE-AA、HE-BB 和 HE-CC 具有相同的风险等级，而且当降低它们的严重程度等级或发生概率等级时其风险等级变化是相同的。频率范围表和后果等级表分别见表 9.5.1 和表 9.5.2。

表 9.5.1　频率范围表

频　　率	频率范围	估计频率中间值	每年发生的事件数	等　　级
频繁的	20 天一次到 3 个月一次	2 个月一次	6.25	6
经常的	3 个月一次到 15 个月一次	9 个月一次	1.25	5
偶尔的	15 个月一次到 7 年一次	4 年一次	0.25	4
罕见的	7 年一次到 35 年一次	20 年一次	0.05	3
不可能的	35 年一次到 175 年一次	100 年一次	0.01	2
难以置信的	大于（175 年一次）	500 年一次	0.002	1

表 9.5.2　后果等级表

后　　果	每年等价死亡数	等　　级
轻伤	0.005	1
重伤/多起轻伤	0.025	2
重大伤害	0.125	3

续上表

后　果	每年等价死亡数	等　级
多起重伤/一人死亡	0.625	4
多人死亡（2~5个等价死亡数）	3.125	5
多人死亡（6~25个等价死亡数）	15.625	6

	后　果					
频　率	1	2	3	4	5	6
6	6	12	18	24	30	36
5	5	10	15	20	25	30
4	4	8	12	16	20	24
3	3	6	9	12	15	18
2	2	4	6	8	10	12
1	1	2	3	4	5	6

■ 不容许的　　▒ 容许的　　□ 可忽略的

（a）风险矩阵（等级相乘）

	后　果					
频　率	1	2	3	4	5	6
6	7	8	9	10	11	12
5	6	7	8	9	10	11
4	5	6	7	8	9	10
3	4	5	6	7	8	9
2	3	4	5	6	7	8
1	2	3	4	5	6	7

■ 不容许的　　▒ 容许的　　□ 可忽略的

（b）风险矩阵（等级相加）

图9.5.2　IEC 62278标准风险矩阵示例

风险矩阵定义好后，需要根据系统的ALARP区域的定义，在风险矩阵上划分为可接受、ALARP区域、不可容忍区域，有时ALARP区域会被划分成2个区域便于为其分配不同的风险控制策略。因此，我们也把风险矩阵看作ALARP的一种定义方式。

利用风险矩阵确定安全目标时，可以根据危害事件的后果严重程度推知其THR等级。但是在铁路行业，由于运营条件多变，危害事件后果严重程度千差万别。例如，对于列车脱轨事件，典型后果是旅客在车厢内摔倒，导致多个轻伤；但是如果在桥梁/高架上脱轨或脱轨后与邻线列车相撞，则会造成多人死亡。如果差异较大，特别是出现多人死亡这种灾难性事故时，需要分别计算。

下面，以EN 50126典型的6×4风险矩阵关于危害发生频率和严重度水平的划分等级为例加以说明。CTCS-3 级列控系统危害事故发生频度可划分为表 9. 5. 3 中所描述的不同情况。依据《铁路交通事故应急救援和调查处理条例》和《铁路交通事故调查处理规则》，以及对人造成后果不同的危害严重性等级，CTCS-3 级列控系统可参考表 9. 5. 4 划分风险后果等级。

表 9. 5. 3　铁路事故人员后果严重程度

严 重 性	对人员造成的后果	代　码
重大灾难性的	超过 30 人死亡，超过 100 人受重伤，超过 200 人受轻伤	C6
灾难性的	10 ~ 30 人死亡，50 ~ 100 人受重伤，超过 200 人受轻伤	C5
严重的	3 ~ 9 人死亡，10 ~ 49 人受重伤，超过 200 人受轻伤	C4
重大的	1 ~ 2 人死亡，2 ~ 9 人受重伤，超过 200 人受轻伤	C3
较大的	无人死亡，1 人受重伤，20 ~ 200 人受轻伤	C2
较小的	无人死亡或受重伤，20 人以下受轻伤	C1

表 9. 5. 4　铁路事故发生频率等级划分

类　别	量化描述	定性描述	数值	危险率/h^{-1}	缩写
很有可能发生	每年发生次数超过 100 次	某些具体位置频繁发生	> 100	$\geq 1.14\times10^{-2}$	F6
时常发生	每年发生 10 ~ 100 次	在提速线路频繁发生	10 ~ 100	$<1.14\times10^{-2}$ $\geq 1.14\times10^{-3}$	F5
可能发生	每年发生 1 ~ 10 次	在提速线上发生 1 ~ 2 次	1 ~ 10	$<1.14\times10^{-3}$ $\geq 1.14\times10^{-4}$	F4
偶尔发生	每 1 ~ 10 年发生 1 次	行业内多次发生，但不是提速线路上发生	10^{-1} ~ 1	$<1.14\times10^{-4}$ $\geq 1.14\times10^{-5}$	F3
可能性小	每 10 ~ 100 年发生 1 次	行业内发生过 1 ~ 2 次	10^{-2} ~ 10^{-1}	$<1.14\times10^{-5}$ $\geq 1.14\times10^{-6}$	F2
不可能发生	每 100 年发生次数低于 1 次	行业内从未听说过	$<10^{-2}$	$<1.14\times10^{-6}$	F1

对 CTCS-3 级列控系统的风险评估，所构成的风险矩阵见表 9. 5. 5。其中：A 为不允许发生，应采取一切措施进一步控制，或应停止该项活动；B + 为不希望发生，如可行，应降低该风险；B 为允许发生，但如能证明利大于弊，应进一步降低该风险；C 为广泛接受，但应持续监控。

表 9. 5. 5　高速铁路 CTCS-3 级列控系统风险矩阵

频　度		严重性					
		C1	C2	C3	C4	C5	C6
		较小的	较大的	重大的	严重的	灾难性的	重大灾难性的
F6	很可能发生	B	A	A	A	A	A
F5	频繁发生	B	B	B +	A	A	A
F4	可能发生	B	B	B	A	A	A

续上表

频度		严重性					
		C1	C2	C3	C4	C5	C6
		较小的	较大的	重大的	严重的	灾难性的	重大灾难性的
F3	偶尔发生	C	B	B	B +	A	A
F2	发生可能性小	C	C	B	B	B	B +
F1	不可能发生	C	C	C	C	B	B

一般情况下，风险矩阵的发生频率、后果和风险等级应由运营方和铁路权威部门共同定义，其定义要充分考虑可操作性、适用性和管理要求。风险矩阵的建立充分考虑了以下因素：

（1）风险矩阵的范围。参考相关铁路交通事故法律、法规、规章，所建立的风险矩阵中的安全事件应覆盖人员伤亡和经济损失等方面。

（2）后果等级划分。根据《铁路交通事故应急救援和调查处理条例》及《铁路交通事故调查处理规则》铁路交通事故按后果严重程度及影响不同，主要划分为 4 个等级，其中对重伤的定义参照表 9. 5. 3。由于安全事件直接导致的人员伤亡十分易于统计和计算，而安全事件造成的直接经济损失有时难以准确统计，造成的环境损失、声誉影响和对试验进度等间接损失往往难以计量，按照国内外相关研究惯例，本研究对联调联试后果等级划分主要考虑人员伤亡情况，参照表中的事故分类，按照 500 万元损失折算为 1 人死亡进行计算。在四类事故等级的基础上，增加无人员死亡情况下的重伤和轻伤事故，1 人重伤计算为 0. 3 人死亡，1 人轻伤计算为 0. 1 人重伤，故将后果等级定义为 6 级。

（3）频率等级划分。频率等级不易过粗也不易过细。按照专家建议及与相关安全管理人员和测试人员的讨论结果，将频率等级划为 6 级，每个频率等级相差一个 10 倍量级，从频繁的（每年多于 100 次）到基本不可能的（少于 100 年发生一次），能够覆盖不同事件发生的频率。

（4）风险等级划分。在一个风险矩阵中，不同级别的风险区域能够相对均匀分布，某个或某几个等级风险过于集中不利于风险评价结果的有效。根据“合理可行条件下最低风险”（ALARP）原则，充分考虑风险和改进措施的经济性 2 个因素，将风险等级划为 4 类，见表 9. 5. 6。

表 9. 5. 6　高速铁路联调联试风险等级及对应改进措施定义

风险等级	风险可接受性	对应的改进措施
A	不可接受	除非极端情况，否则需要进一步控制危害
B +	不期望	需要寻求和评价其他的控制措施，并评估他们是否合理可行
B	可容忍的	风险可被容忍，但如果进一步控制可以达到更好的效果，那么就应该进一步降低风险
C	基本可接受	风险的水平基本上是可以接受的，应该对其进行持续的监督

复习思考题

1. 确定 CTCS-3 级列控系统的功能边界，使用 HAZOP 分析技术找出至少 3 项可能出现在该边界上的危害。

2. 任选第 1 题中辨识出的某一种危害，使用 FTA 技术分析导致危害发生的原因。

3. 任选第 1 题中辨识出的某一种危害，使用 ETA 技术分析危害可能带来的后果。

10 风险预防与控制

设计过程的目标通常是多方面的。显然，所得到的系统必须满足其功能要求，并且通常还必须满足某些非功能性要求，这些要求可能包括：尺寸、质量、成本和功耗等因素。当系统的运行对安全有影响时，系统也将有一组安全要求。这些将定义系统必须做和必须不做的，以确保系统的安全性。这些安全要求与功能需求一起定义系统开发人员必须达到的要求。如图10.0.1所示，根据系统需求开展系统架构设计，即系统层设计；经过系统架构设计之后，设计工作可以分为两个分支，硬件层设计和软件层设计。系统设计开发且实现之后，可以开展软件和硬件的确认测试，这时硬件和软件中的错误可能带来安全隐患，对系统运行会造成风险。

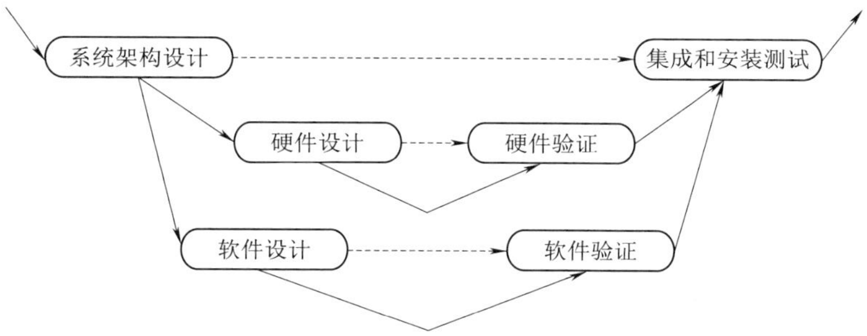

图10.0.1 从系统架构层设计到软硬件层设计示意图

系统满足其功能和安全要求的能力受到系统内故障的存在的限制，而“错误”是指系统内的任何类型的缺陷。故障可能是：

（1）随机，例如硬件组件故障。

（2）系统性的，如软件或其他设计缺陷。

可以对随机故障进行统计调查，并给出适当的数据，可以预测在给定时间段内部件失效的概率。系统故障不是随机的，因此不易受统计分析的影响。

故障可以按多种方式分类，如可以考虑它们的性质、它们的持续时间或它们影响的系统的数量（它们的范围）来细分。当考虑设计问题时，很容易看到3种不同形式的故障，它们是：

（1）随机硬件组件故障。

（2）设计中的系统故障（包括硬件和软件）。

（3）系统规范中的错误。

产生可靠的（或安全的）系统的任务可以看作是以有效的方式应对这些各种形式的故障的过程。这可以看作是一个故障管理的过程，适当的设计技术可以在这个过程中发挥关键作用。故障管理技术可分为4组技术：

（1）故障避免。

（2）故障排除。

（3）故障检测。

（4）容错故障。

故障避免技术的目的是防止故障进入系统在设计阶段。避免故障是整个设计过程的主要目的，在系统使用之前查找故障。在服务期间使用故障检测技术来检测操作系统内的故障，从而减小产品故障带来的影响，包括硬件技术和软件技术。容错的目的是允许系统在故障的情况下正确运行，并且可以使用硬件和软件两种方法。这些方法都没有提供故障管理问题的整体解决方案，因此大多数关键项目都将结合技术。

10.1 系统层安全设计

在安全苛求系统整个生命周期中，设计阶段的主要任务是根据需求阶段辨识出的危害和安全需求，明确系统的安全功能和对应的SIL等级，进而确定系统设计开发中采用的安全设计开发方法，确保使用恰当的方法开展安全活动。本阶段需要留存充分的设计开发文档，记录所采用的安全设计开发方法和响应的过程证据。从图10.1.1我们可以看到，安全完善度（SIL）等级对应着一系列的定性管理措施和定量目标—可容忍功能失效率（Tolerable Functional Failure Rate，TFFR）。

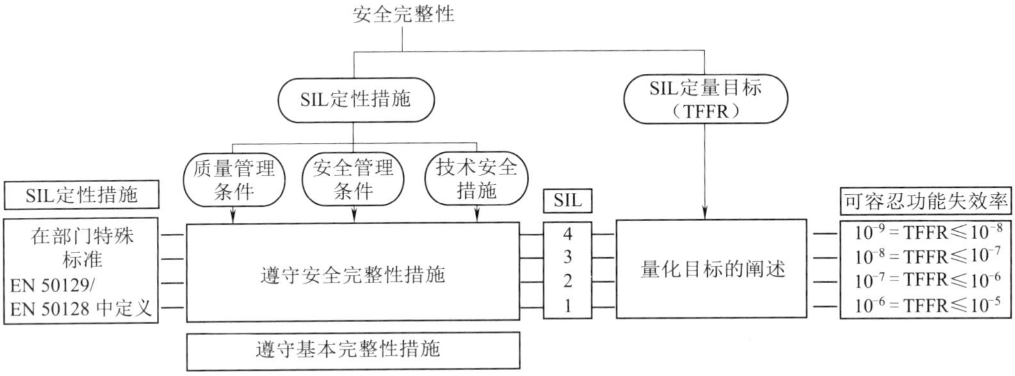

图10.1.1 SIL等级的分配模型

本节重点关注电子功能（或者用各种技术制造的复杂功能的电子部件）的安全相关要求，介绍了如何将功能安全要求转化为符合系统结构的功能安全要求，将安全完善度等级（SIL）分配给子系统级功能，并采取相应的安全措施。安全完善度等级（SIL）不得用于非功能性安全。分配给机械或机电设备的安全完善度等级（SIL）应视为不适用，并且在演示过程中应予以说明。

在生命周期阶段5“系统要求分配”期间，系统安全要求被分配给指定的子系统和（或）组件。将安全相关需求分配给考虑中的系统组件的过程定义为“危害控制”，它包括评估可能的危害和将安全完善度要求分配给与安全有关的功能。

最初，安全完善度要求（在系统级别表示为THR的每个危害）与所选系统体系结构定义的特定功能组成相关联，因此转换为功能的TFFR。THR的分配是通过使用各种方法（例如故障树）进行因果分析并考虑子系统或功能之间的逻辑相互依赖性来完成的。

危害与功能之间的关系不可能是一对一的，一个或多个功能的不安全故障可能会导致危害。如果单一功能可以防止危害，则认为定量安全完善度要求（THR）完全分配给该功能。

10.1.1 故障—安全的机制

“故障—安全”技术是在铁路信号设备中最先应用也是最重要的安全技术，其是设备或系统故障出现时不会使系统处于可能导致伤害或损伤的工作模式，而能使系统处于或导向安全的状态。安全的状态称为安全侧，反之称为危险侧。铁路信号设备最重要的作用是保证列车运行安全，防止人为的操作错误造成列车发生追尾、冲突、颠覆、安全侧输出，在设计具体的铁路信号设备时，必须确定系统的安全侧输出。下面是铁路信号设备安全侧的基本考虑。

（1）信号显示

无论是地面设备的信号显示，还是车载设备的信号显示，在设备故障时，都必须导向降级显示，指示列车降低列车运行速度。

（2）轨道电路

轨道电路设备故障时，应给出表示列车占用轨道电路的信息输出，不允许该区段再有列车驶入。轨道电路绝缘破损时，在车站不应造成在轨道区段有车占用的情况下，轨道电路输出表示该区段无车占用的信息；在区间不能造成区间通过信号机升级显示。

（3）安全型继电器

在铁路信号设备中利用重力原理的安全型继电器被广泛运用，即使在大规模集成电路、计算机处理、计算机技术在铁路信号系统中广泛应用的今天，地面信号系统的执行机构（信号的点灯电路、转辙机的执行电路）仍然采用安全型继电器。

“故障—安全”的机制有以下几种实现方式：

1. 组合式故障—安全

每个安全相关功能应至少由两个对象来执行。各对象之间相互独立，以避免共因失效。只有当必要数量的对象取得一致时，才允许执行安全功能和命令。

2. 反应式故障—安全

允许一个安全相关功能由单个对象执行，通过快速的危险故障检测和拒绝来确保它的安全操作（例如通过编码，多路计算和比较，或通过连续的测试），检查/测试/检测功能是独立的，以避免共因失效。

例如，在车载 VOBC 子系统设计中使用了反应式故障—安全的案例，具体过程如下：

（1）VOBC 和 ZC 之间的通信丢失（5 s）时，激活的 VOBC 将发出紧急制动指令。

（2）在 AM、CM 模式下列车位置丢失或不能达到所要求的精度时，VOBC 将发出紧急制动指令。

（3）VOBC 故障或断电时，VOBC 将发出紧急制动指令。

（4）ZC 重启时，所有受该 ZC 控制的列车都将实施紧急制动。

（5）VOBC 检测到列车运行中车门未锁闭，VOBC 将发出紧急制动指令。

上述（1）和（4）与列车安全间隔相关，也即防护列车超过安全速度和安全距离；而（5）是为了车门监督和防护功能，即为了保护列车移动时旅客从车厢中跌落或关门而使乘客受伤。

3. 本质故障—安全

允许一个安全相关功能由单个对象执行，所有可信失效模式均为非危险的。

系统/子系统/设备在随机硬件故障情况下依然能满足规定的安全需求，包括量化的安全目标。

在发生单个随机故障时，系统/子系统/设备满足规定的危险侧故障率。

在包括多个对象并且各对象同时出错可能导致危险的系统中，各对象间的独立性是单一故障—安全性的强制性先决条件。

在组合式故障—安全条件下，在足够短的时间内检出第一个故障，并强制达到安全状态，以确保在检测和拒绝期间出现第二个故障的风险小于规定的概率指标。

在反应式故障—安全条件下，检测和拒绝所需最大时间不应超出规定的有潜在危险的瞬间输出持续时间限制。

例如，车载控制器子系统使用三取二的安全计算机平台，3 台计算机的同步是一个重要且困难的问题。在此，可以设计一个特殊模块，比如提供同步脉冲，这个模块使用“故障—安全”电路将动态信号转换成电流信号，然后驱动继电器表决模块，并通过继电器自动控制逻辑电路电源关断。当动态信号消失时，电源将被切断 3 台电脑不再工作。

IEC 62425 针对随机失效和系统失效分别给出了相应的减轻措施，表 10. 1. 1 是针对随机失效的减轻措施；表 10. 1. 2 是针对系统失效的减轻措施。

表 10. 1. 1　针对随机失效的减轻措施

随机错误/失效原因	错误/失效	可能的缓和/防护/注释
外部扰动共模模式（电磁）	软件随机跳出。 RAM 随机错误	在冗余情况下，信道的同步损失。 数据地址多样化
在单一信道中，独立于组件的随机失效	可能的安全相关失效	内在故障导向安全。 编码技术。 注：如果未采用内在“故障—安全”，则需要使用全面数值计算
在独立信道中，独立于组件的随机失效	可能的待用状态失效	内置测试实施。 注：平均率估计和可接受的风险时间评估
在共模模式的电路中，组件的随机失效	可能的安全相关失效	两种可能性： 或者是完全数值计算。 或者是依据 EN 61508（1%、5%）进行的标准计算

表 10. 1. 2　针对系统失效的减轻措施

系统错误/失效类型	可能的缓和/防护
系统、子系统、产品设计错误（规范或实施）	质量和安全流程： 符合 EN 50129 或当地标准的设计和 V&V 循环周期。 形式化规范。 配置管理。 针对系统错误的专用技术措施（嵌入式防护、多样化）。 V&V 循环周期中需求规范的可跟踪性
软件错误（规范或实施）	质量和安全流程 符合 EN 50128 或当地标准的设计和 V&V 循环周期。 V&V 循环周期中规范的可跟踪性

续上表

系统错误/失效类型	可能的缓和/防护
编译器错误（用于复合故障导向安全的共模模式）	编译器确认。 编译器多样化。 编码微处理器。 目标模块测试
硬件错误（用于复合故障导向安全的共模模式）	硬件多样化。 内置测试

第一个故障（单一故障）可能是危险故障，它可能以单独的形式或与第二个故障组合的形式出现，应在足够短的时间内被检测到并强制进入安全状态（例如拒绝），以实现规定的量化安全目标。这应通过采用失效模式和影响分析方法（FMEA）和随机失效完整性的定量评估方法来加以证明。

检测出第一个故障后，系统/子系统/设备应进入或保持在一个安全状态。这个安全状态通常（但非必要）是受更多限制的。达到安全状态的时间应足够短，以使检测和拒绝的总时间满足规定的安全指标。

检测出第一个故障并进入安全状态后，后续故障应不能使系统退出安全状态。仅在受控方式下并作为纠错过程的一部分，才能退出限制性的安全状态。

在第一个故障出现后允许的修复时间内，如果故障进一步发生，系统/子系统/设备应保持在安全状态。为实现规定的安全性指标允许的修复时间应足够短。

检测出第一个故障后，系统应进入或维持一种安全的状态，此安全状态通常应为一种受限的。此状态应在某一较短的时间内实现，以使"检测 + 否决"的时间能够达到规定的安全目标。

在第一个故障发生后容许延迟恢复的时间内，此系统应维持在某一安全状态。容许延迟恢复时间应足够短，以能实现安全目标。

例如，ZC 安全平台软件程序的发送机制是采用基于时间触发器的方法。为满足不同的应用程序，安全计算机平台软件的控制周期是适当的；软件流的检查点基于疏耦合，以降低共模干扰和缩短安全反应时间。安全平台的固有安全特征确保一旦发生错误，将关断其控制通道。

对于 ATP 子系统中的单点故障，当车—地之间的通信失去超过一定时间后，车载 ATP 就对列车实施紧急制动，以迫使列车停车。

应及时检测可能直接造成危险或与继发故障组合后造成危险的多重故障（例如两重或三重故障），并且强制达到一个安全状态，这一时间应足够短以满足规定的安全指标。

10.1.2 共模故障

多个故障可以是两个或多个同时的单故障的组合，或者在一个或多个先前未检测到的单个故障之后发生单个故障。适当的方法，例如故障树分析，应被应用于调查多个故障的影响，其中共同原因故障（CCF）必须被考虑和建模在适当的细节水平，如果独立性不能完全被证明，将进行 CCF 分析，以提供对某种类型的多重故障进行控制的置信度，这仅是由于某些共同原因导致的随机单故障的组合而产生的。

传统的依赖性故障包括：

（1）共同原因失败（CCF）导致单个共享原因的多个故障。多次故障可能在一段时间内发生或同时发生。

（2）共模故障（CMF），它是 CCF 的一种特殊情况，其中多个设备项目在同一模式下失效。

（3）传播失败的级联故障。

CCF 的术语通常用于覆盖所有以上的依赖性故障。3 种方法是可行的，以减少潜在的共同原因失败的概率：

（1）从根本上减少系统整体故障和随机硬件。

（2）最大化信道的独立性（分离和多样性）。

（3）为了应对非同时的共同原因故障，一旦只有一个信道受到影响，并且在第二个信道发生之前（诊断测试、验证测试等）。

在所有信道中，公共原因失败不必全部发生。在系统的运行过程中，它的体系结构允许内部诊断测试功能，可以通过一些方法来使用，例如：

（1）输入和输出与单通道系统内部操作的功能可以连续检查。对于单通道故障，最终会导致共因故障，如果在故障发生之前检测到内部故障，则其概率将显著降低。

（2）一种多通道可编程电子控制系统，用于对每个通道中的其他通道的输出进行仿真。一旦出现在一个通道中，就可以检测到故障。其他正常运行的通道和实现交叉监控器测试将启动安全关闭。交叉监控器测试的频率可以在很高的速率下执行，第一信道中的故障可以被检测，并且系统在其他信道的非同时共同原因失败之前在很短时间内被强制进入安全状态。

大多数方法中，随机硬件故障的概率是评估共同原因失效概率的基础。显然，这两种概率之间的任何直接相关性都是成立的。然而，这种关系实际上是在实践中建立起来的，并且可能来自间接效应。例如，具有较高概率硬件故障的系统将要求更高的维护量，并且具有更高的复杂性。

目前常用的几种方法来处理 CCF（α 因子、β 因子、二项式失败率、多希腊字母等）。

IEC 61508 标准中采用如下方法处理共模故障：

（1）已建立的 β 因子模型广泛应用于多通道系统，具有实际应用性，通常有 4 个相关元素。

（2）二项式失效率（也称为冲击模型），当依赖元素的数量大于 4 时，可以使用。

应进行共因失效分析（CCF）以确保多重故障只在多个随机单一故障组合情况下发生，而不是一个共因故障的结果。在具体产品设计时，需要保证多重故障的发生仅仅可能是单个随机故障的组合，而不是作为共模故障的结果。

10.2 硬件安全设计和冗余结构

硬件容错可以使用 3 种基本技术来实现：

（1）静态冗余，即在 TMR 配置中使用某种形式的投票网络。

（2）动态冗余，即依赖于某种形式的故障检测和重构。

（3）混合冗余度，即使用上述技术的组合。

1. 静态冗余

静态冗余使用多个冗余模块和某种形式的投票安排，如前面描述的三重模块化布置。在一个三模冗余结构（Triple Modular Redundancy，TMR）方案中使用 3 个模块提供了一个系统，如果单个模块失效，它将正确工作，并且由于投票网络的影响，失败的影响被外界屏蔽。如果使用更多的冗余模块，就有可能产生一个系统，该系统可以容忍更多的模块故障。这样的系统给出了 *N*—模块冗余（NMR）系统的通用名称。例如，具有 5 个模块的 NMR 布置可以容忍两个模块的故障。一个潜在的问题与静态安排是可能的单点失败的选民。如果输入来自单个传感器，这也代表单点故障的可能原因。幸运的是，选民往往是一个非常简单的安排，这是可能的，这是足够可靠的，以产生一个可接受的性能。类似地，一些简单的传感器可能具有非常高的可靠性。然而，在关键应用中，使用多个传感器和多个投票器更为常见。这样的安排将容忍单个模块、单个传感器或单个表决器的故障。多个输出可以被馈送到后来的容错级，以形成多级 TMR 装置，或者可以馈送到多个输出驱动器，该多个驱动器有效地在输出端表决。

（1）三取二结构

三取二结构 TMR，即 3 个模块同时执行一样的操作，以多数相同的输出作为该表决系统的正确输出，这是基于“少数服从多数”的纠错原理，可以屏蔽任意一个通道的故障。对于安全性输出可通过故障—安全输出控制电路和三取二表决器来共同保证其故障—安全特性。车载 ATP 一般使用三取二结构，其设备结构图如图 10. 2. 1 所示。

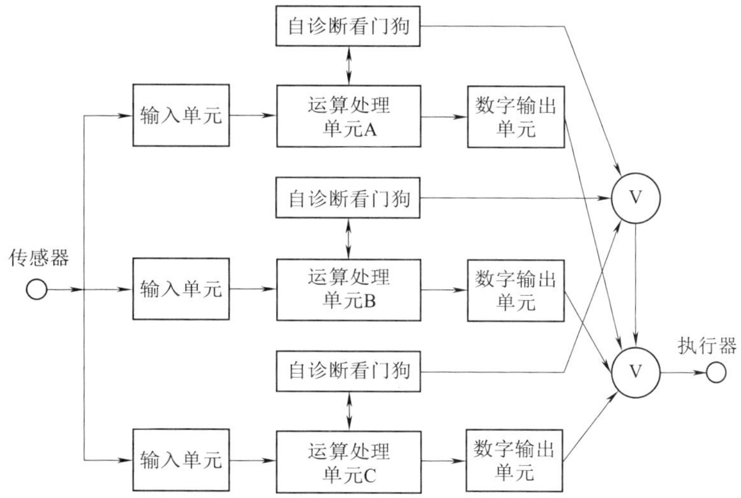

图 10. 2. 1　车载 ATP 设备结构图

三取二结构同步方式为：软件设置任务工作周期，硬件设置三重冗余时钟基准，多个工作周期通过三重冗余时钟基准校正一次同步，类似于通信中帧同步技术。由于主处理板的时钟很高，能够保证 3 个主处理板工作周期非常准确。在每个工作周期里，系统顺次完成如下工作：信息输入、输入信息的三取二表决、应用处理、运算结果等信息的交换、输出结果软件三取二表决、输出命令。系统同步校正脉冲来自冗余时钟电路，冗余时钟电路采用三重冗余方式。

3 个通道的运算处理单元之间的同步不但依靠于同步校正时钟，也依靠于它们之间的通信。三取二结构的列控车载设备由 3 个独立的通道组成，包括 5 个独立的处理模块单元组成：3 个通道的运算处理单元和 2 个记录、外部通信单元，它们之间通过系统通信总线和外部通信总线连接，由于它们在物理位置上是分开的，从根本上避免了由于局部故障引起整个系统的全面崩溃，属于一种分布式计算机系统，并且实现了容错和故障—安全特性。

三取二结构特点：

①三取二结构可以容忍三机中的一机故障，甚至是错误，故障出现时，三取二结构即转入二取二方式进行工作，不会影响系统级工作。

②适合于表决量为开关量的情况。

③故障出现后，首先保证系统的可用性。

（2）二乘二取二结构

二乘二取二安全计算机系统采用双系并行工作，内部通信和外部通信都采用冗余通道设计。双系之间采用隔离技术，对其中一系进行维修与替换不会对另外一系以及其他子系统正常工作有任何影响。即任何一个计算机或网络设备不能正常工作，整个仍可继续正常工作，不会导致其他子系统无故切换。二乘二取二原理如图 10. 2. 2 所示。

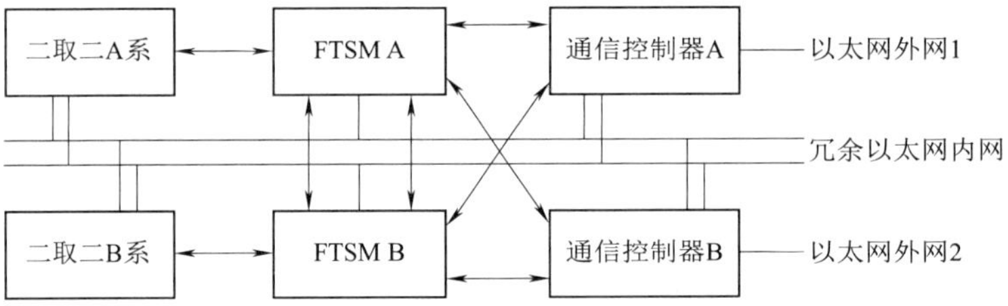

图 10. 2. 2　二乘二取二安全计算机平台结构图

从图 10. 2. 2 中可知，容错和安全管理单元（FTSM）包括 FTSM A、FTSM B 两部分。发送给安全计算机平台（SCP）的应用数据首先通过以太网外网分别送到通信控制器 A、B，二取二 A 系中的处理单元 1 和处理单元 2、二取二 B 系的处理单元 3 和处理单元 4 中承载的 ZC 和 DSU 等应用子系统在 FTSM A 系、FTSM B 系的控制下通过冗余的以太网内网读取通信控制器 A、B 中的应用数据，进行处理，安全计算机平台承载的 ZC 和 DSU 等应用子系统发送给 CBTC 其他应用子系统的数据在 FTSM A 系、FTSM B 系的控制下通过冗余的以太网内网发送给通信控制器 A、B，通信控制器 A、B 立即通过冗余的以太网外网向 CBTC 其他应用子系统发送。

二乘二取二结构特点：

①当两系中的一系在工作中出现故障，二取二表决不通过，该系立即宕机，另一系接手工作，不影响系统的正常工作。

②两系切换时需要一定时间，双系热备情况下通常为 1 ~2 s，这个时间不影响地面设备工作。车载设备的工作周期通常为 200 ms，简单采用二乘二取二结构可能造成列车紧急制动后重新启动再运行。

③每系工作时，两机工作一旦发现不一致情况，立即宕机，提升系统的安全性；工作系宕机后，立即有备用系替代工作，提升了系统的可用性。

④故障出现后，系统首先进行了安全性处理。

SIMIS 结构原始版本原理如图 10. 2. 3 所示。输入单元将输入数据分配给两条总线。总线上的所有数据及输出单元的输出数据将在比较单元 SICOMP 内以 n bit 形式并行地进行比较。

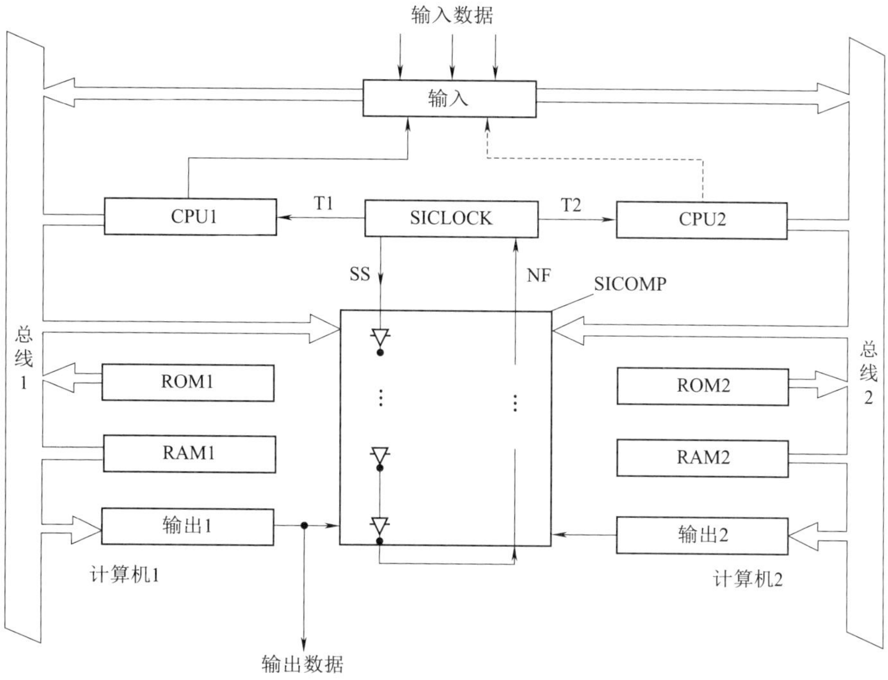

图 10.2.3　SIMIS 结构原始版本原理框图

时钟单元 SICLOCK 向比较单元 SICOMP 发送监督信号 SS。为了使这 n 对比特数据能够平等地进行对比，SICOMP 产生“无失败”信号 NF。NF 信号的到达使时钟单元产生新的时钟驱动。如果任何一对比特数据比较不一致，而导致无失败信号 NF 没有到达时钟单元，计算机系统将会停止。

图 10.2.4 详细描述了比较单元 SICOMP。这个 n bit 比较器事实上是一串 1 bit 比较器。1 bit比较器可看作一个由一个晶体管、一个电阻和一个特殊电源组成的放大器。其中特殊电源由两个 D 触发器和 4 个二极管组成。如果相应的 2 bit 数据的比较结果为相同，则放大器会被供给所需的电压。如果这个放大器有输入信号 SS，它将产生输出信号 NF1（1 位无失败）。NF 信号的存在意味着所有 n bit 的数据比较均未失败。

比较器拥有故障导向安全的机制。比较器里的每一个失效都会导致时钟单元 SICLOCK 的停止。整个 SIMIS 计算机系统面对一个失效是安全的，但面对两个及更多失效则是非安全的。为了避免两个及更多的失效，一段短时的自检测时间是必须的。这个短时自检测通过对总线上发生的所有状态以及周期性自检测的所有状态进行顺时针对比来实现。

安全相关计算机系统有一个重要的特性，即拥有找出导致失败安全失效原因的支持功能。SIMIS 的各单元均包含历史寄存器单元，它可以存储 64 个总线状态。

SIMIS 3116 基于 INTEL 80186 CPU 开发，是一个时钟频率高达 20 MHz 的 16 位系统，专为车载应用而开发。SIMIS 3116 可设计为二取二系统或者三取二系统。

SIMIS 3116 的二取二结构如图 10.2.5 所示。比较器 COM 包含了错误寄存器 FM，支持错误追踪。

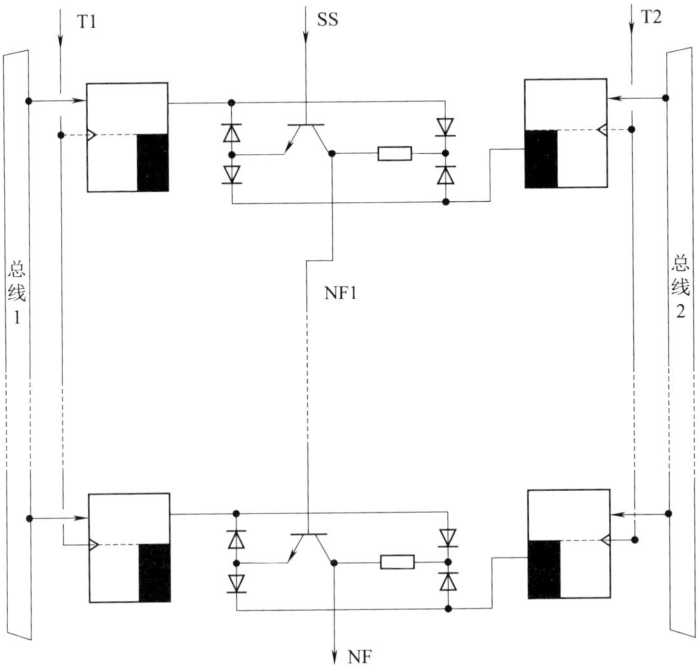

图 10.2.4　比较器 SICOMP 的细节描述

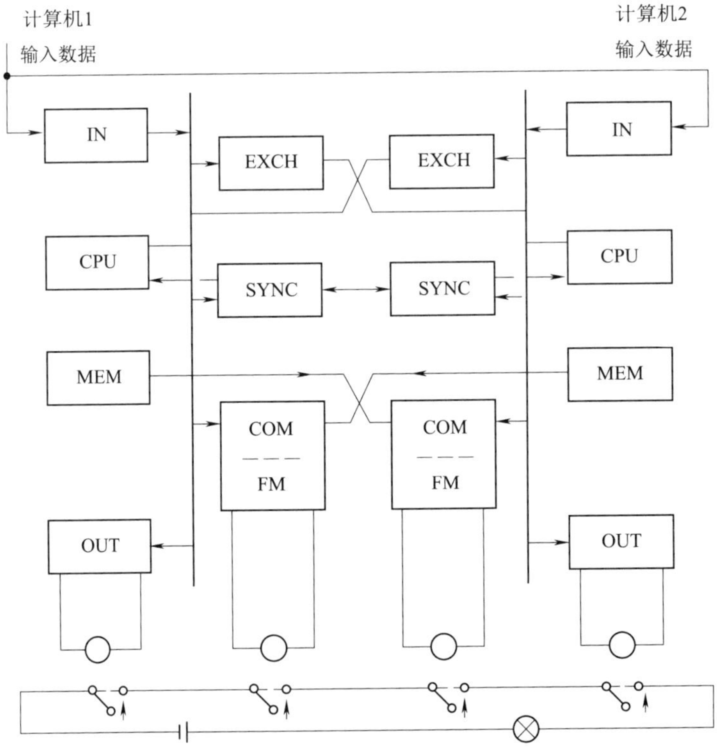

图 10.2.5　SIMIS 3116 的 二取二结构

2. 动态冗余

动态冗余使用故障检测和重新配置来实现容错，而不是投票。这导致了需要较少冗余硬件以实现相同程度的容错性的安排，但是很大程度上依赖于所使用的故障检测方法。此外，在许多情况下，一旦检测到故障，将花费有限的时间来重新配置系统，以消除故障单元的影响。在此期间，系统的输出可能不正确。动态冗余不提供故障屏蔽。

动态冗余的一个简单示例是待机备用模式，如图 10.2.6 所示。这里，一个模块与某种形式的故障检测机制一起操作。在没有检测到故障的情况下，该模块的输出通过开关网络馈送到系统的输出。如果检测到故障，则检测机构将重新配置系统，使得开关从备用模块获取其输出。

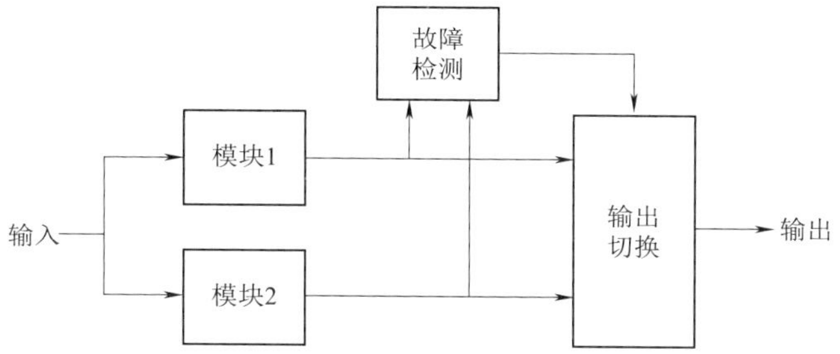

图 10.2.6 备用模式示意图

在输出切换时，重新配置的过程将导致输出的暂时中断。这种中断可以通过使用备用模块与主动模块并行地持续运行的热备用来最小化。这允许操作非常快地切换到待机单元。这种配置的缺点是备用模块受到与活动单元相同的操作应力，因此将以类似的方式磨损。它也会以同样的速度消耗电力。另一种策略是使用备用模块，其中备用模块不供电，而不使用。这降低了单元中的功耗和磨损，但是意味着在激活单元失效的情况下，向替代模块的过渡可能需要更长的时间。

备用配置允许使用总共两个模块而不是使用 TMR 所需的 3 个模块来容忍单个模块故障，并且增加额外的冗余模块允许更多的故障被容忍。例如，使用 3 个模块（有源模块加两个备件）的动态安排允许两个模块故障被容忍。因此，动态冗余在所需冗余硬件的数量方面具有优势。然而，该安排的成功依赖于故障检测硬件的有效性。

动态冗余的另一个例子是自校验对配置。这里用相同的输入信号馈送两个相同的模块，并将它们的输出作为故障检测的形式进行比较。从一个模块的输出传递到下一个阶段，比较器的输出被用作故障检测信号。信号比较可以在硬件或软件中执行。自检对本身并不产生容错，但提供可用于动态故障检测装置的内置故障检测块。图 10.2.7 显示了一个简单的自校验对。

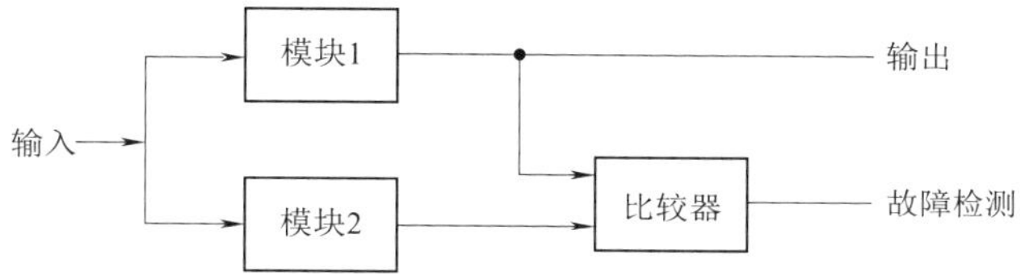

图 10.2.7 自校验对配置示意图

3. 混合冗余

静态冗余提供故障屏蔽，但需要更多的冗余硬件。混合冗余使用表决、故障检测和重新配置的组合来实现这两种技术的一些优点。有许多形式的混合冗余，但大多数可以推广到某种形式的 N – 模块冗余与备件，如图 10. 2. 8 所示。

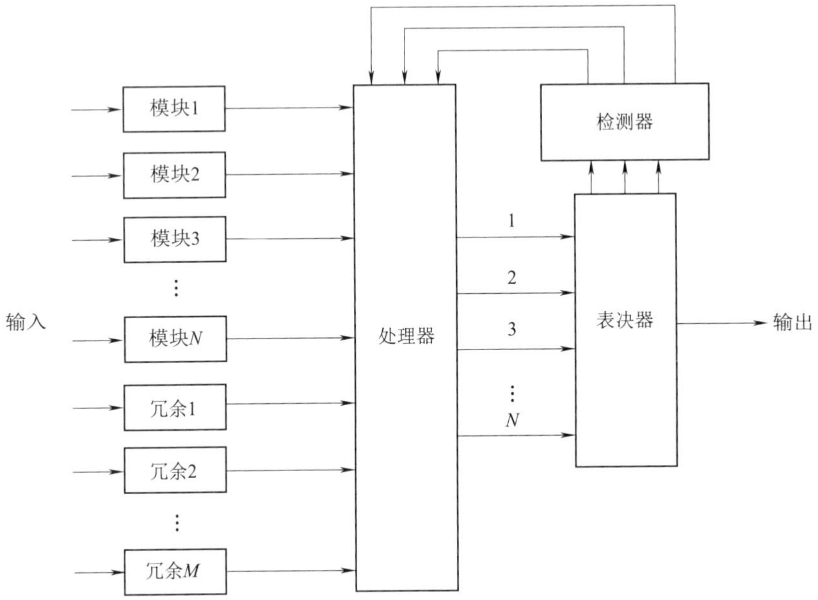

图 10. 2. 8　N – 模块冗余与备件示意图

10. 3　软件安全设计

对于系统安全性而言，计算机系统与其他系统的最大区别在于软件行为特点和失效模式。软件是需求的代码形式描述，一旦软件开发结束，其所包含的缺陷就已经称为既定事实。软件本身不会出现任何随机失效，其在处理器上运行的时间长短也不会影响到其失效概率。因此，软件需求规范的质量和软件实现与需求的一致性决定了软件的安全性。

本节从软件需求出发，分析、总结软件安全的影响因素。在此基础上，介绍工程常用的软件安全分析方法，以及目前国际上流行的基于模型的软件开发方法的基本思路和典型案例。

10. 3. 1　软件安全的影响因素

对于软件失效，大多数人都会关注编码错误。然而，研究表明，编码错误主要影响的是软件可靠性以及其他的服务质量，大多数与软件相关的事故都能追溯到软件需求的漏洞。具体来说，软件需求漏洞是指软件需求的不完整和软件实现与软件需求的不一致，包括对被控系统操作的不完整或者错误假设，对计算机系统和被控系统状态的遗漏，以及对于环境条件考虑的欠缺。

软件安全需求包括 3 个基本组成部分：（1）基本功能或目标；（2）工作限制条件；（3）相关质量要求。工作限制条件是为了保证符合系统质量要求（包括安全）、设备的物理限制、设备的性能要求以及处理过程的特点而设定的。运行条件限制规定了系统要达成目标所需要的运行条件的范围，其本身并不属于运行目标的范畴，而只对所需的设计做出限制。例如为了避免列车相撞，列车的速度不能超过某一特定值，这本身并不是系统运行的任务，而仅仅是为保证列车安全运行做出的限制。然而功能和工作限制条件往往会发生冲突。在开发阶段的早期，就应尽早发现功能与工作限制之间的冲突，并根据各自的优先级制定二者的权衡策略。在具体的实践当中，与安全目标和限制相关的矛盾以及权衡策略往往需要引起高度的注意。设计初期设定的目标中，有一些在现有的条件下是无法达成的，这种情况下，不仅需要找到功能与限制相冲突的部分，还应找出软件不能达到的安全目标。然后应用其他的措施对系统进行防护，若没有相应的防护措施，则应对所设计风险的可接受性进行评估。

1. 需求完整性

软件需求规范与安全相关的最重要的性能就是它的完整性。软件需求规范应从各方面细节去规定期望的软件行为，以避免设计出不期望的软件程序。若一个需求文档中，没有为设计者提供区别期望与不期望的（安全与不安全的）行为模式的充分的信息，我们就说这个需求规范是不完整或有歧义的。这里所谓的完整并不是数学意义上的完备性，更多指的是在实际应用当中没有歧义，也就是说当由于某些事件所要求的行为或条件被忽视或者有歧义，而没有正确规定系统或软件的行为，那这个需求规范是不完整的。

在实际中，需求规范做到完全的完整需要花费大量的人力财力，而且往往没有必要。当满足相同需求的两个程序之间的行为区别足够小时，就没有必要再去规定二者之间的区别，需求规范做到充分完整就可以了。需要注意的是，充分完整只适应于某些特定的系统或环境，对于某些系统来说，充分完整的需求规范对于另一系统可能就不完整了。因而，对于充分完整而不是完全完整规范的软件，当在其他系统中复用时，需求规范可能就变成不安全的了。因此当软件需要复用时，需求规范应做到完全完整或者重新进行需求分析。

需求规范中，不同类型的不完整性是相互依存的，必须通过系统危险分析或者是自顶向下的分析方法识别它们。本节分别从状态完整性、输入和输出变量的完整性、触发事件的完整性、输出规范完整性、输出与触发事件的关系以及状态转移规范的完整性 6 个方面给出判定软件需求规范完整性的一些规则（用斜体表示）。

2. 状态完整性

对于某一特定系统来说运行状态是事先指定好的，但通常我们可以把状态分成正常的状态和不正常的处理模型（处理模型仅仅指具有某一共同特征的状态的集合），系统状态在这些模型之间的转换，应符合完整性规范。

系统和软件的初始状态必须是安全的，系统启动时应初始化或检查联锁设备的状态，使其处于运行状态。

系统状态由正常向不正常转移时，常常伴随着事故的发生，尤其是涉及计算机时，许多事故和失效都是由于软件在处理系统启动以及系统由正常处理状态到部分或完全的系统停运之间的转换的不完整性造成。

在系统初次启动或临时停运后，程序的内部软件模型必须进行更新以反映实际的状态。

与其他类型的软件不同，诸如数据处理等类型的软件，在过程控制的软件开发时，必须考虑一个重要的问题，那就是即使是计算机不执行，程序也总是不停地改变状态，计算机的正确行为取决于启动之前的输入，这个输入的意义应在需求规范中明确表示出来。很多事故都是由于软件设计者没有考虑到系统在人工模式下以及计算机临时断线造成的状态改变引发的。

系统启动时必须正确地对所有的系统和局部变量进行初始化，包括时钟。

系统启动有两种情况：一是在完全停运后的初次启动，二是在软件临时中断后的重启，后者程序仍在人工控制下继续运行。不管是哪种情况下的启动，内部时钟以及其他的系统和局部变量必须进行初始化。另外，第二种情况要求程序内部模型必须更新以反映实际的程序状态，包括时间在内的程序变量和状态必须进行更正。

与系统停运前，停运后或计算机断线时接收到的输入相关的软件行为必须明确规定，若需要忽略此信息，则必须证明这样做可以使系统保持安全，该结论也必须在需求规范中明确表示出来。

若硬件可以保持一个用于表示计算机在停运后或启动前有输入信息的信号，程序有两种启动状态——显示输入信息或不显示输入信息。需求规范必须明确规定至少两个独立的需求，一个需求是关于有输入信息显示的启动，另一个需求是关于没有输入信息显示的启动。

对于在程序启动前有输入的情况，软件无法检测到输入信息的时间及数量，然而这些输入中的一个或几个必须能够为计算机所用。具体哪些输入可以有效保持则取决于系统的硬件：有些硬件保持最先输入的信息，有些硬件则保持最近输入的信息。为了避免错误的发生，当输入信息的顺序比较重要时，应制订处理这些在系统启动前输入的信息的需求。

计算机在初次输入信息前的最大等待时间应在需求规范中明确规定。

任何关于实时系统的需求规范中，都应包括关于检测在程序启动前计算机与传感器或程序断开的情况的需求。程序启动后，程序对一个输入的等待时间也应明确规定，超过这个等待时间后，则可以选择其他的运行策略。

需求规范应明确规定系统由故障状态向安全状态转移的路径，应尽量缩短系统处于某些功能失效状态（系统仍是安全的）的时间。

软件应包含不正常状态的处理模型，例如部分停运或降级运行。正常状态也应分成不同的子模型，例如列车启动、停车、折返。

需求规范应规定在任何状态下系统某一输入的响应，包括不确定的状态。

为了保持软件的完整性，软件应能对任何状态下的输入做出响应，包括该状态下不期望的输入，例如当某一输出是在设备处于打开状态时由一个特定的输入触发的，需求规范必须考虑当设备在关闭状态时接收到输入信息的情况。另外，设备不处于打开状态也并不等同于设备处于关闭状态。因此，需求规范还应处理不明确设备状态的情况下接收到输入信息的情况。

3. 输入和输出变量的完整性

输入和输出表示传感器可以提供给软件的信息（控制变量）以及软件可以提供给执行装置的命令。输入和输出变量及命令必须在需求规范中严格定义。一般情况下，在黑盒边界只有时间和变量是软件可以检测到的，因而触发和输出只能以常量或可观察事件或条件的值或时间的形式定义。事件包括程序输入、提前程序输出、程序启动以及与硬件相关的事件。条件表示为软件可获取的与硬件相关的属性值，例如当前时间。

（1）需求规范应对所有由传感器上获取的信息的使用做出说明。

（2）当一个输入需要传送给计算机时，应对它的使用情况做出规定。

（3）为了防止规范的不完整性，应检查那些从没出现过但合理的输出。

若某些输出虽合理但从来没出现过，其常会被遗忘或忽视掉，需求规范应对这类型的软件行为做出规定。例如某一输出包含两个值：打开或关闭，需求只规定了何时去生成一个打开命令，但没有规范何时生成一个关闭命令。那么，这个规范就是不完整的。

4. 触发事件的完整性

控制子系统的行为是在对系统其他部分行为的假设上定义的，这里系统的其他部分可理解为控制回路中的其他部分或控制器运行的环境。一个鲁棒系统应能够检测到这些假设的变化并做出适当的响应。从定义可以发现，软件的鲁棒性取决于对环境假设规范的完整性，也就是说，不应出现使程序行为处于不确定状态的可观察事件，这些事件只有通过触发事件才能够被观察到。因而，环境假设的完整性是与触发事件的规范的完整性以及计算机对任何可能输入的响应的完整性紧密相关的。本节从触发事件的鲁棒性、确定性以及取值和时间假设3个方面给出保证触发事件完整性的建议。

（1）鲁棒性规则

为了满足鲁棒性需求，触发事件应满足以下要求：

①针对所有可能的输入规定每一个状态可能的行为（状态转换）。

②应规定由某一状态向其他状态转换的所有可能的转化条件。例如需要的转化输入值为7，则需求规范还应包括输入值在小于或等于7的情况下的状态转换。

③应规定在某一特定的时间段内没有输入信息的情况下，每一状态对应的软件行为（状态转换）。

这3条规则保证不管输入在不在规定的范围内，有没有输入信息，系统应有的状态行为或状态转换。

另外在安全苛求系统的软件中，应尽量避免OTHERWISE语句的使用。在某些系统中，常常使用“otherwise, do nothing”语句保证软件的完整性。然而当条件相当复杂的时候，很多需要关注的情况就会隐藏在所谓的“otherwise”中，因而在安全苛求系统，应详尽给出所有可能的“otherwise”情况，并对其完整性进行检查。

（2）确定性规则

①状态机的行为应该是唯一确定的，即在某一具体时间，由一种状态向其他状态的转化只有一种可能。

假设两种状态转换的条件分别是：输入值大于0；输入值小于2。若输入为1时，两种转换都可以发生，软件的行为就是不确定的了。因而在规范转换条件时，不同的转换条件之间不应该有交集，即同一转换条件不能同时满足两个或更多的状态转换。

②应检查所有的输入值，并规定对输入值超出范围或不期望的输入出现时的响应情况。

取值假设规定了触发变量和触发时间的取值或取值范围。有些输入不需要规定可能的取值，仍可触发一个输出，例如电路干扰。但是当输出的值和时间要求输入必须取某些固定值时，就应规定输入的可接受属性，例如可接受输入值的范围，输入值的奇偶性等。

需要注意的是，即使有些变量的取值并不重要，也要尽可能对其进行检查和规范，因为接收到不期望的输入，表明运行环境与设计者的假设并不出现不一致的情况。对于一些表示安全联锁的信息，常常需要对其取值进行仔细检查，以获取可能的故障信息或可以采取的措施的信息。

运行期间的失效很多是由于时间问题所造成的，过程控制时间的重要性决定了在软件需求中规定时间相关假设的必要性和重要性。触发的需求规范应规定两类重要的时间假设：时间间隔、中断请求到达率或处理能力。

a. 时间间隔

在规范中，仅仅定义事件本身是不够的，输入必须能够在程序启动后接收到，因而常常需要对时间进行规范。

（a）所有的输入都有一个时间限制，需求规范还应对输入超出时间限制或没有预期的输入到达的情况进行规范。

触发规范应包括可观察信号的发生时间或对某一预期信号的等待时间。很多情况下需求规范会做出诸如“事件 I 将在 11：00 am 发生”的规定，事实上这样的规范是不明确的。事件 I 发生的时间是相对于与该事件同步的时钟的一个相对值，时钟是以某一固定精度为单位进行计时的，一般情况下，不管时钟频率为多少，事件总发生在相邻两次计时之间，因而，规定事件刚好在 11：00 am 发生是毫无意义的，而且，时间的精度也不能超过时钟精度。在需求规范中，常常使用不等式的形式将时钟精度与输入属性联系起来，例如“10：59 am < time（I） < 11：01 am”[或者使用 time（I） = 11：00 am ± 1 min]。

（b）当没有输入时，应严格规定触发的时间限制。

当给定时间段内没有信号输入时，应对该时间段进行限制。一般必须规定由于没有输入信号而导致的程序等待时间的上限，而且应对何时开始计算等待时间进行规定。例如若某需求为：“若 10 s 内没有输入信号 I，则产生输出 O”，其并没有规定从何时开始计时 10 s，若将其改为“若在接收到输入 I2 后的 10 s 内没有输入 I1，则产生输出 O”。

b. 中断到达率或处理能力

在中断驱动系统中，规定时间段内接收到的输入中断的个数将计算机状态空间至少分为两种状态：正常和过载。这两种状态下，系统对某一输入的响应时不同的，因此，需求规范应对这两种情况作出规定。事故调查发现由于没有正确处理过载情况造成的系统失效并不少见。

（a）对任意中断请求都应规定其最大和最小负载，这里中断请求的到达率不受其他事件的影响。

若某一给定端口不能拒绝中断请求，过高的到达率就会使得机器过载，系统可能会因为处理中断请求而耗尽 CPU 资源或使得存储空间不足。因而，不管是硬件的选择还是软件的设计，都应规定某一时间段内可以接受的最多中断请求的个数，这一信息应在需求规范中明确表示出来。

（b）软件应针对不同的通信路径检查最小到达率，还应能够对某一通信路径处于静止状态进行询问。

对中断请求到达率的规范其实等同于对两个连续输入的最小时间间隔的规范。软件的鲁棒性需求事实上已经规定了最小到达率的下限，实际程序处于完全静止状态是不可能的，因而当到达率低于其下限时，可视为特定的通信路径在某一时间段内会处于静止状态，软件应对这种状态进行查询。

（c）需求规范应规定输入超出规定的到达率范围时的响应。

当输入超过规定的到达率时，常用的需求规范可分为 5 种：产生报警信息；产生一个输出以降低到达率；过载的通信路径拒绝中断请求；延长响应时间或降低输出的正确率或其他属性，使得 CPU 能继续处理这种过载状态；减少软件功能，甚至可以关闭计算机或程序。

当过载条件下的响应使性能降级时，应保证系统安全并需要将降级情况通知给操作者，当然应尽量避免突然或随意地降级运行。当某一功能失效或需要重新配置时，应规定必要的延迟使其恢复到正常运行状态中。

系统降级运行后，应规定其恢复到正常运行状态下所需要的条件，一定的延迟是必不可少的。当检查到程序过载运行时，系统没必要尽快恢复正常，例如当某一时间段 d 内规定的最大中断请求上限为 n，而实际的中断个数为 $n+1$ 时，若系统想要在一个远小于 d 的时间段内恢复正常，当下一个中断请求发生时，系统极有可能回到过载状态。

5. 输出规范完整性

像触发事件一样，需求规范应规定输出事件的值以及时间。

应检查安全苛求输出的值和时间的合理性，并能发现危险的输出值和输出时间。

检查以确保输出值和时间的合理性是检测软件或其他错误最直接最有效的方法，对安全苛求输出进行合理性检查是非常必要的。通过自顶向下的分析方法，将系统危险追溯到软件中，可以有效地发现危险的输出值。需求规范对输出时间没有太多严格的限制，但规定相邻两个输出之间的最小及最大时间间隔仍是相当必要的。对输出的规范可以从 3 个角度考虑：环境容量、数据有效时间、延迟。

（1）环境容量

对于输入来说，输入能力的大小很大程度上取决于传感器产生数据的能力以及向计算机发送数据的速率。对于输出来讲，控制器对计算机数据的接收和反应速率。若传感器产生的输入速率超过了输出环境“吸收”或产生输出的速率，则会发生输出过载。

在最大限度满足输入率和输出率要求的前提下，输出环境的吸收率应大于或等于输入的到达率。

出于执行器物理限制、过程行为的限制以及安全方面的考虑，需求规范中应对输出率进行限制。由于输入率和输出率的不同，应考虑以下 3 种情况：输入率和输出率均在限制范围内，产生正常的响应；输入率在限制范围内，而输出率由于延时输出的产生而超出限制范围时，应规定相应的应对措施；当输入率超过限制范围时，应对必要的不正常响应做出规范（如降级处理）。

应规定必要的预防措施，以应对输出率超过规定的范围。

更新时序需求及其他可以解决潜在过载问题的方法，如操作者事件队列。

当人机界面同步时，即计算机的反应与操作者的行为相匹配时，操作者就不会超负荷工作，也就是说操作人员不用去考虑什么样的系统响应适合什么样的操作。甚至在某些人机交互不同步时，人的超负荷过载也不是一个主要问题。有些显示器上的数据可以在其他交互行为进行的同时自动增加、减少或改变，而不需要操作者手动操作。但是对于某些人机交互不同步的情况，会引起操作人员的超负荷工作，需求规范应制定相应的对策以减轻操作人员的过载压力，常用的解决方法是采用事件序列。

应规定人机界面上信息的自动更新和删除需求。

事件序列中的事件可能会由于后续事件的到来而被取消，需求规范应规定在何种条件下，可以更新数据或将数据从事件序列中取消。有些数据需要得到操作者的明确请求才可以取消，有些数据不能及时得到操作者的确认删除信息，只能以事件序列的形式等候操作者的确认。然而有些数据会由于某些原因自动删除，这样不仅会使得正在观察这些数据的操作人员非常困惑，而且还会引起安全问题，例如有些显示器一次只能显示一条信息，若第一条信息在操作人员还没有完全处理好与之相关的任务时删除，取而代之的是另外一条信息，操作人员可能会回头参考已更改信息后，继续处理与第一条信息相关的任务，而并没有察觉到所参考的信息并不是其需要的信息。

对于一些过期的事件序列，需求规范应根据某一信息是否正在显示规定不同的解决办法。对于正在显示的过期的数据，不能对其进行自动删除和替换，而只能在该信息不可见的时候对其进行自动处理。

（2）数据有效时间

需求规范对于输出的另一个重要的规范就是数据的有效时间。事实上，没有哪些数据可以一直有效。控制决策的制定必须基于系统当前的状态，而不是已经过期或陈旧的数据。

所有用于确定输出事件的输入的有效时间都应在需求规范中明确定义出来，不能被立即执行的输出命令也应规定合理的有效时间。

出于数据可能过时的考虑，所有输入和输出事件都应合理地限定在某个时间段内：输入只有在某一时间段内发生才能有效触发一个输出。若某一命令当时没有被执行，但仍保持在可用状态，其极有可能在其他时间内再次发生作用。向操作人员发出的请求信息，也应规定有效期，请求信息应随着条件的改变自动更新或标注为过期信号。

当软件需要自动取消某型不完整的危险行为序列后，这些不完整的行为序列应有适当的有效时间，同时应将其报告给操作者。

数据有效时间需求还适用于人机交互行为序列。例如，对于一个消防命令来说，一旦消防命令发出后，在没有操作人员确认的情况下，消防命令的有效时间是非常重要的。

对部分完成的行为序列的撤销应规定两方面的内容：在没有操作者确认的情况下，执行自动取消或延迟行为的条件；向操作者发出的报警信息。

（3）延迟

计算机的处理速度不可能无限快，从接收到新的信息到改变既有的输出之间总有一个时间间隔，称之为延迟。信息延迟受系统硬件和软件设计的共同影响，其可能非常小但不可能为零。由于运行系统的选择、中断逻辑、优先级排列以及系统设计参数都会受到信息延迟的影响，而且只有当软件的行为参数已知时，需求行为分析才能与程序功能需求和限制保持一致。因而，在系统需求规范中必须包含对延迟因素的规定。

当一个输出是由一个时间段触发，而不是具体的输入，且触发时间段的结束并没有伴随简单易观察的事件发生时，应对延迟因素进行规定。

若某一输出由一个时间段触发，而非特定的事件时，需求规范应规定这一时间段结束到产生输出之间的延迟。如果该时间段的结束伴随着一个简单、易观察的事件发生，信息延迟非常简单，否则，需要对延迟进行规范。

需求规范应制定相应的对策来处理延迟阶段发生的事件。

针对延迟时段发生的事件，需求规范应制定额外的需求。例如，若在假设没有输入的情况下采取了某一措施，而当输入延迟到达，但不能触发相应的输出时，必须采取一定的补救措施。

为了便于做出重要的决策，需求规范应规定人机界面上的数据显示相关的延迟，对在延迟期到达的可能影响信息显示的数据，应制定相应的规范。

延时还会对人机界面的性能造成影响，当某一显示的信息在操作人员基于该信息进行决策时发生改变，计算机应询问操作人员是否注意到该改变。例如，当人机界面上显示出一个推荐使用的操作以及其他一些较差的建议时，一些不同步数据的到达可能会对推荐使用的操作发生改变，这样，不管操作人员是否观察到这种改变，都会对人机交互产生影响。

对于人机界面的显示数据，为了使操作人员能理解其意义，应规定必要的延时时间。需求规范仍应说明在延迟期内相关数据改变时应采取的措施。

某些信息诸如计算机推荐的操作行为，其显示时间应足以使操作人员能充分理解其含义。这样就需要对显示时间进行规范。有些事件在延迟期间发生，它可以但并没有改变当前显示的数据，对于这些事件应制定相应的解决措施。

6. 输出与触发事件的关系

前面阐述了关于输入与输出相关的需求分析的规则，现提供一些与输入/输出之间的关系相关的需求分析的规则。虽然一般情况下，输入与输出的关系是由规定的控制函数决定的，但仍可以通过一些基本控制过程的概念制定一些规则，这些规则适用于所有的过程控制系统，例如反馈、稳定性需求。

软件需求规范应包括由过程控制函数定义的基本反馈回路，也就是说软件可以通过某一输入对所有的输出效果进行检测。需求规范还应包括对这些输入的检测，以检测出内部或外部的失效或错误。

反馈几乎是所有控制系统都有的属性，一个没有包括软件可用反馈信息的需求规范是不完整的。若控制程序没有在规定的时间内对输出命令做出预期的响应，就可以推测有异常情况发生，这时需要软件做出相应的行动——尝试其他输出、通知操作人员，或至少记录下当时的异常情况，以便于日后的分析。最理想的情况是控制系统的设计可以通过反馈回路提供的某项输入检查所有对应于某一操作变量的输出效果，但这一情况通常很难达到。

对于由一个预期的可检测的输入触发的输出，需求规范中应对两种情况做出规范：没有响应；没有响应、响应提前或滞后，以及响应值不正确。

规定时间内的输出响应包括至少两方面的需求：正常响应需求，以及对程序失效的处理需求。失效可能是响应值不正确或不合理、响应提前或滞后，或者根本没有响应。

所有对非自发输入的自发性接收都应视为一种异常状况，且应能够检测到这种不正常状况。

这里自发性输入是指由某些先前输出之外的环境因素触发的输入，而非自发性的输入，是对先前的系统输出做出的响应。

当程序有潜在的不稳定性时，应对稳定性做出明确规范。

除了反馈需求，需求规范还应对稳定性做出规范，例如相位裕度至少为45°或增益裕度至少为3 dB等。稳定性需求适用于过程控制函数，过程控制还可以描述为控制率或输入与输出之间的传递函数。

7. 状态转移规范

需求分析不仅需要检查每一状态相关的触发、输出以及触发与输出之间的关系，还应检查不同状态之间的转移路径，这些转移路径通过该路径上的触发事件序列唯一确定。状态之间的转换，尤其是模式转换很容易导致危险事件的发生，而对其规范又常常不够完整。现给出一些关于状态转化的需求。

（1）可达性

所有规定的状态必须是由初始状态可达的。

简单地讲，若两个状态之间有可以连通的路径，就可以说这两个状态是相互可达的。对于大多数的系统，系统所有的状态都是由初始状态可达的。某一状态不可达有两种可能的原因：该状态没有规定的状态函数，这些状态可以从需求规范中清除；该状态本来应该是可达的，但需求规范出现了错误。大部分基于状态的模型都应进行可达性分析，对于复杂系统来说，完全的可达性分析是不现实的，但如果分析只关注状态空间的某些性质，可以通过一些算法降低状态空间搜索。

（2）循环

大部分的过程控制软件是循环的，即在正常运行下，程序不会结束，其目的是对物理环境进行控制和监督。例如程序可以不停地重复执行某一任务、可以交替执行某一有限集合中的几项任务，或者重复执行某一给定模式下的任务序列。当然对于大部分系统，都包含一些不重复的任务，如系统暂时或永久停机，或操作模式发生转换等。

设计的重复行为必须是至少一个循环中的一部分，规定的事件序列只能在规定的转换之间进行。

当某些行为需要重复进行时，它必须是至少一个循环中的一部分，然而要保证行为能够重复进行，只单独对该行为进行检查是不够的，而应识别其他复杂的一系列事件。例如一个打开某设备的命令只有在执行了关闭命令后才能生效，连续执行两次打开命令可能会对设备造成损害。为避免这样的危险发生，每个包含开始命令的循环都应包含一个停止命令。

所有状态都不应阻止后续输出的产生。

若某一状态不能产生输出，称为休眠状态。若所有能产生输出的状态从某一休眠状态都是不可达的，当处于某一休眠状态时，就无法继续产生输出，对于实际应用来说，这无疑是一个缺陷。

（3）可恢复性

对于大部分过程控制系统，向执行设备发出的命令在生效前都可以通过执行一个或几个其他命令取消，这个能力称为可恢复性。

大部分情况下，输出命令应是可恢复的。

很多情况下，发出的输出命令需要删除或撤销，在需求规范中应根据输出的可恢复性对输出进行检查和分类。

若 X 可以通过 Y 撤销，则发出 X 命令的状态和发出 Y 命令的状态之间必须要有连通路径。

（4）资源抢占

当人机界面上不同的多级动作需要用到同一物理资源时，如数据输入设备、显示器等，或一些行为在其他行为完成之前应该被禁止的时候，应对抢占逻辑进行规范。

抢占需求应规范所有多级行为，以及一切可能被激活的控制活动。

当某一多级序列在另一活动没有完全完成后需要占用相关的资源，可以有 3 种抢占的方式：新的请求完全取消之前没完成的活动，并清除或直接替换与之相关的显示；新请求只占用所需的资源，但保存并能在新活动完成之后恢复相关的显示；将抢占活动交给操作人员来处理。

当某些活动延迟处理时，恢复后应能够识别所有过期的信息。

（5）需求一致性

软件需求规范不仅要保持完整性，还必须与识别出的软件系统安全约束保持一致。一般情况下，需求规范应对特定系统的安全准则进行检查，现给出一些常用的需求规范应检查的安全准则。

计算机绝对不应执行由安全状态通向非计划的危险状态的控制活动。

每个危险状态都必须有通向安全状态的路径，所有由危险状态开始的路径都必须通向安全状态。应尽量减少处于危险状态的时间，并制订必要的预防措施，以减小处于危险状态所带来的风险。

当系统处于一个危险状态时（这个危险状态并不是计算机触发的，而是由于一些组件失效、人为错误或环境压力等造成的），计算机应使控制系统转移到安全的状态，且处于危险状态的时间应尽量小，以减少发生事故的可能性。另外系统可能的危险状态不可能只有一个，危险状态的个数取决于危险的类型或环境条件。

当从某一危险状态出发的所有路径都不能使系统转向安全的状态时，应至少存在一条通往风险最小的系统状态的路径。

当系统处于一个危险状态，且没有任何可以通往安全状态的路径时，计算机应使系统转移到在给定的环境条件下风险最小的状态。

要设计出完全安全的系统是不可能的，只能尽量避免系统的危险状态，或使系统从危险状态转移到安全状态，但系统的风险必须在可接受的范围内。减少风险可以通过降低系统处于危险状态的概率或减小可能导致的事故的影响来实现。

10.3.2 安全软件开发

铁路运输领域的软件开发广泛遵循 EN 50128 标准，它为铁路运输领域的安全相关系统软件开发提供一个合理和一致的方式。EN 50128 是一组相关标准的一部分，另外还包括 EN 50126和 EN 50129。此外，这组标准的内容大部分源于 IEC 61508，IEC 61508 是一个更一般的通用标准，IEC 和 EN 这两个标准体系共享着同样的理念。

列车运行控制系统软件的生命周期以需求分配为起点，如图 10.3.1 所示。根据安全需求分配所得到的系统功能和 SIL 要求，确定软件需求。而后，与所有软件系统开发过程相同，需要进行软件架构设计、编写代码，以及后续维护。与普通软件不同的是，在这些开发过程中需要选择、使用适当的安全技术和手段，以保证软件可以达到要求的安全水平。

EN 50128 采用基于风险的方法来决定 E/E/PE 安全相关系统的安全完善度需求，确定了实现规定的安全完善度等级所必需的方法和手段。如图 10.3.2 所示，软件模块要根据安全需求分配所确定的 SIL 等级来选择相应的设计技术和测试手段。一个安全相关系统通常实现了一个或多个安全功能。如果这些安全功能的安全完善度要求各不相同，那么应该使用适于最高安全完善度级别的需求，除非它们的应用间有足够的独立性。实际中，可能会遇到即使使用了标准建议的方法也无法达到规定安全完善度等级的系统，这样的系统需要采用额外的措施来保证功能性安全。

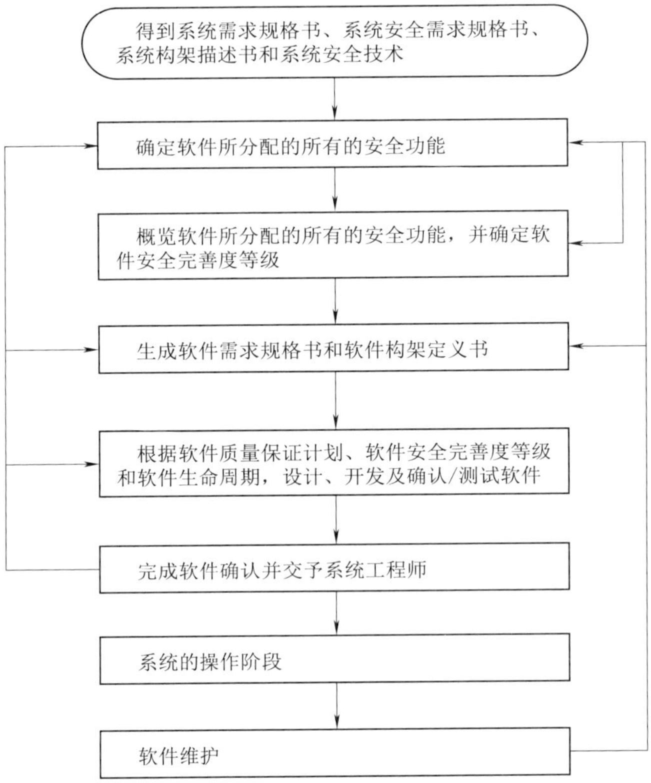

图 10.3.1 EN 50128 软件安全生命周期

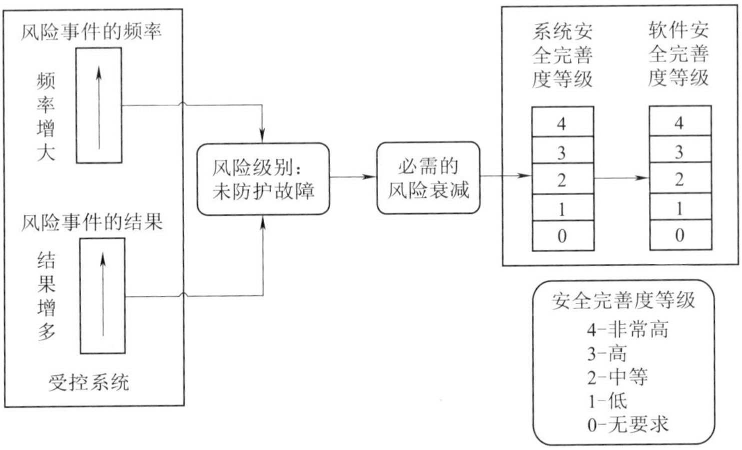

图 10.3.2 安全相关系统的安全完善等级

1. 架构设计

分割最大的作用就是能够使软件更易于理解。对于一些庞大的系统，其本身非常难于理解，因而隐藏错误的可能性就非常大。而且对这些软件的检查和验证也是相当麻烦的。将一个非常庞大的程序分割成一些规模较小的模块，使得程序易于阅读和理解，也可增加顶层设计和细节设计的可理解性。

分割的另外一个作用就是使不同的软件功能相互独立。这不仅增加了软件的容错能力，而且独立的功能模块也可以简化验证过程。另外，从完整性等级的角度，独立可以使得不同的模块根据其安全需求的不同进行安排，完整性等级决定了某一模块开发和验证的方法。当某一模块的运行对另一模块的正确运行有很大影响时，其安全需求不能低于受其影响的模块。

一般情况下，软件的分割会产生一个分层结构，如图 10.3.3 所示，分层结构的顶层表示用于负责整体控制以及发出高层命令的模块，常规程序调用相对低级的模块去实施软件的效能，最低层次的模块用于输入、输出以及设备驱动。

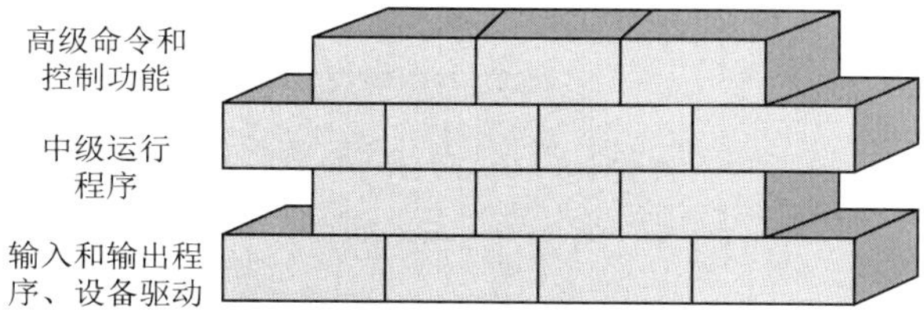

图 10.3.3　软件的分层结构

需要注意的是，一个模块能不能正确执行命令，不仅取决于本身的稳定性，而且与连接的模块相关，也就是说一个模块中的故障会影响其他模块的正确执行，这样系统的分割会对安全产生很大的影响。为了理解这一点，我们举一个联锁的例子如图 10.3.4 所示，假设开关在执行器开始运行之前必须闭合，图中箭头的方向表示软件中的数据流向。可以看到，开关信息由最底层的输入程序经过一些中级的程序，到达高级模块，当高级模块需要打开制动器时，它会使用接收到的信息判断打开制动器是否安全，若安全，高级模块会像输出程序发送一个命令，同样命令传送到输出模块会经过一些中级模块。

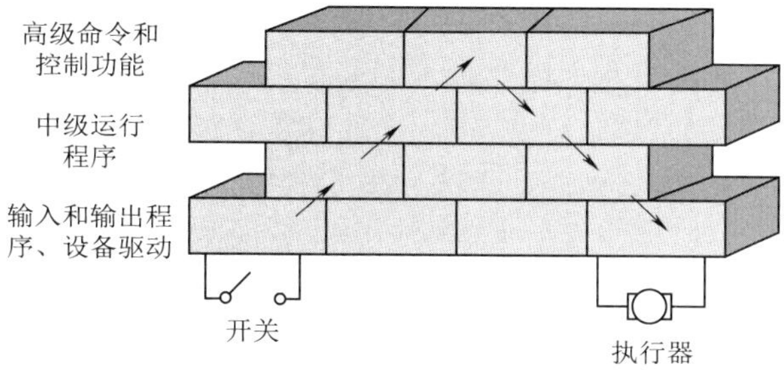

图 10.3.4　不好的软件结构

图 10.3.4 所示的系统结构会使制动器的运行导致不安全的后果。输入模块、中级的信息传输模块都可能使得高级模块做出错误的判断，而高级模块会在认为安全的情况下发出执行命令。而且所涉及任何模块的故障都可能在根本没有信号输入的情况下对制动器进行控制。由于所有相关模块都可能导致安全事故的发生，因而这样的系统结构要求所有相关模块的完善度等级都比较高，这样会需要大量的投入。这里只举一个简单的例子，而当系统的复杂度增加时，输入和输出程序可能还会相对简单，但高层模块的程序会变得非常复杂，这样对高层模块的验证会变得非常复杂，甚至是不可能完成的。

我们可以对图 10.3.5 所示的系统结构进行修改，这样的系统结构使得输入和输出的功能实现只与一个单一的模块相关，该模块从高级模块接收命令，当高级模块向最底层用于执行该联锁功能的模块发出“安全时打开制动器”的命令时，执行模块会在开关不闭合的情况下对执行器进行操作。这样的结构布置使得高级和中级的模块故障不会引起执行器的不正确操作，因而它们的完善度等级也可以适当降低；另外，由于与联锁安全相关的模块处于最底层，其程序会相对简单，这样也降低了验证的难度。而且经过验证的模块和与之相连的硬件可以一起被看作一个可信子系统，降低了高级模块的重要度，也可以简化整个系统的设计。在实际系统中，用于生成和传递有潜在危险命令的模块也会被配置在一个适当完善度的等级上。

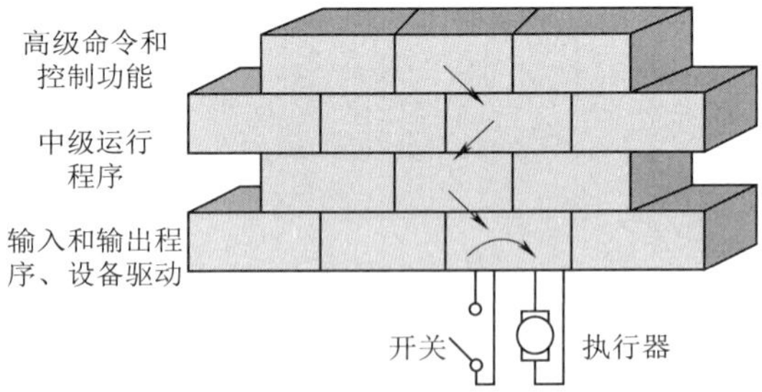

图 10.3.5　改进的软件结构

根据上述例子，可以得到安全苛求软件设计两条重要的准则：安全苛求程序应尽量小且简单；对软件模块的独立必须恰当。其中第二条尤为重要，因为若其他模块会影响到某一模块的运行，对该模块的任何独立的验证都是没有意义的。

2. 模块独立

在考虑软件的容错性能时，模块独立发挥着非常重要的作用。图 10.3.3 显示了基于 N 程序设计的软件容错布局的实现，这里 A 版本软件和 B 版本软件实现同一个功能，故障检测模块向 A 模块和 B 模块提供相同的数据，并通过比较两个版本软件的处理结果来进行故障检测。若比较结果不相同，故障检测模块会通过进一步的分析来确定哪个模块产生的结果不正确。我们知道冗余可以有效防止故障的发生，但共因故障除外，因而若系统中的某一模块对 A 模块和 B 模块的运行都会产生不良影响时，这些影响是检测不到的。模块独立的目标就是要保证任何模块都不会受到其他模块运行的影响。

模块独立对安全苛求系统的设计非常有益。事实上，如果能够很好地使模块之间相互独立，只有安全苛求模块需要验证，软件开发任务会变得很简单。非安全苛求模块由于不会对安全苛求部分产生影响，其重要性就显得相对低了。然而不幸的是，虽然模块独立有很多的优点，但要做到完全的独立是不可能的，若无法做到独立时，我们也应充分考虑不能完全独立的软件模块之间的相互影响。

为了保证一个模块不受其他模块的影响，应该考虑多种因素。首先应保证程序不会覆盖不正确的存储单元，像常见的汇编语言和 C 语言就做不到这一点，也就无法有效进行模块独立。另外，当安全苛求程序必须在规定的时间内实现功能，其可能会由于另一程序占用处理器而推迟执行。因而在软件语言的选择时，应对有界的空间和时间需求进行识别。

在非安全应用中，模块独立通常是通过为同时发生的任务分配时间，以避免某一任务长时间占用处理器而实现的。操作系统常常使用存储器管理硬件来避免数据被重写，然而安全苛求实时系统的操作系统非常复杂，即使是简单的系统，也很难用现有的方法去测试和验证，另外，操作系统的同步性质也使其很难进行分析。因而在安全苛求中，若对系统进行管理的操作系统得不到完全信任时，使用详细验证的应用软件仿佛也没有多大意义。

在一些比较小的系统中，可以使用包含有任务时间表的运行内核代替操作系统完成某些功能，使用这样的内核可以将软件模块看成是独立的模块，因而可以简化软件模块的划分。在操作系统的运行环境中，布局的完善性受到这些内核本身的可靠性的影响。由于运行内核相对简单，对其进行充分验证时可实现的，但运行内核仍只运用于安全苛求等级相对低的系统，对于安全需求高的系统，常常使用裸芯片处理器，开发人员可完全对其进行控制，且代码可见。

我们还可以通过语言的选择做到有效的模块独立，例如 Ada 语言。使用 Ada 语言时，软件以一些 Ada 程序包的形式出现，使用编译器使这些程序包保持很好的独立性。但Ada语言使用的前提是有一个很好的编译器，而实际系统运行中，编译器常常会出错。

由于软件的执行是建立在系统硬件的基础上的，系统硬件的行为很明显会对软件的安全运行产生影响。硬件限制包括存储器的空间大小以及处理速度。若一个程序占用了很大的 RAM 空间，或在堆栈区放有大量的数据，其他程序肯定会受到影响。很多程序语言允许系统设计者对存储器的使用进行限制，至少可以为某一程序规定最大的存储空间或堆栈空间，简单来讲，设计者必须保证任何程序的处理时间都不能使得其他程序被忽略。

相对于存储空间和堆栈空间来说，硬件故障更难以预测和处理。硬件故障的发生几乎是无界限的。硬件故障中，最常见的就是处理器会突然停止工作。处理器停止工作会使得所有程序停止，而不管有多少个冗余模块。另外，处理器或存储设备的故障还会影响到总线系统，导致数据和地址的损坏，数据的误写和误读，还会造成数据被重写。在软件中，这些故障都会破坏程序的正常运行，或导致一个程序对另一个程序产生影响。在程序存储中，使用 ROM 比使用 RAM 能降低数据破坏带来的风险。

模块的完全独立是一个理想化的目标，在现实的应用中不可能做到。设计人员在设计中一定要注意，完全的独立是不可达的，系统设计不能依赖于某一单一模块的高安全性。

3. 软件复用

由于软件开发的高费用，尤其是安全苛求系统，人们希望可以将已有系统的软件运用到新系统中。而且由于已有系统的软件已经经历过实践的检验，人们对其的可信度往往超过新设计的软件。在需要复用既有系统的软件时，应注意要复用软件构件的安全完善度等级是否适合，或者是否可以采取适当的措施使得复用软件构件符合新系统的需求。需要软件复用时，为了评估由于复用产生的变化，需要制定详细的开发和验证文档。对于软件复用，许多标准里都有详细规范，这里不再赘述。

由于体系结构设计会对需求规范进行提炼和分割，因此可能会发现规范中不一致或不正确的地方，这就要求需求规范应在开发阶段进行不断地修改和完善。然而规范的修改应得到系统所有参与方的一致同意，包括项目管理团队和用户，而且规范的更改也必须以一定的规范和流程进行，并且能够记录所做的更改、更改依据以及更改结果。

前文已经谈到过，体系结构设计是对系统最初步的实现，该阶段发生的错误会影响整个系统的正确性和安全性，因而对任何安全苛求系统的体系设计都应进行验证，以保证顶层设计符合需求规范的要求。

随着列车运行控制系统的复杂度不断增加，安全相关软件开发中会面临很多的挑战，主要表现在如下几个方面：

（1）避免软件的复杂描述

在开发过程中，软件是在不同阶段和不同文档中描述的，如软件安全需求规格书、软件构架设计描述书、软件系统设计说明书、软件模型设计说明书、软件源代码等。在软件开发的每一步中，最重要的一点是要尽量避免软件的重复描述。这种软件的重复描述不仅是浪费的，同样也是容易引起错误的，还会造成描述间的不连贯的风险，从而使得有必要为确认当前级别与前一级别的顺从性付出极大的努力。

（2）避免说明书的含糊不清和缺乏精确性

需求和设计说明书传统上是用自然语言书写的，还可能用非正式的图表作为补充。即使有需求标准的限制，自然语言所阐述的内容都是日常经验，其内在的模糊性将导致对不同的读者有不同的解释。在动态行为中，这种现象尤其明显。

（3）避免手工编写代码

传统的开发过程中，编码是最后一个转换阶段，它的输入是最后一系列用自然语言编写的信息（或伪代码）。编程者通常对整个系统的了解是有限的，而容易受需求规格书的描述的模糊性的影响。另一方面，编程者所编写的代码对于需求规格书的编写者来说是难以理解或无法理解的。传统方法中，这种理解错误和编码错误的组合风险所带来的代价之高，甚至使生命周期确认阶段花费的精力大部分耗费在代码测试上。

（4）尽早发现规范和设计错误

许多规范和设计错误只是到软件集成测试时才被发现，原因之一是，需求和设计说明书通常是含糊不清；另外一个原因是，在没有实践的情况下，关系到动态行为的细节对于读者来说是难以理解的。在传统过程中，当一个错误只能在软件集成测试阶段发现时，修正它所付出的代价远远高于在规范阶段发现它。

（5）降低升级的复杂性

从缺陷修正到新功能引入的功能升级，软件中有许多修改的原因。当必须对软件进行修改时，软件生命周期中的所有成果都进行相应的升级，所有的确认活动都要相应的再实施。

（6）提高验证效率

安全相关系统的认证级别远远高于非安全相关系统，对于 SIL4 级的软件，整个认证的花费（包括测试）占预算的 80%。认证也是整个工程的“瓶颈”，因此，很显然认证的花费或速度的任何改变都将大大影响到工程的进度和花费。

10.3.3 安全软件实现

软件在使用中发生失效会导致任务的失败，甚至导致灾难性的后果。因此，应在软件设计开发过程中，对可能发生的失效进行分析，采取必要的措施避免将引起失效的缺陷引入软件，为失效纠正措施的制订提供依据，同时为避免类似问题的发生提供借鉴。这些工作将会大大提高使用中软件的可靠性，减少由于软件失效带来的各种损失。

软件安全设计实现的实质是在常规的软件设计中，应用各种必需的方法和技术，使程序设计在兼顾用户的各种需求时，全面满足软件的可靠性要求。软件的可靠性设计实现应和软件的常规设计紧密地结合，贯穿于常规设计过程的始终。

如图 10. 3. 6 所示，软件安全性设计一般包括：避错设计、查错设计、改错设计和容错设计，即在软件设计实现过程，要有周详的避错考虑，还应该融入相应的查错方案；同时还要考虑当软件系统出现异常时，相应的改错机制。最后，当错误无法避免时，要考虑容错机制。

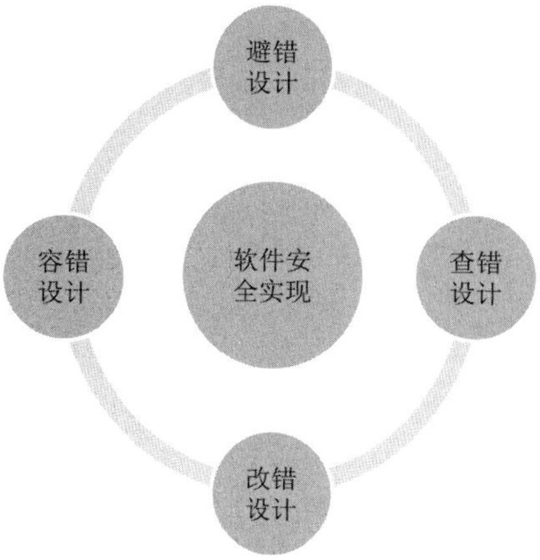

图 10. 3. 6 软件安全设计实现方法

1. 避错设计与实现

避错设计包括：简化设计、算法与数据管理、慎用易错编程技术、多任务管理。

（1）简化设计

复杂性是可靠性“最凶恶的对手”，复杂的软件会导致：代码规模更大、缺陷更多；交互关系更多、缺陷更多；更难测试、不充分的可能性更大；设计、实现、配置、使用的难度更大；用户更难理解。

①控制模块的复杂性

a. 单元的理论最佳长度 66 到 132 行。

b. 清晰定义模块的所有输入与输出，并进行范围检测（架构设计）。

c. 模块有唯一的入口和出口。

d. 模块中的循环有正常的退出条件。

e. 保持模块的控制流从顶到底。

f. 尽量降低模块的圈复杂度（不大于 10）。

②控制软件的复杂性

a. 强内聚

内聚性指模块相对功能密度的度量，依赖于一个单元中各种操作之间互相联系的紧密程度。

（a）功能内聚。

（b）顺序内聚。

（c）通信内聚。

（d）过程内聚。

（e）不可取：时间内聚、逻辑内聚。

b. 松耦合

耦合性指两个模块之间联系的紧密程度，依赖于模块间接口的复杂性、引用或进入模块的点、通过接口传递的数据。

（a）简单数据耦合。

（b）数据结构耦合。

（c）不可取：控制耦合、公用耦合、内容耦合。

c. 扇入扇出

模块的扇出指模块的直属下层模块的个数，模块的扇入指有多少个上级模块调用本模块。

(a) 上层模块高扇出。

(b) 下层模块高扇入。

(c) 单元调用嵌套层数不大于7。

(d) 扇入扇出数不大于7。

(2) 算法与数据管理

①参数化

在软件设计中，用统一的符号来表示参数、常量和标志，以便在不改变源程序逻辑的情况下，对它们进行修改。

②寻址模式的选用

尽量不使用间接寻址方式，在确实有必要采用间接寻址方式时，慎重考虑和充分论证，并在执行之前验证地址是否在可接受的范围内。

③文件

文件必须唯一且用于单一目的。文件在使用前必须成功地打开；在使用结束后必须成功地关闭；文件的属性应与对它的使用相一致。

④对关键下标，在使用前进行范围检查。

⑤使用数据前，应采取措施保证所有所需的数据都是可用的。

⑥应采取措施，对关键数据进行保护。

⑦对数据的非法组合进行检查。

(3) 慎用易错编程技术

①浮点数

先天不精确，有可能导致无效的比较；增加浮点协处理器和内嵌算法/库函数确认的工作量。

②指针

指针引用错误的内存区域可能导致数据误用。

③递归

错误的递归容易导致内存溢出；当使用递归时，应有明显的判据，可预测递归的深度。

④中断

有可能导致关键操作的终止；使程序难以理解，类似 goto 语句。使用时，应仔细考虑寄存器和共享变量的内容、中断优先级、中断发生的时机、中断发生的最大可能频率、中断处理时间等。

⑤继承

代码非局部化，代码的修改可能导致无法预期行为，产生难以理解的问题。

⑥别名

使用多个变量名来访问相同状态变量，会使程序的理解和修改变得困难。

⑦无界数组

如果不进行任何数组边界检查，可能出现缓冲区溢出失效。

⑧动态内存分配

在有些场景下，软件运行时内存块大小不能在代码编译时确定，需要根据代码的运行环境来确定；软件执行过程中，根据需要分配或者回收存储空间；在 C/C++程序中，应正确使用 malloc、calloc、realloc、new、alloca 与 free、delete 管理动态内存。

不当动态内存分配的后果：内存泄漏、内存碎片。

内存泄漏的原因：忘记了回收；回收前失去了对内存的追踪（如存储指针值的变量被移出了作用域、指针值被重写、没有保存地址指针）；库函数存在内存泄漏缺陷，对库函数接口的误解。

⑨全局变量

全局变量不好控制；不利于程序的结构化；不用或少用全局变量。

⑩公用数据和公共变量

公用数据和公共变量指明由两个或多个模块公用的数据和公共变量。尽量减少对公共变量的改变，以减少模块间的副作用。

⑪慎用不检查输入参数长度的库函数

缓冲区溢出漏洞；这些函数直接把输入参数的内容复制到缓冲区中，只要输入参数长度大于缓冲区长度，就会造成缓冲区溢出，使程序运行出错；如 strcpy( )、strcat( )、sprintf( )、vsprintf( )、gets( )、scanf( )等。

（4）多任务管理

多任务设计是软件应用的新趋势，但是多任务之间可能存在难以预知的交互，导致同步错误。

多任务设计的原则：

①注意函数的可重入性

不为连续的调用持有静态数据；不返回指向静态数据的指针，所有数据都由函数的调用者提供；使用本地数据或者通过制作全局数据的本地复制来保护全局数据；如果必须访问全局变量，切记利用互斥信号量来保护全局变量；不调用任何不可重入函数。

②避免死锁与活锁

当两个或者更多的进程停下来相互等待对方完成某个动作时，就造成了死锁，通常表现为系统挂起。活锁与死锁类似，只是当前系统仍然能够进行一些计算，但永远无法转到其他状态。死锁与活锁的发生常常是因为很难预期和重现的罕见的条件组合。

③避免临界点竞争

我们把对共享内存进行访问的内存片段称作临界区域或临界区（Critical Region）。如何避免竞争，需要满足以下 4 个条件：

（1）任何两个进程（线程）不能同时处于其临界区。

（2）不应该对 CPU 的速度和数量做任何假设。

（3）临界区外运行的进程不得阻塞其他进程。

（4）不得使进程无限期等待进入临界区。

2. 查错设计与实现

软件系统在遭遇异常输入的情况下，需要具备相应的查错能力。软件的查错设计主要关注外部异常输入。

异常情况举例：相连的软、硬件系统发生了故障或性能降级、输入错误、有意的攻击、其他非正常情况。

(1) 硬件失效

软件设计必须考虑所涉及的硬件潜在失效模式。

典型考虑:

①电源失效防护。

②电磁干扰。

③系统不稳定。

④干扰信号。

(2) 接口考虑

①人机接口设计

可选择的常用方法:

a. 接受错误输入，留给系统处理。

b. 接受错误输入，什么也不产生。

c. 接受错误输入，输出错误提示信息。

d. 不允许错误输入进入。

较完善的设计:

a. 软件能判断出操作员的输入操作正确性（或合理性）。

b. 在遇到不正确（或不合理）输入和操作时，软件拒绝该操作的执行。

c. 软件提醒操作员注意错误的输入或操作。

d. 软件指出错误的类型和纠正措施。

②程序接口设计

对输入参数进行合法性检查，对非法参数进行处理，常用方法:

a. 返回错误代码。

b. 返回中间值。

c. 使用下一个合法数据代替。

d. 使用上一个合法数据代替。

e. 使用最接近的合法值。

f. 调用异常处理程序进行处理。

g. 调用显示错误信息程序并打印出来。

h. 关闭程序。

③硬件接口

硬件接口的软件设计必须考虑:

a. 使用握手信号保证通信的连通性。

b. 预先确定数据传输信息的格式和内容。

c. 每次传输都包含一个字或字符串来指明数据类型及信息内容。

d. 使用奇偶校验、循环冗余校验（CRC 校验）、海明码来验证数据传输的正确性。

e. 充分估计接口的各种可能故障，并设计相应的处理措施。

f. 对非法的外部中断的处理，软件应能够识别合法的及非法的外部中断。

g. 对传感器故障的考虑。反馈回路中的传感器有可能出现故障并导致反馈异常信息，软件应能预防将异常信息当作正常信息处理而造成反馈系统的失控。

h. 对输入/输出信息的考虑。软件对输入、输出信息进行加工处理前，应检验其是否合理（最简单的方法是极限量程检验）。对不合理的输入进行正确的处理。通过设计，保证输入/输出符合精度要求。

（3）常用查错技术

在开发和维护阶段，使用监错技术提示：相互矛盾的假设、传入程序的不良数值等。

主要的监错技术：

①断言

断言是一个在假设不正确时会预警的函数或宏指令，可使用断言监错。在开发阶段，断言可以提示相互矛盾的假设、传入程序的不良数值，等等；在维护阶段，断言可以表明改动是否影响到了程序其他部分。

例子：

```
assert(y! =0);
intz = x/y;
```

②异常情况处理

异常是在运行时发生的，无法在设计时预料到的“非常”事件，这种事件通常和具体的运行环境和资源分配有关。仔细分析软件运行过程中各种可能的异常情况，预先设计相应的保护措施，或者利用异常处理做一些必需的善后工作。在开发阶段，可以利用异常情况处理，产生一个警告，提示出现了异常情况，使异常情况的出现变得非常明显；在运行阶段，异常处理措施应该能使出现的异常情况可以得到修复。

③故障监控

应设计监控功能，直接检测可能引起的失效状态，并对危险失效采取安全防护。监控功能应确保想要检测的故障在所有必要的条件下都能得到检测，应确保监控功能和防护措施不会因为导致被监控危害的同一失效状态而不予动作（共因失效）。

④BIT（Built-Inself-Test）

BIT 是指系统、设备内部提供的检测故障、隔离故障的自动测试能力，是改善系统、设备安全性、测试性、维护性、可用性的技术。BIT 增加了系统复杂性，自身的可靠性也非常重要。BIT 向 PHM 方向发展。

软件设计必须考虑在系统加电时完成系统级的自检测，验证系统是安全可靠的，并在正常地起作用。在可能时，软件应对系统进行周期性自检测，以监视系统的安全状态。必要时，软件应提供维护自检测，提高系统的可维护性和可测试性。加电自检测、周期性自检测、维护自检测应具有不同级别的检测能力。

应注意周期性自检测功能对其他任务的影响。建立一个可能影响软件的硬件失效列表，必须清楚地知道并文档化可以通过 BIT 进行检测的故障模式。BIT 发现故障时，应以显式的方式报告给需要知晓的人，尤其是哪些安全相关的故障。

a. CPU 自检测

EMI、放电、电击、宇宙射线等都可能损坏 CPU，通常在引导时进行 CPU 自检，以便证实 CPU 的运算正确。如果测试失败，则 CPU 有缺陷，软件应进入安全状态。

b. ROM 检测

ROM（EEPROM 或闪存等）上的软件会优先执行，检验其完整性是重要的，通常在上电时完成检测，如果系统具有变更自身程序的能力，则检测应该周期性运行。

3. 改错设计与实现

（1）风险隔离

划分（Partitioning）：为功能上独立的软件部件提供隔离的过程。

使用划分的目的：抑制故障的影响和/或隔离故障，防止组件之间特殊的相互作用和交叉耦合干扰；减少软件验证过程的工作量；最小化安全相关组件的规模。

划分等级的确定：对于通过划分提供保护的软件，可使用与每个组件相关的最严重的失效状态类别来确定该组件的重要等级；区别对待不同等级的软件组件。

划分时考虑的因素：

①硬件资源，包括处理器、存储器设备、输入/输出设备、中断和定时器。

②控制耦合性，外部存取脆弱性。

③数据耦合性，共享或覆盖数据，包括堆栈和处理器寄存器。

④与保护机制相关的硬件设备的失效模式。

运用信息隐蔽技术，使信息仅对有权和需要访问它的程序开放。信息隐蔽可以避错的3个理由：降低了信息意外讹误的概率；可以帮助在程序中建立防火墙，降低信息问题影响的范围；由于信息被局部化，程序员更少地产生错误，验证人员更容易找到缺陷。

常见需要隔离的信息：

①安全关键的数据。

②容易被改动的区域。

③复杂的数据。

④复杂的逻辑。

⑤在编程语言层次上的操作。

信息隐蔽的障碍：

①信息过度分散。

②交叉依赖。

③误把局部数据当成全局数据。

④误认为会损失性能。

在数据区和指令区建立防火墙：

①为了防止程序把数据错当指令来执行，要采用将数据与指令分隔存放的措施。

②将不用的内存区域初始化成具有确定性的模式，阻止程序意外跳转到未知存储中运行，一旦不用的内存区域被当作指令被执行，应使系统恢复到已知的安全状态。

③必要时，在数据区和表格的前后加入适当的NOP指令和跳转指令，使NOP指令的总长度等于最长指令的长度，然后加入一条跳转指令，将控制转向出错处理程序。

（2）异常处理

①内部异常处理

a. 在运行阶段，对于预期范围内的异常，异常处理措施应保证系统处于安全状态，并持续运行。

b. 在运行阶段，对于超出预期的异常，异常处理措施最低限度应使系统转入安全状态。

c. 在异常发生之后，采取措施，保证数据的完整性。

d. 在异常发生之后，采取措施，保证敏感和关键数据不被泄漏。

②外部异常处理

a. 周期性检测外部输入/输出设备的状态，并在发生失效时转到某个安全状态。

b. 对于非法的外部中断，软件应能自动切换到安全状态。

（3）部署设计

软件设计应提供内嵌的对部署的支持，降低系统管理员或用户配置软件过程中出现错误。

①提供对配置的检查和分析的功能。

②最小化缺省特权。

③局部化配置设定。

④提供修补安全漏洞的简单方法。

4. 容错性设计与实现

容错是指在发生故障的情况下，系统不失效，仍然能够正常工作的特性。容错软件：在一定程度上，对自身故障具有屏蔽能力；在一定程度上，能从错误状态自动恢复到正常状态；因缺陷而发生故障时，仍能在一定程度上完成预期的功能。

①故障探测

故障（不正确的系统状态）发生时，系统必须能够探测到。

②危害诊断

必须弄清楚受故障影响的系统范围。

③故障恢复

系统必须恢复到已知的安全状态。

④故障修复

可以对系统进行改进，防止故障再次发生。

（1）容错技术

容错技术级别说明见表 10. 3. 1。

表 10. 3. 1　容错技术级别说明

级别	说　明
0 级	没有任何容错
1 级	自动检测并重新启动
2 级	在 1 级的基础上，增加周期性检查点，记录和恢复内部状态
3 级	在 2 级的基础上，增加持续稳固的数据恢复
4 级	无中断的持续运行

（2）监控定时器

提供监控定时器或类似措施，以确保计算机具有处理程序超时或死循环故障的能力。

监控定时器的设计原则：

①监控定时器应力求采用独立的时钟源，用独立的硬件实现。

②采用可编程定时器实现时，应统筹设计计数时钟频率和定时参数，力求在外界干扰条

件下，定时器受到干扰后，定时参数的最小值大于系统重新初始化所需的时间值，最大值小于系统允许的最长故障处理时间值。

③硬件状态变化有关的程序设计应考虑状态检测的次数或时间。无时间依据的情况下，可用循环等待次数作为依据，超过一定次数作为超时处理。

（3）冗余设计

①空间冗余

在某一运行空间出现问题时，可以启用另外的空间来工作。典型的空间冗余：存储空间冗余（RAID、数据库日志等）、处理器空间冗余（多个 CPU 协同工作）、网络空间冗余、进程冗余（Apache 服务器）。

②时间冗余

为了获得成功的结果，多次尝试相同的操作。典型的时间冗余：外部接口数据传输、传感器数据的采集、磁盘数据的读取、重启不稳定的服务。

③结构冗余

结构冗余的典型方式为 TMR（Triple-ModularRedundancy）三模冗余，TMR 能成功地容错基于两个基本假设：组件不能包含相同的设计缺陷；组件的失效是随机的，多个组件同时失效的概率极低。对于相同的软件而言，两个假设都无法满足：简单复制的软件将包含相同的设计缺陷；对于相同的软件，同时失效不可避免。用于容错的软件必须相异。

④软件结构冗余技术

（a）N 版本程序设计。不同的小组用许多变体实现相同的规格说明，所有变体同时进行计算，利用表决系统选择多数作为输出。假定不同的小组犯相同错误的概率极低，也可能连算法都不一样。N 版本程序设计是最常用方法。

（b）恢复块技术。相同的规格说明被实现成若干个明确不同的版本顺序执行。利用验收检测程序选择接受的输出。强制每个版本使用不同的算法，以降低相同错误的概率。验收检测程序的设计困难，必须独立于所使用的计算。由于冗余版本是依次顺序执行的，用于实时系统时应注意。

（c）一致性恢复块。

（d）验收表决。

（e）多版本软件开发策略。保证冗余软件版本之间的设计相异性；保证各独立单元具有高可靠性；保证表决算法具有高可靠性；保证验收检测程序具有高精确度和高可靠性。

（f）相异性设计。用不同的途径设计和实现不同的软件版本，使各版本具有不同的失效模式，降低各版本包含一致性缺陷的概率。

不同的设计方法：面向对象/面向功能的设计、用不同的程序设计语言实现、使用不同的工具和开发环境、使用不同的实现算法。

复习思考题

1. 什么是系统性失效？什么是随机性失效？分别有哪些应对和减轻措施？

2. 实现故障—安全机制有哪几种形式？各有什么特点？
3. 什么是共模故障？
4. 硬件的冗余有哪几种方法？各有什么优缺点？
5. 软件开发的生命周期有哪些任务？如何开展安全相关软件的设计开发工作？

11　人为因素对安全的影响

在轨道交通应用中，英国铁路安全与标准委员会 RSSB（Rail Safety & Standards Board,）对人为因素的具体定义为“所有为了保证系统或组织的长久安全和效率，所必须考虑的有关人的事项”。

在早期的系统安全分析中，由于设计与安全技术能力不如现在，大多数系统失效均与硬件失效或破坏性环境事件相关联，因而安全分析关注的重点是硬件可靠性对系统安全性的贡献。随着科技的进步，工程技术已克服早期复杂系统中的许多问题，设备（硬件及软件）可靠性不断提高，运行环境得到明显改善，而作为大规模复杂人—机系统重要的一方——人，一方面，由于其生理、心理、社会、精神等特性，既存在一些内在弱点，又有极大可塑性和难以控制性；另一方面，尽管系统的自动化程度提高了，但归根到底还要由人来控制操作，由人来设计、制造、组织、管理、维修、训练，由人来决策，各种活动对工作人员素质的要求越来越高，人在整个生产活动中扮演着越来越重要的角色，事实上人为因素失误已成为对系统安全性影响最大的因素之一。因此，对系统风险的注意焦点之一逐步转向人为因素失误，对人的可靠性分析也成为系统安全分析的重要内容。

本章首先阐述了系统的设计者、运行者和维修者 3 个不同群体的主要人为失误以及其对系统安全的影响，并为这 3 个不同的群体提供了指导意见；接着给出了经典的人为因素分析模型，可供事故的调查及预防参考；最后鉴于人的失误总是通过人机界面对系统产生影响的，本章提供了一些人机界面的设计准则和设计方法，以减少人为失误对系统的影响。值得注意的是，本章讲述的人的失误大部分都是非意向性的，即人并不是故意犯错的，很多人的失误都是可以通过改善系统设计、规程制订及组织管理等消除或减少的，这也正是本章的旨意所在。

11.1　人对于系统安全的影响

随着科技的进步，也为了尽量避免人在操作当中发生的失误，安全系统的自动化程度越来越高。人为因素贯穿于系统生命周期的各个阶段，各个阶段涉及的人为因素对系统安全都有着不同程度的影响。根据三级行为模型（Three Level of Performance of Skilled Human Operators），可以将人的失误分为 3 种类型，即技能型失误（Skill-based Error）、规则型失误（Rule-based Error）以及知识型失误（Knowledge-based Error）。大多数人的失误是非意向性的，即漫不经心的疏忽动作造成的；有些失误是意向性的，即操作者以一套不正确的计划、方案去解决问题，但其相信这是正确的或更好的方法。本节将从系统设计、运行、维护和维修 3 个重要阶段分析安全系统中的人为因素。

11.1.1　系统设计者

系统一旦设计完成，基本就是不可更改的。在系统设计阶段引入的人为因素失误在某些因素的触发下，会导致系统故障的发生，造成不可接受的风险。不良的设计是造成各类重大安全事故的主要原因之一。系统设计中的人为因素遍布到设备界面设计、功能分配、工作和任务设计、工作环境设计。

1. 设备界面设计

这里的设备包括自动化系统，以及诸如显示和控制系统、报警系统、信号系统等人机接口。良好的设计方便人们操作和维护，不良的界面设计常常会引发或直接导致重大事故的发生。

良好的界面设计应充分考虑人的生理、心理上的能力和限制。通常的设计方法首先应考虑关于人为因素和可用性（Usability）的相关原则，尽量找到一切人机交互的潜在可能，并对这些潜在人机交互相关的风险进行分析，针对这些风险制订相关的管理策略，并根据制定的目标对安全性能进行评估；系统和设备应对操作者的错误操作有容错能力；对于已存在类似产品的情况，借鉴已运用到实践中的好的界面设计也是一种很好的做法。

2. 功能分配

设备是由人来操作的，确定哪些工作由设备来完成，哪些工作由操作者来完成是非常重要的，这也就是所谓的功能分配。一方面，一个系统能够安全运行，一个聪明的操作者是必不可少的，但另一方面，操作者本身就是人机交互系统中一个不安全的因素，怎样才能做到人和设备功能的合理分配显得尤为重要，通常有如下 3 种方法：

第一种称为能力策略（the Capability Strategy）。该种分配策略将功能分配给人或设备之间更加擅长该任务的一方。能力策略基于设计者对人的能力和机器的性能有相当充分的了解。例如，人比较擅长概括，发现异常或没有预料到的事情，产生一种新的解决方案等，相反，设备更擅长于监控预先规定好的事件，存储和检索信息，能够准确可靠地实施高强度或不断重复的工作。此类策略看似很合理，但是存在两个弊端，一是在设计时看似正确的结论在装配后或实际的操作中并不实用；二是功能分配过分地取决于设计者。能力策略在设计中被广泛应用，但现在并不推荐使用。

第二种称为自动化策略（the Automation Strategy）。为了避免人在操作中发生错误，尽量将所有的工作都交给设备自动完成，这种方法曾受到很多设计人员的青睐，但其在实际的应用中是非常危险的。首先，不是所有的事物都可以自动化，而且如果仅仅分配给人一些碎枝末节的事情，容易造成人的注意力分散，进而导致系统在需要人参与的时候不能得到人的良好表现；其次，机器也并不一定完全可靠，而且越是复杂的机器，越需要高水平的操作者，越是高水平的操作者越不能满足只做一些零碎的工作，不能让其情绪和注意力分散，最后导致系统失效。

第三种称为经济策略（the Economic Strategy）。经济策略是为了用最经济的分配方法使系统高效运作。使用经济策略时，设计者首先根据相关规定或出于安全考虑，给机器和人分配必须有他们完成的任务，然后根据开发和运行费用，系统整个生命周期的维修预算，系统的可移植性，生产效率，安全性，员工配置和培训费用，用户需求和操作者需求，将其余的任务合理地分配给人或机器。目前，该方法是最值得推荐的功能分配方法。

3. 工作和任务设计

工作和任务设计就是在功能分配和任务分析的基础上，去规定个人或团队在整个系统运行中将承担的任务和扮演的角色，其目的是确保分配的工作结构合理、切实可行。合理的工作和任务分配能够促使系统有效、高效地运行，为组织带来巨大的效益，不好的工作和任务设计对员工的情绪有很大的影响，容易造成员工流失，引起安全问题。

比较合理的工作和任务设计首先应确定安全苛求任务及其执行者，任务的目标，具体执行措施及行为顺序；然后将需要完成的任务结构化，以保证个人或团队的安全执行；鉴于人机交互系统总是在一定的环境条件下运行的，所以还应适当考虑工作环境的影响，为安全执行任务创造有利条件；最后对潜在的由于不遵守规定、操作者的能力限制引起的风险进行评估；实施相关的风险管理策略，针对已确立的目标进行安全评估。

工作和任务设计不仅影响系统的设计，而且对系统日后的运行、组织监管都有着很深的影响，因而在工作和任务设计中，不仅要考虑设计规则和程序、设备工具、人机接口的问题，还应考虑信息需求、人员配置和人员工作压力、人员的能力和技能需求、团队结构、工作区域等资源配置问题，以及奖罚制度、监督管理等组织监督的问题。

4. 工作环境设计

工作环境设计包括工作场所设计，以及工作场所所在环境的温度、空气质量等因素的设计。良好的工作环境不仅能为操作人员创造一种舒适的环境，而且能够有效消除危险，工作环境设计不当会造成工作延误，系统性能降低，甚至会造成人员伤亡。

在进行工作环境设计时，应尽量减少事故及其带来的损失，减少人员伤亡，提高对用户的响应性，在保证系统正常工作和减少人身和财产损失的前提下，减少操作人员生理和心理上的压力，增加工作满意度和工作效率。

11.1.2 参与和监督系统运行

随着计算机的引入，系统运行当中，越来越多的任务都由机器来自动完成，但这并不代表人的重要度在降低，而只是人在系统运行当中的任务发生了改变。人不仅需要参与必要的常规操作，还应在系统遭遇紧急情况时，能够做出恰当的决策，使系统能够从不正常的状态中恢复过来或安全停运。

1. 操作人员的常规操作

虽然安全系统的自动化程度越来越高，但有些工作还是应由人来操作完成的。人在操作中的失误往往会直接导致事故的发生。统计发现，人在常规操作中发生失误的根本原因主要有理论知识欠缺、基本操作能力差、组织管理缺陷、规程不足、粗心大意、不同操作人员之间缺少沟通等。

2. 紧急状况下的人为因素

随着系统自动化程度越来越高，人的规程性的操作任务越来越少，人在安全系统运行中的作用很大程度上体现在自动控制系统遭遇紧急情况时人的表现。自动控制系统发生紧急情况时，操作人员首先应该能够意识到不正常状况的发生，并能够通过现场信息及积累的知识和经验做出正确的诊断决策，最后通过做出相应的行为避免事故的发生。这不仅需要操作者有效的监督，而且需要其有一定的认知和操作能力。图 11.1.1 为发生紧急情况后人为因素的演进模式。图中 N 表示对应过程失败，S 表示人成功控制紧急事件，F 表示控制失效。

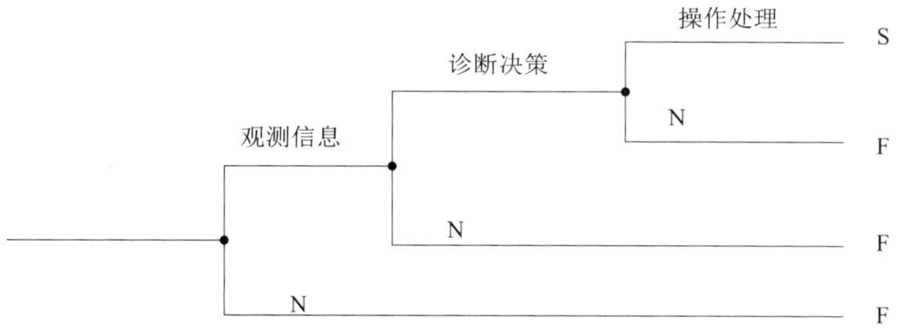

图 11.1.1 紧急情况下人因事件演进模式

(1) 观测信息

人对于信息的观测不应是紧急情况下被动的获取，而应能够主动获取系统的不正常信息，即应在系统的运行过程中有效监督系统的状态信息。由于人没有大量繁重的控制任务，所以他们可以将大量精力放在监督工作上，然而却很少有操作人员能在第一时间内发现系统的不正常状态。除了受操作人员自身状态以及运行环境的影响外，还受到系统设计的影响。

一方面，信息提供的数量和质量决定了人作为监督者的表现。计算机可以为人提供信息，这些信息是人进行监督工作的基础。但是当计算机提供的信息太多，各种相关不相关的信息同时或相继出现在人面前时，反而会大大影响人的反应能力。设想一下，当显示设备出现大量的视觉或听觉报警时，人根本无法一下子弄清楚是什么原因导致这些报警的出现，他们唯一能做的就是等待，这种等待等来的往往是不愿看到的结果。

有一种设想是使报警智能化，以防止明显错误报警的出现，但是这种复杂的逻辑给设计人员带来了几乎不能完成的挑战。还有一种设想就是为报警设定优先级，但是不同的情况所需的报警优先等级并不一样，设计人员也并没有足够的信息去确定报警优先等级的正确性。

当然计算机提供的信息可以减少，但这样人会觉得他们没有得到足够多的监督信息，为了了解系统的运行状况，人们往往会进行手动操作。手动操作可能会带来很多问题，但事实上它却是人处理设计者所不能预料到的情况的必要途径。大量事实说明，大部分事后被认为是人的失误的操作都是为了能够获取系统更多的信息。

另一方面，不需要人操作的任务常常造成人的麻痹大意，警觉性降低。警觉性调查发现，对于某些不经常发生的事件，即使是积极性非常高的人，其对这些事件相关信息的高度关注持续时间也不会超过半个小时。对于已经持续关注一段时间的人来说，很难监控到几乎不可能发生的不正常状况。另外，可靠性越高的控制系统，人对其的信任度就越高，进而越容易放松警惕。对于可靠性很低的系统，故障发生时人往往很难迅速地做出反应，人反而能够积极地进行手动操作以应对某些故障的发生。实验表明，当人对设备的主观评价降低时，在系统发生故障时做出正确应对的可能性就会增高。

为了减少由于人的警觉性降低造成的失误，系统中常常配置相应的故障报警。当系统正常运行时（也就是说产生的报警是真实的），故障报警可以引导人做出正确的措置，但是当出现错误报警时，人往往宁愿相信报警是真实的，这样虽然不会直接引发事故，但是会造成系统运行的延误，因而增加人的烦躁情绪，同时为了弥补系统延误造成的损失，人会做出一些更加冒险的行为，一定程度上增加事故发生的可能性，这种现象尤在诸如飞机、列车等交通系统中尤为明显。当错误报警经常发生时，人对报警的信任度就会降低，这样也可能忽视一些正确的报警。

（2）诊断决策

诊断决策的过程也就是情景评估的过程，操作者从周围情景中获取到情景信息后，情景信息会在人的意识中形成一幅完整的关于系统状态及故障原因的“图像”，然后再与其他因素相结合做出正确决策。诊断决策能力与操作者的经验有着相当大的联系，好的决策者并不直接产生目标行为，而是在情景评估的基础上，运用以往的经验进行决策。

一般情况下人们认为认知能力是只进不退的，事实上，人在遭遇紧急事件时能很快唤起隐藏在长期记忆中的认知能力很大程度上取决于对这些认知能力的使用情况，也就是说，人的认知能力是可以倒退的。若操作人员只有在事情发生时才把自己作为决策者，那他对该种事件的经验应该是相当少的，其很难在有限的时间内做出正确的诊断决策。因此像诊断决策这样的理论能力也需要在实践中不断提高。提高和保持人的操作和认知能力一个重要的途径就是模拟机训练，当然这建立在模拟机功能和数据相对真实的条件下。

（3）操作处理

人在紧急情况下的操作处理与常规操作类似，但不同的是此时的操作处理一般是在一种高压力的状态下完成的，与操作者的经验和熟练度的关系更为密切。经验丰富的操作人员能够在最短的时间内，以最简洁的步骤完成操作过程，而没经验的操作人员往往显得迟缓、手忙脚乱，延误了最佳恢复时机。操作者的熟练程度在需要切换模式的状态中显得尤为重要。到遭遇紧急情况或按照规定需要将系统由自动模式转化为手动模式时，操作者必须对其将要进行的工作有相当的自信，才能在需要时果断接受任务并熟练完成。

除了人自身的原因，像监督过程一样，自动控制系统以及人机界面的设计对人的紧急情况的诊断决策即操作处理也有很深的影响，而且有可能是造成人在紧急情况下失效的根本原因。首先，人做出正确反应的基础是人获取的系统状态信息是正确、适量的。然而，人机界面提供的信息的数量和质量对系统状态的获取有很大的影响，尤其是在自动控制系统出现问题的情况下，其传出的信息出错的可能性会增大。

为了使人的行为能够及时准确的输出，控制器的设计除了应符合人因工程学的要求，且尽量易于操作。然而计算机的引入使得控制机制复杂化，对人的操作的准确度和速度要求也就更高。另外，人在紧急情况发生时，承受的压力一般比较大，情绪紧张很容易使人的动作发生差错，对于不能提供操作反馈信息的系统来说，人的操作失误就不会对紧急情况产生防护作用，甚至会造成更严重的事故。

11.1.3 系统维护与维修

为了使系统持续有效地实现其功能，几乎所有的系统都需要维护或维修。定期维护是为了尽量减少系统的不可用性，对系统可能出现的故障进行预测，进而对相关部件进行检查和维护；不定期维修只在系统或元部件失效的时候进行。过于频繁的定期维护不仅花费相当大的人力和财力，而且引入过多的人员与系统的接触机会会增加系统风险，这种风险在组装作业中表现尤为明显。当然也不能一味地降低定期维护，运营方组织必须能够平衡定期维护所付出花费与设备故障带来的风险。

维修活动中所产生的人的失误导致系统潜在失效而引发的系统安全事故已成为事故发生最重要的原因之一。人在维护和维修工作中造成的失误主要有以下几个方面的原因：

（1）交流不充分

维护或维修失误常常是由于交流不充分造成的，尤其是在发生换班维护或有不熟悉系统的人员参与时，交流失败会导致灾难性事故的发生，要接班的员工常常由于得不到明确的指示造成失误，尤其是当交接工作处于非常重要的进程当中时。鉴于此，要接班的维护人员需要花费大量精力考虑一切可能发生的情况。

（2）对不经常发生的状况估计不足

许多定期的维护活动都始于对系统中隐藏错误的排查，排查过程基本取决于此类错误出现的期望。例如某类错误或缺陷很少发生时，往往就会错过对此类错误的排查，也就很难预防此类错误的发生，而当某种错误经常发生时，人们就会恰当地将设备拆分，进行彻底排查。

（3）工作环境

维护人员常常需要在相对受限的空间工作，工作环境也会对维护人员的身体和认知产生影响，也会导致维护人员操作错误。

（4）人机不匹配

检修设备与维护人员的不匹配也会增加系统风险。当设计比较合理时，自动检修设备可以弥补人的不足，扩展人的能力。但检修设备往往并不透明，再加上维护人员的自信，以往经验以及合作者对自动检修设备的态度，容易造成检修设备的不当使用或降级使用。例如，当某一检修设备的软件是不可访问的时候，维护人员并不相信检修设备给出的解释或建议。

（5）工作被打断

当维护人员在现场进行维护时，由于各种原因打断工作造成的错误也是非常普遍的。例如当维护人员正在进行维护工作时，发现手边没有合适的工具，或者另外一名员工需要帮忙时，维护人员往往会放下手中的工作，当他重新返回维护现场时，很可能就已经忘记了他需要干什么了。事实上，遗忘是造成维护失效最常见的原因。

为了尽可能减少维护失误，应制订相关的工作规范。但工作规范不可能尽善尽美，工作规范本身存在的问题会导致维护工作的失效。很多人，包括管理部门认为维护人员不遵守工作规范是导致出现失误的主要原因，这是建立在工作规范是相当适用的基础上的。但是现实工作背景不可能完全和规范制订者的预想一致，因为维护人员不会完全信任自动检修设备，他们对工作规范也不会完全信任，他们认为根据他们的工作经验，所引用的规范可能并不实用，他们自己会找到一种更简单、更有效的方法。所以说维护人员不遵守工作规范并不是他们故意要违背，而是因为他们想打破他们认为不适用的工作规范的束缚，做到更好。

对于规范的执行者来说，在面对资源有限，目标冲突及其他各种压力的情况下，维护人员很难完全理解工作规范的意图，也就很难将其完全转化为行之有效的实际动。然而不幸的是，一旦由于没有完全按照工作规范的要求进行操作而造成事故时，人们往往把事故认为是不遵守工作规范的结果。正像 Dekker 所说的一样，维护人员在面对工作规范的时候往往处于一个比较尴尬的境地，若完全硬套，按照工作规范的要求执行维修活动，一旦引发不安全的后果，往往被认为不会变通，而当为了应对不曾预期情况而对工作做出调整而导致不安全后果发生时，有被认为是违反规定。在这种情况下，组织应能从根本上理解工作规范与实际之间的差异，通过各种方法来提高员工的判断力和适应性，以确保员工能在不同的环境下合理采用工作规范，做出正确措施。

对于人在维护和维修过程中的失误，Reason 指出改善心理状态和进行心理演练是避免维护人员由于工作打断，时间压力，交流失效和不熟悉环境等是造成维护失误的主要原因。

11.2 人为因素危险分析模型

Reason 提出的“瑞士奶酪”模型是公认的理解人为因素相关安全事故的最佳模型之一，也是人为因素分析最重要的基础模型，但其并没有明确奶酪中的“洞”的确切含义，这正是实际的事故分析和预防所需要的。鉴于此，在分析大量人为因素失误事故报告的基础上，人们提炼出了一个用来定义“瑞士奶酪”中的隐性差错和显性差错的框架——人为因素分析与分类系统 HFACS（the Human Factor Analysis and Classification System），该方法详细地描述了各个层次的事故致因元素，如图 11.2.1 所示。

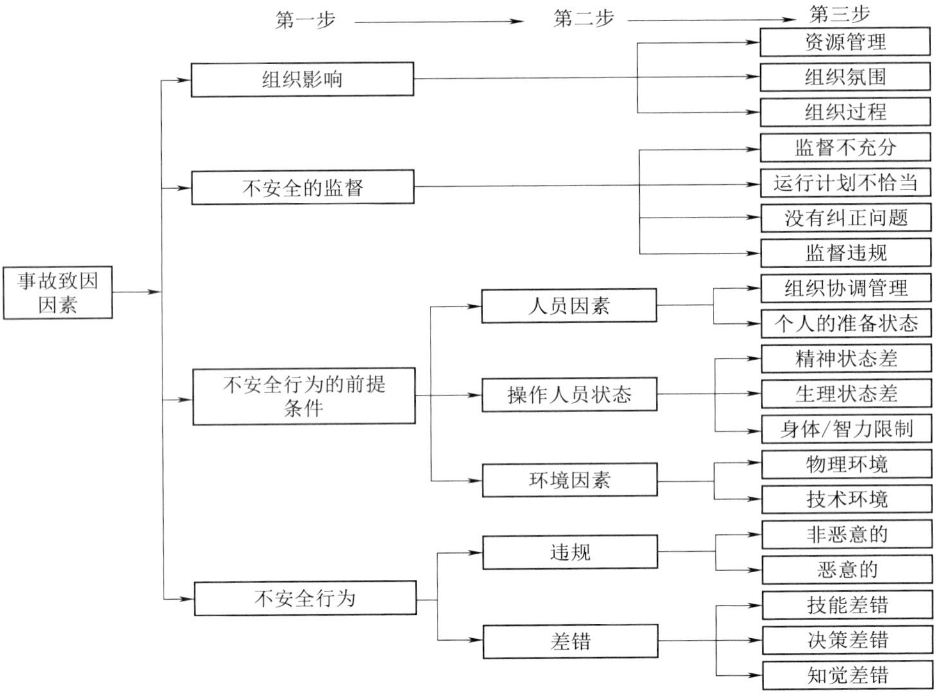

图 11.2.1 HFACS 分析步骤

1. 人员的不安全行为

操作人员的不安全行为大致可以分为两类：差错和违规。通常，差错代表的是个人的导致没有达到预期结果的精神和身体上的活动，多数事故数据库的主要内容就是这类型的行为。违规是指不遵守确保安全的规章制度，很多灾难性的事故都和该类型的行为有关。

（1）差错

差错可以分为技能差错、决策差错和知觉差错。

①技能差错

技能差错发生在操作人员在不经认真思考实施一项熟悉的基本操作时，例如调度员在控制面板上设置一条普通的进路。技能差错常常是由于注意力分散或操作人员行为没有得到有效监控时产生。技能差错大致有以下几种类型：

a. 由于熟悉而疏忽

当熟悉的操作被一项相对不熟悉的操作接替时，人们常常会按照原来熟悉的方法去完成一项任务。例如当拨打一个电话号码时，常常会拨成另外一个相似的，但更熟悉的号码。

b. 由于相似而疏忽

由于两项或几项任务很相似时，人们常常弄混淆，例如工作人员可能会扳动一个错误的道口，就是因为它与需要扳动的道口很相似。

c. 记忆失能

人们可能在完成一项任务的过程中忘记了要达到的目标，或者是忘记了其中的一个步骤。例如在运行的过程中，司机可能忘记使用自动报警系统来提示他们列车是否超速。一个简单的例子，我们每个人都可能有过这样的经历，那就是我们走进另一个房间，突然忘记自己来这个房间的目的。当操作人员在面临特殊的压力的时候，漏掉紧急处理措施中的关键步骤就不足为奇了。

d. 联合疏忽

有时候人们可能将两件事之间的联系弄错，尤其是当其中一件是来自外界的刺激。例如当两个警报同时响起时，其中一个警报声音亮，而且刺耳，另一个警报比较柔和时，操作人员往往先处理前者，而不管后者显示的情形是否更糟糕。

②决策差错

决策差错是指按照计划操作，但是计划不充分，或者对形式而言并不恰当。作为大多是事故调查的重点，决策差错可以分为三种常见的类型：

a. 程序错误

程序错误实际上相当于基于规则的错误。具体上分为：一、错误地运用了一条很管用的程序，该程序在其他很多类似的情形下都很有效，但却并不适合当时的情况；二、没有选择一条比较好的程序；三、虽然勉强完成任务，但由于选择了不好的程序而没有得到意想的效果。

b. 选择不当

实际的操作过程中不是每一种情况的出现都有相应的操作程序，因此很多的情况都要在多种对策中选择一种。当操作人员经验不足或情况异常复杂时，就可能做出不安全的决策。

c. 问题处理差错

人可能根本就没有彻底弄清楚情况。有时是由于天气或其他外界条件造成的，有时却是由于操作人员的过分自信、简化分析材料造成的。

当一个人的知觉与实际情况不符合的时候就会产生知觉差错，就像平时出的视觉差错一样，司机也可能会把表征一种情况的信号错误看成是表征另一种的情况的信号。需要指出的是，错觉本身并不是知觉差错，操作人员对它们的错误反应才是。

（2）违规

一般情况下，操作人员并不会有恶意地去打破某些操作规则。当实际情况与规则有冲突的时候，操作人员为了尽可能方便地进行操作而去冒险打破某些规则，通过对英国铁路系统的统计分析，总结出以下 4 种违规的主要原因，见表 11. 2. 1。

表 11.2.1　违规的主要原因

违规描述	当一系列事情相继发生或异常情况出现时	为了节省费用	认为规则已经或很快就不适用了	操作人员行为冒进，认为其可以控制风险
风险	高	高	低	—
频率	低	高	高	—
举例	扳道员在没有成功指引列车停下来之前在列车之间走动	驾驶员为了运行效益，在没有看到扳道员的指示而行车	扳道员在引导车没有停稳的情况下随便上下	操作人员故意不遵守规则来证明他有比别人更高的能力

人们有意或无意地打破规则，一方面要从操作人员的角度出发，对其进行安全教育和培训，通过考核保证操作人员的操作能力和素质。另一方面，要从组织的规则本身出发，若组织制订的很多规则都是不必要的，甚至有些规则并不适用，这样操作人员就可能对其他的规则也产生怀疑，从而会经常轻易地打破规则，因此组织必须保证自己所制订规则的可信度和可行性。其次，规则的制定应与组织的文化相一致，而且要经过培训，并做相应的模拟训练。

2. 不安全行为的前提条件

不安全行为的前提条件包括操作人员状态、人员因素和环境因素。

（1）操作人员状态

操作人员的状态都能并经常影响着人的工作绩效，然而调查人员常常忽略事故致因事件链中这至关重要的一环。一般情况下，操作人员直接影响自身表现的 3 种状态为：精神状态差、生理状态差和身体/智力局限。

①精神状态差

精神状态对做任何事情都至关重要。影响人的表现的精神状态最重要的就是睡眠不足、注意力不集中、过度关注某一任务以及精神疲劳。除此以外，还包括个人的个性和致命的态度，如自负、自满和不良的动机。可以肯定的是，不管什么原因导致了人们精神疲劳，他们发生差错的可能性都会增加。

②生理状态差

生理状态差是指妨碍安全操作的个人的医学状态，常常包括生病、身体疲劳、极度兴奋等。基本每个人都有带病工作的经历，一般可以很好地完成任务。但是对于安全系统的操作人员来说，带病上班可能就会危及很多人的生命、财产安全。

③身体/智力局限

身体/智力局限是指操作要求超出个人能力范围的情况。多数的驾驶台都是围绕男性的平均身体条件设计的，这使得身材过矮或过高的人在驾驶座上坐着比较难受。另外，完成任务的事件对于人的反应速度也有要求，到需要操作人员快速反应时，个体出差错的可能性就显著增加。

（2）人员因素

操作人员的状态导致了不安全的行为，然而，运营组织常常为许多不安全的行为产生创造前提条件，称为人员因素，通常包括组织协调管理和个人的准备情况。

①组织协调管理

很难想象当列车上的工作人员与地面控制中心或车站的人员失去联系的情形。另外，组织协调管理不仅包括运营过程中的协调，还包括运营前和运营后的汇报、记录等。

②个人的准备状态

安全系统的操作总是需要系统操作人员表现出最佳的工作状态，如果操作者在精神或体力上没有准备好的话，个人的准备状态就会出现问题。例如违反休息规定，随便饮酒，都可能导致操作人员精神状态变差，最终导致差错或事故。

(3) 环境因素

除了人员因素外，环境因素也会导致操作人员的状态降低和不安全行为的出现。环境因素可以分为物理环境和技术环境。

①物理环境

物理环境既指操作环境（操作室外部的气候、地形），也指操作者周围的环境，如驾驶室里的高温、振动、光照等。例如在高温条件下工作很容易引起脱水，降低司机的注意力水平。

②技术环境

在 HFACS 里，技术环境这一术语包括设备和控制设计、显示及界面特征、检查单编排、任务因素和自动化等一系列的事情。例如自动化的设计就给安全系统的操作带来了无法预料的后果，高度可靠的自动化设备会使操作人员出现过度信任的精神状态，即使在“常识判断”与自动化设备的建议相悖时，仍然按照自动化设备的知识去做；相反不太可靠的自动化设备会使操作人员不信任，即使它们的帮助比没有绩效更好，操作人员也往往不用它们。

3. 不安全的监督

不安全的监督包括：监督不充分、运行计划不适当、没有纠正问题和监督违规。

(1) 监督不充分

监督者具有为其全体员工提供成功机会的责任，他们必须提供指导、培训、领导、监督、激励，并不惜一切代价来确保工作能安全高效地完成，然而充分的监督常常很难做到，例如没有提供足够的培训，系统在面临相应的紧急情况时，产生差错的风险就会增加。授权个体独立决策并行使职能固然重要，但它也不能和监督者行使监督权冲突。

(2) 运行计划不适当

有时组织的操作节奏以及值班安排使得安全系统在冒无法克服的风险，危及操作人员休息，最终导致操作人员的表现受到不利影响。有些操作节奏尽管在紧急状态时无法避免，也是不可接受的。例如有的时候需要两个操作人员互相辅助完成任务，但是组织在人员搭配上安排两个交流困难的主、副操作人员，沟通和协调的问题就要产生了。

(3) 没有纠正问题

没有纠正问题指的是监督者知道个体、装备、培训和其他安全领域相关的不足后，仍然允许其持续下去。有的监督人员知道总有一天某些事情会发生，但是由于一些主观或客观原因而不去纠正不正确的行为。同样，一贯地出现没有纠正问题以及违反纪律的行为，也会促使不安全的因素产生，并助长违反规章制度的现象发生。

(4) 监督违规

监督违规是指监督人员故意忽视现有的规章制度。尽管很少出现这样的情况，监督者在管理他们的财产时，有时还是会违反规章制度。例如允许没有实际经验的人员去操作能力要求高的设备。同时，没有执行现有的规章制度或者藐视权威，也是管理层次的违规。

4. 组织影响

管理中上层的不恰当决策会直接影响监督实践，同时也影响操作人员的状态和行为。组织层次的差错往往隐藏较深，但却是事故产生最根本的原因。组织影响包括组织管理、组织氛围和组织过程。

（1）组织管理

组织管理包括了所有层次的组织资源分配及维护的决策，如人员、资金、装备和设施。一般而言，关于这些资源如何管理的所有决定，通常基于相冲突的两个目标——安全目标和低消耗的目标。组织管理混乱和后勤保障不力导致安全系统在一开始就隐藏着不可避免的事故。

（2）组织氛围

组织氛围确切是指组织的工作氛围，组织氛围的标志是组织的结构，这可以从其行政管理系统、授权方式、信息传递通道以及责任制上反映出来。与在操作室一样，信息传递和协调一致对组织来说也是至关重要的。如果管理层和员工互不沟通，如果没有人知道谁在负责，那么组织的安全显然要受到损害。组织文化和政策也是涉及组织氛围的重要因素。

（3）组织过程

组织过程指的是管理日常活动的行政决定和规章，包括制订和使用标准程序以及在劳动力与管理之间维持检查和平衡的方法。有的时候有经验的操作人员不按照规程中的步骤做，而是一句自己的经验和记忆，这些非标准的步骤会给操作和维护带来有害的变化。其他诸如操作节奏、时间压力、工作进度都是影响安全的因素。

11.3 人机接口安全设计

人机接口（Human-Machine Interface）是人和机器为了完成某些特定任务进行交互的媒介。为了满足信息处理、节约能源、更高生产效率的要求，安全系统大量使用基于计算机的人机接口。好的人机接口使人的操作更加灵活，能有效降低人的操作错误，且为人的决策提供便利条件，而不好的人机接口不仅不能对人的错误起到防护作用，而且降低了人在人机交互系统中的能动性，减弱了人的效能。为了尽量增强人机界面的正面影响，减少其带来的风险，本节介绍一些传统的人机接口的设计规则以及引入计算机之后产生的新的人机接口设计的规则。

11.3.1 人机接口设计一般流程

在标准的人机接口设计里，首先应进行任务分析，然后利用仿真手段对人机接口的设计进行评估和改善。安全苛求系统中，在设计人机接口之前，首先要进行危害分析。系统危害分析可以用于识别高风险的任务以及潜在的安全相关的人的失误，这些信息可以用于人机界面的设计，人机接口初步设计完成后，应对其进行操作危险分析，以评估剩余风险及制订操作规程。另外，由于人机接口的特性和操作规程会受到计算机故障或失效的影响，因此人机接口设计时，子系统包括软件的危险风险都应考虑在内，然后确定某些特定的信息源和反馈回路，将人机接口与其他子系统结合起来，作为一个整体验证或推翻设计期间的假设。最后人机接口还应根据事件及事故报告的反馈信息做出相应的调整。图 11.3.1 显示人机接口设计的一般过程。

11.3.2 人机接口设计应注意的问题

1. 任务设计与人的特性相匹配

人的错误很多情况下都是由于人机的不匹配造成的，因而在人机接口的设计中，一定要充分考虑到人的特性，人机接口设计的一般过程如图11.3.1所示。设计者要秉承一个理念，即操作者是一定会走捷径或违规的，要想充分发挥人的能力，减少由人的行为造成的事故，不能寄希望于改变人的操作习惯和特性，而应该调整操作任务，使其与人相匹配。本节从3个方面来讨论设计中人的特性的匹配问题，即麻痹大意、容错能力和任务配置。

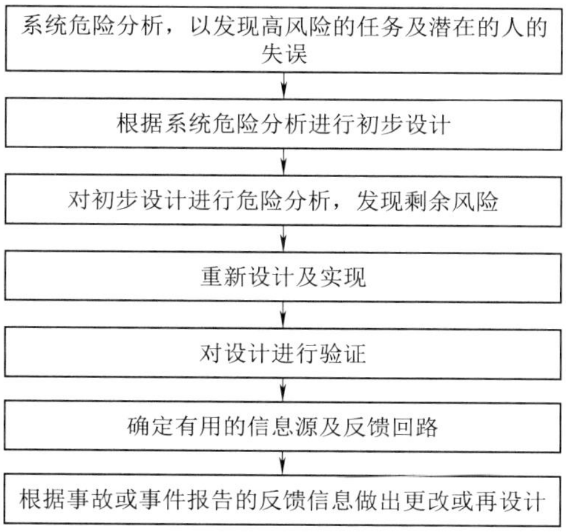

图11.3.1　人机接口设计的一般过程

（1）麻痹大意

操作人员在不断进行枯燥、重复的工作的时候，容易失去耐心，造成麻痹大意。计算机的引入替代了操作人员部分常规工作，但却需要操作人员不断地去监督自动控制系统的运行情况，这本身又是一项枯燥的工作。研究表明，当操作人员警觉性维持在一个很高的状态时，干扰或不预期事件的发生对系统带来的影响会非常小。另外，当操作人员认为某些事情永远不会发生时，这种自满情绪也会增加事故发生潜在的可能，那么就需要寻求减少操作人员的自满情绪，将其警觉性维持在一个很高的水平的方法。

一种方法是在常规操作的某些阶段引入一些其他任务。有人建议预先对操作者不能预见到的机器可能出现的故障进行建模，并将仿真的紧急状况通过特定的显示设备显示出来，这样就可以使操作人员随时做好准备，并有针对性地对系统进行监督。相对于引入仿真模型下的任务，比较好的方法是引入真实的任务，即操作人员不是针对预先确定的故障，而是主动去监督系统运行。

另一种方法是为操作者进行任务决策提供更大的选择权。对于大部分任务来说，不同的策略都可以达到预期的目的，人机接口可以通过设计强制使用绩效最好的方法，也可以增大选择权，让不同的操作人员选择自己认为最好的方法，以减少操作人员的乏味感，另外从安全的角度考虑，当某些固定的操作不能解决问题时，任务的灵活性会为操作人员的临场发挥提供足够的空间。

（2）容错设计

当操作人员对系统进行人工操作时，通常会在较短的时间内得到操作反馈信息，以便能够及时改正自己的操作错误，当然不可取消或不能观察到的操作除外。因而设计者在设计时会使系统是一个容错系统，在特定的时间内，错误是可观察到的，而且能够在不能接受的后果发生之前取消做出的错误操作。容错功能的设计应着重注意以下几方面：

①提供操作错误的反馈信息

提供错误操作的反馈信息是使错误可观察的核心，反馈信息可以是错误操作造成的影响，也可以是简单的关于错误操作本身的信息，例如请求确认信息。反馈信息一般以检查表的形式给出。

②从错误中恢复过来

操作人员应有足够的主动权去应对不期望的系统行为，而不应被不恰当的控制规程束缚住。另外，系统设计还应该为恢复行为的执行留有足够的时间。一般情况下，建议采用控制行为分步完成，这样控制者就可以观察到整个控制过程，得到关于已采取的控制行为的反馈，并在造成重大损失前调整或取消错误的行为。

③危险分析

大部分的错误都是由一小部分心理因素引起的，因而根据 Rasumussen 的观点，某一新系统人机界面相关的错误可以使用基于人的错误分类的错误模式和影响分析识别，并根据大致错误的心理机制进行分类。错误模式和影响分析的结果可以用来确定哪些类型的信息或程序是检测和恢复错误，或者是切断事件进程所必需的。

④无法预见的危险

当系统遭遇非常危险的状况时，通常的办法是启动预先确定好的紧急状况处理程序，然而事故往往是众多不能正确预见的不正常状况交汇的结果，这也就意味着预测的场景并不符合实际情况。这种情况下，自动恢复就不会像人一样进行灵活的判断，因而对于极少发生的且不可预见的危险，往往交给人来处理。但是这建立在高效的系统容错能力的基础上，这样操作人员才会有足够的时间和必要的反馈信息去处理异常情况。若事故带来的后果非常的严重，以至于再小的人的错误的可能都不可接受时，系统必须能够由故障状态导向安全。

（3）任务分配

在安全系统中，人和计算机各有各的优势，也各有各的缺点，单从人和计算机的能力角度考虑进行功能分配是不能达到最好的效果的。本章第一节给出了可供参考的任务分配策略。本节主要考虑两种重要任务——故障检测和紧急停运任务的分配，以及由谁来分配的问题。

①故障检测

当分配给人运行监督和故障检测的任务时，从安全的角度出发，操作人员参与控制活动和操作人员的故障检测的表现有很大的关系。

由于人机接口设计的复杂性，这些问题到目前还没有一个准确的定论，但人要想在系统不正常的时候发挥自己的作用，必须具有充分的操作经验和技能。

②紧急停运

紧急停运就是当系统遇到紧急情况时，由谁来使系统停运或恢复稳定。当人不直接参与系统的控制时（其可能并没有在紧急情况下控制系统的能力），或者当系统停运比较简单或付出的代价不是很大时，选择自动控制。当有足够的时间可以供人进行决策或操作时，人工操作也是可行的。当停运需要很多分离的操作时，可以让相对控制系统完成另一部分，剩余的操作由经验丰富的操作者来完成。最后当人工操作的时间非常短时，紧急情况可以完全由自动控制系统来处理，但是当没有可靠的操作自动控制程序时，而紧急情况引发的风险不可接受时，只能由人来进行紧急情况的处理。

③分配决策

进行任务分配时，除了确定哪些任务由人或机器执行外，还应考虑由谁来进行分配，什么时候分配。一种方法是由人来决策，在必要的时候向计算机寻求帮助，计算机只执行人分配给的工作，然而这样做的话，分配决策和向计算机发出命令增加了操作人员的工作量。因而在人进行决策的基础上，可以让计算机给出可选的建议，而人只对任务分配做最后的决策。另一种方法就是由计算机来负责任务分配，人只决定是否选择分配结果。当由计算机来决策时，在不超过人的接受能力的基础上，计算机应随时给出其任务分配的推理结果。

2. 减少安全关键的人因错误

虽然很多操作错误的本意都是成功地控制复杂系统的运行，但是对于某些引起严重后果的不可容忍的错误，我们应该设法去减少或消除它。减少安全关键人因错误的原则就是使安全提升措施能够简单实现，并具有鲁棒性。也就是说在设计中，应使不安全的行为的实现比安全行为的实现更困难。下面列举一些安全关键的错误及减少此类错误的方法。

（1）用于系统停运的防护设备的应能够迅速简单的奏效，否则操作人员可能会将防护系统旁路或断开；防护系统在执行停止命令后的重启应简单快速。

（2）停止一个不安全的行为应能够通过单个按键等简单的操作迅速完成。设计时应当使故障导向安全的行为更加简单自然。

（3）用于维持系统安全的行为应具有相当的鲁棒性。设计时应提供多种物理设备或逻辑路径，这样当某一硬件或系统错误发生时，并不影响操作人员实施相关动作而是系统维持在一个安全的状态。

（4）潜在危险动作的执行程序应设计的相对复杂，这样当危险行为执行程序中任一步骤失败，系统就会维持在安全的状态。若某一危险行为可以直接通过触摸屏就可以实现，则操作人员可能会经常无意地触发这一危险行为。

（5）设计应使人能够进行合理的干预，对于有害的干预应使其尽量难以实现。

（6）引入程序保障（让操作者去执行或避免某些特定的操作）或设计中嵌入保护措施可以增加系统安全性，其中后者更为有效。这点对于降低遗忘型操作错误。

（7）对于经常出现的连接错误，最有效的办法就是使需要连接的部分在物理上不能连接。

（8）使用联锁可以有效地排除人的错误。例如当开关 A 处于打开状态时，联锁会阻止操作人员对开关 B 进行操作。

3. 提供适当的信息和反馈

人机接口本来是为了实现操作人员和机器的交流而设计的，但是人机界面需要向操作人员提供适当的信息和反馈。

（1）显示信息的类型

人机接口为某些任务的完成提供适当类型和数量的信息传输。信息的类型和数量取决于所执行任务的性质，因而在确定需要显示哪些信息时，首先应对要执行的任务进行分析。

另外，信息显示应与人的认知过程相一致。例如当人机接口提供的信息与决策者的心理模型或控制过程相关的时候，操作者决策的正确度就会随之提高。提供的信息还取决于人的错误模型，为了能够有效地执行每一等级的行为，应向操作者提供不同类型的显示信息（简单的时间空间信息、用于选择或修改相关规则的信息以及用于功能性推理失误信息），即使是对于同一任务，人在执行阶段也会涉及不同等级的行为，处理不同类型的信息。

（2）反馈

自动控制系统的引入使人的工作由直接操作转移到监督、诊断、紧急情况处理等任务，这些任务的执行可能会影响到操作人员所需的信息，人机界面需要向操作人员提供执行相关任务后的反馈信息。提供的反馈信息一般有下列几类：

①关于行为绩效的反馈。如果没有反馈，操作人员就不知道他们的请求能否收到、命令是否有效执行，以及执行命令后是否可以达到预期效果。人机接口应提供有效数据输入的确认信息、操作者命令的接受及处理信息。

②用于更新操作者心理模型的反馈。人机接口应向操作者提供系统的状态信息，以及可能出现的变化信息，这样操作者就可以实时更新自己的心理模型。对于与安全相关的系统，应向操作者提供其工作情况、内部状态等，而对于安全关键的部件或变量，应重点强调，准确、完整地显示出来。对于处于测试或维护状态的联锁系统，其状态信息应提供给操作者或测试人员所知。

③用于故障检测的信息。操作者对系统的监督和故障检测工作不能仅仅在有故障报警的时候开始，而应主动地给出检测系统的处理过程和动态状态。另外，计算机的处理过程应以操作者便于理解的模式和速度给出，否则操作者很难发现异常情况及其原因。

④报警。当自动控制系统检测到不正常的情况或事件发生时，系统应以一定的方式告诉操作者，其中最直接的方式就是报警，尤其是当需要操作者迅速做出反应的时候。

除了反馈信息，自动控制系统还可以通过数学仿真或原因—结果分析方法向操作者提供在下一个较短的时间段内系统的状态，或某些动作将对系统产生的影响等，以帮助操作者做出正确的决策。

11.3.3 以用户为中心的人机界面的设计

人机接口的作用就是使操作人员能够有效地对系统进行监督和控制，人机接口的性能对操作人员的表现至关重要，要是在人机接口的设计阶段就能够充分考虑到操作人员的各种特征及使用习惯，则可以增加运行过程中人和机器的相互协作，因此有人提出以用户为中心的设计方法 UCD（User-Centred Design）。

广义上讲，以用户为中心的设计理念就是在设计的各个阶段充分考虑用户对人机界面以及各种文件的需求以及用户的局限性。从人机界面的角度，以用户为中心的设计是一个多步骤的设计过程，它不仅要求设计者能够分析和预见操作者对人机界面的使用情况，而且要求让真实的用户参与到人机界面的设计中来，对设计者的各种假设进行测试和验证。由于人机界面的设计者很难直观了解新用户的经验及其学习路径，因而这种用户测试对于一个高效的人机界面的设计是非常重要的。以用户为中心的设计与其他设计方法最大的不同就是通过最终用户的直接参与，从用户意愿、能力及工作习惯等方面去优化人机界面，而不迫使用户不得不对自身做调整，以迎合人机界面的特性和功能。

（1）以用户为中心设计的标准过程

图 11.3.2 显示了一个标准的以用户为中心的设计过程。

在设计之前首先应确定产品的使用环境及确定产品的使用者、他们使用产品要达到的目的，以及产品的使用环境，另外应制订产品的需求、确定产品要达到的运行需求以及使用者的目标。接下来，才正式建立设计方案，最后对设计进行评估。该阶段的核心就是让真实的用户对设计进行可用性的测试。

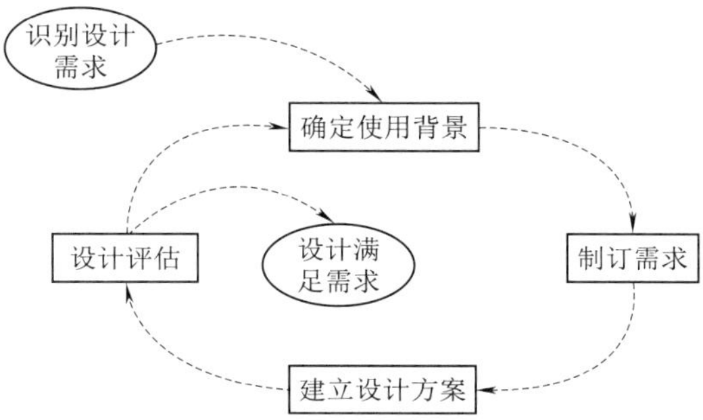

图 11.3.2 以用户为中心的设计过程

若测试的结果符合运行及用户需求，则结束测试，否则回到第一个环节去寻找忽略的或错误的信息。

（2）常用的以用户为中心的设计方法

最常用的以用户为中心的设计方法将以用户为中心的设计划分为 4 个阶段，即分析阶段、设计阶段、实施阶段、生产与部署阶段。

①分析阶段

由于人机接口的设计涉及机械、计算机、人机工程，甚至心理学等多门学科，因而在分析阶段首先应建立一支多专业的团队，与相关人员会面，搜集基本资料，并进行实地考察，研究成功的人机界面。通过调查建立用户档案和用户性能需求，并在项目计划中加入可用性任务，确定可用性目标，最后进行任务分析。

②设计阶段

设计阶段首先采用集体讨论的形式进行概念设计，做出流程图，并对初步的概念设计进行走查；接下来将概念设计落实下来，即开始进行图纸设计；根据图纸设计制造出低保真度的模型，并对该模型实施可用性测试；针对低保真度的模型的不足做出适当的修改，制造出高保真度的模型，再次进行可用性测试；最后将相关标准和指南文档化，建立设计说明书。

③实施阶段

在实施阶段应进行不间断地启发式评估，并尽可能地进行可用性测试。

④生产与部署阶段

在生产与部署阶段，应通过实际用户调查得到用户反馈，并通过现场调研得到关于实际使用状况的信息，通过可用性测试检查是否达到设计目标。只有可用性测试结果达到相关标准的产品才可以投入使用。

我们可以发现可用性测试重复出现在以用户为中心的设计的各个阶段，用户体验是一个不间断的过程，这也正是以用户为中心的设计的精髓所在。

复习思考题

1. 请分析安全苛求系统的设计者、使用者和维护者分别应达到哪些要求？
2. 人机接口的设计需要注意哪些问题？

参考文献

[1] WEMAKOR W D, JACK A, SXHMID F. Establishing the relationship between railway safety and operational performance [J]. International Journal of Transport Development and Integration, 2018 (1/2).

[2] LEVESON N. Safeware: System safety and computers. A guide to preventing accidents and losses caused by technology [M]. MA: Addison-Wesley, 1995.

[3] NANCY L, 著. 唐涛, 牛儒, 译. 基于系统思维构筑安全系统 [M]. 北京: 国防工业出版社, 2015.

[4] 董锡明. 轨道交通安全风险管理 [M]. 北京: 中国铁道出版社, 2014.

[5] 韦尔特纳. 德国铁路事故大事记 [M]. 北京: 中国铁道出版社, 2010.

[6] 曾声奎, 任弈. 可靠性设计分析基础 [M]. 北京: 北京航空航天大学出版社, 2015.

[7] 程荫杭. 铁路信号可靠性与安全性 [M]. 北京: 中国铁道出版社, 2010.

[8] 曹晋华. 可靠性数学引论 [M]. 北京: 高等教育出版社, 2012.

[9] ENRICO ZIO, 著. 翟庆庆, 译. 可靠性与风险分析蒙特卡罗方法 [M]. 北京: 国防工业出版社, 2014.

[10] 徐征捷. 基于模糊 FMECA 方法的列控中心安全风险评估研究 [D]. 兰州: 兰州交通大学, 2014.

[11] 余建祖. 电子设备热设计及分析技术 [M]. 北京: 高等教育出版社, 2001.

[12] 段武. 铁路信号安全计算机平台 [M]. 北京: 中国铁道出版社有限公司, 2021.

[13] 马连川. 列车运行控制系统安全性设计技术 [M]. 北京: 中国铁道出版社, 2017.

[14] HEINRICH H W. Industrial accident prevention: A safety management approach [M]. New York: McGraw-Hill, 1980.

[15] QURESHI Z H. A Review of Accident Modelling Approaches for Complex Critical Sociotechnical Systems [J]. 2007 (86): 47-59.

[16] REASON J. Managing the Risks of Organizational Accidents [C] // Risk Management Conference, 2004.

[17] RASMUSSEN J. Risk management in a dynamic society: a modelling problem [J]. Safety Sci, 1997, 27 (2/3): 183-213.

[18] RASMUSSEN B, BORCH K, STARK D C. Functional modelling as basis for studying individual and organisational factors-application to risk analysis of salmonella in pork [J]. Food Control, 2001, 12 (3): 157-164.

[19] RASMUSSEN B, WHETTON C. Hazard identification based on plant functional modelling [J]. Reliab Eng Syst Safe, 1997, 55 (2): 77-84.

[20] HOLLNAGEL E, GOTEMAN O. The functional resonance accident model [J]. Cognitive System Engineering in Process Control, 2004.

[21] LEVESON N G. Engineering a Safer World: Systems Thinking Applied to Safety [M]. Boston: MIT Press, 2012.

[22] LEVESON N G. A new approach to hazard analysis for complex systems [C]. Conference of the System Safety Society, Ottawa, Canada, 2003.

[23] LEVESON N G. A systems model of accidents [C]. International Systems Safety Society, Unionville, USA, 2002.

[24] VESTRUCCI P. On the " post-dictive use" of the fault tree method for accident investigation to aid judicial procedures [J]. Safety Science, 2013, 53: 240-247.

[25] ROSQVIST T, MOLARIUS R, VIRTA H, et al. Event tree analysis for flood protection: An exploratory study in Finland [J]. Reliability Engineering & System Safety, 2013, 112: 1-7.

[26] CATALYUREK U, RUTT B, METZROTH K, et al. Development of a code-agnostic computational infrastructure for the dynamic generation of accident progression event trees [J]. Reliability Engineering & System Safety, 2010, 95 (3): 278-294.

[27] KURT L, OZILGEN S. Failure mode and effect analysis for dairy product manufacturing: Practical safety improvement action plan with cases from Turkey [J]. Safety Science, 2013, 55: 195-206.

[28] 钱秋乐. 软件过程 [M]. 北京: 清华大学出版社, 2005.

[29] DINES B, 著. 刘伯超, 何敛文, 等译. 软件工程卷3: 领域、需求与软件设计 [M]. 北京: 清华大学出版社, 2010.

[30] 张力. 概率安全评价中人因可靠性分析技术研究 [D]. 湖南大学, 2004.

[31] 张力, 赵明. WANO 人因事件统计及分析 [J]. 核动力工程, 2005 (3).

[32] MAGUIRE M. Methods to support human-centred design [J]. International Journal of Human-Computer Studies, 2001, 55 (4): 587-634.

[33] THEOPHILUS S C, NWANKWO C D, ACQUAH-ANDOH E, et al. Integrating Human Factors (HF) into a Process Safety Management System (PSMS) [J]. Process Safety Progress, 2017, 37 (1): 67-85.

[34] ENDSLEY M R. Theoretical underpinnings of situation awareness: A critical review [J]. Situation Awareness Analysis and Measurement, 2000: 1-24.